河北省教育厅人文社会科学研究重大课题攻关项目"晚清三大军政集团关系及其走势研究"（ZD201519）结项成果

河北师范大学历史文化学院
双一流学科建设文库

晚清"三集团"关系及走势研究

董丛林 主撰

Research on the Relationship and Trend of
"Three Groups" in the Late Qing Dynasty

中国社会科学出版社

图书在版编目（CIP）数据

晚清"三集团"关系及走势研究／董丛林主撰．—北京：中国社会科学出版社，2020.10（2022.2 重印）

（河北师范大学历史文化学院双一流学科建设文库）

ISBN 978-7-5203-7126-1

Ⅰ.①晚⋯　Ⅱ.①董⋯　Ⅲ.①军事史—研究—中国—清后期　Ⅳ.①E295.2

中国版本图书馆 CIP 数据核字（2020）第 171426 号

出 版 人	赵剑英
责任编辑	宋燕鹏
责任校对	赵雪姣
责任印制	李寡寡

出　　版	中国社会科学出版社
社　　址	北京鼓楼西大街甲 158 号
邮　　编	100720
网　　址	http://www.csspw.cn
发 行 部	010-84083685
门 市 部	010-84029450
经　　销	新华书店及其他书店

印　　刷	北京君升印刷有限公司
装　　订	廊坊市广阳区广增装订厂
版　　次	2020 年 10 月第 1 版
印　　次	2022 年 2 月第 2 次印刷

开　　本	710×1000　1/16
印　　张	23.25
插　　页	2
字　　数	365 千字
定　　价	128.00 元

凡购买中国社会科学出版社图书，如有质量问题请与本社营销中心联系调换
电话：010-84083683

版权所有　侵权必究

《河北师范大学历史文化学院双一流文库》编辑委员会

主　任　贾丽英　杨　峰
副主任　王　坚　王向鹏　贺军妙
委　员（以姓氏笔画为序）
　　　　　王文涛　邢　铁　汤惠生　武吉庆　陈　丽
　　　　　张怀通　张翠莲　吴宝晓　杨晓敏　赵克仁
　　　　　徐建平　倪世光　崔红芬　康金莉　董文武

《河北师范大学历史文化学院双一流文库》

序　　言

　　河北师范大学历史学科学脉源远流长，底蕴深厚，1952年独立建系。1996年由原河北师范学院历史系、原河北师范大学历史系合并组建成河北师范大学历史文化学院。

　　在长期的演进中，张恒寿、王树民、胡如雷、黄德禄等曾在此弘文励教，苑书义、沈长云等仍耕耘在教学科研第一线，这些史学名家为学科发展奠定了坚实基础。多年来，几代学人筚路蓝缕，以启山林，学院一直呈现良好的发展态势。

　　目前，学院拥有中国史、考古学两个一级学科博士学位授权点、世界史一级学科硕士学位授权点，设有中国史博士后科研流动站。本科开设历史学、考古学、外国语言与外国历史三个专业。历史学专业是河北省强势特色学科、教育部第三批品牌特色专业。钱币学二级学科博士学位授权点为国内独家。考古学专业拥有河北省唯一涵盖本、硕、博的考古人才培养完整体系。2016年，我院中国史入选河北省"国家一流学科建设项目"，考古学入选河北省"世界一流学科建设项目"。2019年，历史学入选国家一流本科专业。

　　河北师范大学历史文化学院作为学校的重点学科，秉承"怀天下，求真知"校训，坚持学术立院、学术兴院的基本精神，瞄准国际和学科前沿领域，做真学问、大学问。以"双一流"建设之契机，本院决定编辑《河北师范大学历史文化学院双一流文库》，出版我院学者的学术论著，集中展示河北师范大学历史文化学院的整体学术面貌，从而更好地传承先辈学者的治学精神，光大学术传统，进一步推动学科和学术的发展。

《河北师范大学历史文化学院双一流文库》编辑委员会

项目主持人 董丛林

项目组成员 徐建平 李 君 张 静

本书撰稿分工

张 静：第二章第二节；第四章第二节

徐建平：第二章第三节；第六章第二节

董丛林：撰写除上述四节外的其余所有部分

（李君另在"资料选辑"分项）

目　录

绪论 ………………………………………………………………（1）

上　篇

第一章　晚清政治群体概况及"三集团"的构成 ………………（11）
　第一节　晚清政治群体构成类别概说 ……………………（11）
　　一　相关"群体理论" ……………………………………（11）
　　二　晚清政治群体 ………………………………………（13）
　第二节　"三集团"的"两个结合"构成要素 ………………（18）
　　一　政缘性与地缘性的有机结合 ………………………（18）
　　二　"军"与"政"的有机结合 ……………………………（32）

第二章　"三集团"的概况分观 …………………………………（40）
　第一节　湘系集团 …………………………………………（40）
　　一　曾国藩和湘系基干要员列举 ………………………（40）
　　二　湘军军制特点 ………………………………………（45）
　　三　兵力与饷事 …………………………………………（50）
　　四　湘系要员出任疆吏状况 ……………………………（57）
　　五　湘系集团的结构特点及其形态的漫漶 ……………（61）
　第二节　淮系集团 …………………………………………（64）
　　一　淮系集团的构成 ……………………………………（64）
　　二　集团维系要素与运作机制 …………………………（78）

第三节　袁系集团……………………………………………(89)
　　一　袁系集团的形成及重要成员……………………………(89)
　　二　北洋军制概观…………………………………………(96)
　　三　兵力、装备与饷需……………………………………(101)
　　四　袁系集团要端综说……………………………………(103)

第三章　"三集团"的异同比较……………………………(111)
　第一节　首领素质条件及导向作用………………………(111)
　　一　曾国藩与李鸿章的比较………………………………(111)
　　二　袁世凯德行底线的丧失及其影响……………………(116)
　第二节　"技术"层面袁世凯集团最为趋新…………………(128)
　　一　曾、李的趋新态度与集团"近代化"因素强弱………(128)
　　二　袁氏集团军事技术方面的先进性……………………(133)
　　三　与"技术"趋新同在的"军阀"因素膨胀……………(142)

下　　篇

第四章　"三集团"的演变走势……………………………(149)
　第一节　自"湘"到"淮"………………………………………(149)
　　一　当时东线特别是沪上形势……………………………(149)
　　二　乞援、筹援与派援……………………………………(154)
　　三　李鸿章个人条件及与曾国藩关系的要素……………(161)
　　四　淮系集团形成之速及相关问题辨析…………………(164)
　第二节　自"淮"到"袁"………………………………………(172)
　　一　袁世凯与淮系集团的渊源关系………………………(172)
　　二　小站练兵的机缘………………………………………(180)
　　三　袁系集团对淮系集团的承继…………………………(186)
　第三节　三者"环链关系"中的走势反映……………………(193)
　　一　"环链关系"中的各自起始边界与三者
　　　　存续"重合"………………………………………………(193)
　　二　关联其同异状况及形态演变的"走势"反映…………(197)

三　其整合性历史效用的动态发挥 …………………………（199）

第五章　从"内重外轻"到"内轻外重"变局的形成 ……………（202）
　第一节　中央与地方的原有权力格局及满汉关系 ……………（202）
　　一　皇权体制下中央与地方的传统权力格局 …………………（202）
　　二　清前期的满汉关系及其对任官、军队建置的
　　　　影响 …………………………………………………………（211）
　第二节　湘、淮集团崛起与"内轻外重"的成局 ………………（215）
　　一　"内重外轻"变局形成的宏观时势条件 …………………（215）
　　二　湘、淮集团崛起乃变局发生的内在关键因素 ……………（218）
　　三　"内轻外重"的成局表现 …………………………………（222）
　　四　湘、淮集团与清廷的微妙关系 ……………………………（235）

第六章　清末十年变局中的多重审视 ……………………………（244）
　第一节　"庚辛之变"事局中的"湘、淮、袁" ………………（244）
　　一　在复杂而微妙的"东南互保"之局中 ……………………（244）
　　二　刘坤一与张之洞的"新政"筹议 …………………………（256）
　第二节　"北洋新政"与袁系集团的加强 ………………………（261）
　　一　把控军权，稳固北洋军事根基 ……………………………（261）
　　二　渗透政界，通过地方施政扩大政治资本 …………………（267）
　　三　发展实业，保障北洋经济实力 ……………………………（272）
　　四　提倡新式教育，培养新政人才 ……………………………（279）
　第三节　多重影响下权力格局面相的复杂化 …………………（287）
　　一　"北洋"与"南洋"之间 …………………………………（287）
　　二　袁世凯的内召、被罢及复起 ………………………………（296）
　　三　舆论对强化集权的质疑、反对和清廷的相关
　　　　举措 …………………………………………………………（311）
　第四节　"内外轻重"的制约要素与态势特点 …………………（319）
　　一　清廷主观意愿与客观形势的抵牾 …………………………（319）
　　二　慈禧与载沣把控朝局权能的强弱反差 ……………………（324）
　　三　"老""少"之争和"少壮派"内部关系 …………………（330）

四　权力格局特点与"名""实"之辨 …………………… (337)
　　五　袁世凯的上位与隐伏败亡 ……………………………… (342)

征引书(文)目 ……………………………………………………… (349)

后记 ………………………………………………………………… (360)

绪　　论

作为本书研究对象的所谓晚清"三集团",是指由曾国藩开创的湘系集团、以李鸿章为首的淮系集团以及更后出现的袁世凯北洋集团(或称"袁系集团")。它们本都是地方军政集团,只是到淮系特别是袁系集团,有着对中央权力程度不等的攫取。不过即使最后掌控清朝乃至取而代之的袁世凯,其集团在晚清主要以及本质上还是属"地方"势力。本书研究的立意,是在揭示"三集团"本身状况的基础上,进而考察其间关系及"走势"。而这中间是呈一种"多边互动"的复杂状况,特别是与当时清朝权力格局的演变紧密关联,是影响甚至左右晚清政局的一大要端。但是,相对而言,以往对"湘""淮""袁"三者分别研究较多,对其整合性研究、比较性研究较少;针对三者所涉时段分期的静态研究较多,对其联系一体统观的动态研究较少。这从以下对相关学术史的线索性概要梳理中即可体现。

与本项研究相关的已有成果,一是关于湘军[①]、淮军、北洋新军者。著作如罗尔纲的《湘军兵志》[②],龙盛运的《湘军史稿》[③],王盾的《湘军史》[④],罗尔纲的《晚清兵志·淮军志》[⑤],王尔敏(中国台湾)的

[①] 关于"湘军"的称谓,在当年湘系集团人员及相关文献、著述中,出现时间的早晚不一,具体的指称对象有时也不一样,如还有"湘勇""楚勇""楚军"等若干称谓,或系指称同一军伍,或指我们所说"湘军"中的不同营伍,相当纷杂。即使后世的研究著作中,对"湘军"的具体解释也不尽相同。在本书中,对此不再做具体梳理和介绍,一般情况下(除非需要其他特定称谓之处和在相关引文当中),是以"湘军"总称由湘系集团将帅所统带、兵员上一般也是以湖南人为主的各支军队。
[②] 中华书局1984年版,该书前名《湘军新志》。
[③] 四川人民出版社1990年版。
[④] 岳麓书社2014年版。
[⑤] 中华书局1997年版,旧作改后新出。

《淮军志》①，朱来常的《淮军始末》②，樊百川的《淮军史》③，翁飞的《李鸿章与淮军的创建》④，刘凤翰（中国台湾）的《新建陆军》⑤，施桥渡的《晚清军事变革研究》⑥ 等；论文如罗尔纲的《清季兵为将有的起源》⑦，王尔敏的《清代勇营制度》⑧《湘军军系的形成及其维系》⑨，任恒俊的《新军差异与南北军阀的形成》⑩ 等。

二是关于相关督抚（个人及群体）、军阀势力者。著作如朱东安的《曾国藩传》⑪，雷禄庆（中国台湾）的《李鸿章新传》⑫，苑书义的《李鸿章传》⑬，李宗一的《袁世凯传》⑭，侯宜杰的《袁世凯全传》⑮，贾小叶的《晚清大变局中督抚的历史角色——以中东部若干督抚为中心的研究》⑯，来新夏的《北洋军阀史》⑰，张华腾的《北洋集团崛起研究（1895—1911）》，徐勇的《近代中国军政关系与"军阀"话语研究》⑱ 等；论文如刘广京（美籍）的《晚清督抚权力问题商榷》⑲，魏秀梅（中国台湾）的《从量的观察探讨清季督抚的人事嬗递》⑳ 等。

三是涉及集团关系及其演变者。而演变的环节中，尤其关联清末

---

① 中华书局1987年影印台湾1981年版本。
② 黄山书社1984年版。
③ 四川人民出版社1994年版。
④ 黄山书社2012年版。
⑤ 台湾"中央研究院"近代史研究所1967年版。
⑥ 军事科学出版社2003年版。
⑦ 《中国社会经济史集刊》第5卷第2期，1937年。
⑧ 台湾《"中央"研究院近代史研究所集刊》第4期上册，1973年。
⑨ 台湾《"中央"研究院近代史研究所集刊》第8期，1979年。
⑩ 《文史哲》1990年第4期。
⑪ 四川人民出版社1985年版。
⑫ 文海出版社1983年版。
⑬ 人民出版社1991年版。
⑭ 中华书局1980年版。
⑮ 当代中国出版社1994年版，后其他社再版改名《袁世凯传》。
⑯ 上海书店出版社2008年版。
⑰ 南开大学出版社2000年版。
⑱ 中华书局2009年版。
⑲ 原载《清华学报》新10卷第2期，《中国近现代史论集》第6编辑入，台湾商务印书馆1985年版。
⑳ 台湾《"中央"研究院近代史研究所集刊》第4期上册，1973年版。

中央与地方权力格局状况。相关著作如刘伟的《晚清督抚政治：中央和地方关系研究》①，邱涛的《咸同年间清廷与湘淮集团权力格局之变迁》②，李细珠的《地方督抚与清末新政——晚清权力格局再研究》③，马平安的《晚清变局下的中央与地方关系》④ 等；论文如杨天宏的《咸同时期清朝权力结构的变化》⑤，张勤的《湘、淮两军军系差异浅析》⑥，王继平的《湘军淮军异同论》⑦，刘伟的《甲午前四十年间督抚权力的演变》⑧，王瑞成的《"权力外移"与晚清权力结构的演变（1855—1875）》⑨，李细珠的《辛亥鼎革之际地方督抚的出处抉择——兼论清末"内外皆轻"权力格局的影响》⑩《晚清地方督抚权力问题再研究——兼论清末"内外皆轻"权力格局的形成》⑪ 等。

以上只是一个简略的择篇举例，挂漏自多。

本项研究的撰稿人也已有若干相关研究成果。主撰者董丛林多年来以湘、淮集团人物和群体状况为其研究的主要领域之一，已有系列性成果，关于人物的专题研究涉及曾国藩、胡林翼、左宗棠、刘长佑、李鸿章、刘铭传、吴汝纶等，关于其群体状况的研究涉及湘、淮集团崛起历程、构成要素、异同比较、各自特征及内、外部关系等内容。已有相关著作多部，如《曾国藩传》⑫《百年家族——曾国藩（家族）》⑬、《胡林翼政迹与人生》⑭《刀锋下的外交——李鸿章在1870—1911》⑮ 等；论文40余篇，如《胡林翼与湘系势力的崛起》⑯《领袖导向与湘淮系势力

---

① 湖北教育出版社2003年版。
② 北京师范大学出版社2010年版。
③ 社会科学文献出版社2012年版。
④ 新世界出版社2014年版。
⑤ 《四川师范大学学报》1986年第4期。
⑥ 《安徽史学》1995年第2期。
⑦ 《求索》1997年第5期。
⑧ 《近代史研究》1998年第2期。
⑨ 《近代史研究》2012年第2期。
⑩ 《近代史研究》2012年第3期。
⑪ 《清史研究》2012年第3期。
⑫ 人民出版社2011年3月出版，2014年第3版。
⑬ 台湾立绪文化事业有限公司1999年版、河北教育出版社2000年版，后均多次印刷。
⑭ 河北教育出版社2011年版。
⑮ 东方出版社2012年版。
⑯ 《近代史研究》1987年第4期。

的"异流"》①《"迷拐""折割"传闻与天津教案》②《曾国藩、左宗棠关系中的性格影响因素论析》③《刘长佑督直论略》④《论李鸿章的"洋教"观》⑤《李鸿章的"中西比较观"述论》⑥《吴汝纶弃官从教辨析》⑦《晚清湘系势力的崛起与社会结构变动说略》⑧《湘淮派系之争中的刘铭传》⑨《胡林翼与湘系群体关系论要》⑩《论胡林翼对系外关系的处置》⑪等。所列只是就相关点、面的篇目举例,加之更多的未列者,总体上能见在湘、淮集团的研究方面具有了一定积累。正是在此基础上,进而思考向袁世凯集团拓展,开始关注"湘""淮"与袁世凯集团的衔接,立意对"三集团"做统观、整合研究,并初步有了相应成果,如《张之洞与袁世凯比较论》⑫,涉及对袁世凯的审视;《晚清三大军政集团的"环链关系"说略》⑬,则是对"三集团"整体关系特点的概要性论说。正是在这样一个初步基础上,进而有了本课题的设计,拟进一步进行较为细化和系统的相关研究。

参撰者也有一些相关成果。如张静的《李鸿章集团在北洋的奠基考察》⑭《李鸿章与北洋"官系"网的形成和发展》⑮《李鸿章集团与江南制造局》⑯等文,重点研究的对象是李鸿章与淮系集团。徐建平的成果则侧重于清末新政时期关于袁世凯与直隶的研究,如《清末直隶宪政改革研究》一书⑰,对当时袁世凯与直隶宪政改革相关多方面的情况,进

---

① 《近代史研究》1994年第2期。
② 《近代史研究》2003年第2期。
③ 《晋阳学刊》2010年第3期。
④ 《河北广播电视大学学报》2011年第4期。
⑤ 《中华文史论丛》第52辑
⑥ 《河北学刊》1994年第2期。
⑦ 《历史研究》2008年第3期。
⑧ 《中国社会历史评论》第7卷。
⑨ 载《海峡两岸纪念刘铭传逝世一百周年论文集》,黄山书社1998年版。
⑩ 载《晚清改革与社会变迁》,社会科学文献出版社2009年版。
⑪ 《明清论丛》第九辑。
⑫ 《光明日报》2016年2月20日。
⑬ 《光明日报》2014年8月27日。
⑭ 河北师范大学2006年硕士论文。
⑮ 《贵州社会科学》2006年第4期。
⑯ 《河北民族师范学院学报》2016年第1期。
⑰ 中国社会科学出版社2008年版。

行了较为细致的考察和分析。其文章有《直隶地方官与清末宪政改革》①《清末直隶地方官报的兴起及其政治表达》②《顺直谘议局与清末分权制衡体制的产生》③《清末直隶州县自治运动初探》④《清末直隶行政区划改革研究》⑤ 等。

综观既有相关研究成果，能反映出前面所言相对"多""少"的基本情况，说明本课题确有较大学术空间。并可以看出，既有相关成果除史实层面内容和局部性问题的观点外，所体现的与本课题宏观题旨有关的基本问题即集团"关系"及其"走势"，揭示尚欠充分。至于对"三集团"影响所及而又获注意较多的问题，如中央与地方权力格局，在观点上也颇显分歧，这大致可以归纳为三派：一是以罗尔纲先生为代表持"督抚专政""内轻外重"之说；二是以海外学者刘广京为较早，近年来一些学者进一步发挥，倾向于质疑乃至否定"罗派"基本观点；三是持清末"内外皆轻"之说。应该说，各家都有其独到、合理之处和有价值的学术贡献，同时也或有其特定的局限和偏重，尚有探讨和出新的空间。鉴于上述情况，本项研究有的放矢，强调在对晚清"三集团"分别厘清的同时，更着重于对其做整合研究、比较研究、动态研究，以及与朝政变端和"内外轻重"权力格局态势结合的研究。这样力求打破对其各自孤立着眼的视域局限，拓宽研究范围，提升观察高度，以求能从整体上凸显其特点和新意。这样，就需要基于复杂的历史实际，有的放矢地择准研究对象的关键之处，聚焦"节点"性肯綮问题，寻绎惬当的研究理路，既发掘和揭示相关史实乃至重要细节，又做出有理据支持的阐释，做好实证与理论的有机结合。在对"三集团"分别观照的基础上，既从具体背景条件、产生契机、首领和要员特点、群体构成状况、社会作用等方面作横向比较，又对其做出纵向演变的考察，注重界标性节点，揭示走势轨迹，尤其对在其影响下，清末新政阶段中央与地方权力格局的状况予以考察和辨析。

还需要特别说明，本项研究与直隶（今京、津、河北为其主要地

---

① 《河北师范大学学报》2007 年第 1 期，《中国社会科学文摘》2007 年第 2 期摘转。
② 《历史档案》2007 年第 2 期。
③ 《史学月刊》2007 年第 4 期。
④ 《燕山大学学报》2007 年第 4 期。
⑤ 《北京社会科学》2008 年第 2 期。

域）有着直接而密切的关联。湘系要员刘长佑及首领人物曾国藩都曾任直隶总督，淮系首领李鸿章更是任直隶总督兼北洋大臣达二十多年之久，袁世凯起家及经营也是有赖在此区立基。总之直隶及整个北洋地区，对于"三集团"尤其是后两者的发展来说至关重要，本课题研究内容自然也就相应与直隶密切关联，这自有助于对当时直隶历史的认识。

并且，研究中的资料利用上，会涉及"官方文献"与"民间文献"、"中央文献"与"地方文献"有机结合的问题。首先，这需要对相关概念有妥适的理解和把握。梳理起来，以往学界在相关概念的界定上不但存在歧异，也远说不上完善，颇有进一步思考的空间。并且只有对相关文献能妥适地综合利用，才利于解决好"斑""豹"问题，即通常说的"点"与"面"、局部与整体的关系问题。对此，有的放矢地有所思考，做好相关理论准备。[①]

本课题研究更具体层面上的基本内容和结构逻辑，由目录提示出的总体框架中即可看出。概括归纳来看，除绪论内容外，各章可归属两个单元（对应于上、下篇）：第一单元（上篇），在对"三集团"统观、分观的基础上，揭示其构成的群体要素及其各自的基本情况，并着重比较研究其异同。这是相对"静态"的研究。第二单元（下篇），考察"三集团"的演变走势，探析这一过程中对中央与地方权力格局的影响，既对造成"内轻外重"成局的情况，在传统认识的基础上做进一步探究，又对清末新政阶段出现的复杂状况作特别考察和辨析，通过"名实之辨"阐说所见。这是相对"动态"的研究。将两个单元即上下篇的内容有机贯连于通体研究当中，力求把握好下述关键之点：从典型军政集团（这不同于一般"督抚"群体）切入和立基，既充分注意其领袖人物的关键作用，又重视其群体状况，对其规模、结构、特点和动态等方面做出切实揭示。既对所涉三大典型军政集团进行各自观照，更注意对其间交错衔接、贯通联系、异同皆具及走势动态的情状做"一体化"考察。这中间，要特别注重的"节点"问题：一是在对"三集团"的比较环节上，通过从历史背景、具体契机和相关事件着眼仔细观照、

---

① 参见董丛林《民间文献、地方文献的界定和利用问题浅思》，《河北学刊》2018年第4期。

分析，揭示其异同；二是在对其"走势"的考察中，归结于袁系集团对清末中央与地方权力格局的影响环节上，因对此局学界认识不同，见解纷歧，要在了解各家观点的基础上予以辨析，提出看法；三是在总体理路的把握上，既要注意所置各部分结构上的逻辑关系，又要辩证地处理好所涉事体的客观情势与主观因素、动态流变与静态"截图"、外在形式与内里实际等方面的关系问题。

本项研究的方法和手段上，在坚持正确指导思想的前提下，以历史学的基本研究方法为主导，立基于实证，史论有机结合；同时，适当借鉴和运用政治学（如借以解析所涉政治主体与客体、政治利益、政治权力、政治心理等问题）、军事学（如借以审视相关军队的组建、发展问题）、财政学（如借以认识军费来源与分配问题）、社会学（如借以分析相关集团的群体性问题）、行政管理学（如借以观照政权组织的职能、效能问题）等多学科的理论和方法，来有的放矢地阐释相关问题；并且还要注意做到宏观鸟瞰与微观聚焦、"分体"剖视与整合研究以及静态观照与动态追踪的有机统一。

本项研究力求的创新之处，试从三个方面概括：一是在对"湘""淮""袁"三集团分别厘清的基础上，更着重于将三者做比较研究，并将它们和所涉的相关时段衔接贯通揭示走势，又与当时中央、地方权力格局的演变密切联系，总之，是打破对其各自孤立着眼的视域局限，拓展到一体整合性研究的更广范围和提升到更高层面，并且，在凸显"节点"性史实构建的基础上，特别注重地方军政集团与清廷"互动机制"上的探析，这样有着总体立意上的出新。二是在若干相对具体层面和"节点"问题上，如"三环链"式的军政集团发展主干；各方围绕"军政结合"问题的复杂斗法；区别典型军政集团与一般性督抚群体的要旨所在；关键人物政治心理和个性特征的影响作用；直隶总督"法定"涉外职事的特别意义；地方军政集团中"军阀"要素的隐、显情状；淮、袁集团权力向中央层面的浸润机杼；关于"内重外轻"综合纽结性问题的多重辨析等，或可凸显其独到之处。需特别强调，就研究对象纵向"走势"的最后节点及其影响而言，是本项研究的归结所在，也是体现其研究意义和学术价值的一个重要环节，将就学术界看法不一的清末"内""外"轻重的权力格局问题，做出自己的研判，旨在说明：自湘军崛起后由"督抚专政"而"内轻外重"的局面到其时具体面相上自有变化，但若从基本面上否定之则不免"矫枉过正"，那就似乎过于注重了相关制度性事体的形式和表象，轻忽了其潜隐的实际。综合诸多复杂因素，并主要从相对意义上来观照，认定该期实质上依然"内轻外重"觉得更符合历史实际，只是进程中时现波动并非稳态平直发展而已。对于此时清廷和袁世凯军政集团（而非一般督抚群体）来说，在"名""实"上辨析其"轻""重"状况不失为一大肯綮。三是在研究方法上，立基与史，而与相关多学科方法、理论求取有机结合（当然，这在书中有的地方只是潜隐性运用，而非全都揭明学科所属），自也利于研究的出新。

当然，这主要是就本课题的设计立意而言，实际操作中或难以尽达预期目标，眼高手低、想到而不能尽善做到，或乃愚拙人难免的局限。

在此稿的写作过程中，曾就其内容发表了一些论文，有的主要是自书稿某节内容中的具体节取，有的则是由不只一节甚至多章节内容的选择性提炼概括。当然，无论如何论文体例与书稿毕竟是有其差异的，即使有的论文在书稿文字中体现得较为集中，但自亦不可能尽同，而所说论文皆是基于书稿内容或其构思而作，将这类文篇于此注出①，后不再一一说明。除此之外，还有一些论文亦属本项研究的中期成果，或主要是理论铺垫（有随文注出者），或系湘、淮大员和袁世凯在某一特定方面的专门内容，因在本书中没有足量和明显的直接性文字，故于此不录。

---

① 此类论文主要有（以在书稿中内容的相对先后排列）：《晚清湘淮系集团势力"两个结合"的构成要素》，《安徽史学》2017 年第 3 期；《张之洞与袁世凯比较论》，《光明日报》2016 年 2 月 20 日；《"淮由湘出"事局审视——关于晚清湘淮集团关系起端的揭示》，《军事历史研究》2018 年第 4 期；《宏观比较视野下晚清"内轻外重"之成局》，《河北师范大学学报》2018 年第 2 期，《中国社会科学文摘》2018 年第 8 期摘转；《晚清民初"内外轻重"态势演变》，《中国社会科学报》2017 年 2 月 20 日；《"东南互保"相关事局论析》，《晋阳学刊》2018 年第 2 期；《晚清"三集团"大员与北、南洋的"两职一体"》，《南国学术》（澳门大学）2018 年第 1 期；《皇族亲贵少壮派与清末朝局》，《明清论丛》第十八辑（故宫出版社 2018 年版）等。上列论文作者皆为董丛林。

上 篇

第一章　晚清政治群体概况及"三集团"的构成

要认识晚清"三集团",有必要首先了解晚清政治群体构成的大略状况,在这样一个背景性基础之上,才更易于观照和把握。对"三集团"的群体类别属性需要明晰,其最为基本的实际构成要素更需把握。如果说,前者(群体类别属性)在较大程度上是基于理论划分,那么后者(实际构成要素)就不单单甚至主要不是理论问题,而是史实支持下的归结,而就此所作的相关论述,也是本章最为着重的内容。

第一节　晚清政治群体构成类别概说

一　相关"群体理论"

人类社会自古结群分"派",自阶级分化以后便具有了政治群体的凸显。在漫长的中国封建社会中,阶级分野之外,阶级内部的政治群体分化也纷杂多有,特别是统治阶级内部常有的"党争",以谋求本帮派的政治利益特别是权势资本为目的,往往影响朝政甚至引发变端。及至晚清,时代条件较前发生明显变化,由于外国列强的入侵,由于与外部世界联系的建立和不断拓展,中国内部的各种政治群体关系,同时也置于世界的政治网络关系当中,这一方面是在更广阔的范围展现出新的政治群体关系,同时也在中国内部的政治群体关系中渗入或直接或间接的影响因素,使之在一定程度上发生质的变化。

借鉴和运用"群体理论",有助于对晚清政治群体的审视和解析。从社会学、社会心理学乃至近些年在我国也热兴的组织行为学,在其对"群体"的界定、分类乃至更广范围的群体理论方面,虽说各有不同的侧重,即使同一学科内各家也或有不尽相同的看法,但一般而言,基本的共性面还是比较大的。以社会学为例,在20世纪90年代初问世的一本《社会学》著作中,以该学科为例就言及这种情况:"社会群体的定义可能是诸多社会学概念定义中分歧较少的一个。尽管也有不同的界说,我们仍比较容易从诸多说法中找出一些共同点:互动、个性、低组织化水平、持续性、目的和功能、分工、角色、感情归属,等等。各种群体定义一般都包括下列基本含义:第一,社会群体是一定数量人群的持续集合,而不是偶然的集合;第二,这种集合不是无条件的,而总有某种共同因素把他们联系在一起,或者是相类似的身份,或者是共同目标,或者是共同兴趣,或者是共同期待……社会群体的实质是社会行动的集合,目标、感情、兴趣与期待都依赖于现实的社会行动;另一方面,群体成员通过群体性社会行动才能实现各自的需要和归属,并在客观上把自己与外在的社会结构有秩序地、有意义地联系在一起。"[①]就其要素而言,第一点,所谓"是一定数量人群的持续集合","持续"自是与"偶然"相对而言,显然不可能要求是"永远",而只能是在一定时段内的存在而已。其实,即使"偶然的集合",如偶然聚合于特定场合人群发生的所谓"集群行为",当时的行为者也是一种"群体",只是属纯然临时性的、比较特殊、并不符合上言"群体"的完整要素,故将其排除。但也应注意到,由于此偶然遇合和共同行动,其人员中也有可能借此机缘建立和维系联系,结合成常规意义上的"群体"者。上揭"群体"要素的第二点中,强调群体"集合"的有"条件",并见诸"社会行动",还在客观上建立与"外在的社会结构"的联系,也都是非常必要的,并且其具体内容是复杂而多样化的,需结合具体群体作具体审视和分析。

对"群体"的理论认识,仅仅停留在上述层面还是不够的,需进而关注它的分类。相关著述中的具体分类情形也不尽相同,不过,最基本的像"实体群体与假设群体""大群体与小群体""正式群体与非正式群体"等,对于我们来说尤需注意。"实体"和"假设"群体之分,是在于有否实体性组织形式和直接的联系和活动,是者便是"实体群体";而人们为了研究、分析上的需要所划分的群体,属所谓"假设群体",或称"统计群体"。"大""小"群体之分当然主要是着眼于规

[①] 陆学艺主编:《社会学》,知识出版社1991年版,第73—74页。

模，但又很难绝对地作具体人数上的规定，其模糊性是比较强的。一般而言，像家庭、朋友、班组之类的群体自当属"小群体"之类；而民族、阶级、阶层、集团和宏大派系之类的群体自然是"大群体"。"正式""非正式群体"的区别，在于其群体结构的特征，有着组织规范、固定编制，成员的职责、权利和义务也有明确规定的群体，是"正式群体"；而没有正式群体的相关约制，人们在交往过程中，由于共同的兴趣、共同的观点、共同的感情、共同的目标等结合成的群体，则为"非正式群体"。

二　晚清政治群体

基于上述最为基本的群体理论，在所涉各种社会群体中，那些具有典型政治性质的群体，就是我们所要观照的"政治群体"。在晚清，政治群体的概况和特点如何呢？

就"大群体"而言，像民族，就中华民族的整体来说，因为列强的入侵，民族危机凸显，刺激国人忧患御外意识的产生和不断增强，而近代民族意识也萌生并逐渐明晰。自鸦片战争刺激下林则徐、魏源辈"开眼看世界"，呼号"师夷长技以制夷"，意味着冲破传统的"夷夏之辨"观念，有了新的世界眼光和视域，开始将中国置于世界范围来审视，在"天朝上国"的迷梦中醒来，从最为直接的器物层面上看到并承认西方国家的长处和优势，提出学习过来反制对方，这种"知夷"并力图"制夷"可谓"明势御外"的思想意识，已经朦胧地暗蓄了"国族"立场。以后，从洋务派到早期维新派，应该说在这种"国族"意识上都有持守乃至发展。洋务派虽然具有较强的对外妥协性，但在对中外统观的对比审视上当有明显进步。至于早期维新派，更是突破了原属"洋务理论家"群体的思想藩篱，明显有了在认识和肯定西方国家政制优长和御外爱国思想方面的升华。及至甲午战争清朝失败，空前严重的民族危机也给了国人空前的刺激，"吾国四千余年大梦之唤醒，实自甲午战败割台湾偿二百兆以后始也"[①]——维新派名流梁启超此语，揭示甲午战争之于民族觉醒所具有的界标性刺激作用，诚然如此。还需注意，也正是在甲午战争清朝失败这年，孙中山在海外成立革命团体兴中会，标志

[①] 梁启超：《戊戌政变记》，《梁启超全集》第一册，北京出版社 1999 年版，第 181 页。

着资产阶级革命运动的发轫,他亲自起草的兴中会章程中,激言痛陈"强邻环列,虎视鹰瞵"之下中国的严重危机,大声疾呼"亟拯斯民于水火,切扶大厦之将倾",并明确喊出"振兴中华,维持国体"①的口号,民族意识的空前明朗自不待言。随着革命运动的发展,其民族意识也在不断深化。总体来看,辛亥革命党人的民族意识,尽管受激进"反满"理论宣传中有一定程度的偏执性干扰,但将反帝与反清统一起来,是达到了晚清时期民族意识的高端。

而从"中华民族"概念的明确出现来看,是由梁启超开其端的。他在光绪二十八年(1902)发表的《论中国学术思想变迁之大势》中,言及"我中华民族"云云(上一年,他在《中国史叙论》一文中曾有"中国民族"之语,"中华民族"可视为在此基础上演化而来)。自此,"中华民族"的概念除梁启超本人多次使用外,也渐为国人所沿用,包括革命党人章太炎等。至于孙中山最早用及该词的时间,可能是到了中华民国成立之初,在1912年1月5日他以临时大总统名义发布的《对外宣言书》中②。总之,在清末,"中华民族"的概念不但已经出现而且在一定规模上使用,尽管使用者把握的具体内涵上或有差异,但在与外国的参照下,将其作为国内各民族共同体的一般原则这一点上,可以说是无大异的,体现出有了较统一的族群认同。

在阶级、阶层方面,晚清时期也有明显的衍生变化。在漫长的封建社会里,对立的基本阶级是地主阶级和农民阶级。及至晚清,这两个对立阶级依然存在,但所处的社会环境今非昔比,因为有了外国势力的介入,其直接间接的联系方面扩展,使之不能像先前那样"纯粹"。

新的阶级、阶层的出现,首先需要关注到的是"买办"群体。随着鸦片战争后通商口岸的开辟,出现了为洋行购销商品和从事翻译、联络等服务性工作的专职人员,他们被称作"买办",尽管这还不能等同于日后成型的"买办阶级",但从依附于外国势力这一基点说,当可视之为其最原始的前驱。再就是无产阶级的产生。最早则可溯源于通商口岸

---

① 孙中山:《檀香山兴中会章程》,《孙中山全集》第一卷,中华书局1981年版,第19页。
② 据郑大华《中国近代民族主义与中华民族自我意识的觉醒》,《民族研究》2013年第3期。

建立后受雇于外商的中国工人（包括海员之类），这时中国资产阶级还远远没有产生，所以说，两者并非孪生关系，中国无产阶级萌生则要早多年。日后随着洋务派所办各类厂家以及中国民族近代企业的出现和发展，中国工人数量也日益增加。中国民族资产阶级初萌于19世纪60年代末70年代初，嗣后逐渐有了一定规模的发展。并且一般认为，它又分为上层和中下层这样两个不同的阶层，其上层较比中下层在经济实力上明显雄厚，与外国资本及国内封建势力也有着更为密切的联系。中国无产阶级和资产阶级都是在半殖民地半封建的特定社会历史环境中孕育、产生和发展的，都有着它的特殊性。尽管中国无产阶级产生较早，但它登上政治舞台是后至民国年间的事情，直到清末，还是民族资产阶级作为中国政治舞台上先进阶级力量的代表。

在晚清，就社会阶层而言，较比几个最为基本的"阶级"，当然可以有更细的划分，不再一一详述，不过有的特别且重要者亦需注意，如"士绅"阶层就是一例。对这一阶层，或界定为"外在于国家行政系统的，在地方享有一定政治和经济特权的知识群体，涵盖了居乡的官员和所有科举功名之士"[①]。当然，各家定义并不完全一致，不过有一定的知识和特权，不同于一般民众而又"外在于国家行政系统"（不是在职正式官员），这些要素当是基本的。就一般意义上的"士绅"而言，并非始自晚清，它在古代社会即有，但至晚清也有它的醒目特殊性，就是在阶级属性上不再单纯，封建性与资产阶级性或兼而有之。譬如，其中的"绅商"，就"构成传统绅士向近代工商资本家转化的中介桥梁。这种转化又是通过由商而绅和由绅而商的双向社会流动的途径来实现的"[②]。这就很典型。

从民族到阶级、阶层，这种"大群体"固然有其人员的"实体"性，也或有一定的成员认同性（如民族上的族群认同），但像阶级、阶层之类，则更是一种人为划定，并无综合的组织实体可凭，其人员即使有职业、行业上的自觉认同，却未必有"阶级""阶层"称谓和从属上的认同。即使可能有属自觉建立的某类组织实体，如清末各地商会，当

[①] 李世众：《晚清士绅与地方政治——以温州为中心的考察》，上海人民出版社2006年版，第13页。

[②] 马敏：《官商之间——社会巨变中的近代绅商》，天津人民出版社1995年版，第2页。

可认定为"资产阶级"人员中实体组织，但毕竟不可能有包罗整体"资产阶级"的一个实体组织。从这个意义上说，自可视为"非正式群体"。

此期的"非正式群体"中，有些"派别""派系"也是重要属类。譬如，在与鸦片战争密切牵连的鸦片问题上，清朝官员中的"严禁派"与"弛禁派"；历次中外战争中的"抵抗派"与"投降派"；洋务运动中的"洋务派"与"顽固派"；维新运动中的"维新派"与"保守派"；辛亥革命运动时期的"革命派"与"改良派"；一定时期存在于清朝最高统治集团中的"帝党"与"后党"；还有像官员中的"清流派"与"浊流派"，等等。这类派别就规模而言大小不一，情形各异。以"清流派"也就是清流党人为例稍具体言之。作为一定时期里清朝统治阶级内部的一个政治派别，其人员以敢言、激言著称，评议时政，指斥流弊，弹劾大臣，标榜气节，激扬舆论，所谓"鹰击毛挚，烜赫一时"。他们人员并非很多，又有前、后清流之分。"前清流"奉直隶籍的军机大臣李鸿藻为领袖，同为直隶籍的张之洞、张佩纶和福建籍的陈宝琛、浙江籍的黄体芳等京官为健将；"后清流"以江苏籍的高官翁同龢为核心，骨干有满籍的盛昱、福州籍的王仁堪等京官。当时有"清流"之指称，但并无组织和自订名称。相应对所谓"浊流"的指称上亦是如此。本来即无确定性，而越到后来人的看法上，甚或更为模糊和泛化。以作为清末疆吏大员后人、著名学人的陈寅恪之说为例：

> 简要言之，自同治至光绪末年，京官以恭亲王奕䜣李鸿藻陈宝琛张佩伦等，外官以沈葆桢张之洞等为清流。京官以醇亲王奕譞孙毓汶等，外官以李鸿章张树声等为浊流。至光绪迄清之亡京官以瞿鸿禨张之洞等，外官以陶模岑春煊等为清流。京官以庆亲王奕劻袁世凯徐世昌等，外官以周馥杨士骧等为浊流。但其间关系错综复杂先后互易，亦难分划整齐，此仅言其大概，读者不必过于拘泥也。①

---

① 陈寅恪：《清季士大夫清流与浊流之分野及其兴替》，《寒柳堂集》，上海古籍出版社1980年版，第171页。

正因为本无明确组织认同，才易致其认定上模糊、泛化的情况。但无论如何，其规模上不会很大，只是限于有相应特点可稽的官员。

还有上面言及的"严禁派"与"弛禁派"、"抵抗派"与"投降派"、"洋务派"与"顽固派"、"帝党"与"后党"等，虽说规模大小自有差异，但同样并无实际组织甚至无严格群体上的自我认同性这一点，也是醒目的。至于到维新运动中的"维新派"与"保守派"、辛亥革命运动时期的"革命派"与"改良派"，情况则有所变化，就是有些派别中有了明确的、实体性的、规范化的组织依托。譬如，属维新阵营的强学会、保国会以及具有政治性质而名目繁多的相关"学会"之类；属革命阵营的"兴中会""华兴会""光复会"之类革命团体，乃至像"同盟会"这样的初步具有政党性质的组织；属改良派的如"保皇会""政闻社""预备立宪公会"之类的诸多团体。所举这类的组织团体具有了程度不等的资产阶级性质，它们是中国近代政治发展到一定阶段上才可能出现的产物，这是自维新运动开始显现的新的社会政治现象。这类组织本身各自当属实体性、规范性的正式群体，无疑也是相应属"派"的重要组成部分。不过，相关各"派"也并不是属下组织实体的机械累加，有些人员可能并不是相关团体的在册成员，但符合划属该派的要素，自当也应认定其为该派所属。这样就其派别整体来说，仍当为"非正式群体"，但就其中实体规范组织而言，又属"正式群体"，是这样一种"正式群体"与"非正式群体"的微妙结合。就此点而言，本书中专重的"三集团"的群体结构，与之有类似之处，但它们又有其自身多方面的专属特点。

"三集团"都是以军队立基，尽管其军在军制和"新""旧"程度方面有所差别，但无疑都有层级性的实体编制和人员，有制度、纪律和相关具体章程，这自然属正式群体。还有其粮台、幕府之类的各种实体班子，当也属正式群体。包括其集团督抚大员属下的相关行政系统组织班底，自亦有类似的群体属性。但是，又不能说这类"正式群体"叠加起来，就构成了其集团势力。这类"正式群体"固然是其集团势力的重要组成部分，但绝非全部。还有批量人员未必正式属其某个组织，因而不受此正式群体的约制，而是由于在政治志趣、追求目标、思想感情、地缘关系等方面具有共同性，并且有着特定方式的可能行动配合，符合群体认同要素，他们自然也应包括在其群体势力范围。如此，就其总体"集团势力"来说，较之那种明晰而具体的组织实体，就具有相对模糊性，有着"非正式群体"的属性。并且这类群体，显然应属"大群体"之类。需要说明，本书在"集团"和"（集团）势力"的概念使用上，是有其指称上的微妙区别的，前者较为明确、具体，后者则相对模糊、抽象（在下面适当地方还会有对相关概念的进一步辨析）。在把握其这样一个群体类别特征的基础上，下面着重对其"两个结合"的构成要素予以论析。

第二节 "三集团"的"两个结合"构成要素

一 政缘性与地缘性的有机结合

"三集团"的构成要素当然可以从多个角度和方面来审视，而最关键的可以归纳为"两个结合"：一是"政缘性"与"地缘性"的有机结合；二是"军"与"政"的有机结合。笔者以前在对湘、淮集团的研究中，曾多次原则性表述过这一观点，这里则就此展开做较详论说。先论政缘性与地缘性的有机结合。

所谓"政缘性"，是指各集团内部有着共同的军政利益，乃这方面的"利益共同体"，并有着对这种共同利益目标的一致追求和协同行动；而"地缘性"，就湘、淮集团而言，是指分别以湖南和安徽籍人为主体和基干，同时不排除包括部分非湘、皖籍人员。对于袁世凯集团来说，其"地缘性"，不像湘、淮集团领袖与其籍贯省份那样密切的关联，而主要是以其立基崛起的直隶、北洋为地缘依托。把握其"政缘性"和"地缘性"的有机结合非常必要，此乃把握这类群体势力构成要素的关键。

政缘性方面。

就其初始的典型情状而言可具体归纳为下述五点，这在湘系要员身上最为凸显，淮系要员基本共具，而在某些方面程度不同地存在差异，袁系集团则变异更大，但也仍可在该框架内解释。首先主要以湘系要员为例来看，然后概略地辅说淮、袁两系。

一是强烈的危机意识。

曾国藩辈面对所谓"粤匪之乱"，体察到它对"君国"的巨大威胁，屡屡发出"贼势猖獗如此，于大局关系匪轻"①之类的疾呼，相关言论多多，不待赘举，因为这是针对其不共戴天的敌对面，势必如此。尤其值得注意的是，他们的危机感并非仅仅停留在这一层面，而是连带深切反思清朝统治集团自身存在的严重问题，应该说这是一种更深层次的危机感。像曾国藩在编练湘军之初，有同道给他写信说，"今日不可救药之端，惟在人心陷溺，绝无廉耻"，曾国藩不但表示认同，并进而说："窃尝以为无兵不足深忧，无饷不足痛哭，独举目斯世，求一攘利不先，赴义恐后，忠愤耿耿者，不可亟得。或仅得之，而又屈居卑下，往往抑郁不伸，以挫，以去，以死。而贪饕退缩者，果骧首而上腾，而富贵，而名誉，而老健不死。此其可为浩叹者也。"②总之，就是说"忠愤耿耿者"少而不得其志，"贪饕退缩者"风光而健存，为此而感深忧。

在对官员腐败的揭露上，像湘系的另一要员胡林翼也特别典型。他忧愤于官僚们的昏聩麻木，说是处此"四面皆烽烟，所在皆荆棘"的时势，"在朝在野，般乐如昔，侈泰有加"，"譬如燕雀处堂，母子煦煦相乐而不知祸机已发"③，揭露有些官员面对祸乱，不思挽救，唯求自保而设法逃避，甚至不惜丑态百出。他举出具体实例，说昔年有"梁某公署苏抚，英夷入江，梁公送客，偾倒于宅门外，口流沫而目斜视，以此避死，姑苏之人皆目笑之"。这个"梁某公"可以查知是指梁章钜，他此举是在鸦片战争之时，胡林翼借此联及现时的例子，说"苏藩司联某于粤匪破镇江时，效梁所为而加甚焉"④。而这个"联某"，可查知是指宗室联英。可以说，胡林翼是给官场的腐败画出了一轴写实性很强的漫画。并且，他早就发出预警说，"民乱必由官贪""国家之败，皆由官邪"⑤！这反映出曾、胡之辈建立在对官场腐败状况正视和体察基础上的深切危机感，既是他们站在清朝统治集团整体立场上的自我反思和

---

① 《敬陈团练查匪大概规模折》，《曾国藩全集》奏稿之一，岳麓书社2011年第2版，第69页。按：所引该书系全套同出，下引各册皆省略出版项。主要是就同出的大套书做此说明，一般书首出注明"全项"，下则省略出版项（或含编者），而不专做说明。
② 《复彭申甫》，《曾国藩全集》书信之一，第102页。
③ 胡林翼数函，《胡林翼集》第二册，岳麓书社1999年版，第280—281、294页。按：所引该书系全套同出，下引各册皆省略出版项。
④ 《致罗遵殿》，《胡林翼集》第二册，第301页。
⑤ 《致王植》，《胡林翼集》第二册，第3页。

批判，也更彰显出他们与浑浑噩噩、贪鄙腐败之流在政治素质条件上的明显不同，是自作类别上的界划、区分。从曾国藩、胡林翼辈的素质条件看，确实和他们所指斥的官僚大有不同。他们不但有着比较敏锐的政治痛感神经，有着较高的才干，而且比较"廉洁公忠"。曾国藩可谓"廉正不贪"，胡林翼更是如此。譬如，知情者说他"自从政以来，未尝以一文寄家"，"不好利，不营私，作官不余一钱"①，以致"位巡抚，将兵十年，于家无尺寸之积"②。这岂不典型！

再就是他们对清朝国家"经制军"的腐败不堪而深感危机。面对太平天国起义，要进行有效镇压当然得靠军队。而当时的清朝国家经制军八旗、绿营，在与太平军的对战中确实表现很差，曾国藩、胡林翼辈对此有直言不讳的揭露，并表现出莫大忧愤。像曾国藩在咸丰二年（1852）年末的上奏当中就明言，经制军"无胆无艺"，"所向退怯"，具体表现就是军兴以来，对敌军"往往见贼逃溃，未闻有与之鏖战一场者；往往从后尾追，未闻有与之拦头一战者；其所用兵器，皆以大炮、鸟枪远远轰击，未闻有短兵相接以枪靶与之交锋者"③。胡林翼则更早即有"官兵数万，已成废器，即令千人为营，而十贼可破"④的说法，更可谓一针见血。在他们的心目中，这当然是清朝危机的重要征象。

二是坚定的纾难心志。

这与上一点是有机连带的。如果说仅仅是危机感对他们来说当然不够，甚至可能因深感危机而无奈地陷于恐慌、失望、消沉之中，曾、胡辈当然不但不是这样，而且由危机感更激发其起而力行挽救，为乡邦、为皇朝解危纾难的坚定心志。他们面对"猖獗贼势"，表示"不胜愤憾"，"势将卧薪尝胆，殄此凶逆"⑤！这不仅是他们的表态，也是基于"公忠"而发的肺腑之言，在同党间的私人言说中与此也表现得淋漓尽致。像胡林翼，就认定"吾人以身许国，即难进退任情"，"如女子之结缡，从一而终"；说"吾辈作官，如仆之看家，若视主人之家如秦、

---

① 胡林翼家书，转引自胡有猷《胡林翼家书简述》，《益阳师专学报》1984年第4期。
② 《赠总督湖北巡抚胡文忠公行状》，《郭嵩焘诗文集》，岳麓书社1984年版，第361页。
③ 《敬陈团练查匪大概规模折》，《曾国藩全集》奏稿之一，第69—70页。
④ 《论东路事宜启》，《胡林翼集》第二册，第118页。
⑤ 《讨粤匪檄》，《曾国藩全集》诗文，第140页。

越之处，则不忠莫大焉"①。为尽忠纾难，他在艰难窘困之中以"愚公之山，精卫之石"来愤然自励，抱定"有一二几希之望"，仍要"尽力干去"的坚定性。甚至病到"面色如白纸，神彩如槁木，两鼻孔日夜翕张，盖喘息粗而神明已竭"的危重之时，医生给了他"用一分心，则增十分病；用一日心，则增十日病"的警告，他却表示"愿即军中以毕此生，无他念也"②！为皇朝纾难的心志坚定得可谓无以复加。

有这种心志是湘系集团要员们的重要政治基础。他们基此联络结盟，基此选才用才。到曾国藩晚年的时候，所写《湘乡昭忠祠记》中有这样一段话，反映其群体坚定的纾难心志："当其负羽远征，乖离骨肉，或苦战而授命，或邂逅而戕生……然而前者覆亡，后者继往，蹈百死而不辞，困厄无所遇而不悔者，何哉？岂皆迫于生事，逐风尘而不返与？亦由前此死义数君子者为之倡，忠诚所感，气机鼓动，而不能自已也。君子之道，莫大乎以忠诚为天下倡。"③ 应该说这确是其群体结成的重要因素。

三是自觉的卫道追求。

湘系要员们的"卫道"，当然是卫他们心目中纲常名教的所谓"正道"。这与他们"纾难"的政治、军事行动密切结合，连为一体，是把"卫道"作为其政治、军事行动的直接而重要目的之一，同时也是更隐深层面上的追求，具有典型的政治文化色彩，也是湘系要员群体的一种鲜明底色。他们这种自觉的卫道追求，在曾国藩的《讨粤匪檄》中体现得再典型不过了。像这样一篇出征文告，是将卫道的宣示作为其最主要的内容方面之一，并且是它最"精要"的部分，其中有这样一段话："自唐虞三代以来，历世圣人，扶持名教，敦叙人伦，君臣父子，上下尊卑，秩然如冠履之不可倒置。粤匪窃外夷之绪，崇天主之教……举中国数千年礼仪人伦、诗书典则，一旦扫地荡尽。此岂我大清之变，乃开辟以来名教之奇变，我孔子、孟子之所以痛哭于九原！凡读书识字者，又乌可袖手安坐，不思一为之所也！"④ 接下来还在"神道设教"方面

---

① 《复方菊人》《再致鄂中僚友》，《胡林翼集》第二册，第337、209页。
② 胡林翼数函，《胡林翼集》第二册，第299、229、815、829页。
③ 《湘乡昭忠祠记》，《曾国藩全集》诗文，第173页。
④ 《讨粤匪檄》，《曾国藩全集》诗文，第140页。

兼作文章，声讨所谓"粤匪"糟蹋各路正统神祇，让鬼神公愤。这中间即使说不无进行最广泛社会动员的策略性成分，但亦绝不能否认其卫道追求的真诚。

这与湘系集团要员层的特定主观条件分不开。湘系要员绝多是读书人出身，像曾国藩、胡林翼他们还是进士。不仅是统帅层，湘军将领层的读书人占的比例也很高。湘军的一条重要组织原则是"选士人领山农"①，即以读书人为领兵之将，这就不但使得湘军将帅层文化素质条件高，而且浸润得整体湘军儒风鼎盛，有湘军"上马杀贼，下马读书"之说。当然，以"山农"为主体的兵勇层大多人当没有直接读书的文化条件，但可以利用口头教化，湘军是很重视经常性地对兵勇进行"训导"的，甚至注意教习他们识字（如通过通俗的歌谣体宣传品像《爱民歌》《水师得胜歌》《陆军得胜歌》《解散歌》等作教材）。

四是突出的行动能力。

光有心志、理念不行，还要落实在行动上，要与他们志在消灭的所谓"粤匪"，通过枪对枪、刀对刀地真杀实砍才可能最后制胜。在这方面的行动能力上，该集团势力应该说很突出的，这是不争的事实。太平天国起义爆发后，清廷先后任命过李星沅、赛尚阿、周天爵、徐广缙、陆建瀛、琦善、向荣等人，或相继或同时为钦差大臣，另还有像巴清德、达洪阿、乌兰泰等批量高级武官参与督兵和指挥，围追堵截，力图扼杀太平军，但都未能奏效。他们或败亡，或被追究处分，或在清廷切责下疲敝履职，而太平军反而滚雪球般快速发展。而最终是以湘军为主力，将它镇压下去，能够显示出其领导层在清朝统治阶级中实属较有生气和作为的力量。

五是惯有的"吾党"认同。

"吾党"作为湘系要员之间的群体认同性指称屡见不鲜。曾国藩编练湘军期间，所谓"概求吾党质直晓军事之君子，将之以忠义之气为主，而辅之以训练之勤，相激相劘"② 云云，就是典型一例。曾氏称赞胡林翼"不特为南数省所倚赖，亦为吾党所宗仰"③，"吾党"所指亦不

---

① 王定安：《湘军记》，岳麓书社1983年版，第337页。
② 《与王鑫》，《曾国藩全集》书信之一，第180页。
③ 《复胡林翼》，《曾国藩全集》书信之二，第462页。

言自明。对即使清朝阵营内部本集团以外的力量，一般情况下他们也是不称"吾党"而视为"他人"的。譬如，针对江南大营覆灭前曾有的战事胜利，胡林翼在给曾国藩信中就有，"东南成功尚早，我辈自行其志，不睬他人"①！"他人"显然是相对于"吾党"而言，界划分明。需要说明，有时湘系与淮系要员之间也用"吾党"互称，这可谓基于同类群体的扩展性认同。就其集团内部的"吾党"称谓而言，实际上就是一种集团政治意识的典型反映，这自然也是一个不可或缺的基本方面，并且，一贯性较强。

上述方面的"政缘性"，不但在湘系要员身上体现得颇为典型，而且对于淮系要员来说，在基本面上也大致具备。他们亦有危机意识和纾难心志，并为"平乱纾难"而努力拼搏，同样显示出这方面的突出行动能力和实际效果。这些，在李鸿章身上最具代表性。他在受任江苏巡抚之际，向清廷有"矢卧薪尝胆之志，收积铢累寸之功"②；"忘家以为国，益矢公忠"③之类的表态，并非纯然场面上应酬之语，亦不失发之肺腑的心声。及至李鸿章去世清廷所发谕旨中，称其"以翰林倡率淮军，戡平发捻诸匪，厥功甚伟"；又言"以儒臣起家军旅，早膺疆寄，晋赞纶扉，辅佐中兴，削平大难"④。朝廷对其相关军政生涯的这种肯定和表彰，亦非纯然表面虚文，更含实质性"盖棺定论"的意味。至于集团内部的"吾党"认同，在淮系也是醒目的，李鸿章对本集团要员即惯有此称⑤。当然，在前述有的方面，淮系较比湘系在程度上或有差异，尤其是在"卫道"意识方面，因为淮系将领层"士人"不像湘系那么多，总体文化条件不如湘系，"卫道"意识的反映亦不如湘系那样浓重和强烈，但这并不妨碍说明它与湘系在"政缘性"大面上的共性所在。

---

① 《致曾国藩》，《胡林翼集》第二册，第478页。
② 《恭谢天恩折》，顾廷龙、戴逸主编《李鸿章全集》第1册，安徽教育出版社2008年版，第8页。按：所引该书系全套同出，下引各册皆省略主编和出版项。
③ 《恭谢天恩折》，《李鸿章全集》第1册，第155页。
④ 中国第一历史档案馆编：《光绪宣统两朝上谕档》第二十七册，广西师范大学出版社1996年版，第202、205。所引该书系全套同出，下引各册皆省略编者和出版项。
⑤ 如见之李鸿章《致刘军门》《复佩伦》《复台湾抚台刘》等函中，分别载《李鸿章全集》第30册第22页、第32册第637页、第34册第504页等处。

至于袁系集团政缘性方面的情况，与淮系特别是与湘系相比仍然有一定类同性，但也更具较大变异。其集团形成的具体时势环境条件较比湘、淮系形成时大为不同，一是甲午战争后外患的愈形严重，二是以所谓"灭洋"为追求的义和团运动兴起。此时崛起的袁系集团，当然也有危机意识，也有纾难心志，但具体的刺激源不同了，具体的针对目标也不同了，并且在为国忧危纾难的真实程度上降低，"公忠"表现淡化，而实际的个人和集团的功利追求膨胀越发凸显。这在作为该集团首领的袁世凯的身上，表现得尤为突出。袁世凯的官场生涯，基本上是一部钻营史。在没有功名资本的条件下，为升迁攫权，善于投机，工于权术，不惜卑鄙手段，不讲节操底线。乃至到了大员层级之后，翻云覆雨的权术施展亦不稍减，在"廉正"方面，与当年的曾国藩、胡林翼辈更无法相比。至于在"卫道"方面，显然也没有湘系要员那样的典型性。而在集团群体的自我认同方面，则也是强烈的。其所属军队，虽说作为清朝最早"新军"之一（稍前还有张之洞的江南"自强军"），确有其"新异"之处，军制、兵员素质条件方面之新不用说，在属性上也有其"新"，即表面上"国有化"程度提高，实则所带有的胚胎期军阀集团的"私属性"程度较比湘淮军更高（到民初袁世凯军阀集团的正式形成绝非偶然，前即有孕育）。基于此，袁系集团在清朝阵营内部的"军阀"政治基因逐步强化，这成为其集团政治的一大特色，其集团利益也是由此集中体现，这也决定着其集团内部自我认同性的政治特色。

当然，不仅是袁系，包括淮系乃至湘系，也都有对本集团乃至成员个体政治利益的强烈追求，有的人特别是基层人员，有悖"公忠"的个人功利追求非常严重，甚至愈演愈烈，这是醒目而亦为人熟知且多有论说的事实。但这并不影响说明，"三集团"有同有异的特定"政缘性"状况。

其地缘性方面。

这对于湘系群体势力而言，是以湖南人为绝对主体。一是其要员层。有资料书籍中附录列有《湘军人物简表》，共收录923人，其中"统帅6人，战区主帅17人，统领120人，分统186人，营官234人，重要幕僚152人（按：表中简作'幕僚'），军中任职身份不明者（表中作'军中任职不详者') 208 人"①。

统帅 6 人为曾国藩、胡林翼、左宗棠、骆秉章、刘坤一、江忠源，其中只有骆秉章非湘籍（广东花县人），其余 5 人皆是。并且，骆秉章属特殊情况，他自曾国藩初练湘军期间，就任职湖南巡抚，当时与曾国藩虽未明显公开交恶，但只能算是虚与委蛇，并无"同党"的特别之亲。是随着湘军练成并越来越成气候，他与湘系的关系表现上才愈显亲密，何况多年间他在很大程度上又受幕僚左宗棠的制约，故在保障湘军的兵源与饷项等方面，发挥了他作为主政湘省大员的重要作用。不过，这期间他并未实际统领湘军，是到了咸丰十年（1860）他受命赴四川督办军务，所统以湘军为主。次年他改任四川总督仍督办军务，再后终将石达开部太平军消灭，并继续担任川督数年。总之，他是因任湘抚与湘系集团结缘，虽曾有过统带一部湘军的经历，实亦非湘系集团嫡系。湘军统帅层人物是以湘籍人员为绝对主体毫无疑问。

《湘军人物简表》中所列"战区主帅"17 人，分别为田兴恕、江忠义、多隆阿、刘典、刘蓉、刘岳昭、刘长佑、刘锦棠、陈士杰、李续宜、李续宾、杨岳斌、唐训方、席宝田、彭玉麟、曾国荃、魏光焘（此按姓氏笔画为序排列）。其中非湘籍者唯多隆阿一人，其余 16 人皆湘籍

---

① 朱汉民、丁平一主编：文献丛刊《湘军》第十卷，社会科学文献出版社 2013 年版，第 324 页。其全表在该书第 324—396 页，是所见类似统计表中列出具体人员最多者。譬如，罗尔纲《湘军兵志》（中华书局 1984 年版）第 56—65 页表中，列及的为 182 人，并说明，"它的材料来源，以清朝史馆官修的《清史列传》及当时人朱孔彰的《中兴将帅别传》两书所记的湘军人物为主。此外，如初起时救江西之役及出发湖北时的营官，以及为曾国藩所专疏保举、奏调、请恤的人物，凡能稽考得出的都列进此表去"，"这些人物，作为研究湘军的分子论，已尽够代表全部情况了"（该书第 65 页）。另一研究湘军的专著龙盛运的《湘军史稿》（四川人民出版社 1990 年版）中，也列有类似两表，一是咸丰三年、四年（该书第 91—97 页），列及 79 人，再是自咸丰五年（1855）以后者（该书第 367—393 页），列及 324 人，这样两表共列及 403 人。从列及人物的类别看，《湘军兵志》表中"首统帅，次幕府重要人物（凡参机要、治军书、筹军饷、办营务、理粮台的人物都算在内），次统领，次分统，次营官，又次为帮办（凡办理统领、营官的营务的，及随营效力的都属此类）"（该书第 56 页），上述各类在表中依次排列。《湘军史稿》表中除统帅列于最前外，其余看不出严格的排列类序，是在"职务"栏中显示人物职别，除统帅外，还有统领、分统、营官、幕僚等多类，有些人所列属类尚非单一，如"营官，分统""营官，统领"之类，或为前后变化或个别同时兼任。至于籍贯，总体上则皆以湘人居多，是绝对主体。

者。多隆阿在该统计表中注明为"蒙古正白旗人",而《清史稿》列传中述为"满洲正白旗人"①,据笔者所见及的数种资料,亦述其为满人者多。其人主要由胡林翼笼络和驾驭的非汉籍将领,及至胡林翼死后,很快与湘系关系冷淡,出离湘军战区而赴陕西,总之,他亦非湘系集团嫡系。显然,所谓"战区主帅"层级的人员,亦以湘籍人员为绝对主体。

除上述两类人员外,《湘军人物简表》所列"统领"120人(自此类以下各类这里不再列名)中,除5人籍贯不明外,其余115人中只有14人非湘籍,其余皆湘籍。"分统"186人中,除20人籍贯不明外,其余166人中只有22人非湘籍。"营官"234人中,除3人籍贯不明外,其余231人中只有14人非湘籍。"军中任职不详者"208人中,除4人籍贯不明外,其余204人中只有1人非湘籍。

所列及的各类别人物中,只有幕僚类特殊,是以非湘籍人员为多,其所列"(重要)幕僚"152人中,除19人籍贯不明人外,其余133人中有39人为湘籍,则有94人非湘籍②。

这样看来,很明显,总体上湘籍人员占据绝对多数,而只有极少量的非湘籍人员。如果将幕僚类人员去除,其余各类人员的总数771人,除32人籍贯不明外,其余739人中,非湘籍人员只有53人,其余686人皆为湘籍,约占总数(739人)的93%。湘籍人员的主体地位的突出彰明较著。幕僚类人员之所以特殊,其实正好反映了湘系集团要员的用人特点。他们在立军基于湘籍人员的同时,又不拘守于此,而是放开眼界,敞开门户,利用各种手段和途径,广为延揽人才为己所用,幕府便成为这样一个纳才蓄才的渊薮。广用幕客为之参谋、策议和具体办理各方面事务。遍及东西南北偌多省区的才士(实际湘系要员的幕僚远不止这152人),能够来到湘系要员的幕府,也足见幕主层人物的巨大的吸引力。

上面涉及的是较为重要层级的人物,而营官以下的低级官弁和兵勇

---

① 《清史稿》(缩印本)第四册,中华书局1998年版,第3072页。所引该书系全套(凡四册)同出,下引各册皆省略出版项。

② 据朱汉民、丁平一主编文献丛刊《湘军》第十卷,第324—396页表统计(包括上及各类人物)。

未涉。数量繁巨的这类人员是"湘系势力"①的最基层构成部分，它也是甚至可以说更是以湘人为主。不仅曾国藩初创湘军时在本省就地选员编伍，以后湘军各支在外省作战，补充缺额或是新立营头，一般也都要回湘招募。就连在外省主政的湘系大员，对所辖军队也力争改建为以湘人为主体者。譬如，胡林翼任湖北巡抚时即颇典型，所统军队作为湘军战场上数年里规模最大、实力最强的一支，他尝言其军"五六万皆南省之士，惟余云龙一营、余际昌四营乃鄂士"②，可见当时所谓"鄂军"主体上实亦为"湘军"，其他"正牌"湘军就更不用说了。

在当时中国的社会环境条件下，乡土性的地缘关系是很为人们看重的，带上一种天然的亲近和认同感。而且相对有地越近人越亲的感情倾向，对于他省而言有"同省之谊"，湘省之内则有邑属上的亲疏，同邑之内又有乡属上的分别，地缘越近，越易气类相合，同心相连。曾国藩初练水师，有嘱水手"皆须湘乡人，不参用外县的，盖同县之人易于合心故也"③。而其弟曾国荃部属，就更是追求"不独尽用湘乡人，且尽用屋门口周围十余里之人"④。

与这种情况同时存在的，还有"亲缘关系"的利用，这也可以附于"地缘关系"项下来看。该集团中不乏家族成员的会聚。像曾国藩兄弟五人中，除了曾国潢一人之外，其余像曾国藩本人不用说，另外三人曾国华、曾国荃、曾国葆都是湘军将弁，并且曾国华和曾国葆直接死于军中（一战死，一病死于军营）。此外像李续宾、李续宜兄弟，江忠源、江忠濬、江忠济、江忠椒四兄弟及同族的江忠义、江忠信、江忠珀等人，都曾领"楚勇"或曰湘军。这种家庭、家族成员相互依恃、汲引，

---

① 需要说明，"湘系势力"和"湘系集团"的概念含义是有区别的。"湘系势力"的包含面相对广大，指义上相对"泛"而"抽象"。"湘系集团"所指，其成员一般应为在"湘系势力"中具有一定身份、地位和权力，较无名的下层官兵显为重要，具有更具体的实指性。"淮系集团"与"淮系势力""袁系集团"与"袁系势力"，也是类似的情况。上述相关概念本书中酌情适合使用，并在不少时候以"湘系""淮系""袁系"作为各自"势力""集团"的泛指性代称。

② 《副训营禀请添招勇丁批》，《胡林翼集》第二册，第989页。

③ 《复朱尧》，《曾国藩全集》书信之一，第392页。

④ 曾国藩对赵烈文语，见赵烈文《能静居日记》第二册，岳麓书社2013年版，第1066页（同治六年六月十七日条）。当然，曾国藩此时此语是说乃弟过分依赖乡人"事体安得不糟，见闻安得不陋"，但毕竟道出了其人追求"唯乡人是用"的事实。

或同时或先后领军出阵的事例多多，不一一列举。

再就是亲戚关系，仅以曾国藩家庭为例：像儿子曾纪泽的继室（原配为湘籍名宦贺长龄之女）为刘蓉之女，女儿纪琛嫁罗泽南之子，纪纯嫁郭嵩焘之子，都是与湘系要员结为亲家。其他儿女的结亲，除了小儿纪鸿娶湖北人氏郭霈霖（曾与曾国藩同为京官结友）之女外，其余皆湘籍人家，且多官宦门第，政治投契与"湘地之谊"兼备，尽管未必都属湘系要员之门，但通过与曾国藩家联姻与湘系集团建立起这样那样的联系是自然的，这起码是反映"湘籍"地缘性因素的一个方面。

另外还有师生、同学关系，也是湘系要员内部的一种连接因素。像罗泽南军中或同时或后继的湘军将领中，就有不少是他的学生，像王鑫、李续宾、李续宜、蒋益澧、刘腾鸿①等人即颇典型，他们也都是湘人。这基本上也可视为"地缘性"大层面下的类别。当然，也有个别情况，如曾国藩做京官时皖籍人士李鸿章曾从学于他因而结下师生关系，这尽管对曾李个人乃至湘、淮关系都是重要的影响因素，但他们的籍地毕竟分属湘、皖。

淮系集团人员，则是以皖籍为主。这从王尔敏《淮军记》里《淮军统将表》②的统计即可得到一个较为具体的印证。纳入其统计范围的"统将"，应该说都属必较重要的人物，因为所把握的标准，一是"以官至提镇与道员以上之将领为限"，这自属做到级别较高的文武官员；二是"取营头之创始人"③，这自是淮军的奠基和元老级人员。该表共收录的432人中，未知籍贯者80人，明晰籍贯者352人中，安徽籍者有279人，约占80%，湖南籍者41人，约占12%，其余四川、江苏、直隶、贵州、江西、湖北、河南等多省乃至外籍（法国）者共29人，约占8%④。仔细审查该表，尽管表名中标为"统将"，但所涉人员并非全都恒为武职，而对有些人员来说实际只是表明出身于此，有过此一经历，并不限定后来职事上的变动。据此可以说明，淮军和淮系整体要员

---

① 朱孔彰：《中兴将帅别传》，岳麓书社2008年版，第78页。
② 载王尔敏《淮军志》，中华书局1987年影印本，第137—176页。
③ 王尔敏：《淮军志》，第137页。
④ 各类人员数字（非百分比数）为王尔敏《淮军志》第178页据上揭表统计提供。但该处所算不同籍贯类别人员的占比，系以432人为基数。笔者觉得从中减去不明籍贯的80人，以明晰籍贯的350人为基数更为合适，故这里是改用此算法计得。

中，皖籍人员亦占绝对主体。而非皖籍人员中以湘籍者为最多，自是因与湘系集团有着渊源上的密切联系而致，这也完全合情合理。还有一个与湘系亦仿同的现象，就是幕府文员中非皖籍人员所占比例较军中要高[①]，亦是淮系要员广延人材为之所用的结果。

并且，淮系集团中的家族性因素也是很醒目的。李鸿章兄弟（兄李瀚章，弟鹤章、蕴章、凤章、昭庆），除蕴章主要在籍经理家务（也曾参与为淮军筹饷）外，他人都直接参与过军务，像官亦至疆吏大员的李瀚章不用说，鹤章、昭庆也都有较凸显的表现，曾直接为淮军前敌将领。还有像潘鼎新与从弟潘鼎立，张树声、张树珊、张树槐、张树屏兄弟，周盛波、周盛传兄弟，郑国魁、郑国俊、郑国榜族兄弟（前两人为亲兄弟，与后者为堂兄弟）等，都是淮军有名将领。与前述湘系集团的相关情况一样，这也可视为"地缘性"大层面下的别类。至于像师生、同学关系之类，因淮系集团中"士子"较少，自不像湘系集团中那样凸显。

袁系集团如前面所提及的，在"地缘性"方面不像湘、淮集团领袖与其籍贯省份那样密切关联，而主要是以其崛起立基的直隶、北洋为地缘依托。有著作中对袁世凯"北洋集团主要成员"列有简表，涉及89人，其中"直隶21人，约占总数的23.6%；安徽17人，约占总数的20%；山东12人，约占总数的13.4%；河南7人，约占总数的7.8%。四省57人，约占总数的64%，几近三分之二"[②]。可见，直隶籍的人数最多，占比最大。因为这里是袁世凯集团赖以经营的核心基地，也是"北洋"地域的核心。安徽籍者仅次之，这主要是因为袁世凯与淮系集团的直接渊源联系，由此因袭而来，也是自然顺势。因为李鸿章的淮系集团后半段的经营主要也是在北洋，上言袁系集团的以"直隶、北洋为地缘依托"，其中"北洋"也有包含原李鸿章集团中皖籍人员的意思。上揭著作"简表"列及的袁世凯北洋集团重要成员中，山东籍的12人，人数及占比居第三，亦非偶然，当与"北洋"地域上涉及该省有直接

---

① 这从马昌华主编《淮系人物列传——文职、北洋海军、洋员》（黄山书社1995年版）一书中的"文职"列传和《淮系集团文职人员表》中即可醒目看出，这里不再详作统计计算具体比率。

② 张华腾：《北洋集团崛起研究（1895—1901）》，中华书局2009年版，第237页。

关系，何况袁世凯还是以出任山东巡抚为跻身疆吏大员开端的。而袁世凯的桑梓省份河南占7人，居上涉三省之后，远非湘、淮集团人员中湘、皖籍者那样的占比之大，当然，较比其他省份者，亦属较多，因毕竟是袁世凯的籍地省份。不过，总的来看，在集团人员的籍贯一端上，袁世凯没有也无法像湘、淮集团要员那样尤重"本籍"。

以上分别揭示了"三集团"的"政缘性"和"地缘性"的情况，下面就两者的有机结合再作略说。此两缘中"政缘性"当然是前提。就地缘性最典型的"湘系""淮系"而言，显然不能说只要是湘籍、皖籍的无论是什么人，都属其范围，湘人、皖人中间也有水火不容的敌对势力，像曾国藩他们最初的"团练"，主要是对付省内的"土匪"，这是显而易见不待多言的事情。更需要辨析的是在其清朝阵营内部。清朝阵营对于镇压太平天国来说，显然是一条庞大的"统一战线"，在所谓"平乱致治"的愿望和追求上无疑也有着基本一致性。但是，其内部又显出层级、派别、地域、职事等各种各样的群体差异。基于追求和维护各自群体乃至个体具体利益的需要，其间的矛盾、冲突、争竞必然发生。对于"三集团"与其集团外部（但属清朝内部）的关系来说也是如此。

以湘系集团与清朝阵线内部其他群体的关系为例来说。在曾国藩他们编练湘军期间，与本省地方官员群体就颇不协和，并未得到地方上的尽力支持，轻侮、不理乃至刁难的情形常有发生。上面提及的巡抚骆秉章的虚与委蛇尚算好者，像曾为该省布政使的徐有壬、按察使的陶恩培，就与曾国藩辈明里交恶，而绿营武官像提督鲍起豹、副将清德，甚至公然挑起部下与曾国藩练勇的衅端，甚至到曾国藩驻处闹事激乱。湘军成后自湖南转移至江西作战，该省官方对曾国藩的排斥、刁难简直更无所不用其极，连同为湖南籍并且与曾国藩为进士同年的巡抚陈启迈，都与曾国藩交恶到让曾氏不得不上折参奏、"告御状"的地步。与湘军战区之外的其他各军系之间，如与曾踞东线战场的"江北大营""江南大营"，与曾踞临淮区的胜保所统之军等，矛盾也明见暗存。即使湘系集团与清廷之间，关系亦颇微妙，明里尽管是以下服上、相系相维，但暗中上下之间的限制与反限制、各谋利益的情形亦颇典型。这一切，对于湘系来说，都是基于他特定的集团政治利益。

与此同时，其群体的集结又是以湘籍人员为绝对核心和主体的，这不但在人员的数量上体现出来,在集团内部的亲疏程度、地位状况上也能反映。其群体内部又可分层来看,即以直接靠湘军起家的湖南籍要员为"内层",另还有"外层",它是由或非直接靠湘军起家,或非湖南籍,但在一定时期里与湘系内层有着基本一致的派系特点和利益要求,并且具有直接联系和协同行动关系的一些人员所构成,其处于辅助地位。这样,像前边述及的骆秉章、多隆阿就都应当划属"外层"。再有像满籍将领塔齐布、四川籍的湘军将领鲍超,时为曾国藩重要幕僚的李鸿章等,也都属"外层"人员的典型。这类"外层"人员是批量的。他们在一定时间里也是湘系集团中不可忽视的成员,但民族和籍地因素又使其不能为内层群体共认作"嫡系"。

拿李鸿章来说,他与曾国藩的私人关系非同一般,李鸿章的父亲李文安与曾国藩为同年进士,李本人又曾从学于曾国藩(在京城),有着师生之谊,正因为有这样的关系李投曾幕效力,但一些湘籍要员对这位皖籍幕客总另眼相待,隔阂难消。据说一次李鸿章与湘将彭玉麟遇会,说话中彭氏讥评"忽涉皖籍人士",李鸿章针锋相对地回击,以致两人对打起来,彭"遂用老拳",李"亦施毒手",两人以致"相扭扑地"[1]。启衅之由显与籍地因素有关,互不认同,简直可说是一场各护各籍的"湘""皖"对攻了。还有左宗棠,与李鸿章的关系亦不和协,就连曾国藩的弟弟曾国荃也是这样。当然,湘籍人员中也不是就无个人交恶,但那是另外一个层面的事情。在湘系集团中,湘籍和非湘籍人员的籍地问题,对其关系亲疏的制约作用是不可小觑的。从总体上看,正是政缘性与地缘性微妙地有机结合,才可能有湘系集团的形成。湘系要员所谓"风云际遇,时或使之,生当是邦,会逢其适"[2],"名贤硕德蔚起湖湘间,电发飙举,斯亦千载一时之会也"[3]云云,正是一个很好的说明。

对于袁系集团来说,在"政缘性"方面它没有湘、淮(尤其是"湘")那样大的"公忠"程度,袁世凯热衷权术、借机钻营颇为凸显,这样使其"政缘性"方面也显出自己的特点,没有削弱反而会增强集

---

[1] 刘体智:《异辞录》,中华书局1988年版、1997年第2次印刷本,第22页。
[2] 《复庄受祺》,《曾国藩全集》书信之二,第206页。
[3] 《〈名贤手札〉跋后》,《郭嵩焘诗文集》,第97页。

团自我经营上的刻意性。至于"地缘性"方面,其相较湘、淮有着更明显的特殊性。正是在它这种双双特异的基础上,实现其政缘性与地缘性的特定结合。这种结合同样是袁系集团的构成要素,这一点是没有疑问的,只是在具体研究中需要注意从关键情节上审视和把握其特异状貌。

二 "军"与"政"的有机结合

这是湘、淮、袁群体的又一大构成要素。这一项中的"军",当然主要分别是指湘、淮军及北洋军;"政",则是特指督抚权柄、省区政权,显然与前边说的"政缘性"之"政"有所不同。军、政有机结合是体现于这一基本关系:"军"为基础和支柱,"政"在军的支撑下而获取;在其集团中,只有这种军、政集权于一身者,才能真正成为显要大员;只有这种军、政结合的实现,湘、淮、袁集团也才可能真正具备其典型形态。若仅有军而无政,或仅有政而无军,则无异于单腿跳舞。"军"的基础性当然重要,而具备这一基础之后,"政"也就显得更为关键,因为能掌控一方全局,在人事、财政、军事支配以及与其他省区乃至清廷的"交联"上,具有无可替代性。并且,在具备"政"之权力的同时,又能维系和大力扩充发展其"军",强军反过来又能固"政",这样实现"军政结合"程度提升上的良性循环。在这一要则上,湘、淮、袁集团势力同样符合,但在"军政结合"的具体过程和相关样态、格局上,则或各有其异,甚至呈现明显不同。

先看湘系实现军政结合的过程和格局。

湘系的军政结合是经历了一个从受限到放开的多年过程。湘军应该说是自曾国藩借办团练的名义别树一帜、移花接木地练兵才正式形成的,这在当时相关省份诸多"团练大臣"中可谓"一花独放"。尽管其编练湘军之前,就有江忠源等人领起的小股"楚勇",但那还算不上正式的湘军。至于后来湘军发展整体规模最大时的精准人数,似乎不太好说(不同说法差异颇大),取四十来万人之约数也许较能较接近实际(详后)。湘军不但人数众多,而且"军系"多分(如有著述中即分列出"十六军系"[①]),沿革复杂。有些"军系"并非能始终界划清楚,纯

---

① 王盾:《湘军史》,岳麓书社2014年版,第28—47页。此"十六军系"后有举例。

然一体，分合归属上是纷杂多变的。而无论如何，其总体规模上无疑相当可观。湘军能如此大规模扩展，与湘军将帅中许多人获任督抚密不可分。但一开始，这条路径却是相当坎坷的。最初清廷对湘军在利用的同时又存防范之意，特别是对曾国藩进行限制，关键即在于不授予地方事权，只让其领兵打仗，致使他数年间陷于"客寄虚悬"的窘困境地。但清朝镇压太平天国终究离不开湘军，为了让它能切实发挥作用，授予其将帅地方权柄又是不得已而必行之事。

湘系人物中最早被授疆吏大员的是江忠源。在咸丰三年（1853）下半年里（当时曾国藩湘军尚未正式成军出征）他被授职安徽巡抚，但当时主要是被军事督责，因为安徽特别是作为清方临时新省会的庐州（原所在的安庆为太平军占领）形势危急，他被死死缠身于军务，没有实际开府理政的条件，并且很快败亡，未真能成为一方诸侯。湘系集团中被授巡抚且得以实际施政的最早人员是胡林翼，他在咸丰五年（1855）受命署理湖北巡抚，第二年实授。需要注意，在此前的咸丰四年（1854）秋，曾国藩率湘军拿下湖北省城武昌之后，咸丰皇帝高兴之余，曾发布谕令让曾国藩署理湖北巡抚，但很快又变卦而收回成命，让他领兵东下作战。在这等事情上皇帝何以出尔反尔？当然他可以说是出于军务需要，但背后实际另有玄机。有说咸丰帝听到湘军武汉奏捷的消息"喜形于色"，对军机大臣"某公"道："不意曾国藩一书生，乃能建此奇功！"这位军机大臣则曰："曾国藩以侍郎在籍，犹匹夫耳。匹夫居闾里，一呼，蹶起从之者万余人，恐非国家之福也。"咸丰帝闻听"默然变色者久之"。他遂反悔变卦，而"曾公不获大行其志者七八年"①。这是作为曾国藩"四大弟子"之一的薛福成后来所追记。所谓"某公"者何人？近世掌故大家徐凌霄、徐一士兄弟据薛氏所记情节并辅以其他资料，推定为祁寯藻②。尽管属笔记材料，但对于此事来说确有其史料价值，因为这等隐情不能指望清廷的官方文献中能记录下来并公之于世。鲁迅有谓，正史"涂饰太厚，废话太多，所以很不容易察出

---

① 薛福成：《书宰相有学无识》，载丁凤麟、王欣之编《薛福成选集》，上海人民出版社1987年版，第252—253页。

② 徐凌霄、徐一士：《曾胡谭荟》（与蔡锷《曾胡治兵语录》合刊），山西古籍出版社1995年版，第26页。

底细来。正如通过密叶投射在莓苔上面的月光，只看见点点的碎影。但如看野史和杂记，可更容易了然了"①。

当然，这也不能一概而论，不过对上述关于曾国藩巡抚之职的予夺之事，自可作如是观。联系随后的情况，也会为此"笔记说"提供佐证。湖北巡抚之职当时清廷没有给曾国藩而授了陶恩培，其人这时是由江苏布政使升任的，此前他曾任湖南按察使，与编练湘军的曾国藩有过直接交集，而处处与之为难，两人交恶甚重，俨然政敌。是由这样一个人物替代曾国藩充任鄂抚，可问题是陶恩培没实力，打不开局面，第二年就败亡了。时势终究逼着还得从能控制局面的湘军要员中选人，此番就落在了当时为曾国藩部属的胡林翼身上。胡氏也非同小可，从出身上说比平民家庭出身的曾国藩要优越。他自己不但是进士，做过京官，而且其父亲亦为进士，做过较高级别的京官（詹士府少詹士），为其子奠定了良好的官场人脉关系基础。只是胡林翼因故中间有过数年的退隐经历，后来复出到贵州做知府级官员，就是从那里转而投赴镇压太平天国战场的。署理湖北巡抚前，他在江西前敌领军，但已有湖北布政使的官衔，署理巡抚也算名正言顺。更关键的是胡林翼也是一大干才，上任后军事上颇为成功，再次收复武昌（前次收复后又失），并"肃清"湖北全省，从多方面成功地经营该省，货真价实地成为一方诸侯，使湖北成为湘系势力的重要基地，在湘系崛起的过程中发挥了无可替代的重要作用（至于其人的背景和履历情况，后边尚有更详细的叙述）。

就在胡林翼因有湖北巡抚权位而发舒的时候，曾国藩在江西战场却正因没有地方事权而饱受困顿。以至于到咸丰七年（1857）春间有借父亲去世而弃军回籍的事情，借端向清廷要挟事权。说其"弃军回籍"，是因为他作为前敌军帅，即使父亲去世也要等到朝廷谕旨的批准才能离开，不能等同于一般官员，但他没有等到这样的谕旨就自行率尔离去。这实际上是要态度给人看，隐然向清廷要挟事权的表示。更典型的是他在籍期间上了一个很露底的奏折，即有名的"沥陈办事艰难仍吁恳在籍守制"折，明里陈说数端自己因为没有地方事权而"办事艰难"之极的情形，暗含就是索要地方事权。朝廷不会不明就里，可偏顺水推舟地答应曾国藩在家守制的明面要求，令他有苦难言。多亏同道帮忙特

---

① 鲁迅：《忽然想到》之四，《鲁迅全集》第 3 卷，人民出版社 2005 年版，第 17 页。

别是胡林翼上奏说项,在还是没有督抚之职的情况下,于回籍的第二年里曾国藩即又复出。从与朝廷的这场斗法,可以看出其人对督抚之权的要求是多么迫切,倒不是说这纯是他个人争权竞势,主要是因为没有督抚之权,而只在人家的地盘上领兵打仗,受困确实太甚。

在曾国藩没有地方权柄而"客寄虚悬"、困厄非常的时候,以湖北为基地大展宏图的胡林翼,一方面给予曾国藩无私的支持,如军饷,他一直把协济曾军作为自己的义务。咸丰九年(1859)年初,有的湖北官员建议将每月协济曾军的饷银由三万两减至二万两,胡林翼坚决不允,指令说:"此万不可行之事!涤公忠义冠时,斧柯未具,专恃湘、鄂之饷,无论如何亏欠,此三万者,必不可丝毫欠缺。"① 他不但保证湖北的协济,并且利用自己巡抚的名望和地位,经常出面向四川、陕西、山西等省为曾军催促协饷。另一方面,就是利用时机、费尽心思地为曾国藩谋求督抚之职。早在咸丰七年(1857)秋,就曾奏请起用委军回籍的曾国藩,并"以一事权",未果。咸丰九年(1859)夏,太平军石达开部挥师西指,清方仓皇议防。胡林翼认为此乃良机,便怂恿湖广总督官文出面与之合奏,"请诏曾国藩援蜀,冀朝命以授总督"②(替代黄宗汉),策划上奏拟稿"尤以必得总督为要着"③。但清廷拒不把川督的权柄授予曾氏,而只让他督办四川军务,并促其迅速入川。胡林翼清楚没有总督之权"客蜀则必不可有为"④,又怂恿官文复奏留曾国藩合力谋皖,被依允。顺便说,当时满洲贵族出身的湖广总督官文,对胡林翼可以说言听计从,这是胡林翼针对其人弱点(讲虚荣、爱享受而无才干),非常到位、成功地笼络和利用了他,遂有所谓"官胡交欢"的"历史佳话"。

尽管当时为曾国藩谋总督之职未成,但形势不断变化,及至咸丰十年(1860)清军江南大营彻底覆灭(此前江北大营已灭),镇压太平天国的全战线不得不向湘军开放,清廷不能再以地方事权限制曾国藩,遂授他两江总督(先署理旋即实授)并兼统数省军务。曾国藩权势很快

---

① 《致厉云官》,《胡林翼集》第二册,第 249 页。
② 王闿运:《湘军志》(与《湘军志平议》《续湘军志》合刊本),岳麓书社 1983 年版,第 55 页。
③ 《致官文》,《胡林翼集》第二册,第 323 页。
④ 《致王少鹤》,《胡林翼集》第二册,第 356 页。

进入巅峰阶段，湘系集团势力也达到最鼎盛期，不但湘军大规模扩充，而且诸多将领、要员纷纷跻身督抚之列，一时间占据了清朝省区政权的颇大份额。若全程总体算来，湘系要员先后出任督抚的不下二十几位。尽管他们当中并非每个人都成为军政结合的"巨头"级人物，但像曾、胡、左、刘（坤一）等批量"巨头"级人物在特定时段的支撑已足以左右大势。可以说，自胡林翼充任鄂抚开始，湘系势力明显就不仅仅作为单一的军事力量，而到曾国藩出任江督之后的数年间，湘军要员出任督抚可以说呈"井喷"之势，得以在越来越密切的程度上实现军、政的有机结合。

至于湘系"军政结合"的整体格局，可以"多头并立"言之。从其群体内部的"结构"状况看，正因为"军政结合"的大员多，遂成多头分立的状况。而无论如何，军政结合成为湘系势力具有完备而典型形态的不可缺少的条件，军政互为依托，相辅相成。总之，在有了湘军基础和支柱的前提下，督抚政柄对其群体的发展保障就更显重要。曾国藩曾深有体会地说："今日受讨贼之任者，不若地方官之确有凭借。"[1] 胡林翼更是一针见血地指出："督符更重于兵符。"[2] 这都是他们的深切体会。把"湘系势力"若仅仅视为"湘军势力"，自不全面，是遗漏了其更为重要的"政"之方面，并且也是忽视了湘系势力崛起过程中由军而政、由政促军、军政结合的肯綮所在。

再看淮系实现军政结合的特异状况。

说它"特异"，是较比上述湘系的相关过程和样态，淮系的"军政结合"明显平顺和迅捷。因为是在特定机缘下"淮由湘出"，即淮系最初是由湘系中分化出来，其形成如胎儿的一朝降生。其形成后具体的发展路径及群体结构，与湘系也有明显不同。而终归，"军政结合"亦其一个肯綮之点。

淮军作为支撑淮系集团势力崛起的支柱，从筹议到成军出征充其量也就是几个月之短。并且，淮军也不像湘军那么纷杂地多头多支，基本上就是置于李鸿章亲自统领、掌控之下。淮军出驻上海并迅速进一步扩充后，李鸿章就说，"营头渐多，除鸿章外无能统领之者，又不肯互相

---

[1]《致胡林翼》，《曾国藩全集》书信之一，第666页。
[2]《致书局牙厘局文案》，《胡林翼集》第二册，第600页。

统辖，营中素习如此"，"鸿章或当自督"①。从以后的发展演变轨迹上看，尽管裁遣、招募变化也颇大，并且，后来还有北洋海军的成立，情况比较复杂，但总体上看，从基本线条上梳理起来还是比湘军相对简单和清晰些。对其兵力的说法上，各家似无太大出入。就陆营而言，最多的时候有一百五六十营，若按每营500人约算，有七八万人规模。

淮系"军政结合"较湘系要平顺、迅捷得多，一个非常醒目的事实是：同治元年（1862）三月上旬淮军初步编组成军，从安庆出发进驻上海，当月二十七日，清廷就发布"江苏巡抚着李鸿章署理"的上谕（李接到是在四月初十）②。从淮军成军到李鸿章获任署理苏抚这个时间差太小了，可以说几乎同时。只几个月后，也就是同年的十月十二日，清廷又发布了实授李鸿章江苏巡抚的上谕（李接到是在十月二十五日）③。这不但说明清廷这时不再像当年限制曾国藩那样限制李鸿章了，而且仔细推究，应该说这一人事安排是曾国藩与清廷"共谋"的结果，甚至可以说主要是出于曾国藩的策议，他完全介入局内，洞悉内情，并不无隐然操控的迹象，成事先"内定"而择机宣布之局。我们说研究历史不能忽视细节特别是关键细节，包括看似平常的关键细节。像李鸿章获任苏抚之事，就属这类细节（详见第四章第一节中）。从中能够看出这时曾国藩实力地位的重要，他对两江局内从军事到人事等多方面的实际掌控已大大超乎常规。这使得刚领淮军的李鸿章很快成为江苏巡抚，从而淮系集团的形成在军政结合这一要素上实现特别迅捷。此局很大程度就是基于湘系特别是曾国藩军政结合后实力发展的依托，这也正可以从一个方面说明"军政结合"的关键性与重要性。并且，让李鸿章建立淮军并策划由其出任苏抚本身，就不失为出于"军政结合"需要的一个典型事例。李鸿章当时只是曾国藩的一员幕僚，有个福建延建邵道的官衔也未去实任，结果直接就得以擢拔巡抚，若在平时不啻天方夜谭。

至于淮系军政结合的具体状貌和基本格局，较比湘系也有较大差异。一则由于淮军将领中士子出身和有功名者颇少，于此跟湘系无法相

---

① 《上曾制帅》，《李鸿章全集》第29册，第96—97页。
② 《恭谢天恩折》，《李鸿章全集》第1册，第8页。
③ 《恭谢天恩折》，《李鸿章全集》第1册，第155页。

比，向督抚层级发展在这方面条件上显居劣势；再则它较湘系也是当时督抚权位再分配筵席上的迟到者，这样，淮系出任督抚者总体上要比湘系少得多，其中淮军将帅出身者，算来也不过李鸿章、张树声、潘鼎新、刘秉璋、刘铭传等数人，另外还有李瀚章、涂宗瀛，他们基本是非武职出身者，至于李经羲、周馥辈成为疆吏，那更是在李鸿章去世前后、淮系集团不复具有典型形态之际了。满打满算，出任督抚的淮系"内层"者也不过七八个人。由李鸿章幕僚出身的王凯泰、钱鼎铭，并非皖籍（江苏人），按我们的标准此辈当为"外层"之属了。淮系督抚中，有的任职时间较短，并且亦无多少直接控制的淮军，他们与李鸿章不能抗衡。这样其群体结构上，主要就形成"众星拱月"的情形，李鸿章是"月"，他人是"星"，与湘系的"多头并立"不同。而由于李鸿章多年间实力地位的特别显要，体巨"质"大，使其群体督抚人数上"量"的欠缺得以一定弥补。就淮系势力、淮系集团的整体情况来看，尽管军政结合的具体样态上与湘系有所不同，但无疑也是它发展和维系的关键所在。

最后看袁系集团的相关情况。

最为后起的袁系集团则与淮系集团有着直接的渊源联系，因为袁世凯就是借助于淮系起家的。他家族中的长辈即与淮系人员结缘，他本人则投在淮系要员吴长庆门下，并夤缘李鸿章得其直接间接地提携。他曾驻朝鲜多年，在甲午（光绪二十年，1894）形势危急之际回国后，次年主持"小站练兵"，成为清朝一支"新军"的首领。这也是他集团势力形成的初阶，自此聚合在他门下的一班人马，既是其集团势力的最早班底，也是日后集团势力发展所依凭的基干。当然，若仅领此军，袁世凯可以是一个奇峰突起的将领，但还难以成为拥有雄厚政治实力的大员。是其军力助他向军政大员方面发展，而一旦跻身疆吏之列，又成为其进一步扩张军力的重要保障条件，如此相辅相成。袁世凯跻身疆吏是以他光绪二十五年（1899）出任山东巡抚（先署理旋实授）为初始的，当时主要是应对义和团。而光绪二十七年（1901）李鸿章去世，袁世凯继之出任直隶总督兼北洋大臣（先署理旋实授）的要职，这给了他立基于此区发展其北洋集团势力的极其有利的契机，使该集团实力急骤发展膨胀。他不但自行扩练新军，而且很快兼清朝中央练兵处会办大臣，攫得掌控全国编练新军的不小份额的权力，同时，省区政权的相关班底也成为其集团势力中的重要组成部分。其集团要员中出任督抚者亦不多，此一现象和原因与淮系集团有些相仿甚至更著。最值得一提的要数袁世凯文员班底中的徐世昌，是他出任首任东三省（清末新政中光绪三十三年东北设省）总督。徐氏与袁氏关系非同一般，成为袁世凯被罢落难期间举足轻重的暗助者，在维系北洋集团势力方面起了重要作用。尽管袁世凯在清末政坛历程坎坷，但由其军政结合发展起来的集团实力，却并未随之盛衰起灭，而是相对稳定地持续下来，成为支撑袁世凯能在辛亥复起，并成为左右政局的"救星"般人物的基石。

从上述政缘性与地缘性、军与政的"两个结合"上考察"三集团"的构成要素，自可谓能够把握肯綮。

第二章 "三集团"的概况分观

在上面对晚清"三集团"构成要素、特点等综合情况做出揭示的基础上，本章拟对三者分别作相对"静态"的具体观照，涉及各自多方面情况，如首领、要员、军队、将领、属官、幕府、维系要素、运作机制等。当然，各集团的具体情况不同，并非皆依上述各项机械罗列展示，而是根据需要，做有的放矢、酌情取宜的考察、论述。

第一节 湘系集团

一 曾国藩和湘系基干要员列举

审视湘系集团自然需要从他的缔造者曾国藩看起。曾国藩于嘉庆十六年（1811）出生在湖南湘乡（其家乡今属双峰县）一个稍为富裕的农家，自幼读书，道光十八年（1838）中进士，经庶吉士学习历练阶段后做翰林官，由低到高，至道光二十七年（1847）出翰林院升授内阁学士，成为二品官，这年他37岁（虚岁，下涉人物年龄皆同）。隔年任礼部侍郎，到咸丰二年（1852）出京之前，其间他又兼署过兵、工、刑等部侍郎。这次出京他本来是应差到江西充任乡试主考官的，但途中接到他母亲去世的消息，改道回乡料理母亲丧事并在籍守制。就是在此间，出任湖南团练大臣。当然"团练大臣"是通俗的说法，朝旨的称谓是"帮同办理本省团练乡民、搜查土匪诸事务"①，所"帮同"的，自然是该省巡抚。也就是借此契机，曾国藩最后成功地建立湘军、开创湘系。

要说，太平军起来之后，曾国藩并不是最早在湖南办团练的，他出

---

① 《曾国藩全集》奏稿之一，第68—69页。

山"办团"时即已有最初的团练班底,并且是以湘乡人为主体,他的家人也参与操办过。曾国藩也不是最早在湖南带"勇"出战的,比他更早的是新宁人江忠源,江氏曾组织和带领"楚勇"赴广西配合官军作战。前边已说到过此人,他是所揭《湘军人物简表》中收录的"统帅6人"之一,当然需要关注。其人出身举人,虽考进士不第,但"经世"之志不泯,与曾国藩辈交友谋事。他曾带乡间武装镇压雷再浩起义,获荐被授江西秀水知县,而未赴任。咸丰二年(1852)春(曾国藩出任"团练大臣"在该年冬)即组织乡勇出战太平军(随同他的有其弟江忠济还有友人刘长佑等)。至此,这就成了他的"主业",先后转战多省,声名颇显,故成为湘系集团中最早被授疆吏大员者。曾国藩初练湘军的一段时间里,曾有谕旨明令练成为江忠源补充兵力,曾国藩也作这般铺排,只是由于江氏很快败亡(前已言及)未果而已。但无论如何,江忠源无疑属湘系集团的元老级人物,或言"湘人以书生杀贼自忠源始"①;"湘勇出境讨贼"也是自其人始②,诚然如此。当然,若就自曾国藩才"正式"练成湘军来说,其时江忠源已经不在。

而胡林翼,对于湘系集团在一定阶段里的维系来说,是至关重要的人物,实际地位和作用甚至曾超乎曾国藩之上,这就是在曾国藩尚无疆吏权柄而胡林翼却为湖北巡抚期间。当然,此前还是曾国藩提携了胡林翼。胡林翼为湖南益阳人,家庭出身比曾国藩、江忠源都要高贵得多,不但是书香门第,更是官宦之家。其祖父为邑诸生,父亲胡达源嘉庆末中进士,且为一甲三名的探花,官至詹事府少詹事。小曾国藩一岁的胡林翼本人,于道光十六年(1836)中进士,先后任翰林院编修、国史馆协修、会试同考官、江南乡试副考官等职事。后丁父忧回籍,赋闲数年。道光二十七年(1847)至咸丰三年(1853),他先后署贵州安顺、镇远、思远知府,补黎平知府,虽颇有政绩,但受该省一些官员的猜忌和掣肘,又鉴于太平天国起义迅猛发展的情势,遂决意离黔返楚,以期在镇压"粤匪"而为皇朝"纾难"的拼搏中大显身手。经御史王发桂疏荐和湖广总督吴文镕奏调,奉诏援鄂(时西征太平军进入湖北),为其镇压太平天国生涯的正式开端。咸丰四年(1854)一月,胡林翼率

---

① 王定安:《湘军记》,第3页。
② 朱孔彰:《中兴将帅别传》,第25页。

黔勇六百人行抵湖北，吴文镕则已兵败身亡。时曾国藩湘军编练初成"建旗东征"，见胡氏（时已补贵东道）"进退无所属"①，便商于湖南巡抚骆秉章，檄调胡林翼回湘，乘机将其揽于自己部下，先后携之在湖北、江西作战。咸丰五年（1855）一月，西征太平军反攻湖北，时已领衔该省按察使的胡林翼自请率军由江西返鄂，旋擢湖北布政使，三月间即受命署理该省巡抚。次年十一月攻下武汉，遂加头品顶戴，实授巡抚。到咸丰十一年（1861）秋他撒手尘寰，这短暂的数年之间，也正是他在湘系集团中发挥最重要作用的时段②。

还有左宗棠，也是前揭《湘军人物简表》中收录的"统帅6人"之一。他为湖南湘阴人，出身平民家庭，父亲为塾师，本人有自幼读书的条件，21岁上中举人，在曾国藩考中进士的那科（道光十八年戊戌科）会试中他第三次落第，遂不复再考，但致力经世之学不辍，经世之志不泯。有一件事情不应忽视，就是他曾做官至两江总督的湘籍名宦陶澍家的馆师（时陶澍已去世），后来自己的长女嫁给他教读过的陶澍之子陶桄，不仅直接与陶家联姻，而且因胡林翼是陶澍的女婿，这样左胡之间也有了亲戚关系，对日后湘系集团领袖层关系状况自有影响。曾自号"湘上农人"的左宗棠，不会真的久隐山乡，而面对"粤匪"之乱，他的身手之显最初是以充任湖南巡抚幕僚的途径。先是在张亮基幕，这也就是在曾国藩应命出办"团练"之际（左氏入张幕自在稍前）。张亮基很看重左宗棠，所谓"制军于军谋一切，专委之我，又各州县公事禀启，皆我一手批答"③，这是左宗棠给其女婿信中所言，真实可信。可知他这个幕客非同寻常，直接料理军政事务。由于张亮基很快擢任湖广，左宗棠一度归山，新任巡抚骆秉章千方百计又邀其出山入幕，遂有左宗棠再度为湘抚幕僚的履历，并且此次为期颇长，有大约六年之久。而实际操权，较前在张亮基幕时更甚，或说骆秉章"倚之如左右手"④，其实，也可以说幕主在很大程度上被左宗棠架空，有说军政事务巡抚"但主画诺"，对相关文书"不复检校"⑤，左宗棠自己当时就有类似的

---

① 王定安：《湘军记》，第42页。
② 参见董丛林著《胡林翼政迹与人生》，河北教育出版社2011年版，第3—4页。
③ 《与陶少云》，《左宗棠全集》书信一，岳麓书社1996年版，第89页。
④ 《清史稿》（缩印本）第四册，第3084页。
⑤ 秦翰才辑录：《左宗棠逸事汇编》，岳麓书社1986年版，第45页。

自言。甚至有说左宗棠曾当面这样嘲讽巡抚："公犹傀儡，无物以牵之，何能动耶？"而骆秉章听了也只是干笑而已①。既然能如此制约巡抚，那么左宗棠这一幕僚可发挥湘系"要员"的作用就自不待言。当然，幕僚干政并不具有合法性，左宗棠如此自然会给政敌留下把柄。试想，左氏对巡抚都能如此，对巡抚的属吏岂不更会颐指气使，结怨于人自然而然。在咸丰九年（1859）时，就发生了武官樊燮领头控告左宗棠的案件，是在湘系一帮要员的合力护持下左宗棠最终得免狱事。但他不好继续留在骆幕，出来后遂到曾国藩军中襄办军务，旋即成为一路将领，咸丰十一年（1861）间便被擢任浙江巡抚，跻身封疆大吏，成为一方诸侯。后来任陕甘总督，特别是统军收复新疆，成为一生中的最大亮点。再后入京为军机大臣，又出任两江总督，中法战争中督办福建军务，于光绪十一年（1885）在福州病逝。他较曾国藩晚逝十余年，是曾国藩去世后湘系的重要人员之一。

湖南新宁人氏刘坤一，也在前揭《湘军人物简表》中收录的"统帅6人"之列。他是廪生出身。此人为刘长佑的族叔，但较这位族侄小十二岁（刘坤一生于道光十年即1830年，刘长佑生于嘉庆二十三年即1818年）。他们都是在同邑人江忠源的招揽下，在曾国藩编练湘军之前就带乡勇出战太平军的，是所谓"楚军"的带领人，属湘系的元老级人物，但开始刘坤一为刘长佑的部下。咸丰六年（1856）曾国藩湘军在江西遭受严重困厄，在该区战场上面临严峻形势，刘长佑率军赴援，或记及此间事，有谓："坤一为长佑族叔而年少，师事之，从军中自领一营。"可见直到这时，刘坤一还是刘长佑的部属。不过也正是此间，所部"连破贼"，"复袁州"②，其军事才能和将领素质得以前所未有的彰显，此后连获封赏，地位显升。咸丰八年（1858），刘长佑因伤病一度回籍修养，刘坤一便代统其军。咸丰十年（1860）刘长佑获任广西巡抚（后又授两广总督），所统军队便全部由刘坤一带领驻桂。在太平天国都城被湘军攻下的前夕，他在广西以极其残酷的手段镇压下作为"大成国"余部的黄鼎凤等反清起事势力。同治四年（1865）刘坤一被

---

① 徐宗亮：《归庐谈往录》（与《春晖堂笔记》合刊），台湾文海出版社"近代中国史料丛刊"1972年影印本，第20页。

② 《清史稿》（缩印本）第四册，第3090页。

授江西巡抚，跻身疆吏大员之列，此后为镇压太平军余部和多宗民间反清暴动的要员。光绪年间他擢升两广总督，又调两江总督，尤其是在此任上先后数度任职最久。当然，因遭清流派人物的参劾，他在光绪七到十七年（1881—1891）有过十来年之久的被免职在籍蛰居期，复起之后则历经甲午战争、戊戌变法、庚子事变、清末新政开局等一系列重大事件，以老臣权宦之身在各局中皆有亮相。他是在光绪二十八年（1902）去世的，可以说是基本历经湘系集团自始至终（一般看来，到甲午战后该集团形态上即趋于漫漶）整个存续期间的人物，这在湘系集团要员中颇为少见。

在前揭《湘军人物简表》"统帅6人"中列及的还有骆秉章，也是唯一非湘籍者（前边曾言及其人）。他出生于乾隆五十八年（1793），大曾国藩18岁，是广东花县人，与死敌洪秀全同邑。他与湘系集团关联时间最长且事体最为凸显和关键者，当是在其任湘抚期间，以其特定身份，在募兵、筹饷、参与军事调遣等方面起了重要职事作用。咸丰十年（1860）他被命入川督办军务，所带有一特别幕僚，就是湘人刘蓉。其人也是曾国藩辈挚友，有说他"入幕赞军谋，如左宗棠故事"①。这非常值得注意。所带入川的军队，是黄淳熙部湘军（入川不久黄淳熙死难由曾传理接统）。还有早先援川的萧启江部万余人（萧入川不久在军病死，其军"以萧庆高、何胜必、胡中和领之，号湘军三统"②），自也在其统属之下。同治元年（1862）骆氏充任四川总督，职权进一步扩大，"川军"亦在其更为名正言顺地统属之下。次年，便有在大渡河畔围歼石达开部太平军的胜局。及至同治六年（1867），他在任上去世。从总体上看，不管他是在湘还是在川，所倚靠的主要是湘人、湘军。如此看来，将他划属湘系集团似无不可，但按照我们的标准，他因非湘籍自不属"内层"。至于列入最核心层的统帅，笔者所见只有在此《湘军人物简表》当中，在其他著述中尚未见及。

当然，这只是研究者根据自酌标准的一种划法，并无绝对标准。《湘军人物简表》中的属类划分自然也是这样，像"统帅6人"中，骆秉章之外，还有为何划入刘坤一而排除刘长佑，亦值得酌量。刘坤一固

---

① 王定安：《湘军记》，第194页。
② 王定安：《湘军记》，第195页。

然在世时间较长，后段有统军的典型履历，但最先在"楚军"中的刘长佑显然更为主要，就独统一军的标准来看，起码两人同在的时候，刘长佑较刘坤一更为典型，这从前边介绍刘坤一兼及刘长佑的事体中，即可看得出来。前作长注中所揭罗尔纲《湘军兵志》表中，所列"统帅"，唯江忠源、胡林翼、左宗棠三人①，曾国藩作为湘军的创建人，当然是最重要的统帅（故未特列）。龙盛运《湘军史稿》表中，"统帅"则只列及曾国藩、胡林翼、左宗棠三人，连江忠源也未列入，而将他只列为"统领"②。想来，各有各的把握标准，其实也大不必强求一律，因为像这种事情，很难说有一个铁定的、唯一的标准答案，不必过于拘泥。"统帅"层人物之外，像《湘军人物简表》中列及的"战区主帅"级人物，以及其他类别中有些人（此类重要者在《湘军兵志》和《湘军史稿》表中也多涉，只是所归类型或不尽统一）。他们中大多为湘人，也有其他多省籍者。这里自然不能都一一具体展列介绍。

二 湘军军制特点

所谓"军制"，作为军事制度的简称，包括军队的领导管理、组织编制、兵役、武备、训练、纪律等各项法规制度。这里不拟面面俱到，拟着重揭示湘军与属清朝经制兵绿营的主要不同方面。晚清自湘军出现，才开始有了不同于国家经制兵的军队，嗣后又连带地衍生出类同的淮军，由湘、淮军后又有练军、防军的出现，这是在清末"新军"产生之前，晚清军制变革的主线，也反映出清朝原经制军（八旗兵和绿营兵）相对愈趋弱化和有名无实的情形。认识湘军军制的特点，可谓认识这一演变过程的基底。

首先应该看到的是湘军实行的不同于绿营"世兵制"的"募兵制"，并基此产生的特定意义上的"私属性"。关于湘军募兵制与绿营的世兵制的不同及历史影响，罗尔纲先生揭示说：

绿营兵皆世业，将皆调补。国家对于士兵，本身登于名册，家口著于兵籍，尺籍伍符，兵部按户可稽。国家对于将弁，铨选调

---

① 罗尔纲：《湘军兵志》，第56页。
② 龙盛运：《湘军史稿》，第91页。

补，操于兵部。至于军饷，则由户部拨给。故其时全国绿营兵权，全握于兵部，归于中央。湘军既兴，兵必自招，将必亲选，饷由帅筹，其制恰恰与绿营制度相反，故兵随将转，兵为将所有。到湘军制度代替了绿营制度，将帅自招的募兵制度代替了兵权掌握于兵部的世兵制度，于是兵制起了根本的变化，军队对国家的关系也就跟着改变。近世北洋军阀的起源，追溯起来，实始自湘军兵为将有的制度。①

这种要旨性论说应该说是精当的，从根本和原则上揭示出湘军与绿营（此两者成员上皆以汉人为主体，可比性强，而与绿营同作为经制兵的八旗兵则较为特殊）兵制差异及历史影响，扣住了基点和肯綮（当然，也不能将此过分拘泥和绝对化）。需特别注意到，湘军自行置将募兵的自由度确是相当大的，其军内部"兵为将有"的层层"私属"的情况也至关紧要，甚至制约其军存废，所谓"湘军之制，则上下相维，将卒亲睦，各护其长。其将死，其军散；其将存，其军完（完好）"②。其"私属性"则与他置将募兵的"私主"有直接关联，并且带有"宗法移植"的色彩。知情者对湘军招募方式和连带所具的宗法性这样述说："帅欲立军，拣统领一人，檄募若干营。统领自拣营官，营官自拣哨官，依次而下，帅不为制。故一营之中，指臂相联。弁勇视营、哨，营、哨视统领，统领视大帅，皆如子弟之事其父兄焉。"③并且在日常对部属的训导中，湘军高层也着意特别强化这种宗法渗透。曾国藩从编练湘军之始，就特别重视对军伍定时定点、坚持不懈地进行训导，用今天的话说就是思想教育。他有谓，"每逢三、八操演，集诸勇而教之，反复开说至千百语"，"每次与诸兵弁讲说，至一时数刻之久，虽不敢云说法点顽石之头，亦诚欲以苦口滴杜鹃之血"④。当然。训导内容不仅仅是宗法性内容，还包括军纪等诸多方面，但宗法性内容无疑是要项之一。曾国藩曾这样强调："将领之管兵勇，如父兄之管子弟。父

---

① 罗尔纲：《湘军兵志》，第2—3页。
② 王闿运：《湘军志》（与《湘军平议》《续湘军志》合刊本），第163页。
③ 王定安：《湘军记》，第338页。
④ 《与张亮基》，《曾国藩全集》书信之一，第200页。

兄严者，其子弟肃整，其家必兴；溺爱者，其子弟骄纵，其家必败。"①而湘军成员的乡土缘分，使这种宗法性教育的接受自更容易。总之，湘军内部的"私属性"，就是基于招募成军的特定方式，以及乡缘、宗法精神的渗透，而得以存在并发挥重要作用。

不过，湘军的这种"私属性"只是特定意义上的，并不等于说其军就不受国家控制，是完全是私人化的军队。其实，越是随着其军的发展扩大，与国家的直接联系性就越紧密，统帅对其军伍的变动情况、行动方案、战事情势、奖惩拟案等，要随时向清廷奏报的，起码形式上要听命于清廷。特别是至关重要的饷项，因需量很大，绝对靠"自筹"事实上是不行的，多渠道的"官供"须兼而有之，特别是通过中央命相关省份的"协饷"所占份额非小，这意味着与当时经制军的供饷在饷源和方式上趋同的成分越来越大（饷事问题拟在另处稍详论说），实际上湘军（自然更包括后起淮军）潜隐性地向"经制"方面不断强化的趋势越发明显。

湘军在兵将的选置条件上也有自己的醒目特点，与绿营兵大不相同，所谓"选士人领山农"可谓"经典"概括。也就是说，选读书人为军官，而所领募集的士兵则由"山农"而来。这当然在实际上也并非绝对，但又确实是湘军的着意追求并在很大程度上实现的，体现湘军的人员素质和风貌上的基本特色。前揭《湘军兵志》列及湘军人员（皆各级军官和重要幕僚）182人的统计表中，这182人的"出身"有3人不明，其余明确出身的179人中"书生"为104人，占58%②。并且有这样一个趋向，越是上层的军官，"书生"所占比重越大。这从前揭清史工程"文献丛刊"《湘军》的"湘军人物简表"中，亦可进一步看出。就以统领、战区主帅、统帅三级人物为例来看吧，据笔者按表查核计算：统领120人中，有40人不明出身，其余明确出身的80人中，除去24人非士人出身外，其余56人可归士人出身③，占70%；战区主

---

① 《曾国藩全集》批牍，第130页。
② 罗尔纲：《湘军兵志》，第66—67页。
③ 所归非士人出身者，有列为"行伍""勇丁""船工""补金""佣工""农民""降将""木匠""铁匠""裁缝""轿夫""商人"等项者；归入士人出身者，除各类生员外，列为"武童"者亦计入，因为其考试虽以武为主，但亦附有笔试，起码得初通文墨，还有列为"知县"之类者，自更当计入。

帅17人中，除3人行伍出身，其余14人皆出身贡、拔、监生和文童之类，可归为士子，约占82%；统帅6人中，则百分之百是士人出身，且绝多为高功名者，除一廪生（刘坤一）外，2人（左宗棠、江忠源）为举人，3人（曾国藩、胡林翼、骆秉章）为进士。

湘军创建者之所以一开始就特别重视选置读书人为将，对军官何以着重从"士人"中间选置？这从曾国藩对"带勇之人"即湘军军官条件的申论中有助窥出底蕴：

> 带勇之人，第一要才堪治民，第二要不怕死，第三要不汲汲名利，第四要耐受辛苦。治民之才，不外公、明、勤三字。不公不明，诸勇则必不悦服；不勤，则营务巨细，皆废弛不治，故第一要务在此。不怕死，则临阵当先，士卒乃可效命，故次之。为名利而出者，保举稍迟则怨，与同辈争薪水，与士卒争毫厘，故又次之。身体羸弱者，过劳则病；精神乏短者，久用则散，故又次之。四者似过于求备，而苟阙其一，则万不可以带勇……带勇须智浑勇沉之士，文经武纬之才……大抵有忠义血性，则四者相从以俱至；无忠义血性，则貌似四者，终不可恃。①

其中开列出军官应备的四项基本条件，并分析了所持理由。而最根本的，是归结到要有"忠义血性"。而在曾国藩辈的心目中，只能是像他们这样的读书明理之人，才可能真正有忠义血性，才有望摆脱八旗、绿营将官的种种弊习。至于士人本来不懂兵事，这并不是曾国藩辈所特别顾虑的，他自己在这方面还不就是活生生的例子吗？投笔从戎、亦笔亦戎，只要发愤习军学战，何难成为行家里手！正因为湘军将帅多为读书之人，所以湘军中儒风鼎盛，有"上马杀贼，下马读书"之谓。

至于对兵勇要从"山农"中选募，显然是要利用这等人的身体健壮而性情憨朴、好蒙蔽驱使为之卖命。从湘军编练伊始，即有对"滑弁、游卒及市井无赖，摈弃不用"②的要求。曾国藩特别强调，若所招兵勇

---

① 《与彭洋中曾毓芳》，《曾国藩全集》书信之一，第215—216页。
② 王定安：《湘军记》，第337页。

中一旦发现"体弱者，艺低者，油滑者"，必须"严汰"①。到后来改定营规时，他更是根据多年即行的惯例，把兵勇的"募格"明确规定为："须择技艺娴熟、年轻力壮、朴实而有农夫土气者为上，其油头滑面，有市井气者，有衙门气者，概不收用。"② 其立意，从曾国藩对新募湘勇的"晓谕"之说，也可有助于进一步揣摩：

> 本部堂招你们来充当乡勇，替国家出力。每日给你们的口粮，养活你们，均是皇上的国帑。原是要你们学些武艺，好去与贼人打仗、拼命。你们平日如不早将武艺学得精熟，将来遇贼打仗，你不能杀他，他便杀你；你若退缩，又难逃国法。可见学的武艺，原是保护你们自己性命的。若是学得武艺精熟，大胆上前，未必即死；一经退后，断不得生。此理甚明，况人之生死，有命存焉。你若不该死时，虽千万人将你围住，自有神明保佑，断不得死；你若该死，就坐在家中，也是要死。可见与贼打仗，是怕不得的，也可不必害怕。③

借此，又可连带地看湘军对兵勇训教的又一方面内容（前面，曾述及"宗法性"方面的渗透）。

湘军的营制，因军种而各有所异。陆营、水师是湘军的主体营伍。水师虽较陆营编练稍晚，但及至咸丰四年（1854）春湘军成军出征时，已是水、陆齐备。"营"，是湘军编制的基本单位。陆营"初立三百六十人为一营，已而改五百人为一营。营分四哨（按：另有营官自带的亲兵），哨官四人，统以营官。自两营迄十营、数十营，视材之大小而设统领焉。统领径隶大帅。故营官、哨官所辖有定数，统领所辖无定数"④。所说"哨"，还不是最小单位，其下还分八队（营官亲兵为六队）。每营五百人之外，"用长夫都一百八十人。每百人，合用长夫三十六人；许减不许增"⑤。所谓"长夫"，是随军的杂役人员，专设此类

---

① 《与王鑫》，《曾国藩全集》书信之一，第325页。
② 《曾国藩全集》诗文，第406页。
③ 《晓谕新募乡勇》，《曾国藩全集》诗文，第385页。
④ 王定安：《湘军记》，第337页。
⑤ 王定安：《湘军记》，第339页。

人员，使兵勇可集中时间和精力专心投入训练和战事，也算是湘军编制上的一个特色。至于武器配备，体现于各队别，如分"抬枪队""刀矛队""小枪队""劈山炮队"之类。当然，随着时间推移武器的配备不无改进变化，但总体上看，湘军的武器并不算先进。这是陆营。其水师，也是500人为营，起初"快蟹船一，营官领之；长龙船十，三板船十，诸哨官领之，合二十一船为一营"，稍后"裁快蟹，减长龙为八，增三板为二十二，合三十船为一营"①。陆营、水师之后湘军还有"马军"（骑兵），初定其"四人为棚，六棚为哨，十哨为一营。哨官十人，正勇二百四十人，营官领之"。后来一营"分前、后、左、右、中五哨"，中哨即以营官亲领并兼其正哨官，"每哨马勇五十人，每棚什长一人。一营什长都二十五人，散勇二百二十五人"②，当然，既是骑兵，皆配马匹。其不同军种编制的大致情况如是。除此之外，像各类官兵的饷额待遇（后及）、营规军纪等都有很具体细致的规定，不再一一述说。

三　兵力与饷事

湘军兵力，其实是个不宜说精确的问题，因为营伍随时有所裁添，再就是多支多头，统属复杂，还有人员属类问题，像其"长夫"之类，并不在"正勇"之列，说到某部人数时，或将其计入或不计入，并不统一。曾国藩所练湘军初成出征之时，他奏报说其军"（正勇）合以陆路之长夫、随丁，水路之雇船水手，粮台之员弁、丁役，统计全军约一万七千人"③。这一万七千人，是把正勇和长夫、丁役之类以及后勤（像粮台）所有人员，都包括在内。曾国藩部湘军当时就这样一个规模，并且在数年间无大变化，基本是在一两万人之间徘徊。当然这绝非当时湘军全部，如曾国藩编练湘军之前和期间，就另有江忠源军系的营伍，及至曾国藩湘军练成出征，罗泽南部留防，王鑫部独为一支，皆不在曾国藩军编制之内。此后数年间，主政湖北的胡林翼所统部分"湘军"营伍外，其更大规模的"鄂军"（曾达六万

---

① 王定安：《湘军记》，第345页。
② 王定安：《湘军记》，第347页。
③ 曾国藩：《报东征起程日期折》，《曾国藩全集》奏稿之一，第125页。

人）实际亦可视为湘军（理由前及），当时力量上远比曾国藩部湘军雄厚。至于曾国藩任两江总督后多年间，湘军势能可谓"爆炸性"释放，就军力而言，不但曾国藩所部湘军规模上曾快速膨胀，而且形成更多支湘军。至于曾国藩去世后，存世的湘系其他多个要员各自所统湘军先后时间不等地依然存在。总之，湘军在起码四五十年的时间里，裁添常有，营伍的分合、隶属关系变动亦多，情况纷杂，准确精细的湘军兵力数字实不易提供，即使某一时候的最多兵力也说法不一，甚至所差颇大。譬如，在刚镇压下太平天国曾国藩大规模裁撤湘军前，其兵力"最多"时所达数字，就有 12 万人[1]、20 万人、30 万人、40 万人、三四十万人，甚至有说 50 多万人[2]，也有说仅遣散的就"数十万人"[3]。还有的说近 30 万之数者，事实上还把淮军也包括在内。这显然是不甚准确的，当时的淮军不应再计入湘军之内，若计入，说当时湘军总兵力近 30 万（各部湘军只 18 万）人，是太过少了。至于 12 万人之说，若非指曾国藩"直辖的"而是其全部，自然出入更大。酌量情形，觉得若取 40 来万人之说，也许能较接近实际。

湘军不但人数众多，而且"军系"多分，沿革复杂。有著述中即分列这些：（一）老湘军军系（始自王鑫）；（二）楚军军系（最早为江忠源、刘长佑等统"新宁勇"，尚有其他）；（三）霆军军系（始自鲍超部）；（四）吉字营军系（曾国荃部）；（五）左宗棠军系；（六）骆秉章援川陕军系；（七）罗泽南、李续宾、李续宜原始军系；（八）多隆阿、穆图善军系；（九）刘岳昭援川平滇军系；（十）席宝田援赣援黔军系；（十一）田兴恕虎威营系；（十二）陈士杰广武军系；（十三）刘蓉援川陕军；（十四）李元度平江勇（安越军系）；（十五）李孟群援皖军系；（十六）湘军水师军系[4]。实际上，有些军系并非始终界划清楚，

---

[1] 如唐兆梅《略论曾国藩的治军方略》（《贵州社会科学》1993 年第 4 期）就说："湘军人数最多时不过 12 万人"。

[2] 如王盾《湘军史》中就说当时"湘军总兵力 50 多万先后裁撤近 30 万"。见该书第 7 页。

[3] 如罗尔纲《湘军兵志》中说"当日解散的湘军，除曾国藩直辖的十二万人外，还有左宗棠、刘坤一、席宝田等部，而东南各省招募的湘军也不少，故事平遣散，为数亦多。据曾国藩估计总共不下数十万人"。见该书第 195 页。

[4] 见王盾《湘军史》，第 28—47 页。

纯然一体。譬如"老湘军（初亦称'老湘营'）军系"，王鑫死后，由张运兰、王开化分领，后来由刘松山、王开琳率领分隶曾国藩、左宗棠麾下，再后归由左宗棠所统用于西北（刘松山、刘锦棠叔侄为名将），分合归属复杂多变，由此可见一斑。

湘军饷需繁巨，饷事重要，筹饷和供饷的方式和渠道复杂，与经制兵既有制度性差别，又有实际的趋同之处，且呈动态变化，并或因时因事而异。按照罗尔纲先生在《湘军记》中的一般说法，湘军是"就地筹饷"①，并指出，这"本来不是清代的制度所允许的"，"清制凡军队饷需，掌于户部，将帅不须自筹，朝廷也不给他们以筹饷的权力，直到咸丰初军兴时，还守此制"②。该书中还归纳出"湘军就地筹饷的办法，大别有七种：一办捐输，二运饷盐，三兴厘金，四拨丁漕，五请协济，六提关税，七收杂捐"③。诚然，就所列项目来说，多是属"就地"自筹者，并且湘军设有专门的"就地筹饷"机构，如随军"粮台"及湖南的"东征（筹饷）局"之类就是。不过，有的项目就很难算是"就地筹饷"，如"协济"和"关税"。当然，"协济"若是主要靠就近"私人"间的沟通而获取的"友情赞助"，那当然也可以说是"就地"，但这种情况即使有也属个别，更通常的是制度性的"协饷"。这本来是用于相关省份经制兵的。"清制，每年直隶、福建、陕西、甘肃、四川、广西、云南、贵州等省所需兵饷不敷，报经户部核明，由邻近之省协拨。凡协饷有定向和临时之分，上述省分每年之协饷，规定由某省协拨若干，以定项拨协，按定例限期四月份必解拨过半，九月内全解。亦有临时之协饷，其款数、解期酌定。"④湘军也通过"协饷"渠道筹饷，并且是一条重要渠道。当然，其协饷基本不属定时定制的，而一般都是临时性的。根据需要由统帅提出方案奏请允准，由清廷谕令相关省份执行。当然，其实际执行情况不一，财力条件允许且与被协济者关系较好

---

① 需要注意，这并非《湘军兵志》作者的自行概括，而是取用湘军重要将领出身的曾国荃之语：光绪元年二月曾国荃陛见，"太后询历年行军，饷从何出。对以臣兄国藩就地筹饷"。并注明出处为"王定安：《曾忠襄公年谱》卷一"。
② 罗尔纲：《湘军兵志》，第120—121页。
③ 罗尔纲：《湘军兵志》，第121页。
④ 李鹏年等：《清代六部成语词典》，天津人民出版社1990年版、1994年第2次印刷本，第88页"协济兵饷"条。

情愿支持者，或按期、如数起码能较少打折扣；财力条件受限特别是与被协济者关系不协从而不愿支持者，拖延、搪塞、大打折扣甚至全不理睬，也就成司空见惯的事情。总体上看，要求协济的数额与实际落实的数额落差很大。至于关税，这是法定的由国家控制的财政收入重要渠道，湘军统帅也无权随意移作军饷，当然，通过奏请允准以济所需也是常有并较为方便（如江海关之于两江战区）的事情，但毕竟也不能完全归于所谓"就地筹饷"特别是"自筹"之列。想来，特定情境下曾国荃强调湘军"就地筹饷"的说法（参见上面关于"就地筹饷"的注文说明），恐有突出其不依赖"国帑"而是"自力更生"的隐意。

湘军的饷源和筹措方式，因其非经制兵之属，与主要靠国家定制供饷的八旗、绿营兵自不一样。但也应该看到，即使八旗、绿营，在湘军兴起之际战事不断扩展的情势下，本即日益紧张的国家财政更是捉襟见肘，状况恶化，其饷制也不能如前那样较为严格地实行，"变制"的现象亦越来越醒目，与湘军筹饷在某些渠道和方式上也有了略同之处，或是说湘军与经制军的饷事方面日趋接近。它们饷事的这种既"不同"而又有某些"趋同"的状况和态势，可视为湘军由非经制而像实际经制隐然转化的一个重要方面。

湘军总体上历时颇长，多头多支，再加饷事复杂，总体饷额的精确统计实为不易，这里只以曾国藩直辖湘军为例，从其报销情况看个大概。所谓"报销"，并非随时而为，而是事后对一定时段所作的综合概报。之所以如此，是因为军事特殊形势所制约不得不通融如此。同治三年（1864）七月间有上谕云：

> 军需报销一事，本有定例章程。惟近来用兵十余年，蔓延数十省，报销款目，所在多有。若责令照例办理，不独虚縻帑项，徒为委员、书吏开需索之门；而且支应稍有不符于例，即难核准，不得不着落赔偿。将帅宣力行间，甫邀恩赐，旋迫追呼，甚非国家厚待勋臣之意。着照该部所请，所有同治三年六月以前各处办理军务未经报销之案，准将收支款目总数分年分起开具简明清单，奏明存案，免其造册报销。[①]

[①] 曾国藩奏中引录，《曾国藩全集》奏稿之九，第356页。

需要特别注意，同日上谕，也明确申令"自本年七月起，一切军需"，"事竣之日，一并造册报销"，也就是恢复常规。可见，只"开具简明清单"的报销，较比常规要求的细项"造册报销"，是放宽和简单了许多，显示不为难"勋臣"。

曾国藩对所部湘军镇压太平天国及其余部太平军其间的军饷收支，曾两次具折分五案开列简明清单奏销，第一个奏折上于同治六年（1867）二月，包括四案①：第一案涉时自咸丰三年（1853）九月起至咸丰六年（1856）十二月底止；第二案涉时自咸丰七年（1857）正月至当年二月二十日；第三案涉时自咸丰八年（1858）六月至咸丰十年（1860）四月底；第四案涉时自咸丰十年五月至同治三年（1864）六月。这中间第二、第三案之间有空缺时间，时值曾国藩因父丧离军期间。当然，此间其军尚有，因非其直接经理，便未含其报销之内。而此折四案以简明清单形式未细致"造册"，显然是完全合乎上引谕旨特许规定的，在其期限之内。关于第五案的第二个奏折，出奏时间是在同治七年（1868）十一月初，报销涉时自同治三年七月一日起至同治四年（1865）五月底止。这显然已不在允准只凭"简明清单"报销的特许时限之内，需按常规"造册报销"，"造册"当包括"银数册"、兵员"花名册"之类，十分琐细。而曾国藩此折所涉报销案实际并未能完全按规，是"单造银数册，仍未造花名册"。至于理由，曾国藩有如此陈说：

> 向来花名清册为送台领饷之据，即为送部备查之案。然兵册则的名居多，勇册则假名居多，相沿已久。盖勇丁去来无定，原籍本无伍符可稽，而又汰革者、告假者，随时更换。又或疾疫连丧数十人，大败连丧数百人，仓卒难以募补，则其空缺之时，应有截旷银两。在营官之贤者，或将此项截旷银两多养死士，修补军机。不肖者，则以此自肥私橐……臣洞悉此弊，故刊章内但以勤于点名为重，而不以造花名册为重。各营无册送臣处，臣遂无册送部……其

---

① 《曾国藩全集》奏稿之九，第356—367页。

有违部例者在此，其不欺朝廷者亦在此。①

应该说，曾国藩所道出的基本是实情。实际当时的军饷开销有无私弊，在很大程度上取决于各级军官的自觉自律状况。作弊空间很大，廉正者自觉奉公，贪鄙者则巧取肥私，因头绪纷乱，难究底细，若时过境迁，更难细致究查，就看报销所报表、册制作上的"艺术水平"。当然，最终于此等"报销"的是卡是放，很大程度上还是取决于掌控者的意愿。而曾国藩所上此折，是在他自江宁启行赴任直隶总督的前一天，对此新任他本来疑虑重重，心绪不佳，而对此毕竟不合规矩的报销方案能否获准，心中也无底数，甚至隐然把此次报销获准与否，当作判断清廷对其尚信任与否的重要依凭。结果，就在他北上途中，接到朝廷"着照所请"的批旨。在曾国藩看来，这"殊属旷典"而"感激刺骨"，甚至觉得"较之得高爵穹官，其感百倍过之"②。想来，起码曾国藩本人非贪鄙之辈，清廷当不会故意为难于他。而从对湘军报销要求的情况看，同样要走相关程序而非能随意，可见同样具有"经制性"。

关于曾国藩对其军这五案报销的军饷事项，尽管基本只是"简明清单"，但若分项述出仍颇烦琐，这里就取《湘军兵志》中统计得出的综括之说吧："总计十二年共用银29154527.5两，钱941723串，米3799.58石，若钱、米都折银合计，以钱一千四百文折银一两（钱每串千文），米每石折银三两计算，则三项合计实总共用银29838585.4两。"③可以大约三千万两言之，这是曾国藩直辖部队十二年里的总饷额。至于同时或不同时、同战区或不同战区湘军其他各部的军饷，在难以一一论列的情况下，不妨再概说左宗棠"西征军"的饷事之例。

左宗棠于同治五年（1866）间调任陕甘总督，旋又受命督办陕甘军务，此后十余年里，其军务分为镇压西北反清起事和用兵收复新疆

---

① 《汇陈湘军第五案军需款目报销折》，《曾国藩全集》奏稿之十，第275页。
② 《谕纪泽》，《曾国藩全集》家书之二，第502页。
③ 罗尔纲：《湘军兵志》，第120页。

的反侵略、反叛乱战事。此间军饷他先后有几次奏请报销①，可见筹集和支用规模。一是同治五年（1866）十月初一至同治十二年（1873）年底，此间收银40598104两，支出40148530两②；二是同治十三年（1874）收银8287645两，支出8178982两③；三是光绪元年（1875）正月初一至光绪三年（1877）十二月底止，此间收银26745921两，支出26452630两④；四是光绪四年（1878）正月初一至光绪六年（1890）十二月底止，此间"实管收银"17896412两，支出17738906两⑤。据此算来，自同治五年十月至光绪六年年底这十四年零三个月期间，筹集军饷共93528082两，支出92519048两。即使按实际支出即用度数，也近9252万余两。那么，数额如此巨大的军费，来源渠道如何呢？最主要的是外省区协饷和关税济饷（如来自江、粤、闽等海关），这起码约占其军饷总数的一半甚至更多⑥，其次是"华洋借款"（特别为用兵新疆筹措，左宗棠本人起着关键作用）、辖区多种税收、捐输捐纳等项。这显示出，其军饷"就地自筹"的方式似更不占主要，起码表面上国家的调拨调济途径尤为紧要，当然实际反映实力派地方大员对国家财政的影响作用加重。

军饷的具体用项自然涉及军需的各个方面，其中官兵的薪水口粮自然是重要一项。这形诸定制，数额上有明确规定（当然，亦非绝对无变）。譬如，曾国藩军在咸丰九年重订的《营制》中，专有"薪水口粮之制"分项，规定："营官月给薪水银五十两，不扣建（小月二

---

① 报销方式上是"恳请援照两江、贵州成案，开单报销，俾得核实办理，以归简易而免欺饰"（《左宗棠全集》奏稿六，岳麓书社1992年版、1996年第2次印刷本，第66页）。所谓"两江成案"自系曾国藩所办，上已涉及。可知贵州等地亦有援引，而左宗棠此时亦行援引，详细"报册"的传统报销方式或实难恢复。

② 《左宗棠全集》奏稿六，第66—67页。按：银两数字只取自"两"，其下自"钱"至"微"的余数舍去不录，亦不作"四舍五入"。以下数项同。

③ 《左宗棠全集》奏稿七，岳麓书社1996年版，第327页。

④ 《左宗棠全集》奏稿七，第440—441页。

⑤ 《左宗棠全集》奏稿八，岳麓书社1996年版，第105页。按：所取此间"实管收银"17896412两之数，是由"统共管收银25629927两"中，除去拨发他军由其自行列收报销等数笔应从中减除者数额之后净剩之数。

⑥ 如蒋致洁《左宗棠收复新疆战役军饷问题探讨》（《中国社会经济史研究》1988年第2期）、任念文《左宗棠西征军费与晚清西北边疆治理实力》（《探索与争鸣》2007年第6期）等文涉此。

十九天亦按大月三十天发全额）。又月给办公费银一百五十两，不扣建"；"哨官每员日给银三钱，哨长每名日给银两钱，什长每名日给银一钱六分，亲兵每名日给银一钱五分，护勇每名日给银一钱五分，正勇每名日给银一钱四分，伙勇每名日给银一钱一分，长夫每名日给银一钱（按：哨官及其以下皆扣建）"①。需要注意到，待遇上这要比绿营优厚许多，如湘军正勇的饷额（大月四钱二分），有研究者考察计算出"要超出绿营兵的平时饷额1—3倍"②。《清史稿》中更有"绿营兵月饷不及防勇四分之一"③之说。至于湘军军官的待遇，营官每月单薪水银就50两，另外还有听其"酌用"的办公银150两，如节俭开销，剩余者归其私人留存亦属合法。至于越是上层的军官，个人的经费支配余地自然越大。知情者有谓，湘军军官"将五百人，则岁入三千，统万人，岁入六万金，犹廉将也"④。收入优厚，自是吸引人加入的重要条件，就其正勇的薪额来说，一般而言也聊可养家糊口了。当然，很多情况下并不能全额实发，而要减成发放，形成"欠饷"，这一是因为军饷不足乃为常情，没有办法，再是有时也故以减成发放的欠饷来作为制约兵员的一种手段。这自有一定效果，但时常性大数量、大面积的欠饷，也往往是激成哗变的重要原因，特别是在移调、裁撤营伍等关头。

四　湘系要员出任疆吏状况

要员们控制湘军，成为其十分重要的实力支柱，也是他们中批量人员得以跻身疆吏的关键基础。而他们获任疆吏，有了省区事权，军政结合，又是进一步发展实力的至关重要的保障。如此互为促进，相得益彰。当然，这是就总体情况而言，也有个别人员虽获命但辞谢，也有个别人任职短暂或根本未得实际开府条件，各有具体原因。湘系人员中获得任命督抚大员者，绝大多数是"内层"要员，此外也有些"外层"人员（见表2–1）。

---

① 《曾国藩全集》诗文，第402—403页。
② 皮明勇：《关注与超越：中国近代军事变革论》，河北人民出版社1999年版，第64页。
③ 《清史稿》（缩印本）第二册，第1046页。
④ 王闿运：《湘军志》（与《湘军平议》《续湘军志》合刊本），第163页。

表 2-1　　湘系"内层"（皆湘籍）要员首获督抚任命统计①

姓名	职任	授职年月	备注
江忠源	安徽巡抚	咸丰三年九月	旋败亡战场，未及理政
胡林翼	湖北巡抚	咸丰五年三月	先署，次年实授
刘长佑	广西巡抚	咸丰十年闰三月	
曾国藩	两江总督	咸丰十年四月	先署旋授
李续宜	安徽巡抚	咸丰十一年正月	命署，未任（后曾任鄂抚）
江忠义	贵州巡抚	咸丰十一年八月	命署，未任
田兴恕	贵州巡抚	咸丰十一年八月	署理
彭玉麟	安徽巡抚	咸丰十一年九月	授而辞免未任
左宗棠	浙江巡抚	咸丰十一年十二月	
曾国荃	浙江巡抚	同治二年三月	授而在军未任（后曾任职于多省区）
唐训方	安徽巡抚	同治二年四月	
郭嵩焘	广东巡抚	同治二年六月	
刘蓉	陕西巡抚	同治二年七月	
杨岳斌	陕甘总督	同治三年五月	
刘坤一	江西巡抚	同治四年五月	
刘岳昭	云南巡抚	同治五年正月	
蒋益澧	广东巡抚	同治五年二月	
刘典	陕西巡抚	同治七年二月	署
杨昌濬	浙江巡抚	同治八年十二月	先署后授
陈士杰	浙江巡抚	光绪七年八月	
刘锦棠	新疆巡抚	光绪十年十月	
魏光焘	云南巡抚	光绪二十一年七月	
李兴锐	江西巡抚	光绪二十六年九月	

---

① 表 2-1、表 2-2 标题中所谓"首获"，表示所列职任只是其最早出任疆吏之职，以后的变动一般不涉（需交代的个别情况在备注栏说明）。时间则取清廷授命之年月（清历），系依钱实甫《清代职官年表》（中华书局 1980 年版）第二册中所载，其中江忠义、田兴恕两人者该书中未记具体月份，查《清实录》补出，此书咸丰十一年八月甲戌（十八日）条下记："赏丁忧记名道江忠义二品顶戴，署贵州巡抚。未到任前，由提督田兴恕兼署。"（《清实录》第 45 册，第 110 页）江忠义终未膺任，而田兴恕署理数月亦被免去此职。

表 2-2　　　　　　　湘系"外层"人员首获督抚任命示例

姓名	籍贯省份	职任	授职年月	备注
李孟群	河南	安徽巡抚	咸丰八年七月	暂署，代行巡抚事
沈葆祯	福建	江西巡抚	咸丰十一年十二月	
李鸿章	安徽	江苏巡抚	同治元年三月	先署后授
李瀚章	安徽	湖南巡抚	同治四年二月	
吴坤修	江西	安徽巡抚	同治七年正月	署
李宗羲	四川（今重庆市）	山西巡抚	同治八年五月	

表 2-2 列及的湘系"外层"督抚人员难说齐全，示例而已。像前述及的骆秉章，早于湘军成立前就已跻身巡抚，后与湘系要员和同共事多年，后入川所统之军亦是湘军，随后并有川督之任。还有胡林翼任湖北巡抚时的亲密僚属像罗遵殿（安徽籍）、严树森（四川籍）、毛鸿宾（山东籍）等人，以及他前在贵州做官时的僚属韩超（直隶籍），也皆可划属湘系"外层"，他们也都先后有督抚之任。"外层"人员也批量地出任疆吏，总体上归根到底是依托于湘系势力。具体环节上，得湘系核心层要员的积极荐拔，自为其必不可少的晋身基础和阶梯。特别胡林翼、曾国藩在世期间所起的这方面的作用，尤显突出。而"外层"出任疆吏的人员，也是湘系势力本身的重要组成部分，是湘系集团实力在一个层面上的体现。当然，他们后来境况变化不一，表现在与湘系关系的疏密程度、本身处境的状况等方面。尤其需提及的是李鸿章，由他自湘系中分出独立淮系后，其弟兄自当为"淮系"所属，只是鉴于他们借助湘系起家的关系，也在湘系"外层"中列出。对该"外层"类人员只作此简略论说，更需关注的当然是表 2-1 统计到的"内层"要员。

曾获命督抚之任的湘系"内层"要员中，首先需说明其中几人的特殊情况。江忠源在湘系中属"元老级"要员并最先获任疆吏者，但未及真正开府理政即败亡军中的情况，业已述及，不再细说。江忠义曾被命署理贵州巡抚时，按说他正值丁忧期间。其母在上年去世，但他服从军务需要，料理完丧事不久便复回战场，主要是在湖南率部作战。接奉署贵州巡抚之命后，他"以母服未阕，具疏辞，得旨允其终制，仍令墨经从军,在本籍帅师剿贼"①。本来安排在江忠义到任前,让同样是湘军将领的田兴恕暂为代署,江忠义免任事定后,清廷也未再另简人选,这样署理贵州巡抚的职事就正式落于田兴恕身上。由此可见,当时湘系要员在此等职事上真是有很大程度的无可替代性。田兴恕很年轻,"时年二十有四也",在上一年就被"授钦差大臣关防"②。不过,田兴恕本人的素质条件并不很高,他行伍出身,虽然勇武但对有些事情上似乎太过偏执,像很快在贵阳教案中的表现为人熟知,就是明证。领军亦得"昏暴贪黩"之名,有说其募兵时,"应募者至,辄召问:'汝不畏死否?家何人,可割弃邪?'方其人应答,突拔刀斫之,不动,则喜曰:'是好男子',与金留之;稍退却,即叱之出。其行径多类盗如此"。连曾国藩都不喜欢他,尝曰:"田兴恕得钦差,李世忠(昭寿)作帮办,天下安得平。"③

被授命督抚而辞谢未任的还有彭玉麟,他较田兴恕的素质条件为优,曾有读书经历,也非那般暴戾脾性,是湘军水师元老级名将出身,战功赫赫,为曾国藩倚重。他被任命安徽巡抚时,再三力辞,有谓自己"起自戎行,久居战舰","一旦身膺疆寄,进退百僚,问刑名不知,问钱谷不知,譬之跛者行生僻之路,其为颠蹶不待履蹈坎坷而后知也",再加"不学无术,褊急成性",并且"舍舟而登陆,似属弃长而用短"④,总之是说不宜此任。清廷以其"真实不欺",遂改授水师提督。同治四年(1865)又曾令其任漕运总督,仍辞未任。光绪七年(1881)授两江总督,还是辞免。而这屡次辞谢督抚之任,绝非故作姿态,而是行之由衷。光绪九年(1883),诏授兵部尚书(前挂名兵部右侍郎),这次辞而未准,但因中法战争而督办广东海防,实际还是在前敌亲涉戎务战事,此战结束后亦未到任,直到光绪十四年(1888)病免。或谓彭玉麟"不耐服官"⑤,总体看来,诚然不虚。从他着实不愿而清廷却屡屡委任的情况看,可见对湘系大员是何等依赖。即使像上述田兴恕这样的人物都曾有疆吏之任,岂不更有助说明问题?

---

① 朱孔彰:《中兴将帅别传》,第39页。
② 朱孔彰:《中兴将帅别传》,第335页。
③ 赵烈文:《能静居士日记》第一册,第366页。
④ 《彭玉麟集》上册,岳麓书社2008年版,第4、11页。
⑤ 朱孔彰:《中兴将帅别传》,第92页。

除去上述几人的特殊情况外，其他人员都曾实任督抚之职，并且有些人地位特别重要（尤其像胡林翼、曾国藩、左宗棠、刘坤一等）。在地域上涉及诸多省区，而湘军战区所涉尤其凸显。从时间上看，是从曾国藩出任江督以后到镇压下太平天国和捻军后的同治朝末段，为湘系要员出任督抚的最集中、最高峰时段，可见与形势需要息息相关。并且，也就是从湘系要员纷纷出任督抚开始，此等汉族实力派大员在同职官员中所占比例上较前大大提高。有研究者考察统计，道光朝旗籍巡抚28人，占巡抚总数的26.7%，旗籍总督20人，占总督总数的46.5%；到了同治朝，旗籍巡抚仅2人，只占巡抚总数的4.1%，旗籍总督也仅5人，占总督总数的26.3%[①]。而汉族督抚人员中，湘系要员又最为集中，成为主导力量。以同治四年（1865）的八政区总督为例，其中，湘系内外层人员即占其六（直隶、两江、陕甘、四川、闽浙、两广，其中两广总督毛鸿宾此年中被满旗人员瑞麟取代），另外的湖广总督官文，虽是满洲贵族，但也曾有数年为湖北巡抚胡林翼笼络控制，与湘系合作共事的情形。再就是云贵总督劳崇光，他是汉族，并且是湖南籍，虽非湘军出身，但与湘系有着较密切的和同性。至于湘系要员大批量出任督抚局面的影响，将在后边适当之处再行论述。

五　湘系集团的结构特点及其形态的漫溢

湘系集团的结构，是指组成其集团整体的各部分的有机构造。如同上面所言及的，"湘系集团"和"湘系势力"的指称是有区别的，言其组成当然也有区别。所谓"湘系势力"作为较抽象化的泛指，其构成也可从相对泛化的层面言之，可谓由湘军和湘系政治势力合成。而"湘系集团"，则应相对具体化，是代表"湘系势力"的较高层要员的集合。其组成部分，主体上可谓军事将帅、相关疆吏、上述军政要员的重要僚属（包括幕僚在内的下属），这是可具体到人的。当然，何者能划属这个圈子，除非典型人物外，越是趋下越无绝对性而"模糊性"越强，酌量起来不同的研究者可能见仁见智，不必拘执。并且，构成分类上可因标准和角度不同而不同，也可有"粗""细""宏""纤"上的

[①] 见魏秀梅《从量的观察探讨清季督抚的人事嬗递》，《近代史研究所集刊》（台湾）第四期上册，第265页。

分别。譬如，属由"粗""宏"层面来分的军事将帅、相关疆吏、军政要员的重要僚属等各大类里，下边自又可分成若干小类，不必具体列示。就湘系集团的"结构"而言，当然不能仅是各构成部分的机械相加，而更重在其组合和运作的"有机性"。譬如，"军""政"要员事实上并非可两者割裂，其结合一体乃湘系集团构成的一大要素，上已有强调，这在其大多要员身上体现得都很典型。

再就是，上下级间的隶属、官僚体制的运作规则，在湘系集团中当然也有所体现，但另一方面，甚至可以说是更重要者，是精神感召和吸引所成就的无形凝聚力。像曾国藩，不但在一定时间里是实体组织领袖，而且在更长时间里他"精神领袖"的作用更不可小觑。胡林翼在这方面也很突出，并且做得也很自觉。譬如，他在日常与僚属的政务信息沟通中，很注意以"化公为私"的方式来以情动人，以诚感人，以德施人。知情者谓其"以州县悬隔，遇事则手札谘问，务达其情，尝言：'公文同而手札专，吏有不敢轻视之心；公文严而手札亲，吏有不忍漠视之心'①。胡林翼自己也尝言，他在军事上的"精神思虑，多注于往返书札之中，其公牍不多见也。"② 诚然如此。

特别需要注意的还有湘系"多头并立"的结构特点。因为湘系要员们在占据省区政权方面"捷足先登"，取得优势，军政结合于一身的大员众多，再加"军系"本身也分支众多（从前边已列示的即可看出），演变复杂，这在致其势力总体强盛的同时，也有使其群体结构上相对涣散的一面。各军政结合的督抚要员、各支军系首领及其部署，有着较强独立性。当然，在大局攸关的情况下也有其和同性颇强的表现，但其结构特点也有致其内部矛盾多发、内耗较大的一面。这在湘军初成时期就有典型表现。譬如，曾国藩军与王鑫部的关系。王鑫为罗泽南的弟子，与乃师同为湘军最早班底营伍的头目。他们师徒都与曾国藩为同邑人，也都在曾氏练兵的最早相谋者之列，但似乎一开始王鑫就不甘心附于曾国藩手下。他对曾氏说："若令我募勇三千，必将粤匪扫荡！"曾国藩想必看出了他要"单干"的意思，遂致信巡抚骆秉章，说其人"有此

---

① 梅英杰：《胡文忠公年谱》，台湾文海出版社"近代中国史料丛刊"1968年影印本，第283—284页。
② 胡林翼：《致严树森》，《胡林翼集》第二册，第560页。

大志，何不作成之"。骆秉章便写信请王鑫赴省城面商，王鑫果然到来，提出先发巨额口粮、硝磺等军需物资，表示"必能不负所委"①。曾国藩编练湘军期间曾有湘勇出援江西作战败北，所损兵将即多为王鑫亲旧，其人愤而请"增军殄贼"，提出"欲练万人为恢复中原计"。他这时独领一军而不愿隶属曾国藩麾下的意态越发显露，曾氏与他的矛盾也日益加深，不但私下对其有"精神上浮，言事太易"，"难与谋大事"之评，而且直接致书王氏本人，说他"志气满溢，语气夸大，恐持之不固，发之不慎，将来或至偾事"。两人矛盾越来越大，到曾国藩湘军出征时，王鑫所部终究没有作为隶属营伍随从，所统"二千四百人别为一军"②。罗泽南也借故不愿再远征他乡，所部则留驻湖南衡州。总之，曾国藩所部湘军"建旗东征"之时，王、罗所部都不在其编制之中。脾性狂傲的左宗棠，及至他独立领军，与曾国藩也是多生摩擦。即使关系协和者，因不同军系具有相对独立性，自作主张、各行其是的情况也属常见。

至于湘系集团和湘系势力形态上的漫漶乃至终结，当然也属研究者根据相关迹象的判断，时间上并无绝对性。其形态上的漫漶，起码到甲午战后就有明显表现。在甲午战争的后期，在本属参战主力的淮军一败涂地的情势下，湘军由刘坤一集中统带投赴战场一试，也未能扭转局面，溃败得也是一塌糊涂，不但声势上严重衰减，而且在组织上也日趋涣散。自甲午战争期间"新军"的出现，是晚清军制变革史上一个新阶段的开启，相形之下本较"先进"的湘、淮防营亦成旧式，被替代的征候业已显露。同时还有一个重要因素，就是要员群体条件的基本失却。一个"集团"的存在，固然离不开核心领袖，但也要有起码规模的要员层，而较早的湘系要员层到甲午战后时候，可谓早已在很大程度上消散，即使不说刘坤一属硕果仅存，充其量也只能再算上魏光焘、李兴锐等个别人物。更要紧的是，这时即使他们，与当年曾国藩辈控制"湘军"、军政结合的情况也不可同日而语，更显"常规"督抚的色彩。这实际上与晚清军制的沿革有密切关联，从湘、淮勇营过渡到"防

---

① 骆秉章自订：《骆公年谱》，台湾文海出版社"近代中国史料丛刊"1967年影印本，第53页。

② 朱孔彰：《中兴将帅别传》，第95页。

军"，虽说一定时间里名义上尚非"经制"，但实际上充当国防主力、带有"经制"性质的情形难以否认，相应，其"私属性"程度则较原"勇营"有所削减。这待后边相应之处再作详论。

湘系形态的"漫漶"与终结，是一"过程"和该过程"终点"的关系。实际其漫漶的过程也就是逐步消亡的过程，将其漫漶期说成"趋于消亡"也未尝不可。也有著作中将湘军的终点界定在经庚子事变，刘坤一于光绪二十八年（1902）死后，并言及"次年（1903）十一月清政府设立中央练兵处，裁汰勇营，由练军组建新式陆军，湘军渐次消亡，军史延续历50年"[①]。若如此看来，那么，就湘系集团至此也就可算基本消亡了。其实，后面还有魏光焘、李兴锐的余绪，当然为时较短，不过像魏光焘在两江总督任上试保"南洋"基业的努力，仍有事可纪（详后）。

第二节　淮系集团

一　淮系集团的构成

淮系集团是以首领李鸿章为核心组成的军政集团，它是晚清政治格局中的重要一极。淮系集团的兴衰与集团首领李鸿章的宦海浮沉有着密切关系。自同治元年（1862）组成淮军，经过镇压太平天国运动及剿捻战争，到同治九年（1870）李鸿章出任直隶总督并兼任北洋通商大臣后，其人凭借手中职权及其政治影响，利用亲属、同乡、师生、年谊、朋僚等多种关系，合纵连横，淮系集团得以逐步发展，并开始实现在一定程度上从地方军事势力向全国性政治集团的过渡。此外，李鸿章还通过有的放矢、因事制宜地处理与清廷及其他省区各政治派系之间的关系，逐步巩固并发展淮系集团，使之成为19世纪末清朝实力最强的军政集团。本节则主要拟揭示该集团的构成基本状况、维系要素及运作机制等方面，以期能对它有一个相对完整的大概认识。

淮系集团从成员构成层次上来看，大致可以分为首领、要员及一般分子。李鸿章作为淮系集团的首领，是主导集团的核心。从集团结构上说，则可划分为三大系统，即军队（其中又有重要将领与一般官兵之

[①]　王盾：《湘军史》，第2页。

分）、所属官员（其中又有出任要职的官员与一般官员之分）、幕僚（其中又有重要幕僚与一般幕僚之分）。当然，我们着眼的主要是各自的"重要"层级人物。

（一）集团首领

淮系集团首领主要就是李鸿章本人。李鸿章（1823—1901），安徽合肥人，道光二十七年（1847）丁未科进士，他本为曾国藩湘系集团成员，后从湘系中别分一支，以淮军为基础，逐步发展为独立的军政势力。李鸿章因平定内乱、办洋务外交名噪一时，历任江苏巡抚、湖广总督、直隶总督兼北洋通商大臣、两广总督等职，特别是他担任直隶总督兼北洋大臣一职长达四分之一世纪之久，为疆臣之首。在军事上，李鸿章组建和率领淮军，转战镇压太平天国，又接替曾国藩平定捻军，还创办起北洋海军，可谓"军功"显赫。作为淮军（通常是就淮系的陆军而言）统帅和北洋海军的实际首脑，他开启了中国军队近代化的先河，淮军与北洋海军成为当时中国近代化水平最高的陆海军队，也是清朝最重要的国防力量。在经济上，李鸿章作为洋务运动的推手，致力于经济近代化，创办了若干著名的军事工业与民用企业。他参与创办和发展早期著名军工厂家江南制造局、金陵机器局、天津机器局等，又创办轮船招商局、开平矿务局、天津电报总局、漠河金矿、上海机器织布局等民用企业。在外交上，从19世纪70年代起，李鸿章作为直隶总督兼任北洋大臣，越来越多地参与外交事务，凡有重要外交事宜，几乎都由他一手经办，他代表清廷办理一系列重大外交事件，如天津教案、琉球事件的处理及中法新约、马关条约、中俄密约、辛丑条约的谈判签订等，成为晚清外交的重要人物，中国外交权力重心亦趋向双元化，逐渐形成了北京总理衙门和天津北洋大臣兼理的局面。

李鸿章虽为翰林出身，但专意为官，一心带兵、理政，少受道学束缚，甚至不忌"痞"气，如有以"打痞子腔""参用痞子手段"来应对洋人之语。他善用官场权谋，善于延揽人才，对人才的网罗往往先看其军政才能，道德文章尚在其次。对淮系集团要员竭力推举，也刻意以名利、地位笼络，集团成员也乐意为其所用。

作为淮系集团的首领，李鸿章在该集团中处于独一无二的地位，是灵魂人物。他将淮系集团的军队与各方面要员牢牢掌握在自己手中，集团参与的军事、政治、经济、外交等活动，可以说很大程度上是其个人意志的体现与贯彻。因此,淮系集团又惯被称为"李鸿章集团"。

(二) 军队情况

军队,是淮系集团赖以生成和存续的基础和命脉之所在。淮系集团依靠淮军起家,最终因北洋海军的覆灭而走向衰落。可以说,军队的兴衰存亡,与淮系集团的命运休戚相关。而淮系军队,主要包括淮军和北洋海军这两股军事力量。

首先来看淮军的情况。依靠淮军起家的李鸿章深知军队重要性,淮系集团的发展、其自身的疆臣地位,都是依靠其所控制的军队支撑得来,也必须依靠其军队来维持。淮军尽管招募、裁遣变化颇大,但作为支撑淮系集团势力崛起的支柱力量,基本上是置于李鸿章亲自统领、掌控之下。他曾明言,淮军除他李鸿章外"无能统领之者"(前有引及)。曾国藩挂帅剿捻,在指挥淮军各部的过程中,就存在调度不灵的情况,最终,导致其剿捻无功而返。而由李鸿章接替剿捻,则最后奏功,主要就是因为淮军服从和听命于他。李鸿章重视淮军的"私属性",将淮军牢牢地控制在手中。同治十年(1871)受命督办陕西军务的淮军铭军统领刘铭传与左宗棠交恶,对清廷命其西征大为不满,屡有乞退之心。李鸿章多次劝阻未果,刘铭传推荐曹克忠统带铭军,令李鸿章非常失望。曹克忠同淮军渊源尚浅,不能服众,与将士不睦,引发铭军武毅右营士兵哗变,清廷似有裁撤铭军之意。为避免铭军瓦解,李鸿章给铭军中威望甚高、正赋闲在家的刘盛藻去信说,"将士从我辈十余年。一旦弃于不知谁何之手,遇此粗率无礼之人,焉有不猜疑日积、变故横生者。迨溃畔事起,中外远近皆曰此淮军也,此铭营也。我辈苦战灭贼,功可不争,名可不居,而坐视所部得溃畔之名,朝廷即不责问,乡里即不讪笑,百战相从之士卒即不怨恨,于心安乎否乎,于义忍乎否乎……我辈原非畏事畏祸者,独何必以名高天下、功满寰区之淮军铭营而任若辈颠倒簸弄耶。及吾与诸君子尚在,乃甘为袖手旁观,幸灾乐祸,亦何乐乎为人,何乐乎有生耶。廷旨既令撤回安插,苟得其人,非甚难办之事。吾弟起家行间,威惠廉劝,军士无不感服,不独鄙人与淮部上下所共信,即秦、晋、豫、东诸帅无不共信而共望之"①,力促刘盛藻出山接掌铭军。最终在李鸿章的支持下,刘盛藻接统铭军,化解了这场

---

① 《致刘子务廉访》,《李鸿章全集》第30册,第465页。

危机。

在淮军初成与洋人联合作战的过程中，李鸿章亲见西洋枪炮火器之精利，深受刺激，艳羡和重视西洋火器，可以说成为其终生的情结。他所谓"多增无益之军，不如多置有用之器"①，不啻为当时一种洋务共识。李鸿章积极主张将武备建设放在国防和军队建设的重要位置。至同治七年（1868），淮军已经全部装备了洋枪。此后，淮军武器装备的质量不断提高。李鸿章在出任直隶总督并兼任北洋大臣后，继续采用新式武器装备以提升淮军实力。19世纪70年代，淮军逐渐淘汰前膛枪，改用后膛枪，主要有林明敦、士乃得、马梯尼步枪等，每分钟可发子弹6—7发，有效射程达300米。到了80年代，又改用每分钟可发子弹10—12发的哈乞开司、毛瑟枪等②。其装备水平不断提高，逐步发展成为清廷所特别倚恃的国防军主力。

咸同之交，李鸿章受命组建淮军，在镇压太平天国运动中发挥了一定作用，但此时，淮军影响力远在湘军之下。平定太平天国后，湘军魁首曾国藩因权势渐盛，忧谗畏讥，毅然裁撤大部湘军。而淮军统帅李鸿章则踌躇满志，并未大肆缩减淮军，仅裁汰老弱数千。在剿捻战争中，淮军更成为平乱主力，实力壮大。剿捻后期，李鸿章接替曾国藩主持剿捻，湘消淮长之势已见端倪。捻军的溃败与淮军的势盛，为李鸿章淮系政治势力的发展带来契机，平捻之役后，李鸿章被清廷授以湖广总督并赏加太子太保、协办大学士衔。为避免清廷猜忌，李鸿章表面向朝廷表达裁撤淮军之意，实则以退为进、竭力保留淮军精锐以为集团发展之根本。经剿捻之役，淮军防区从江苏扩展至苏、鄂、直、鲁四省，从而为淮系集团的发展提供了坚实保障。同治八年（1869）李鸿章在给兄长李瀚章的信中表达了自己最真实的想法，"疆吏人才日乏，近多习疲软一派，内意亦愿用圆滑一流，若有大事恐支持不住。吾弟兄分疆虽为人忌，究其设施不在人下，自不应无故求退。倘弟仍任兵事，兄更不必言退，两年内当有定局，宜姑待之"③。实际情况果如李鸿章所料，仅一年之后，他即移节畿疆，淮军防区空间得以进一步拓展，声威日渐鼎

---

① 《借款购备枪炮折》，《李鸿章全集》第10册，第374页。
② 参见施桥渡《晚清军事变革研究》，军事科学出版社2003年版，第43页。
③ 李鸿章：《致李瀚章》，《李鸿章全集》第30册，第23页。

盛。李鸿章收纳了包括直隶练军、宋庆的毅军、吴大澂的绥巩军在内的几支军队，使之成为淮系集团的偏师，从而在整体上扩大了可控军队的规模与防区范围。19世纪70年代以后，淮军防区大致固定下来，其分布地主要在直、鲁、苏、鄂、晋五省，共95营①。同（治）末光（绪）初"海防大筹议"以后，淮军海防布防的重点态势也基本确定。光绪五年（1879）后，李鸿章直接所统淮军共66营，加上分防湖北、山西的13营，实仍存79营②。19世纪80年代以后，边疆危机加剧，朝鲜、越南局势相继紧张，淮军布防又出现了一些新变化。在中法战争期间，总计驻防兵力达132营③，其防区北起辽东、直隶，以至山东、江苏、浙江、台湾延及两广，在内地则有陕西和湖北，加上淮军本籍所在地安徽，这样不下十来个省区。其势力范围之广，影响之巨，可以想见。

军队将领是统领军队的骨干力量。淮军将领在淮系集团的形成与发展中，自然处于十分重要的地位。这里所说淮军将领，以王尔敏《淮军志》中的界定，主要包括"官至提镇与道员以上之将领"与"营头之创始人"（前已注及），这些人多为淮系集团奠基的元老层人员。这类人员《淮军志》统计到的共计432人，其中出任地方大员者4人，即张树声、刘秉璋、潘鼎新和刘铭传。张树声，初为淮军树军统领，后一路青云直上，先后出任直隶按察使、布政使、江苏巡抚、广西巡抚、两广总督等要职；光绪八年（1882）李鸿章丁母忧期间，他还曾署理直隶总督兼北洋大臣。刘秉璋，良（庆）军统领，最终官至四川总督；潘鼎新，鼎军统领，后官至广西巡抚；刘铭传，铭军统领，后出任首任台湾巡抚。此外，淮军将领中比较重要者，还有像丁寿昌、程学启、吴长庆、周盛波等多人。至于淮军将领的地域分布，据《淮军志》中列表统计的核算情况前已述及，具体比例数字这里不再重复，总体说来是安徽籍的人数最多，其次是湖南籍者，其他多省乃至外籍人员居后。淮军最初除由曾国藩所拨原湘军几个营头外，主要由安徽团练发展而来，这是安徽籍将领人数最多的基础原因。至于

---

① 王尔敏：《淮军志》，第355页。
② 王尔敏：《淮军志》，第357页。
③ 王尔敏：《淮军志》，第360页。

湖南籍人员在非皖籍者中所占比例最高，自是因淮系集团与湘系集团的渊源联系密切。

从出身方面来看，李鸿章本人虽然也是"以儒生而起家军旅"，他却鄙薄以科名相标榜的所谓"儒将"。建立和扩充淮军，他一改湘军"选士人领山农"的基本原则，致使与湘军相比，淮军人员成分上大为杂沓，素质上也大相径庭。从王尔敏《淮军志》中所列淮军将领的"核心分子"26人看，其中士子出身的只有6人[①]，其余为武途、乡民、降将等多种出身。若扩及该书所统计到的各级军官432人看，其中标明出身的224人中，士子出身的也只有20人，算来尚占不到所知出身者的9%[②]。此外，淮军士卒成分也比湘军庞杂得多，除了招募的部分新勇之外，其他或承以团练，或借自他军，或收编降众，与湘军由"山农"募练编伍的情况大异[③]。

总体来看，淮系军队的形成与发展同当时清朝"内忧外患"的情势密切相关。而淮军与北洋海军，不但形成时间上有先有后，并且其形成与发展的过程也有着各自的特点。只是因淮军情况前边和后边相关地方都有内容涉及，为避免重复这里只酌情作此简述。下面着重来看或说"专述"（本书其他地方再少有涉及）北洋海军的情况。

如果说，淮军主要是因"内忧"而起，那么北洋海军则主要是因外患而生。北洋海军的崛起为李鸿章集团增添了又一根强力支柱，使李鸿章得以进一步巩固和扩大了自己的权势，对于支撑与加强淮系集团也有着举足轻重的作用。特将北洋海军形成的大致过程予以概述。

中国是一个海陆大国，沿海地区广袤。但是，清朝多年沿袭传统，重视内陆边防胜于海防，长时间里虽有旧式水师，并无新式海军，基本上处于有海无防的局面。随着两次鸦片战争中国的惨败及洋务运动的兴起，清廷统治集团内部有关建造轮船、筹办海军、加强海防的呼声越来越高。同治六年（1867）十二月，淮系要员丁日昌向朝廷提出创建轮船水师条款，指出"自海氛构衅，中国水师无能御敌，是不独师船不及轮船、夹板，即沿海炮台，亦呆无所用"，倡导"变通旧制"，制造炮

---

① 王尔敏：《淮军志》，第184—185页。
② 据王尔敏《淮军志》第136—176页图表进行统计测算。
③ 董丛林：《领袖导向与湘淮系势力的"异流"》，《近代史研究》1994年第2期。

舰轮船,"分驻内洋港口",并设立北洋、中洋、南洋提督①。丁日昌作为李鸿章的心腹,这份通过时任湖广总督李鸿章代其向清廷附呈的条款,也可谓李氏对海防、海军大致态度的体现。同治九年(1870),李鸿章出任直隶总督兼北洋大臣后,更加关注海防建设,特别是北洋的海防建设。

同治十三年(1874),日本侵台事件震动朝廷,遂有了晚清第一次海防大筹议。这年九月二十七日,总理衙门上《拟筹海防应办事宜折》,称"海防亟宜切筹",将"紧要应办事宜",归纳为练兵、简器、造船、筹饷、用人、持久等条,"请饬下南北洋大臣、滨海沿江各督抚、将军详加筹议"。清廷认可,发布上谕,令有关大员"限于一月内奏复"②。十一月二日,李鸿章上奏《筹议海防折》,详细阐述自己对海防的看法,依傍总理衙门原议各条,详细筹拟切实办法,并将丁日昌续奏各条并入详细拟议③。此次大议海防引起朝野上下的高度关注,各方意见纷纭,"至次年正月廿九日,共收到奏折及清单等计有五十四件之多"④,为相关海防事宜的开展做了准备。至光绪元年(1875)四月二十六日,清廷发布任命上谕:

> 南北洋地面过宽,界连数省,必须分段督办,以专责成。著派李鸿章督办北洋海防事宜,派沈葆桢督办南洋海防事宜,所有分洋、分任练军、设局及招致海岛华人诸议,统归该大臣等择要筹办。⑤

这样,初步确立了加强海防与筹建海军的方针,以及分别督办北、南洋海防事宜的人选。六月十日,总署奏请将粤海、潮州、闽海、浙海、山海五关并沪尾、打狗二口四成洋税暨江海关四成内两成洋税二百

---

① 《湖广总督李鸿章附呈藩司丁日昌创建轮船水师条款》,张侠等编《清末海军史料》,海洋出版社1982年版,第1—2页。
② 《总理各国事务衙门奏拟筹海防应办事宜折》,张侠等编《清末海军史料》,第5—7页。
③ 参见《筹议海防折》(附议复条陈),《李鸿章全集》第6册,第159—167页。
④ 王家俭:《李鸿章与北洋舰队》,第84页。
⑤ 《著李鸿章沈葆桢分别督办南北洋海防谕》,张侠等编《清末海军史料》,第12页。

万两，以及江苏、浙江、江西、福建、湖北、广东六省厘金二百万两，合计四百万两，作为海军专款，分解南、北两洋①。事实上，由于当时国库空虚，海防专款并不能如期按量拨解。为此，李鸿章抱怨说"海防额款号称二百万，每年实解不过四十万，指作开矿、铁路、募垦等经费，不敷尚巨"②，这也说明了海防建设的举步维艰。

李鸿章在奉旨督办北洋海防事宜之初曾上奏朝廷，"北洋三省财力最窘，别无可筹之款；凡事又非人不举，而北省文武洋务不熟，殊乏可用之材"③，指出了北洋海防缺钱缺人的实际情况，且北洋海防空虚已久，"北洋三口洋面辽阔，向未专设巡洋水师，亦无捕盗轮船"④，意在强调其实际情形较南洋等地相差甚远，要强固北洋海防，建立一支新式北洋海军并非易事。当然，种种困难当中，最直接和要紧的困难就是经费限制。而在这种情况下，海军建设事实上并未能南北两洋并举，而是北洋优先。相对而言，北洋屏蔽畿辅，系京畿门户，地理形势最为扼要。特别是李鸿章的声望、地位及作为尤为突出，是南洋沈葆桢所无法抗衡的。由此，北洋凌驾他洋，北洋海军处于优先发展的地位就不足为奇了。北洋海军建设在运筹和实践层面都得以按部就班地展开。

光绪七年（1881），由李鸿章幕僚薛福成所拟《酌议北洋海防水师章程》，已涉及对北洋水师舰船、布防、人才培养等方面的较详细构想。李鸿章本人建设北洋海军的筹思和诸多具体举措更得以不断完善。他认定，要巩固海防，"外海水师铁甲船与守口大炮铁船皆断不可少之物"⑤。鉴于当时"中国造船之银倍于外洋购船之价"⑥的实际情况，他陆续从英、德等国订购了一些小型炮船和军舰。光绪七年时，"北洋已定购碰快船二只，现有蚊船四只，水雷船一只。又津沽有'操江''镇海'，奉天有'湄云'，山东有'泰安'，此四船皆可作为中等兵轮"⑦，舰船粗具一定规模。但李鸿章认为这远远不够，"欲求自强，仍非破除

---

① 《奕䜣筹奏请由洋税厘金项下拨南北洋海防经费折》，张侠等编《清末海军史料》，第616—617页。
② 《复福建船政吴春帆京卿》，《李鸿章全集》第32册，第22页。
③ 《督办北洋海防谢恩折》，《李鸿章全集》第6册，第304页。
④ 《镇海轮船留津折》，《李鸿章全集》第5册，第198页。
⑤ 《筹议海防折》（附议复条陈），《李鸿章全集》第6册，第162页。
⑥ 《筹议海防折》（附议复条陈），《李鸿章全集》第6册，第163页。
⑦ 《酌议北洋海防水师章程》，张侠等编《清末海军史料》，第26—27页。

成见，定购铁甲不可"①。在他的力主之下，开始购买铁甲舰的运作，此后陆续购入"定远""镇远"两艘铁甲船，以及"致远""靖远""经远""来远""济远"五艘快船及鱼雷艇等。北洋舰船在数量上及装备质量上，都大有提高，北洋海军实力得以切实增强。

中法战争后清廷设立海军衙门，"著派醇亲王奕譞总理海军事务，所有沿海水师，悉归节制调遣；并派庆郡王奕劻、大学士直隶总督李鸿章会同办理；正红旗汉军都统善庆、兵部右侍郎曾纪泽帮同办理"②。李鸿章虽为"会办"，但在很大程度上操控该衙门实权，遂更能以精练北洋水师为要，有力推助北洋海军的建设。至光绪十四年（1888）北洋海军正式成军时，共有战舰二十五艘，包括铁甲舰两艘、巡洋舰七艘、蚊跑船六艘、鱼雷艇六艘、练船三艘，运船一艘，为当时亚洲一流的海军舰队。至甲午战争前夕，"总计大小舰艇近五十艘，吨位约五万吨"③。

李鸿章还非常重视舰船修理基地的建设。光绪十一年（1885）十一月，李鸿章在写给醇亲王奕譞的信中说："中国无可修之坞，非借英之香港大石坞、日本之长崎大石坞不能修理。铁船易积海蠹，或偶损坏，无坞可修，便成废物，此为至要至急之举。"④ 随后他借鉴西国经验，具体提出应将舰船修理基地先在旅顺设立："西国水师泊船建坞之地，其要有六：水深不冻，往来无间，一也；山列屏嶂，以避飓风，二也；路连腹地，便运粮粮，三也；土无厚淤，可浚坞澳，四也；口接大洋，以勤操作，五也；地出海中，控制要害，六也。北洋海滨欲觅如此地势，甚不易得。胶州澳形势甚阔，但僻在山东之南，嫌其太远；大连湾口门过宽，难于布置。惟威海卫、旅顺口两处较宜，与以上六层相合；而为保守畿疆计，尤宜先从旅顺下手。"⑤ 在他的建议与操持下，旅顺较快建成北洋海军重点设防的舰船修理基地。该基地建成后，为北洋海军提供了得力的后勤服务，舰队补给与维修得到进一步保障。

此外，威海卫基地的建设也未放松。"李鸿章派员勘察后，决定把

---

① 《筹议购船选将折》，《李鸿章全集》第 8 册，第 511 页。
② 《著醇亲王奕譞等办理海军事务衙门懿旨》，张侠等编《清末海军史料》，第 66 页。
③ 戚其章：《北洋舰队》，山东人民出版社 1981 年版，第 27 页。
④ 《致醇邸复陈海军规模筹办船坞》，《李鸿章全集》第 33 册，第 592 页。
⑤ 《致总署论旅顺布置》，《李鸿章全集》第 34 册，第 11 页。

威海卫建成北洋海军的另一个重要基地,设鱼雷局、机器厂和屯煤所。"① 他还将北洋海军的提督府设在威海卫的刘公岛上。威海卫成为北洋海军舰队主力驻泊基地。这样旅顺、威海卫两基地相为呼应,出可截剿敌船,退可扼险自守,构成控扼渤海门户的"锁钥"。

李鸿章还认识到建设专门后勤机构对北洋海军的重要性。他根据实际情况,按照粮饷、军火、船政、医药卫生分门别类,在北洋海军设置相关局、厂、院、堂等机构,委任员弁管理。如设有统筹北洋海军经费的天津海防支应局、专修船上部件的威海行营机器厂,医疗卫生方面则有旅顺、威海的水师养病院、天津储药施医总医院(海军总医院,包括西医学堂、施医院、储药处)等。这些后勤机构分工明确,确保了沿海基地拥有供、修、救等综合保障能力。

北洋海军的人员构成主要包括三类:一是淮系陆军的旧员。李鸿章于光绪五年(1879)奏调淮军将领丁汝昌留北洋海防差遣,光绪十四年(1888)其人即出任北洋海军提督。二是新式学堂的学生。李鸿章说:"水师为海防急务,人材为水师根本,而学堂又为人材之所自出。"② 在他看来:"中国自创办师船以来,实惟此为攻坚御敌之利器。惟有器尤须有人……若以驾驶之任委之生手,实不放心。除酌留德国雇来员弁分派教练外,所有管驾暨大、二、三副管轮锅炉升火人等,均挑选素在兵船之学生及船厂当差之熟手,以资得力。"③ 除了原有福建船政学堂的学生大部分为北洋海军吸收外,根据实际需求,李鸿章又陆续创办水师学堂、水雷学堂、管轮学堂、鱼雷驾驶学堂等,专门培养各类海军人才。像光绪六年(1880)李鸿章在天津创设的北洋水师学堂,就成为北洋海军的主要人才培养基地,由严复担任过"洋文正教习"、会办、总办。丁汝昌筹办的威海水师学堂也为北洋海军输送了专业海军人才。此外,李鸿章还在大沽、旅顺、威海卫等处设立电报、水雷、鱼雷等学堂,主要培训与海军相关的技术人员,为北洋海军输送专业军事人才,直接服务于海军。三是所派出洋留学生学成回归者。在李鸿章等操理下,清廷派遣海军留学生赴法、英等国学习,其中像刘步蟾、林泰

---

① 游战洪:《德国军事技术对北洋海军的影响》,《中国科技史料》1998年第4期。
② 《水师学堂请奖折》,《李鸿章全集》第10册,第649页。
③ 《验收铁甲快船折》,《李鸿章全集》第11册,第232页。

曾、黄建勋、林启颖、方伯谦、林永升、叶祖珪、萨镇冰、李鼎新、刘冠雄、郑汝成等，都成为北洋海军的重要将领。此外，由于新式海军实属现代化兵种，中国国内的技术、训练等各方面水平有限，李鸿章为北洋海军聘请了不少"洋员"，担任专业军事顾问、技术教习等。例如，历任的北洋海军总教习皆为洋员。第一任即英国人葛雷森，此后为英国人琅威理、德国人汉纳根等。至北洋海军正式成军时，共有洋员近50名。

根据光绪十二年（1886）四月的《醇亲王巡阅北洋海防日记》[①] 以及《北洋海防月支各款折》[②] 所载相关内容，可对当时北洋海军的舰船人员构成情况有个大致了解：

"定远"铁甲舰，共计官、弁、水手人等三百三十一员名；"镇远"铁甲舰共计官、弁、水手人等三百三十一员名；"济远"钢快舰共计官、弁、水手人等二百四员名[③]；"定""镇""济"三舰洋员四十三名；"超勇"快船共计官兵人等一百四十员名；"扬威"快船共计官兵人等一百三十九员名；"康济"练船共计官兵人等一百三十七员名；"威远"练船共计官兵水勇人等三百十七名[④]；"镇北"蚊船共计官兵人等五十五员名；"镇南"蚊船共计官兵人等五十四员名；"镇东"蚊船共计官兵人等五十五员名；"镇西"蚊船共计官兵人等五十四员名；"镇中"蚊船共计官兵人等五十五员名；"镇边"蚊船共计官兵人等五十四员名；水师屯船共计官兵人等十四员名；"海镜"轮船共计官兵人等五十九员名；"飞霆"小轮船共计管驾、水手等十八员名；"快马"小轮船共计管驾、水手等二十五员名；杆雷小轮船共计管驾、水手人等七名；巡雷浅水小轮船共计管舵人等四名；守雷小轮船共计管驾、水手人等十六员名；下雷小轮船共计管驾、水手人等十六员名；左队一号鱼雷霆共计官兵人等三十二名，左队二号鱼雷霆共计官兵人等三十二名，右队一号鱼雷霆共计官兵人等三十二名，右队二号鱼雷霆共计官兵人等

---

① 《醇亲王巡阅北洋海防日记》，张侠等编《清末海军史料》，第238—239页。
② 《附 北洋海防月支各款折》，《李鸿章全集》第33册，第593页。
③ 此处人数参照《醇亲王巡阅北洋海防日记》《附 北洋海防月支各款折》，其中所载为："济远"铁舰共计官弁水手人等一百九十四员名，人数稍有出入。
④ 此处人数参照《醇亲王巡阅北洋海防日记》《附 北洋海防月支各款折》，其中所载为："威远"船共计官兵人等一百十七员名，练船水勇二百名，合计仍为三百十七名。

十五名，右队三号鱼雷霆共计官兵人等十五名①；旅顺鱼雷营共计官兵人等九十一员名；大沽水雷营共计官兵人等二百二十九员名；北塘水雷营共计官兵人等一百二十八员名；山海关水雷营共计官兵人等一百零八员名；旅顺水雷营共计官兵人等一百三十三员名；水师统领随带文武员弁学生人等五十二员名。

除北洋舰队人员外，当时北洋海军的后勤人员情况主要为：

旅顺工程局遣用"利顺"小轮船管驾人等二十员名；导海挖泥机器船管带华洋匠役人等并挖海接泥船八号管带匠工水手等共一百六十四员名；"威远"练船学生并差役等共三十六员名；大沽、旅顺、威海军械弹药等库并煤厂、机器厂、鱼雷长委员、司事、夫役、工匠、艺徒、弁勇人等共九十九员名；旅顺工程局委员、司事、差弁、亲兵、长夫、杂役人等共一百七十五员名；办理旅顺船坞、炮台工程并各学堂教习洋员九名；雇用教习德国兵官十九员、翻译三员；水师营务处并北洋差遣文武员弁、翻译、教习、绘图、学生、工匠暨乐军工四十九员名。

北洋海军特别重要将领有丁汝昌、林泰曾、刘步蟾、邓世昌等人。丁汝昌为北洋海军提督，林泰曾、刘步蟾为左、右总兵，邓世昌虽仅为"致远号"舰长，但在甲午海战中的表现出色，可谓彪炳史册。北洋海军军官从籍贯上看，虽说福建籍人最多②，但他们这时整体上可划属淮系集团无可置疑。从出身上看，由于北洋海军将领多出自新式学堂和有海外学习经历，因此其素质条件相比淮军陆将有较大提升。

这样，将书中较多涉及的淮军情况与此北洋水师的情况统观，对淮系集团的总体军事力量就能有一个整体性的概要了解。

（三）淮系官员

淮系官员是该集团的重要组成部分，特别是集团中出任疆吏和担任中央要职者，更成为撑持集团发展的重要政治力量，他们与李鸿章密切配合，成为影响朝局的一股重要势力。

在淮系集团中，李鸿章自属职权最为显赫者。而其兄李瀚章，也是

---

① 此处参照《醇亲王巡阅北洋海防日记》《附 北洋海防月支各款折》，所载为：左队一号大雷霆（管驾大副二员、舵工等二十六名）、左队二号大雷霆（管驾大副二员、舵工等二十六名）、右队一号大雷霆（管驾大副二员、舵工等二十六名）、右队二号大雷霆（管驾大副二员、舵工等二十六名）、右队三号大雷霆（管驾大副二员、舵工等二十六名）。

② 参见王家俭《李鸿章与北洋舰队》第317—325页的具体统计。

疆吏大员，始终为李鸿章的左膀右臂，他曾先后出任湖南巡抚、江苏巡抚、湖广总督、四川总督、漕运总督、两广总督等职，是集团的中坚人物。淮军将领中出任疆吏的还有张树声、刘秉璋、潘鼎新、刘铭传等人。不过，总体看来，与湘军将领相比，淮军将领出任疆吏者比例上要小得多，这与受科名条件限制分不开，也与淮军较为后出有关。

而由淮系集团幕僚、属吏中所荐拔官员的情况更值得注意。像丁日昌、郭柏荫、钱鼎铭、王凯泰、涂宗瀛、吴赞诚、周馥等人，最后都跻身疆吏（吴赞诚为署理）。下面只举钱鼎铭和周馥的例子简要来看。钱鼎铭，字调甫，江苏太仓人。他原参与李鸿章军务，后出任直隶布政使，这自离不开李鸿章的积极运作。李鸿章移节直隶接篆之前，就写信给曾国藩说，直隶布政使卢定勋即将调往浙江，最好能让钱鼎铭先行接任布政使，"或即挈敝衔附奏，无待交篆后矣"①。足见李鸿章对其人的重视与信赖。事实证明，钱鼎铭确实堪称李鸿章的得力助手。李鸿章督直之初，由于北洋海防洋务繁忙，须驻天津操持，而总督的所有日常例行公事，便统由钱鼎铭在保定省署代为核办，遇有重大事件禀报李鸿章定夺。同治十年（1871）钱鼎铭升任河南巡抚，这使李鸿章在直隶失去了一位得力助手，他在给江苏巡抚何璟的信中称，"调甫遽升豫抚，敝处如失左右手"②，但又使淮系集团多了一位疆吏大员，显然更增重了集团分量。安徽籍的周馥，追随李鸿章三十余年，由李鸿章的得力幕僚起家，在仕途上不断升迁。李鸿章出任直隶总督后，举荐周馥以道员留直隶尽选补用，其人先后出任永定河道、长芦盐运使、直隶按察使、直隶布政使等职，在直隶为官二十余年，在直隶省务、北洋洋务的诸多方面有力地辅助了李鸿章。他出任疆吏虽说是在李鸿章去世之后，但毕竟是支撑和维持淮系的要员。

至于为李鸿章所荐举的疆吏级别以下的各级官员包括在朝内任职者，更是人数众多，合同起来自也成为有影响的政治力量。

（四）幕府情况

淮系要员特别是李鸿章的幕府，也是淮系集团的一个组成部分，对集团的发展起到重要作用。李鸿章早年曾入曾国藩幕，这段经历使他切

---

① 《复曾相》，《李鸿章全集》第30册，第92页。
② 《复何筱宋中丞》，《李鸿章全集》第30册，第367页。

身感受到网罗幕府人才的重要。李鸿章幕府大致可分为侧重于"军幕"和"政幕"的两个时期。在军幕时期，幕府职能主要是围绕镇压太平军、捻军等军务而展开的治军、筹饷等活动。这主要是在他出任直隶总督兼北洋大臣之前，此期他虽然也有督抚的政务之职，但还是以统军为主。出任直隶总督兼北洋大臣之后，虽然也兼而统军，但操理多方面政务更成为主要，其幕府人员的职事范围更加扩大。

就其幕府人员的分类概略而言，大致可以分为军务、政务、洋务、外交四种。当然其中也有一些人是一专多能，一人承担几方面的事务。就其成员身份而言，文人墨客、绅商买办、海外洋员，只要有一技之长，皆可为李鸿章收为己用。

在军务方面的幕僚，典型者如周馥，上边述及他最终跻身疆吏，而他自淮军成立之初，即协助李鸿章办理军务文案等事宜，他作为李鸿章的得力助手，跟随李鸿章多年。再如，刘瑞芬及其从弟刘含芳，他们协助李鸿章办理淮军后勤事务，负责过淮军水路军械转运等事宜，刘含芳后来还协助李鸿章办理北洋海军相关事务。另外还有凌焕、王凯泰（上已述及他最后得以跻身疆吏）等多人。在政务方面，代李鸿章起草奏章函牍并协助他处理日常公务的文案人员，主要有薛福成、吴汝纶、于式枚等人。薛福成早年曾寄居曾国藩幕中，于兵事、饷事、吏事、文事皆有建树，深受曾氏器重。光绪元年（1875）入李鸿章幕办理文案，颇得李氏赞赏。吴汝纶是晚清桐城古文大家，久客曾国藩、李鸿章幕，"时中外大政常决于国藩、鸿章二人，其奏疏多出汝纶手"[①]。于式枚则"久任北洋记室，奏牍书翰，多出其手"[②]。在洋务方面，具有代表性的是沈保靖、盛宣怀、唐廷枢、徐润等。其中像沈保靖自同治元年（1862）被李鸿章召入幕府，与其相从尤久，于军事、洋务历练亦久，在江南制造局、上海机器局、天津机器局中出力很多，是李鸿章办理军事工业的重要帮手。盛宣怀自同治九年（1870）投入李鸿章幕下，深得李氏信任，委以行营文案兼充营务处会办。此后，他先后参与轮船招商局、电报总局、上海机器织布局等企业的创办与管理，在洋务方面向

---

① 《清史稿》（缩印本）第四册，第3442页。
② 石泉：《甲午战争前后之晚清政局》，生活·读书·新知三联书店2003年版，第87页。

为李鸿章所倚畀,简直成为淮系集团的洋务"总管"。在外交方面,李鸿章网罗了马建忠、伍廷芳等一批具有近代外交知识的人才。此外,李鸿章还招揽洋员入幕,影响显著的有德璀琳、毕德格、汉纳根、宓吉、琅威理、马格里等人。他们在洋务、外交等方面为淮系集团的发展做出贡献。其中像德璀琳为德国人,曾担任天津海关税务司多年。他在淮系集团幕府中的地位之要、影响之大,尤其值得重视。有人说,"西洋史家所谓'李鸿章视德璀琳为右手',文廷式奏疏中所谓'北洋之兵权,制于德璀琳',盖皆非虚语也"①。

李鸿章既借助幕府的力量,来巩固自身的政治地位,又通过举荐幕僚出仕,达到在政治上的相互援应,培植、扩展了淮系集团的势力。即所谓"一在使幕府转变为近身得力的干部,一在使幕府向外发展为政治奥援"②。正是由于存在这样一个网罗和会集各种人才的幕府系统,才使得淮系集团的运转能较为协调。

二 集团维系要素与运作机制

（一）以首领李鸿章为核心的集团结构

与湘系集团存在多位领袖的情况不同,淮系集团的领袖基本上可谓只有李鸿章一人。"不但军队由李鸿章总揽的情况相对明显,而且其要员出任督抚者也要少得多（这一则因其未占先机,再则也受出身条件限制）,实力地位上鲜有能与李鸿章抗衡者,其群体关系格局可以说是'众星拱月'。"③

李鸿章的个人权势是集团发展的特别重要因素,他凭借手中的权势,通过在政治、经济、外交方面的诸多运作,为集团发展提供引导。在政治上,从《李鸿章全集》中诸多涉及保举属吏将弁的折片不难看出,李鸿章通过奏保、奏留、奏调等方式,提携、罗致众多人才为集团的政治奥援。自同治元年（1862）获授江苏巡抚后,李鸿章即可方便而直接地上奏朝廷,其后数十年间,他通过提升集团成员政治身份来增强集团的政治势力。以集团要员丁日昌为例,同治二年（1863）正月

---

① 石泉:《甲午战争前后之晚清政局》,第87页。
② 王尔敏:《淮军志》,第332页。
③ 董丛林:《晚清三大军政集团的"环链关系"说略》,《光明日报》2014年8月27日。

间，李鸿章咨调在广东办理厘务的丁日昌来上海专办军火制造事宜，同年八月，时任江苏巡抚的李鸿章再次催调丁日昌来沪①。丁日昌很快到上海主持炮局工作并于同年十一月随淮军攻打太平军防守的无锡，凭军功由李鸿章奏准以直隶州知州补用②。同治三年（1864），丁日昌先被奏保知府衔，后被奏保为道员。同治四年（1865），授苏松太道，并于同年八月经李鸿章奏保升任两淮盐运使。同治五年（1866），加布政使衔，次年，擢江苏布政使，升任江苏巡抚③。这样，短短四年，丁日昌就从知州擢升巡抚，这样快速的仕途升迁，除了他自身能力外，与李鸿章的大力提携分不开。在李鸿章移督直隶后，随着其权势日隆，这种对淮系成员的举荐更显得心应手。例如，朝廷设立天津海关道，津海关道台为外补职位，作为直隶总督的李鸿章有"拣员请补"之权，他利用手中职权操控该职位人选。第一任津海关道台陈钦虽非李鸿章嫡系，但亦获得李鸿章认可，并由他奏保④。此后继任津海关道台黎兆棠、郑藻如、周馥等都是淮系集团要员，这使得该职务几乎全部由淮系成员把控。在外交上，李鸿章凭借权势，在很大程度上把持外交公使、领事的派驻权，进一步扩大了淮系集团在清廷外交事务上的影响力，从而有助巩固并加强该集团的整体实力。譬如，所荐郭嵩焘、容闳、李凤苞、许景澄、薛福成等诸多驻外使臣，都是淮系集团成员或与淮系关系密切者。即使外交公使的随员，也多与淮系集团有着密切关系。又如，郭嵩焘出使选带的随行人员，基本上是采纳了李鸿章的安排。尽管从理论上说，公使和使团都直辖于朝廷和总理衙门，但实际上，许多公使惯常向李鸿章直接汇报公务，听取他的指示。

李鸿章作为集团首领，具有很强的团体意识。他在给淮系要员潘鼎

---

① 《催调丁日昌来沪专办制造片》，《李鸿章全集》第 1 册，第 346—347 页。
② 《克复无锡金匮折》，《李鸿章全集》第 1 册，第 397 页。
③ 马昌华主编：《淮系人物列传——文职·北洋海军·洋员》，第 112—113 页。
④ 陈钦曾任总理各国事务衙门章京，在参与处理天津教案过程中得到时任直隶总督曾国藩赏识，奏补他出任天津道。李鸿章督直后更属意淮系亲信丁寿昌为天津道，而他对陈钦印象不错，因此奏保其出任天津海关道。同治九年九月十六日，工部尚书毛昶熙上奏建议设立津海关道，九月二十六日，李鸿章在给丁日昌的信中提及"子敬在此赋闲，或者津海关道可望人选"（李鸿章《复丁日昌》，《李鸿章全集》第 30 册，第 112 页。"子敬"即陈钦），这说明李鸿章已经将陈钦视为津海关道人选，十月二十六日，李鸿章上奏《奏保陈钦沈保靖片》，最终清廷任命陈钦出任首任津海关道。

新的信中提到，"湘中将帅，藐视一切淮部，如后生小子亦思与先辈争雄，惟有决数死战稍张门户"①。显然是激励与湘系争竞。在给丁日昌的信中则说："吾党如补帆、调甫、振轩、仲良，联翩而起，不可谓非才，仅比于乡党自好之流，孰是忧国如家、视远若近者。其余更不可知。"② 这分明也是为"吾党"张本。他在与同道的话语中不乏出现"吾党"之称，是其集团意识的典型体现。该集团以李鸿章为中心，形成了一荣俱荣、一损俱损的关系。

（二）以亲属、同乡、师门、同年等为基础建立的集团内部关系网

传统的血缘、地缘等因素在维系淮系集团内部关系中起到了重要作用。在亲属关系方面，李鸿章的家族成员为淮系集团的形成与发展做出了贡献，特别是前面提及的李鸿章的兄长李瀚章对集团的发展尤为显要。李瀚章在筹饷等方面，为淮系集团提供了大力撑持。同治元年（1862），他在广东办理厘务，得知淮军急需添置洋枪，便从香港购买天字号洋枪3000杆供给淮军。此外，他还将本应协济苏、浙、皖三地的10万饷银，接济"铜帽、洋药需费颇重"的李鸿章。同治六年（1867），李瀚章署理湖广总督，后实授，并任职长达十余年之久，更加便利为淮军筹粮筹饷，"其筹济军饷，亦如鸿章个人亲在其事"③。作为淮系集团为数不多的疆吏之一，李瀚章在政治上与李鸿章遥相呼应，成为李鸿章的坚定臂助与奥援，为集团发展做出了贡献。李鸿章的三弟李鹤章、六弟李昭庆早年都曾加入淮军。李鸿章长子李经方（李鸿章六弟之子，后过继给李鸿章）协助李鸿章办理洋务外交事宜，客观上也为集团发展提供了助益。李鸿章的女婿张佩纶，虽然对淮系集团的决策影响较小，但他常与京官通声气，与朝廷重臣李鸿藻关系尤为密切，起着"颇为李鸿章解释误会"④的作用。此外，李鸿章的五弟李凤章、外甥张士珩等也曾跟随李鸿章，为集团做事。

血缘关系是凝聚淮系集团的重要因素。淮系集团中除前曾述及的李鸿章、潘鼎新、张树声、周盛波等家族的兄弟相依在列之外，像父

---

① 《致潘鼎新》，《李鸿章全集》第29册，第444页。
② 《复丁雨生中丞》，《李鸿章全集》第30册，第474页。补帆、调甫、振轩、仲良分别为王凯泰、钱鼎铭、张树声、刘秉璋。
③ 王尔敏：《淮军志》，第335页。
④ 石泉：《甲午战争前后之晚清政局》，第91页。

子、叔侄、爷孙关系者也不少，如周馥与其子周学熙；刘铭传与其侄辈盛藻、盛休、盛科、盛常、东堂，与侄孙朝干、朝林；袁世凯与叔父袁保恒、袁保龄；等等。这种宗族血缘关系，是维系淮系集团的重要纽带，特别是集团形成的早期，其中这种血缘关系的结合尤为明显。

在淮系集团中，"乡谊"也是其结合的重要纽带。李鸿章素来重视乡谊，他依靠淮军起家，淮军将士多为皖人。随着李鸿章地位的不断提升，身边所网络的淮系人员中安徽籍也有很多。不仅淮军将士、淮系官员多皖籍，而且李鸿章幕府中也有偏重皖籍之情势。例如，幕府要员刘含芳、刘瑞芬、吴汝纶、周馥等都是安徽籍。同为安徽籍的人员在淮系集团中占绝对优势自不待言，同府、同县、同乡甚至同村的人也多有。如丁寿昌、张树声、周盛波、周盛传、聂士成等都和李鸿章同为安徽合肥人。胡思敬说，李鸿章"待皖人，乡谊最厚。晚年坐镇北洋，凡乡人有求，无不应之，久之，闻风麇集，局所军营，安置殆遍，外省人几无容足之所"[①]。李鸿章因而得"滥用乡人"之评。

除血缘、地缘关系外，师门、同年关系也是淮系集团内部发展的重要因素。李鸿章注重师门关系，他自己终身奉曾国藩为师，并在很多时候得到老师的帮助。潘鼎新是李鸿章的受业弟子，刘铭传、张树声、张树珊、周盛波、周盛传、郭松林、杨鼎勋、杨宗濂、刘含芳（投帖门生）、周馥、吴汝纶、刘瑞芬、张佩纶、薛福成、马建忠、盛宣怀（入幕师事）等也可看作李鸿章的门生，虽并非都属严格意义上的学业师生。同年关系方面，李鸿章与沈葆桢、马新贻、李宗羲等同为道光二十七年（1847）的进士，有同年之谊，他们在集团外部都曾给予李鸿章一定的助力，而在淮系集团内部，陈鼐、刘郇膏、郭嵩焘等都是李鸿章的同年。可以说，同年关系也是联结淮系相关成员之间的一条纽带。

淮系集团诸多要员间还存在一些特殊关系。例如，出任疆吏的张树声、刘秉璋、潘鼎新、刘铭传之间即有着千丝万缕的联系。张树声与潘鼎新为同年秀才，潘鼎新又与刘秉璋为儿时同窗，后又曾一同赴京求学，同学情谊深厚。刘铭传和潘鼎新为同乡挚友，潘鼎新去世后，刘铭

---

① 胡思敬：《国闻备乘》，上海书店1997年版，第8页。

传撰写挽联:"三十年风味忆书灯,绛帐从游,犹记得,君家昆弟,吾家昆弟;百战功名随逝水,黄泉永诀,最难忘,今代交情,累代交情"①,反映了二人之间的深厚情谊。这种特殊私人关系也成为淮系集团的重要维系力。例如,西捻军"突犯畿辅,诏征各省援兵,淮军诸将悉辞不往",当时刘秉璋已解兵权而尚未离去,密告李鸿章曰:"诸将谋去公,显而易见。惟琴轩究竟读书人,可激以义。"他遂转而去游说潘鼎新(字琴轩):"吾辈道义之交,缓急顾不恃耶!"潘乃率军北上,为李鸿章解决一大危机②。

当然,淮系集团内部结构复杂,人员间的关系亦非绝对密切,铁板一块。但由于李鸿章在其中的特殊地位,又能笼络得法,使得北洋"官系网"内部的维系尚较牢靠。

(三)与集团外部的关系网络

淮系集团的维系与运作,不仅仅单纯是集团内部的事情,也离不开处理好与"外部"的关系。李鸿章通过巧妙处理与朝廷、与其他派系、与洋员的关系等,建立起与淮系集团外部势力的关系网络,这也是其集团得以正常运作的必要方面之一。

李鸿章重视通过加强与清廷的关系来发展淮系集团。自咸丰十一年(1861)辛酉政变后,慈禧太后成为朝廷的核心人物,恭亲王奕䜣也掌握重权,李鸿章深知要保住权位,使淮系集团得到更好的发展,就必须得到朝廷实权派的认可与支持。李鸿章极力拉近与慈禧太后的关系,得其支持自不待言。他与恭亲王奕䜣的关系也值得重视。李鸿章注意争取其人的积极支持,并且通过他,与中枢要员文祥、宝鋆等人建立良好的关系。譬如,李鸿章在给兄长李瀚章的信中说:"文相实今之正人,病喘至不能兴,恭邸挽留,尚未遽请开缺,久喘不眠,食殆未可支。正人(文祥)退则朝事更难问矣。"③又如,清人笔记有"文祥让文华殿大学士一说","光绪年间,满洲文百川相国祥,当时应补授文华殿大学士一缺,自谓功业不如合肥李文忠公鸿章,顾以己缺让之,故文忠以汉人

---

① 马昌华、翁飞点校:《刘铭传文集》,黄山书社2014年版,第468页。
② 马昌华主编:《淮系人物列传——李鸿章家族成员·武职》,黄山书社1995年版,第210页。
③ 《致李瀚章》,《李鸿章全集》,第30册,第496页。

得授斯缺"①。这两段记载似可从侧面证实李鸿章与军机大臣文祥关系密切程度。李鸿章与文祥交好，自与恭亲王有重要关系，毕竟文祥是恭亲王奕䜣的左膀右臂。当然，就与奕䜣的关系基础而言，李鸿章除了刻意逢迎之外，与两人在洋务、外交等方面也确实多有相似见解分不开。到光绪时期，恭亲王权力有所下降时，李鸿章则加强了与醇亲王奕譞（光绪帝之父）的联系。当然，赢取慈禧太后的好感和支持更是他一贯注意的，甚至不惜挪用北洋海军经费修园，以取悦慈禧太后。李鸿章纵横捭阖，结交朝中权贵，尽其所能与慈禧太后、恭系、醇系人马保持良好关系，这使他能够长期担任疆臣首缺并兼任北洋大臣，并于同治十三年十二月（1875年1月），晋文华殿大学士，获首席阁揆的荣耀。此外，李鸿章对与淮系集团发展有重要关系的东南地区人事权的操控或者说影响，也离不开与朝中权贵的支持。他自己也说："枢廷诸老……知东南非与鸿章素习者不足任倚。而鄙人既膺巨艰，亦不敢过避嫌疑，独高清静，丈当鉴此苦心耳。"② 可以想见，李鸿章为了得到"枢廷诸老"的支持，对这些人的孝敬自不在少数。

　　在尔虞我诈、明争暗斗的晚清政界，一个军政集团的发展除了结交朝中权贵外，与其他省区、派系的关系处理也是必不可少的。李鸿章即很注意有的放矢地处理同外省要员的关系。与湘系集团的首领曾国藩，基于原有的关系基础，可谓始终保持了较好的关系，当然，也不放弃争竞。对淮军饷源地省份的地方要员，李鸿章尤为看重。东南富庶之区的两江地区一直是淮军最为重要的饷源地，与淮系集团的发展有重要关系。曾国藩在主持剿捻之初，就曾属意李鸿章署理两江总督，为其剿捻筹款，后曾、李瓜代，李鸿章接办剿捻军务，曾国藩回任两江总督本任，也曾为淮军筹措饷需。淮军的月饷更以苏沪厘捐为大宗。因此，李鸿章特别注意该地区人事权，对两江总督的人事变动尤为重视。从同治元年（1862）到光绪二十年（1894），历任两江总督中，曾国藩是其恩师，马新贻、何璟、李宗羲、沈葆桢是他的进士同年，都曾给淮系集团提供帮助。特别是曾国藩督篆两江期间，对李鸿章集团助益更多。同治十一年（1872）曾国藩病逝于两江总督任

---

① 刘声木：《苌楚斋随笔续笔三笔四笔五笔》下册，中华书局1998年版，第599页。
② 《复何子永中丞》，《李鸿章全集》第30册，第527页。

上，李鸿章屡次提及此事，感叹"东南控驭，难得替人"①，"东南失此长城，后患方多，殊可危虑"②。在曾国藩去世后，虽说两江的权柄大多时候仍为湘系大员掌握，但李鸿章也极力营谋安插亲己人员。譬如，他施展合纵连横的手段，曾力荐与自己关系密切的沈葆桢出任江督。李、沈二人同是道光二十七年（1847）的进士，日后两人亦先后进入曾国藩湘军幕府，曾幕中有所谓"二李一沈"（指李瀚章、李鸿章兄弟与沈葆桢）之称，之后又在曾国藩的推荐下，他们两人分别就任江苏与江西巡抚，可说是关系相当密切的同僚。沈葆桢出督两江终成现实，这与李鸿章的暗中推助分不开。早在同治十二年（1873），李鸿章就曾致函沈葆桢，"日盼我公兼圻东南"③。在清廷任命沈葆桢为江督前三个月，即光绪元年（1875）正月，李鸿章就隐然有预卜消息向他通气的意思，致其信中说："南洋数省，提挈纲领，舍我公其谁与归。"④ 在江苏巡抚的人事权方面，李鸿章也是竭尽所能安插，促成同年好友何璟出任江苏巡抚，更安排自己的嫡系张树声成为何璟之后的江苏巡抚。因此，在曾国藩去世最初的一段时间内，淮系对两江地区影响尚在。李鸿章曾提及"江南自侯相故后，筱宋（何璟字）制军克守萧规，苏省两司均系熟手，大局当可支拄"⑤。不仅在两江督抚人事权，而且对江苏巡抚之下的两司，甚至该地区的一些重要道台人员，李鸿章也利用人脉关系进行安排。例如，与洋务关系密切的苏沪太道职务，也长期为李鸿章集团掌控⑥。松沪厘捐被李鸿章视为"淮军养命之源"⑦，松沪厘局更是长期把持在李鸿章集团手中，在李鸿章任直督时，淮系要员刘瑞芬主持该局工作。

还需要注意到淮系集团与清流派的微妙关系。清流派是清廷统治者平衡派系力量的一颗砝码。清流派对朝政弊端常有抨击，甚至有人视李鸿章淮系集团，乃一群功利之徒，难孚众望。李鸿章既深恶"清议"，

---

① 《复王补帆中丞》，《李鸿章全集》第 30 册，第 428 页。
② 《复邵汴生中丞》，《李鸿章全集》第 30 册，第 433—434 页。
③ 《复沈幼丹节帅》，《李鸿章全集》第 30 册，第 506 页。
④ 《复沈幼丹节帅》，《李鸿章全集》第 31 册，第 171 页。
⑤ 《复三品衔补用道江苏候补府方德骥》，《李鸿章全集》第 30 册，第 432 页。
⑥ 有关李鸿章与苏沪太道的关系问题，可参见梁元生《上海道台研究》，上海古籍出版社 2003 年版，第 100—108 页。
⑦ 《复江苏抚台张》，《李鸿章全集》第 30 册，第 593 页。

又"忧谗畏讥"。因而不惜以利禄笼络清流人物,尤其注意结纳张佩纶、吴大澂等人。张佩纶为清流要角,光绪五年(1879),李鸿章曾通过张裕钊邀请张佩纶入幕,又因其母病故助以白银千两为营葬之需。光绪十四年(1888),张佩纶遣戍归来后,李鸿章延之入幕,并将爱女许配给他,对其颇为礼遇,逢事常相咨询。他如此厚待张佩纶,固然与其上辈即有厚交分不开,但也离不开笼络"清流"的用意。亦在"清流"之列的吴大澂,为同治进士,授翰林院编修。光绪三年(1877),李鸿章奏调他赴津会办赈务。翌年办毕返京,李鸿章举荐其堪任监司,后授河南河北道,官品上有了一个较大跃升,这同李鸿章的扶持是分不开的。

此外,李鸿章还注意与洋员及外国使节关系的处理。"洋员"指受雇于中国做事的外国人,他们的身份特殊。在淮系集团即多置有洋员顾问、教习和职员之类,甚至这成为淮系集团一个特殊部类的人员。但是,他们毕竟是洋人,李鸿章在与他们关系的处理上,用心和手段就格外微妙。至于不属他手下的更广范围的洋员,自然更明显是属淮系"外部",李鸿章与他们关系的处理上也特别注意策略,通过他们加强集团与外国势力之间的联系和沟通。李鸿章兼任北洋大臣后,因洋务外交需要与外国使节交往增多,据说"凡外国使节来见,必以果酒招待,虽一日数至,而果酒不缺如故"[①],足见其对外国使节的交好之意。

(四) 洋务企业对淮系集团的供血

淮系集团的维系和正常运转,自然离不开从经济方面的保障。李鸿章通过大力发展洋务经济,实现对集团的充足"供血",来增强淮系集团实力和运转效能。

李鸿章作为洋务运动的旗手,非常重视军工企业的发展。清朝开办洋务早期所建立的著名的江南制造局(沪局)、金陵机器局(宁局)、天津机器局(津局)等厂家,都在相当程度上受到淮系集团的控制和影响。

同治四年(1865)李鸿章及其亲信淮系要员丁日昌等在上海创办

---

① 邵镜人:《同光风云录》,台湾文海出版社"近代中国史料丛刊续辑"1983年影印本,第34页。

江南制造局。此时，李鸿章作为江苏巡抚并署理两江总督，对江南制造局负有督办之责，而丁日昌则担任第一届总办，这样该局自然控制在淮系集团手中。尽管后来职事变动，但李鸿章仍设法对江南制造局加以控制，这主要是通过丁日昌来完成的。作为江南制造局的首任总办的丁日昌，虽说不久因升任两淮盐运使而离沪，但他仍与江南制造局保持着密切关系。同治五年（1866）年初，回任江督的曾国藩曾通过李鸿章告知丁日昌，要他"遥领此局"。同治七年（1868）年初丁日昌任江苏巡抚后，循例兼任江南制造局督办，直到同治九年（1870）他离任江苏巡抚任为止。由此可见，整个19世纪60年代后期，江南制造局基本上是为淮系集团控制。

李鸿章担任直隶总督兼任北洋大臣后，便接手并控制了天津机器局。在他的主持下，天津机器局发展颇有成效，该局长期作为淮军与北洋海军军火供应的主要来源厂家之一。江南制造局和金陵机器局，当时清廷规定归南洋大臣管辖，而报销督察各事，仍会同北洋大臣办理。作为北洋大臣的李鸿章虽远在津门，却以此为凭借，通过自己的旧部和亲信继续对这两局进行相当程度上的遥控，该两局并没有因李鸿章远在北洋而与之绝缘。李鸿章在给丁日昌的信中说："闽局太远，原意太谬，势难过问。但沪、宁两局，是鄙人惨澹经营而出，不忍作废。"[①] 李鸿章也曾对由直隶回督两江的曾国藩说："沪宁两局敬求倍加提振，鸿章虽远，亦不敢忽视也。"[②] 嗣后不管由谁出任江督，李鸿章对沪、宁两局都照例"不敢忽视"。

沪、宁、津三局从创设到发展，都曾得到李鸿章的大力支持。同样，作为晚清重要的军工企业，三局亦为淮系集团的发展提供了强有力的支持，特别是在装备淮系军队方面贡献良多。譬如，江南制造局成立的早期，为淮系集团提供了相当数量的武器支持，包括枪支、弹药、大炮等；北洋海军成立后，也为其提供船只方面的支持。当然，由于此阶段李鸿章对江南制造局的控制减弱，加之由淮系集团完全掌控的天津机器局日益发展壮大，其集团的军工补给更多依赖津局。

李鸿章不仅竭力控制沪、宁、津三局以为己用，而且设法插手福

---

① 《复丁雨生中丞》，《李鸿章全集》第30册，第134页。
② 《复曾中堂》，《李鸿章全集》第30册，第137页。

州船政局即闽局。此局原系左宗棠创办。光绪元年（1875），李鸿章与沈葆桢推荐淮系要员丁日昌督办船政，丁氏又很快升任福建巡抚，他与李鸿章合谋推荐集团成员吴赞诚或黎兆棠督办船政，因而清廷先后任命吴、黎为船政大臣。借此，淮系集团得以在一定时期内部分操控闽局。

李鸿章在19世纪70年代开始兴办民用企业，创办了轮船招商局、开平矿务局、漠河金矿、天津电报总局、上海机器织布局等多家，涉及航海、煤矿、电报、纺织等诸多行业部门。由于淮系集团势力在此后多集中于北洋地域发展，因此李鸿章创办企业的地点自也注重在所辖北洋地区，但同时，也不受此限制，仍是因地制宜，南北开花。淮系集团力图通过兴办这些民用企业，解决军事工业的原料、燃料供应，"调兵运饷"的交通联络途径和"练兵制器"的经费问题。轮船和铁路为其陆海军运输军队和辎重提供了可靠的保障；煤矿为其轮船、火车提供能源，为其制造局提供燃料；电报线为其陆海军提供迅疾的联络手段，并为其办理外交提供信息获取的方便。

轮船招商局于同治十一年（1872）由李鸿章、盛宣怀等创立，它是洋务企业由军工转向民用、由官办转向官督商办的第一家。该局的存在和成功经营对于淮系集团的发展有着重要意义。一方面，其漕粮运输有益于李鸿章政治地位的巩固和经济利益的获取。因为北京依赖江南的稻米，通过招商局部分控制漕粮的运输，这样使李鸿章在京都政治舞台上更增加了潜在的影响力。另一方面，轮船招商局的部分收益被用于支持淮系集团的发展，其资本积累为淮系集团提供了资金等方面的一定保障。李鸿章还用漕粮运输中得到的利润来购置军械。光绪六年（1880），李鸿章就曾被允许预支了招商局漕运盈利的一百万银两支付他在英国定制的军舰用费。而且，招商局的轮船为淮系集团免费运输军队。这些自都有利于淮系集团的发展。

与轮船业有着密切关系的煤矿，当时亦多由地方督抚试以新法开采。其卓有成效者，则以李鸿章创办的开平矿务局为最。光绪二年（1876），李鸿章派唐廷枢前往开平勘查煤铁矿产资源。翌年，批准唐氏提出的开采开平煤铁的计划，并委派他负责该项工作。为了得到地方官吏的配合，李鸿章还增派前天津道丁寿昌和天津海关道黎兆棠会同办理。光绪四年（1878），李鸿章凭借其直隶总督的威望，募集官商资本，以官督商办方式，在天津正式成立开平矿务局，以西法开矿。该局起初煤铁并采，兼炼钢铁。后因经营和技术问题，遂停炼铁，专采煤矿。开平煤除一部分供应天津机器局、轮船招商局和其他部门外，大部分则在市场上销售。其主要输出口岸为天津。开平煤矿由于经营得法，并得到政府的"维持"，生产和利润均呈上升趋势。光绪十一年（1885）获利七万两，次年增至十五万两。它成为带动直隶工业发展的龙头。以开平煤矿为中心，带动了铁路、煤矿、水泥等工业的发展，使直隶在全国较早的形成了一个集中矿业、交通运输业和对外贸易为中心的近代经济基地[①]。

此外，在李鸿章的倡议下，清廷开始修筑铁路、架设电报线，这些都为淮系集团的发展提供助力。在19世纪70年代中后期，李鸿章从加强京畿地区防务和巩固自己所控制的北洋地盘出发，力持并多次向清廷建议修建铁路，但并未引起重视。随着开平煤矿的建成运营，光绪七年（1881）直隶修成了唐胥（唐山至胥各庄）铁路。其修建初衷主要是为便利开平煤矿煤炭外运。而"后来京奉铁路实以此线为始基；即今日全国铁路，亦以此线为初祖"[②]。光绪五年（1879），李鸿章为巩固北洋海防，以利军事需要，架设大沽北塘海口炮台至天津的电线。次年，他在天津设立电报总局，由天津道盛宣怀总理。时人有云："盛宣怀者，电局之总办也。当军务急时，恒泄机事于故，以邀援例。盖各处密电码子，伊皆私置一副本也。"[③] 又说："电报虽有密本，其实总办电报之人无所不知。督抚每降心交结，冀得密信，不独大权旁落，抑且嘱托工行……余目见电报谋阕者，指不胜屈……其最为灵验者，则无过大学士李鸿章任直隶总督时。"[④] 可见，电报对于李鸿章获知朝廷和大员的军政机密，非常重要。

总体看来，淮系集团通过庞大的企业网，大大加强和巩固了李鸿章

[①] 苑书义主编、董丛林本卷主编：《河北经济史》第三卷，人民出版社2003年版，第244页。
[②] 俞诚之编：《退庵汇稿》第二册，台湾文海出版社1968年影印本，第494页。
[③] 汪叔子编：《文廷式集》下册，中华书局1993年版，第714页。
[④] 汪叔子编：《文廷式集》下册，第727页。

自身及淮系集团的政治、军事特别是经济实力，保障了其常规运转。

第三节　袁系集团

一　袁系集团的形成及重要成员

（一）袁世凯及其集团的形成与发展概况

袁世凯是袁系集团的缔造者，袁系集团的形成与发展和他的着意建设分不开。袁世凯年轻时由于科举之途不顺，投笔从戎，在淮系要员吴长庆手下做事。他在政治和军事上的历练始于在朝鲜任职期间，归国后在天津小站编练新军。小站练兵时期是袁世凯集团形成的起点，通过创建陆军新制，袁世凯不仅建立了一支近代化的新式军队，而且组成北洋班底，形成了以徐世昌、王士珍、段祺瑞、冯国璋等为核心的军事骨干。光绪二十五年（1899），袁世凯在新建陆军的基础上建立"武卫右军"。自光绪二十七年至光绪三十三年（1901—1907），袁世凯作为直隶总督兼北洋大臣，经营该区近七年之久。在清政府"新政"的大背景下，他不仅积极参与中央层面的军事改革，而且在地方行政体制、经济、文化教育、外交等方面采取了诸多新措施，使直隶地方政府在行政机构、文化教育机构、经济运行机制等方面发生了很大变化。直隶在新式军事制度建设、新式学校建立、地方警察制度建设、地方审判制度建设、地方监狱制度改革、近代工农商业发展以及地方自治等方面，改革措施切实有效，使直隶的社会面貌发生了明显变化。

袁系集团在晚清的发展大致经历了这样几个阶段：小站练兵时期，是袁系集团发轫时期，而主要是限于军事集团。到袁世凯任山东巡抚，是其集团进一步发展军事实力并在政坛扩展的时期。及至他任直隶总督兼北洋大臣时期，活动舞台更在军事、政治、经济、文化等诸多领域全面拓展，其军政集团呈现出更典型形态，对清朝政治走向产生重要影响。袁世凯彰德隐居时期，虽然表面上暂时收敛，但他并不甘心屈居一隅，而是暗中遥控袁系集团骨干，伺机东山再起。到他出山后担任内阁总理时期，一方面大肆安排任用自己嫡系，与清廷争权竞势；另一方面与革命党人对抗，最终夺取了国家政权。

关于"北洋"及相关概念，张华腾教授文章中有较为详细的说明。他认为北洋最早是一个地理概念，"以长江吴淞口为界，长江以南即南洋，长江以北是北洋"。后来北洋一词逐渐演化，不再是单纯的地理概念。"'北洋'一词具有政治含义，始于第二次鸦片战争之后清政府设置北洋通商大臣一职，简称北洋大臣。由于李鸿章、袁世凯相继以直隶总督兼北洋大臣，所以人们先后以'北洋'一词代称李鸿章、袁世凯，成为有政治含义的名词。其后袁世凯势力在新政中崛起，也被时人称为北洋势力。"① 我们这里所说的袁系集团，即指以袁世凯为首领的军事政治集团。

（二）袁系集团核心成员

袁系集团核心成员有徐世昌、王士珍、段祺瑞、冯国璋等人，他们是袁系集团的北洋班底成员，是小站练兵时期的骨干，是支撑袁世凯发迹的基石人物，在袁系集团崛起过程中发挥了举足轻重的作用。

徐世昌生于咸丰五年（1855），字卜五，号菊人，又号弢斋等，晚号水竹村人、石门山人、东海居士，天津人。因先人在河南为官，出生于河南卫辉府地方，早年得与袁世凯结识。其幼年丧父，家境贫寒，袁世凯资助他入闱乡试并得以中举，成为其随后中进士、入翰林的必备之阶。为报答袁世凯的知遇之恩，及小站练兵时徐世昌前往赞襄，徐氏深谋远虑，颇得袁世凯的器重。光绪二十三年（1897），袁世凯向清廷奏准徐世昌兼理新建陆军营务处，徐世昌得以总揽全军文案并参与机密，成为袁世凯的得力智囊。徐世昌还提出了比较完整的近代化军事理论，制订了中西结合的军制、法典、军规、条令及战略战术原则。在参与袁世凯新军军务的同时，徐世昌在朝内官职也获不断提升，至光绪三十一年（1905）获任军机大臣、巡警部尚书兼署兵部尚书。光绪三十三年（1907）出任东三省总督，成为清廷倚重的封疆大吏。总之，徐世昌算得上袁系集团的重要标志性人物之一。

王士珍同治二年（1863）出生，直隶正定人，字聘卿，号冠儒。王士珍是袁系集团中自早期即是的重要军事骨干，得到袁世凯的青睐，称其为"北洋第一军事人才"。他甚至被人视为"北洋三杰"之首（另两人为段祺瑞和冯国璋）。袁世凯督直后，更加重视新军的编练，王士珍被任命为北洋常备军左镇翼长，兼理全军操防营务处，专司训练。在此期间，他编写营制饷章，为袁世凯编练新军奠定了良好的法规基础。

---

① 张华腾：《北洋史研究的几个问题》，《社会科学辑刊》2015年第2期。

清廷练兵处设立后,王士珍被任命为该处军学司正使,负责制订训练计划、厘订饷章等要务,不久,王士珍便被袁世凯推荐担任了第六镇统制官。光绪三十二年(1906)秋,新军在河南彰德会操,王士珍任总参议。当年冬天,兵部和练兵处合并为陆军部,王士珍被任命为陆军部右侍郎。宣统三年(1911)袁世凯组建内阁时,他被任命为陆军大臣。

段祺瑞同治四年(1865)出生,安徽合肥人,字芝泉。作为"北洋三杰"之一,是袁世凯小站练兵班底的主要成员。光绪十一年(1885)段祺瑞考入天津武备学堂学习炮兵。光绪十五年(1889)被选派到德国学习军事。回国后到"小站练兵"时襄助袁世凯办事。清廷练兵处成立后任军令司正使。光绪三十一年(1905)任北洋新军第四镇统制,之后又改任过第六镇统制。宣统二年(1910)加侍郎衔,外放任江北提督。宣统三年(1911)武昌起义爆发后,任清军第二军军统、湖广总督。民国元年(1912)初,奉袁世凯旨意领衔率北洋将领四十六人通电,逼迫清帝退位。

冯国璋咸丰九年(1859)出生,直隶河间人,字华甫。袁世凯小站练兵期间,冯国璋任北洋步兵学堂总办兼督练营务处总办。庚子年,他追随袁世凯到山东,将万余人的山东勇营逐步改编为武卫右军先锋队。光绪二十九年(1903),在袁世凯保荐下,任练兵处军学司正使。此后,袁世凯在保定设立编练北洋常备军的专门机构——军政司,冯国璋出任教练处总办。他努力修明操法,制定章程和编练计划,使北洋常备军的编练工作顺利推进。武昌起义爆发后,冯国璋奉袁世凯之命,率北洋军南下对抗革命军,给革命军造成了巨大伤亡。

上述四人,在袁系集团起步和发展时期均起到了重要的推助作用。

(三)袁系集团其他要员

袁系集团其他要员,是指上述四人之外,该集团发展过程中在军队建设、外交、经济、教育等领域发挥较为突出作用的人员。其人数较多、所涉及领域又广、总体影响不可小觑。他们包括主政一方的军政官员、实业家、教育家、重要幕僚等,在相应方面为袁世凯提供支持和帮助。军事方面如曹锟、吴佩孚、倪嗣冲、张勋、姜桂题、王占元、鲍贵卿、吴长纯等人;政务方面如杨士骧、唐绍仪、阮忠枢、赵秉钧、朱家宝、杨士琦、金邦平等人;实业方面如周学熙、梁士诒等人;幕僚人员,从袁世凯就任山东巡抚到直隶总督期间,聘请的幕僚达几十人,比较突出的，如黄璟、张镇芳、杨士骧、杨士琦、孙宝琦、于式枚、赵秉钧、梁士诒、周学熙、蔡廷干、朱家宝、梁敦彦、金邦平、富士英、黎渊、傅增湘、严修、吴闿生、荫昌、凌福彭、孙多森、杨度、唐在礼、陈昭常等人。他们中有的原为幕僚，后成为其他界别的人物（故上述分类叙述中有交叉情况），甚至有的成为疆吏大员。相关人员在做袁世凯幕僚时，也在不同方面发挥着特有作用。下面从各类别人物中具体选看若干。

军事方面者，选看曹锟、吴佩孚、倪嗣冲等人。他们在袁世凯北洋军发展过程中得到锻炼，一步步成长起来，成为袁世凯的左膀右臂。曹锟，同治元年（1862）出生，字仲珊，天津人，毕业于天津武备学堂。光绪二十一年（1895）赴小站投袁世凯的新建陆军，为右翼步队第一营帮带。光绪三十三年（1907）被袁世凯任命为北洋军第三镇统制官，成为袁世凯北洋六镇班底的重要人物。吴佩孚，同治十三年（1874）出生，字子玉，山东蓬莱人。最初，任北洋督练公所参谋处军官。光绪三十年（1904）日俄战争期间，袁世凯从北洋军中挑选数十名精干士官成立侦探队，吴佩孚被选中，在此期间受到袁世凯赏识。民国元年（1912）春，在袁世凯授意下曹锟第三镇假造兵变时吴佩孚随同行动，后逐渐成为袁系集团中影响越来越大的人物。倪嗣冲，生于同治七年（1868），原名毓桂（一说毓枫），字丹忱，安徽阜阳人。庚子年间他随袁世凯在山东协助镇压义和团。次年被保荐到京师执法营务处，负责北京城战后秩序的维护。光绪二十八年（1902）被袁世凯召回北洋营务处任职，负责骑兵训练。不久，倪嗣冲到保定担任新练军执法营务处总办，"身兼北洋总理营务处、行营营务处、发审执法营务处三要职，掌握后期北洋军队训练大权"[①]。此后，与袁世凯一路相随。光绪三十一年（1905）河间秋操，被委任执法处总办，兼接待处总办。光绪三十三年（1907），被保荐任黑龙江民政使，成为为袁世凯集团开疆拓土的要员之一。

政务方面者，主要选看杨士骧、唐绍仪、赵秉钧等人。杨士骧，生于咸丰十年（1860），字萍石，号莲府，江苏淮安府山阳县人。袁世凯督直后，杨士骧向袁世凯献策扩编新军。他任直隶布政使、山东巡抚

[①] 李良玉等：《倪嗣冲年谱》，黄山书社2010年版，第10页。

后，更成为袁世凯的倚重之人。袁世凯曾说："天下多不通之翰林，翰林而真能通者，我眼中只有三个半人：张幼樵（佩纶，即李鸿章女婿，袁曾夤缘以结李氏）、徐菊人（世昌，袁之私人幕僚）及杨莲府，算三个全人，张季直（张謇）算半个而已。"①杨士骧在袁世凯眼中的地位可想而知。光绪三十三（1907）其人在袁世凯的保荐下，接任直隶总督之职，他任职后，在新政方面承继了袁世凯的政策，使直隶的改革得以继续。唐绍仪，生于同治元年（1862），字少川，广东香山县人。唐绍仪与袁世凯的交集是在光绪十一年（1885），他被派往朝鲜办理税务，成为清政府驻朝鲜大臣袁世凯的书记官和得力助手。光绪二十七年（1901），在袁世凯推荐下擢升为天津海关道。唐氏有出色的外交才能，在办理接收八国联军占领的天津城区、收回秦皇岛口岸管理权等事务中，办理得宜，被袁世凯视为直隶地方政府中不可缺少的人物。光绪三十一年（1905），袁世凯与日本谈判时，唐绍仪以副手的身份发挥了重要作用。次年升任外务部右侍郎，在政治上与袁世凯结盟更紧。宣统二年（1910），唐绍仪被任命为邮传部尚书。赵秉钧，生于咸丰九年（1859），字智庵，河南汝州人，是袁世凯的得力智囊，深受信任。袁世凯编练巡警时，赵秉钧任保定巡警局总督，拟定警务章程，创设警务学堂，执行袁世凯的既定方针。袁世凯逼迫清廷退位时，暗中唆使赵秉钧等人出面，赵秉钧从中起了颇大作用。

在实业方面，像周学熙、梁士诒，有很灵活的经济头脑，是袁系集团中在经济领域做出重要贡献的人员。周学熙，生于同治五年（1866），字缉之，号止庵，安徽至德（今东至）人。光绪二十六年（1900）入袁世凯幕中，办理北洋实业。光绪二十八年（1902）帮助袁世凯改组天津官银号，解决天津金融危机。光绪三十三年（1907）出任滦州煤矿总经理，将开滦煤推向国际市场。周学熙涉足直隶工矿业多个领域，大多颇为成功，给袁世凯集团以可观的经济回报。尤其是创办启新洋灰公司后，产品快速占领水泥市场，创造了民族品牌，也为北洋经济发展起到了重要作用。梁士诒，生于同治八年（1869），字翼夫，号燕孙，广东三水人。光绪二十九年（1903）应袁世凯之聘，任北洋书局总办。自光绪三十三年（1907）起，相继担任邮传部京汉、沪宁

---

① 萧一山：《清代通史》第4册，中华书局1986年版，第2463页。

铁路提调，交通银行帮理，铁路总局局长。宣统三年（1911）冬，在袁世凯内阁署理邮传部副大臣、大臣，参与胁迫清帝退位活动。梁士诒在政治上是袁世凯的盟友，经济方面也是得力帮手，尤其在铁路建设上给予袁世凯大力支持。

关于袁世凯的重要幕僚群体（其部分人员从幕僚擢升为官员）当中，像严修在北洋教育，金邦平在北洋交涉，荫昌在北洋军事方面，孙多森、凌福彭、黄璟在直隶实业方面，黎渊在直隶地方自治改革方面，张镇芳在长芦盐业改革等方面的工作，均有成绩可纪，他们辅佐袁世凯完成了直隶政务、经济等方面的多项改革。

关于袁世凯集团的要员，上面分类述及若干并且对有些人的履历（包括职务）已作有概要介绍，下面把尚未述及或提及而未做履历介绍的人员，再择取一些列表2-3作补充性示例。

表2-3　　　　　　　　　　袁系集团要员补充简介

姓名	籍贯	任职情况
荫昌	满洲正白旗	光绪三十一年以正白旗副都统加兵部侍郎衔署江北提督，继而出任陆军部右侍郎兼署江北提督；三十二年署陆军部尚书，后改陆军大臣；三十四年任驻德国公使；宣统二年春任陆军部尚书，同年年底任陆军大臣；三年在庆亲王内阁任陆军大臣，后在袁世凯内阁任军谘大臣
段芝贵	安徽合肥	光绪三十一年任第三镇统制官，后任督练处总参谋兼督办；三十三年任东三省军务处总办；宣统二年任镶红旗蒙古都统；三年护理湖广总督
张勋	江西奉新	宣统元年任江南提督；宣统三年任江苏巡抚兼署两江总督、南洋大臣
张镇芳	河南项城	光绪三十三年代署直隶总督
梁敦彦	广东顺德	光绪三十年任津海关道；三十三年署理外务部右侍郎；三十四年署理外务部尚书、会办大臣；宣统三年任袁世凯内阁外务大臣
王英楷	辽宁海城	光绪二十九年任北洋六镇第二镇统制，后署理陆军部右侍郎、补授蒙古镶白旗副都统、南洋陆军大臣；三十一年任陆军会操南军总统官

续表

姓名	籍贯	任职情况
朱家宝	云南黎县	光绪三十二年任吉林巡抚，未赴任；三十三年移任安徽巡抚
陈昭常	广东新会	宣统二年署吉林省巡抚，次年实授
齐耀琳	吉林伊通	宣统三年授河南巡抚，不久升任盐务大臣
孙宝琦	浙江杭州	宣统三年任山东巡抚
杨士琦	安徽泗县	光绪二十九年到上海任帮办电政大臣兼轮船招商局总理；三十年清政府商部接收了南洋公学，改校名为高等实业学堂，杨士琦任监督；宣统三年任袁世凯内阁邮传大臣
严修	浙江慈溪	宣统三年任袁世凯内阁度支大臣
田文烈	湖北汉阳	宣统三年任袁世凯内阁陆军副大臣
凌福彭	广东番禺	宣统元年任直隶布政使
孙多森	安徽寿州	宣统元年任直隶工艺总局总办；二年任直隶劝业道
金邦平	安徽黟县	光绪三十二年任天津自治局督理；宣统二年任资政院秘书长

资料来源：根据骆宝善、刘路生主编《袁世凯全集》（河南大学出版社2013年版）、李志茗《晚清四大幕府》（上海人民出版社2002年版）等资料整理而来。

需要特别说明一下荫昌这个人物。他确实在一定时间里为袁世凯所用，关系也显得比较密切，从这个意义上可以划入袁氏集团。但他又是满洲旗人，不属袁系"内层"，在关键时候不能被真正被视为知己，甚至被限制。由此更有助于说明袁世凯集团构成上的复杂性。

总体上看，就任职而言，袁系集团要员可以说主要有如下几个特点：（1）分散在政治、军事、教育、实业、外交等政府重要部门任职，这自利于其集团规模和实力的扩大，为最后左右清朝政局打下了基础。（2）集团要员尤其掌控着清朝的主要军事命脉，这是其集团至为关键的坚实支撑。特别是在练兵处成立后，袁世凯居职其中对本集团军事人员的荐引至关重要，而这也正是袁系集团由地方势力跻身中央的重要台阶，像王士珍、冯国璋、段祺瑞等人就是在中央任职期间快速崛起的。（3）有些集团成员先前主要是军职，后则转向在政治、实业和教育等领域发展，利于集团的全局性掌控。尤其是到袁世凯内阁，更成为袁系集团把持多方面政务权力的"集合体"。

二 北洋军制概观

（一）军队名目与编制

1. 新建陆军

光绪二十年（1894）甲午战争爆发后，清方有感于自己军队的战斗力较弱，决定仿西方之制编练新军。最初是派广西按察使胡燏棻组织编练，名为"定武军"。次年由袁世凯接练，定名为"新建陆军"。胡燏棻编练"定武军"时，派人于山东、直隶、河南等地招募兵员，并利用马厂原有淮军"盛字军"的旧营房作为屯兵训练的场所。至光绪二十一年（1895），共建十营新军，分为步兵、炮兵、工兵和骑兵四个兵种，即步队六个营、炮队两个营、马队一个营、工程队一个营。

袁世凯小站接练后，进一步扩大军队规模并完善军制，编撰了《新建陆军兵略录存》，仿照德国陆军建制，制定了章制、禁令、训条、操法等相关规定[①]。光绪二十一年（1895）十二月，督办军务处批准了袁世凯改编新建陆军的请求，并请旨饬派袁世凯督练新建陆军，"先就定武十营、步队三千人、炮队一千人、马队二百五十人、工程队五百人以为根本，并加募步队二千人、马队二百五十人，共足七千人之数"[②]。

袁世凯在新建陆军建制方面有较大改革，除进一步完善步队、炮队、马队、工程队等内部机构建制外，还设立了督练处、粮饷局、军械局、转运局、军医局、教习处等机构，以加强军队的监管力度和后勤保障工作。根据新建陆军的章制，"简练一万二千人为一分军之数。拟分练步队八营，计八千人；炮队两营，计两千人；马队两营，每营五百人，计一千人；工程队一营，计一千人。共计一万二千人。步队为主，炮队辅之，马队巡护，工程队供杂役"。"将一军分为两翼，设统领二人管辖。每步队两千，炮队两千，马队一千，更各设分统一人，分领训练。每步炮工程队一千，马队五百，各设统带一人，专辖约束。统领以各分统兼充，分统以各营统带兼充……俟训练有成，再加总统一人，以

[①]《新建陆军兵略录存》，骆宝善、刘路生主编《袁世凯全集》第4卷，河南大学出版社2013年版，第71—286页。按：所引该书系全套同出，下引各卷皆省略主编者和出版项。

[②]《新建陆军兵略录存》，《袁世凯全集》第4卷，第85—86页。

资督率。"① 袁世凯改编的新建陆军步队营制情况如下：官弁四十六名，包括统带官一员，帮统官一员，管带领官四员，哨官十二员，哨长二十四员，督排哨长四员，头目兵丁一千零八员，文案委员各六员，正、副医生各一员，书识十二名，号兵二十四名，护勇九十六名，伙夫七十二名，长夫二百八十二名。② 炮队营制、马队营制、工程队营制与步队营制基本相同，但官兵员额略有差异。

通过改革，新建陆军逐步扩大了步队、炮队、马队、工程队的规模，建成了比较完整的军队管理体系：一军分设左右两翼，翼设统领管辖，统领下设分统，负责各营的训练，营设统带，管辖一营，营下设队、哨、棚等层级，奠定了中国近代化军队的基础。戊戌政变后，直隶总督兼北洋大臣荣禄奏请设立武卫军，袁世凯将新建陆军改编为武卫右军。光绪二十七年（1901），袁世凯升任直隶总督兼北洋大臣后，将武卫右军编入北洋常备军。

2. 北洋常备军等

光绪二十八年（1902），袁世凯上折奏定"北洋创练常备军厘订营制饷章"，将原有各营严行裁汰，精选若干营，分为常备、续备、巡警等军，一律操习新式枪炮，认真训练，以成劲旅。袁世凯参考中外军制，详细拟定了北洋常备军军制。

练兵总制：将兵区分三等，曰常备军、续备军、后备军。其选募之法，遴员会同州县官，就土著壮丁按格精选。符合条件者，发给全饷，作为常备军。训练三年，各回原籍，作为续备军。历三年后，退为后备军。再历三年，悉作平民。续备、后备两项，分别给以减成月饷。遇有战事，悉听征调。其退作平民者，准其应募效力，不在应调之列。

常备军制：每军分为两镇，每镇分为步兵两协，每协分为两标，每标分为三营，每营分为四队，每队分为三排，每排计兵三棚，每棚计兵目十四名。两镇又皆附炮队一标，计各三营；马队一标，计各四营；工程、辎重各一营，共成四十二营。常备军自最具典型性和代表性，它包括步队、炮队、马队、工程队、辎重队等多个兵种，且各有其具体营

---

① 《新建陆军兵略录存》，《袁世凯全集》第4卷，第77页。
② 《新建陆军兵略录存》，《袁世凯全集》第4卷，第77—78页。

制。官兵各员包括营管带、帮带、队官、督排队长、排长、正目、副目、正兵、伙夫、护目、护兵、号目、号兵、书识、长夫、文案、司账、清书、官医、医役、枪匠、缝匠等。全军总统一员，参谋营务处一员，两镇翼长二员。此外，还有粮饷局、军械局、军医局、军乐队等编制。

续备军制：凡募兵州县，均按其出兵之多寡，约一百名派弁一员驻扎，曰驻弁，兵多则员增。专司常备兵家书、留饷及新募兵丁各事。常备兵年满回籍，分给凭照，列为续备军，月给减饷银一两，即归驻弁管辖。平时有弹压缉匪要事，由各牧令会同驻弁，酌量抽调，予以津贴，事竣即遣，不得常留。该兵丁出外谋生，如在千里以外，约计不及回籍会操，须在每年七月内报明驻弁及牧令，查明确情，停止减饷，免其调操。其临操报病及有事故者，均应确实查验，捏报者严惩。如有征战，无论在籍在外，均按册征调，规避者立置军法。倘有在外省擢用当差者，亦须克期来营，酌委官弁。外省将吏，不得请留。

后备军制：凡在籍充续备兵三年后，改给凭照，列为后备军。其会操征调各事与续备兵同，唯月饷减半，各发银五钱。每兵二百名左右，派驻弁一员管辖。如兵数不足一百五十名，则附隶于续备军驻弁。三年期满，退作平民，停止月饷，不与征调，仍改发执照。遇有征战，其年在四十五岁以内愿应募者，仍准持照投营。其当兵九年内，有始终勤奋结实可用者，分别考验拔升千、把、外委等职，派充各州县驻弁之任。次则酌赏奖札、功牌。

3. 北洋六镇

光绪三十年（1904）日俄战争爆发，因边防力量空虚，袁世凯建议在全国编练新军三十六镇，先在北洋成立六镇。光绪三十一年（1905）春，袁世凯上奏《北洋常备军拟一律改为陆军各镇片》，其中提到，"练兵处奏定立军制略，陆军人数众多，其编列名号，莫不由第一以至于十百"；"北洋所练常备军各镇，已遵章先后改编，并咨请练兵处奏请简派大员考验"[①]。袁世凯将原有北洋常备军"左""右"两镇改为北洋第1、第2镇，以王英楷、吴长纯分任统制。随

---

① 《北洋常备军拟一律改为陆军各镇片》，廖一中、罗真容整理《袁世凯奏议》下册，天津古籍出版社1987年版，第1090页。

后又将"巡誉营北段"扩编为第3镇,以段祺瑞为统制。之后袁世凯又陆续将原武卫右军和自强军主力混编,成立北洋常备军第4、第5镇,以王士珍、吴长纯(吴凤岭接任第2镇统制)分任统制。之后,"京旗常备军"也改编成镇,凤山任统制。"六镇"的具体变化情况颇为复杂,这里不拟细述,而本节之后有六镇情况表2-4。

北洋六镇基本沿用北洋常备军军制,实行镇、协、标、营、队、排、班的编制序列。镇是基本编制单位,相当于现代的师,每镇下辖步队2协、马队1标、炮队1标、工程队1营、辎重队1营,还编有一个军乐队。全镇官兵夫役一般在1万多人。北洋六镇正式建成,全军兵力近7万人。北洋六镇是中国军队近代化的产物,袁世凯则以此作为扩大攫取军事、政治权力的资本。

(二)军官培养与士兵征募

千军易集,一将难求,袁世凯十分注重军官的选拔。在军官培养方面,他一方面通过设立新式军官学校的方式,另一方面将学生选送到国外进行培训也是一条途径。此外,对于旧式军官也予以改造利用。袁世凯把设立军事学堂选拔将才列为练兵第一要义。他说:"臣维练兵以储将为重,储将以兴学为先。必学校之层累益高,斯将领之人才蔚起。大率兵学科级由浅及深,不入小学,无以植根本;不入中学,无以扩知能;不充入伍生学习官,无以验实施;不入大学堂,亦终无以集大成而造乎其极。"[①] 为保证军事学堂在培养学生方面的成效,袁世凯奏请在保定成立了军官学堂。于各镇军官内择其品学超卓、才识优异者入堂学习。遴选教习,授以各种高等兵学,分为速成、深造两科。速成限以一年半毕业,额设学员自四十员至六十员。深造科三年毕业,额设学员自五十员至八十员不等。经过正规、严格的培养和训练,军官学堂为北洋新军培养了一批官弁。

送学生到国外学习军事造就军官,以选派至日本的人数为多。学生在日本士官学校毕业后,先充任见习士官,见习期满后,除考入大学校及各专门学校外,其余回国,由练兵处就其历年所学,进行考试,"最优者奏请授职守备,次者授千总,(再)次者授把总。此项武职,即作为该学生等出身,开写履历,均按授职之年,系以某某年守备、千、把

---

① 《北洋设立军官学堂折(附章程)》,《袁世凯全集》第15卷,第112页。

出身字样，俾与保奖武职示有区别。如该学生本有官阶，即照其原有之官晋一秩。若系文职，亦照原品晋一秩入营带队，以相当之武职借补，而其出身仍均系以守备、千、把等职。其由大学校及各专门学校毕业回国者，则比照此例，分别加升"①。

关于士兵的入伍条件和征募办法，在《募练新军章程》中则有明确规定，强调"兵丁捍卫国家，保护四民，前程未可限量，断不可以游惰之人滥竽充数"②。其招募方式，参仿各国征兵章程及汉代调兵、唐代府兵规制，由各府、直隶州督同各州县查明所辖村庄若干，每村庄户口若干，责令各该村庄庄长、首事、地保等酌量公举乡民数人。必须确系土著，均有家属，方准举充。倘或滥保溃勇游民，查出重究。对于募兵格式，袁世凯规定："一、年限二十岁至二十五岁。一、力大限平举一百斤以外。一、身限官裁尺四尺八寸以上。一、步限每一时行二十里以外。一、报明三代家口、住址、箕斗数目。一、曾吸食洋烟者不收。一、素不安分有事案者不收。一、五官不全，体质软弱及有目疾、暗疾者不收。"③ 新的募兵制度注重士兵自身素质，同时，更看重士兵为国尽忠的志向，与旧式士兵的招募有很大区别。

自光绪二十八年（1902），清政府令各省按照北洋新军兵役制度招募新军士兵，这个制度便成为清末"新政"中新军编练的依据。新军体现中国历史上最早具有比较完全近代意义上的兵役制度，它确实具有不同于以往其他兵役制度的特点。主要表现：一是以常备军为主，常备和续备相结合，从而缩短了士兵的服役期限，促成现役的尽快更替，有利于保持军队兵员的旺盛士气。二是续备军和后备军制度的结合，避免了临时招募未经军事训练人员，缺乏战斗力之弊，能尽快结集兵力，适应战争的需要。另外，这种结合也尽可能地避免了退伍兵丁引发社会动乱。新军按照严格标准招募士兵，保证了士兵的素质，克服了过去清兵滥竽充数的顽疾。北洋新军以德国军队要素为根本，兼取日本军事管理方式。同时，又考虑到中国刚开始推行常备军制，需要有一个逐步适应

---

① 《练兵处拟订选派陆军学生赴日就学章程折（附章程）》，《袁世凯全集》第12卷，第165页。
② 《拟定北洋募练新军章程折（附章程）》，《袁世凯全集》第10卷，第112页。
③ 《拟定北洋募练新军章程折（附章程）》，《袁世凯全集》第10卷，第113页。

的过程，也有某些灵活变通措施。

与北洋新军的组织建制和人员构成密切关联，使它在管理上也有相应特点。"镇"为其军非常强力的编组单位，而"镇"的统制往往有频繁调动，因此不能与其下属军官建立稳定的"私属"关系。直隶总督兼北洋大臣袁世凯是北洋军的实际控制者，他居于"金字塔"的顶端，通过最直接地控制各镇而节制全军。当然，其军内部帮派的分化仍然是不可避免的，尤其是"当这个集团的权力中心丧失之后，这个集团将在新的多元的效忠体系下立即转化为公开的分化和斗争，倒戈成风，这几乎是那个历史时期无法避免的死结或规律"[①]。

三 兵力、装备与饷需

（一）兵力、装备

胡燏棻编练新军时，共有四个兵种，其兵力，步队六个营（每营500人）共3000人、炮队两个营（每营500人）共1000人、马队1个营共250人、工程队一个营共500人，总计4750人，此为"定武军"。袁世凯接练后，在"定武军"基础上增加了步队2000人（四个营）、马队300人，总计7000余人，即为"新建陆军"。光绪二十四年（1898），添募新兵2000人，第二年又增编辎重兵一个营500人。这样，"新建陆军"成为具有步、炮、骑、工、辎重诸兵种合成的新式军队，其总人数增至近万人。为加强京师和近畿防务，清廷命荣禄为统帅，编组北洋各军为武卫军，至光绪二十五年（1899）夏正式成军，"新建陆军"更名为"武卫右军"，仍驻扎在小站继续操练，其所有规章制度不变。不久，袁世凯出任山东巡抚，扩编武卫右军为20营，人数上当然相应增加。这一时期，其军的武器装备更趋整齐划一，购买配备了批量的曼利夏五连发后装步枪、曼利夏五连发后装马枪、毛瑟五连发后装步枪、左轮六响手枪、克虏伯七五过山炮、格鲁森厂五七过山炮。

北洋常备军从编制看比原新建陆军更为复杂，人员较多，"总计全军兵丁，共一万九千一百二十四名；文武员弁、医生、书役、匠夫，共

---

① 郭剑林主编：《北洋政府简史》上，天津古籍出版社2000年版，第41页。

七千九百九十六员名"①。

在北洋常备军基础上建成的北洋六镇，全军兵力七万余人，其具体情况表2-4：

表2-4　　　　　　　　北洋六镇兵力情况统计　　　　　　（单位：名）

镇名	驻地	官数	兵数	官兵数	合计
第一镇	京北仰山洼	748	11764	12512	
第二镇	直隶保定府、永平府等地	737	11731	12468	
第三镇	吉林、奉天等地	753	11883	12636	75225
第四镇	直隶马厂	748	11756	12504	
第五镇	山东济南等地	748	11764	12512	
第六镇	京师南苑	747	11846	12593	

资料来源：赵尔巽等撰《清史稿》（缩印本）第2册，第1050页。

关于北洋六镇的装备，练兵处于光绪三十二年（1906）拟定了陆军枪炮口径等项程式。如快枪，枪支口径拟用六密里八；陆路炮，炮口径拟用七生五；过山炮，炮口径拟用七生五。同时下令各局厂，遵照最新样式进行生产。

（二）饷需来源

小站练兵时期，由于军队人数有限，所需款项较少，由户部拨付。由于受甲午战争影响，户部库款短绌，年付仅四十万两，其余由各营自筹。编练武卫军时，户部除年拨四十万两外，又于存储各省拨解闽省船厂经费项下划拨三十三万两，其他款项由各省协饷和自筹补充。

光绪二十八年（1902），袁世凯筹练北洋常备军时，奏准从直隶赈捐项下拨款一百万两。次年已编齐常备军左镇步队十二营、炮队三营、马队四营、工程、辎重队各一营，复添募右镇马队一标四营，共二十五营。原拨一百万两不敷使用，又将续收捐款银四十一万余两全部留用。

北洋六镇建成后，所需款项激增，除第三、第四两镇支用部饷外，其余各镇饷需一般是就地自筹。仅直隶一省，光绪三十年（1904）就

---

① 《厘订营制饷章暨创练北洋常备军折（附营制饷章）》，《袁世凯全集》第10卷，第292页。

先后认筹烟酒税每年八十万两，提取中饱税契等项每年三十万两。在本省各库局及商号内，借垫一百万两。此后，北洋军费还由他处协拨部分。从实际情况看，北洋军费也常遇协拨款项不到位的问题。以制造经费之项为例，光绪二十八年（1902），津海关四成洋税项下，应解银十四五万至二十余万两不等，但下半年只解七万两。北洋防费项下应解银八万两，亦无着落。每年共应筹拨库平银六十四万余两，而统共收银四十七万五千七百八十二两，仍差十几万两。为解决这一问题，袁世凯在直隶省内挖掘潜力，通过发行公债、征收烟酒税等弥补经费的不足。同时，袁世凯奏请练兵处，北洋军费由中央征解补充，由此渠道也发挥了一定作用。

此外，直隶公债也是北洋军费的来源之一。光绪三十一年（1905）年初，因组建北洋第五、第六两镇，经费缺口较大，袁世凯奏请由天津官银号发行公债四百八十万两。此公债计划于这年分四次收齐，分六年还息，本息共计六百二十五万余两。另外，从北洋银元局余利等项下每年提用还债资金一百二十万两，不准挪用。同时，由天津官银号统一办理公债的发行、汇兑、偿还等事，以确保经费按时到位。发行公债一定程度上缓解了北洋军费不足的问题。

可见，北洋军费主要来源为户部拨款、各省协款、发行公债、推广捐输等。北洋新军在许多方面有其他军队无可比拟的优势，主要是因为北洋军的饷源可以获得国家财政支持。袁世凯升任直隶总督后，成卫京师成为其职责，光绪二十七年（1901）十二月，他以加强畿辅防务为由，将各省与海关协拨的款项三百万两改为北洋防饷，进一步拓宽了北洋军费的来源。他并建议饷项由户部统一收放，供北洋军者直接拨发给直隶，保证饷项的稳定获得。此外，关内外铁路、滦州官矿公司、北洋银元局等部门的余利一部分也用于军饷。袁世凯筹集北洋六镇军费，实际反映了他与清廷、外省督抚、绅商之间的利益关系。袁世凯既充分利用清中央政府来协调并保障经费来源，同时也积极自筹经费，使练兵事宜得以顺利推进。

四　袁系集团要端综说

（一）推动军事改革，建立近代化军队

军队建设是袁系集团的核心工作，自袁世凯小站练兵开始，到由他组建内阁,军队无疑都是支撑其集团发展的基石。在军队建设指导思想方面,袁世凯主张和提倡西法练兵,包括学习西方的战略战术、配备西式武器装备,以西法培养官兵,以及用西方军制改造军队,大力推动中国军队的近代化建设。其军事改革涉及军队建设、兵役制度、武器装备、军事管理、人才培养等诸多方面。

在军队建设方面,袁世凯不仅建立了步、炮、工、辎重等多个兵种,而且规范了士兵招募标准,从源头上对于士兵身体条件、文化程度、个人修养等方面给出具体要求,与以往湘淮军在选募标准有颇大差异。袁系集团还通过创办军事学堂,培养提高士兵的素质条件。在将领选用方面,制定了严格的选拔标准,重用军校毕业生和留学生,要求所选将领受过专业的军事训练、接受过西方专门的系统化军事学习,具有现代军事理念,以切实保障其具备指挥作战的能力。同时,也注重提高军官的地位。

在兵役制度改革方面,袁世凯提出实行常备军、续备军和后备军制度,这种兵役制度使士兵的服役期限缩短,能通过经常性补充新鲜血液提高军队的战斗力。同时,通过有计划地裁汰军队旧员,减少了军费支出。

在武器装备方面,袁世凯不仅向日本、德国等国购买大批先进的枪炮等武器,而且还给部队配备了无线电报,使通信手段更加先进,信息交流更为畅通。总体来看,其军在武器装备方面较湘淮军大为优化。

在军事管理方面,袁世凯通过制定《陆军营制饷章》等规章制度,完善了军队的层级管理,使军队的隶属关系清晰,责权明确,提高了管理上的科学化程度和军队的战斗力。袁世凯还加强了军队后勤近代化建设,不仅在兵种方面设置了辎重兵,而且完善后勤机构,规范各级后勤部门的管理,制定了一系列办事章程,使后勤管理制度化。特别制定严明的军纪,这对军事管理至关重要。例如,在《募兵告示》中制定了《律令》六条,规定:"强奸民女者斩;擅取民物者斩;聚众哄斗为首者斩;沿途逃亡者斩;强买民物者插耳箭;行路离伍者责。"[①] 所订《简明军律》20条,其中18条是斩律,包括:"临阵进退不候号令及战

---

① 来新夏主编:《北洋军阀》第一册,上海人民出版社1988年版,第47页。引录在标点符号上有改动。

后不归伍者";"临阵回顾退缩及交头接耳私语者";"临阵探报不实,诈功冒赏者";"遇差逃亡、临阵诈病者";乃至"在营吸食洋烟者"等[1]。且不说这是否过于严苛,对违章的震慑作用是无可置疑的。此外还制定有《兵丁驻扎营内暂行章程》《操场暂行规则》《出操规则》《行军暂行章程》《打靶法式》《号兵条规》《医院条规》《验报枪支章程》《夜战防守暂行章程》《假期规条》等诸多规章,包括从白天训练到夜战,从驻营到行军,从兵营到医院等多方面的管理制度。依章管理,自会使军风军纪得到较大改观。

至于袁系集团培养近代军事人才方面,详见本书《北洋新政与袁系集团的加强》一节中相关内容,这里不再论述。

(二) 思想多元,倡议改革

在袁系集团中体现出思想的多元性,既有传统的帝王思想、专制思想,又有由西方传来的资产阶级思想。袁世凯本人也是新旧思想杂糅,而在清末新政时期,其"新思想"的展露则较为明显,如不仅主张实行立宪,而且有所推行尝试。

光绪三十三年(1907)六月,袁世凯上奏提出"赶紧实行预备立宪"的"管见十条"包括国信必须昭彰,人才必须善任,国势必须振兴,满汉必须融化,赏罚必须并行,党派必须分明,政府必须早建,资政院必须设立,地方自治必须试办,教育必须普及诸项。这体现了袁世凯"预备立宪"主张的基本方案。他认为,"国保于民,民保于信。非民无以守国,非信无以使民"[2]。就是说国家必须得到国民的信任。又强调国家的发展离不开法治,而法治离不开人才,所以应重视培养治国人才,所谓"有治法尤贵有治人,夫人而知之矣。有一代之治,即必有一代佐治之人,无古今中外,亦莫不皆然矣"[3]。关于建立宪政政府,实施宪法精义,袁世凯提出:"下以舆论为基础,上以政府为栋梁。基础不坚,栋梁固无所附丽。若栋梁不备,虽有基础,其何能支东西。立宪各国,皆用责任内阁之义,使其君主超然为不可侵犯之神圣,故万年

---

[1] 来新夏主编:《北洋军阀》第一册,第127—128页。
[2] 《密奏请赶紧实行预备立宪谨陈管见十条》,《袁世凯全集》第16卷,第334页。
[3] 《密奏请赶紧实行预备立宪谨陈管见十条》,《袁世凯全集》第16卷,第335页。

共戴一尊。"① 是既标榜"立宪",又要尊戴君主的。

及至武昌起义爆发后,袁世凯集团势力很善于观察和利用形势,投机作为。有研究者指出,"在革命党与清廷的相互对峙中,袁世凯及其北洋军已经上升为'第三种力量',他们的态度成为左右时局的砝码,他们倒向哪一边,哪一边就将获得更有利的形势。最后,由于袁世凯站到了革命党一边,从而加速了清朝的覆灭和共和制的建立。1912 年 1 月 26 日,由段祺瑞领衔的 46 位北洋将领联名通电清廷,要求其明降谕旨,宣示中外,立定共和政体"②。袁世凯采取迂回策略,首先迫使清帝退位,同时提出有条件地建立民主共和。这样,既加速了清朝的覆亡,也为他夺取政权奠定基础。这与他当时以"革新"的面孔出现分不开。

袁系集团在清末"新政"中崛起,应该说为中国社会的发展做出了一定贡献。当然,由于该集团的发展往往与争权夺利紧相联系,尤其是民国初年,北洋势力狭隘、保守的一面凸显出来,成为社会发展的阻力。越到后来,这一集团的分化、纷争和混战,成为造成中国社会动荡和凋敝的主要力量。总之,军人干政下的"立宪"所造就的"民主",不免是军事化管理和控制下的"民主",这不但表明其所谓"民主"本质上的虚伪性,也预示着它是不会长久。

(三) 以军干政,涉足经济

与湘、淮系首领相比,袁世凯在对朝中权力的觊觎和谋取方面更主动和贪婪得多。袁世凯的发迹,军事实力固然是关键资本,同时也与其政治手段分不开。他先后借助与李鸿章、荣禄、奕劻等权贵的关系,把练兵作为揽权和实现自己政治野心的工具。北洋军实际上的私人化程度很高,即便回籍养疴时,袁世凯仍然能依靠自己的亲信对朝政了如指掌并暗中干预。对于权力的追求和利用,袁世凯简直达到了登峰造极的地步,这表现在军事、政治、经济等各个领域。

袁世凯从小站练兵开始,到他任职练兵处和扩充编练北洋新军,在军事上的每一步发展,均离不开"谋权"。由军权到政权,军政兼掌,

---

① 《密奏请赶紧实行预备立宪谨陈管见十条》,《袁世凯全集》第 16 卷,第 340 页。
② 任保国、翁有为:《辛亥革命前后的北洋军集团嬗变研究》,《河南大学学报》2006 年第 6 期。

是其权力发展的重要途径。有了军权之后,袁世凯出任山东巡抚,执政一方,是他由军而政的重要起点。袁世凯之所以有这样的跃升,源于他与朝廷亲贵的密切关系,以及他自己的努力钻营,而具备军事实力更是基础。当然,他也展现出政治见识。在就任山东巡抚之前,袁世凯就提出相关诸多政治主张。例如,光绪二十四年(1898)十二月所上《钦遵懿旨敬陈管见折》《请饬慎守国权片》,光绪二十五年(1899)五月所上《强敌构衅侵权亟宜防范折》等,就比较系统地展示出他对于治国理政的看法。跻身疆吏之后,他的相关施政建策就更是"职责"所系。像在光绪二十七年(1901)三月所上《遵旨敬抒管见上备甄择折》中,就"国之大权""教官吏""崇实学""开民智""重游历""订时例""辨名实""裕度支"等诸多问题,向朝廷提出自己的意见。升任直隶总督兼北洋大臣后,这方面的舞台更为广阔。后来,更有了他从地方到中央的转移。不管在哪里,他的权欲总是强力保持的。有人称:"袁世凯政治上的野心,总是前进的。向来北洋控制东北只在辽河以南各地区,袁氏督直后,即着手规划奉、吉、黑三省全部。日俄战争结束,他就条陈统一东三省方案。"① 最终,在袁世凯保举下,通过徐世昌等人任职东三省实现了把控愿望,有北洋"事权之重,为向来所未有"之说。② 军政并行,以军促政,可谓袁系集团的重要特点。

再就是涉足经济领域,把控财权,保证集团的"供血"充足,这也是超越湘淮集团之处。袁系集团通过在农业、工商业、财政金融等领域的改革,不仅为北洋军事提供了不可或缺的经费支持,而且使其集团在多方面综合发展上有了起码的财力保障。而经济领域本身,也是其集团内在实力的一个重要表现方面。

在推动农业经济发展上,袁世凯首先在直隶进行农务机构改革。光绪二十八年(1902)年初,在省城保定设立了专门管理农务的行政机关——直隶农务总局,规定该局掌管直隶全省农政,倡率全省振兴农务。此后,直隶开办农事试验场,并使用近代农业技术和试验方法生产。再就是设立农会组织。清末农会是以研究农学、讲求农务、推动农业发展为主旨的新式社会团体,它的设立对清末农业改良有着积极作

---

① 杜春和等:《北洋军阀史料选辑》上,中国社会科学出版社1981年版,第51页。
② 杜春和等:《北洋军阀史料选辑》上,第52页。

用，如表现在推动林业、蚕桑业、棉业发展等方面。为改造农业生态环境，直隶积极兴修水利，由于得到袁世凯的重视，得以修建了一些渠、井工程，利用河水、井水进行农田灌溉，农田水利事业有了一定发展。直隶农业的改观，增加了北洋集团的经济体量。

袁世凯对农工商相互依存的关系有着一定认识，他认为："农工为商务根本，而商之懋迁，全赖农之物产，工之制造。"[1] 所以，他在发展农业的同时，也重视工、商业的发展。袁世凯自署理直督伊始，即开始兴办工业，成立直隶工艺总局，以括全省工学界之枢纽。在具体政策上，向启新洋灰公司等大型企业倾斜，解决其面临的资金不足和招股困难的问题。为推广工业新技术，袁世凯还规定，州县实缺各员，无论内选外补，未赴任者，先赴日本游历三个月，参观行政及司法各官署并学校、实业大概情形。为促进商务发展，袁世凯提出了振商之法。例如，通过提高洋货税收、降低国货关税来保护国货的竞争力。他主张洋货厘税并征，加重进口税，减轻出口税，实行保护关税政策。

工商业发展离不开交通业的发展，因而袁世凯十分重视修建铁路。他克服经费与人才紧缺等诸多困难，使京张铁路修成，为南北商务贸易提供了更便利的交通条件。袁世凯还在收回津榆铁路、关内外铁路，修建津镇铁路中做了大量工作。由于认真经营，关内外铁路每年均有余利，这成为北洋集团重要的资金来源之一。此外，袁世凯还十分重视水路交通，在他督直期间，浚治海河，一方面减轻了海河流域的水灾，另一方面改善了海河的运输能力。同时，他还倡导兴修水利，疏通运河，为工商业发展提供了交通便利。

在财政金融方面，袁世凯通过发行公债、开办银行、改革币制、整顿金融等措施，努力解决当时的财政困难问题，稳定金融市场。他还十分关注金融改革，关心银行业情况，看到银行是欧美国家管理经济的有力手段，更是筹款的极好途径，因向清廷提出设立国家银行。他认为："维国之本计，财政为先，财之管枢，银行为要。"尤其是国家银行，"上以利益国家，下以扶植商业，内足运输国计，外足驰逐诸邦"[2]。光

---

[1] 台北故宫博物院故宫文献编辑委员会编：《袁世凯奏折专辑》（四），台湾广文书局有限公司1970年版，第1134页。

[2] 《请调毛庆蕃代办户部银行折》，《袁世凯全集》第10卷，第539页。

绪二十八年（1902），袁世凯在天津开办天津官银号，注册资本100万两，作为直隶省财政机关银行，代表清政府行使金融监管、货币发放、调剂市场等职能，为官府军政服务，并在北京、上海、汉口、保定、张家口、唐山等地设有分号。天津官银号将大量资金贷给工商业者，支持了工商业发展。袁世凯任直隶总督期间，还创立了北洋银元局。庚子后，津市钱荒，商民交困，北洋银元局立即铸造铜元投放市场，促使市面逐渐稳定。袁世凯也从中得到实惠，将一部分收益用于军警建设和军械购置，一部分收益用于直隶工商业贷款或其他新政事宜。

从其经济措施方面的总体情况看，既有助益于社会的作用，更直接利于其集团的维系和发展。

（四）借助外力，抵制革命

为维护集团势力，攫取政权，袁世凯利用各种手段逼迫革命党人让权，并不惜借用外力抵制革命。辛亥革命时期，英美等列强基于其本国利益支持袁世凯。出现这样的局面并非偶然，因为袁世凯担任清政府军机大臣兼外务部尚书时，就支持英国在长江流域的利益诉求，还支持英美在东北修筑铁路的计划。英美两国认为，只有袁世凯掌握政权，他们的在华利益才能得以维护和扩大。英国驻华公使朱尔典与袁世凯关系微妙，在朝鲜任职时两人成为"密友"，光绪三十二年（1906）朱尔典担任驻华公使后，在新条件下发展与袁世凯的关系。袁世凯就任内阁总理后，即向四国银行团借款，英外交大臣表示予以支持，朱尔典更是直接要求汇丰银行向袁世凯贷款。袁世凯与列强勾结，要借用外力摧毁革命的企图昭然若揭。当时，英、美、德、法四国在华开设的汇丰、花旗、德华、东方汇理四银行组成四国银行团，目的是要垄断对华贷款，而袁世凯与其合作的意图明显，要不惜代价地借助外国扼杀革命。武昌起义后，朱尔典言论上支持袁世凯，称掌管中国"非袁莫属"，行动上也支持袁世凯，阻止列强贷款给革命军。同时，朱尔典与中国海关总税务司安格联勾结，禁止革命军用海关税款，而仍将北方口岸海关收入供给清政府，在财政上妨害革命方面。1912年1月，袁世凯向朱尔典提出在北京成立政府的计划，朱尔典表示支持。他给格雷爵士的信中说："运动已发展到如此广阔的范围，对袁世凯这样一个具有实际见识的人来说，任何以武力镇压运动的企图大概不会具有很大的成功希望"；"在中国人民与满清王朝之间，没有任何人能够比袁世凯更适于充当调停者的角色，因为他是中国人民中最受信任的代表，而他和他的家族有好几代人为清朝效劳"①。为争取外国势力的支持，袁世凯当然也努力满足英国和其他列强国家的种种要求。

曾担任袁世凯政治顾问的英国记者莫理循和袁世凯关系也十分密切，他认为通过袁世凯会得到更多的利益。在袁世凯尚未被起用的时候，莫理循就曾说，"我一向相信他会重新掌权"，"袁世凯重新掌权或许是中国官员最高兴的事"②。到袁氏复出之后他更说："只有袁世凯才能得到列强的信任，因为他已经显示出他的治理国家的才能比当代的任何政治家为高。"③莫理循还发动洋商通电呼吁清帝退位，为袁世凯主政提供实际支持。他大力鼓吹和支持袁世凯，袁世凯方面自然一向也少不了回报，如曾主动将与南方谈判的内容和相关动向的情报透漏给他，"使英国掌握了其中的内幕"④。

当时西方列强希望并支持袁世凯掌权，当然是要将其作为在华谋取利益的代理人。袁世凯从舆论和财政等方面，也确实得到英美等国的大力支持，这是导致辛亥革命失败的因素之一。就袁世凯集团与列强的关系而言，其"亲密"程度是以前的湘、淮集团都没有达到过的。

至于袁世凯集团军阀性因素的不断增强，当然也是其"要端"之一，这在本书的另外相关部分会有集中论说。

---

① 胡滨译：《英国蓝皮书有关辛亥革命资料选译》上册，中华书局1984年版，第60页。
② [澳] 骆惠敏编：《清末民初政情内幕——〈泰晤士报〉驻北京记者袁世凯政治顾问乔·厄·莫理循书信集》上（1895—1912），刘桂梁等译，知识出版社1986年版，第703页。
③ [澳] 骆惠敏编：《清末民初政情内幕——〈泰晤士报〉驻北京记者袁世凯政治顾问乔·厄·莫理循书信集》上（1895—1912），刘桂梁等译，第818页。
④ 窦坤等译著：《〈泰晤士报〉驻华首席记者莫理循直击辛亥革命》，福建教育出版社2011年版，第4页。

第三章 "三集团"的异同比较

"三集团"之间既有其相同之处（所谓"相同"，自然不可能是绝对的，通常情况下只能是非具体情节而在大面上的类似、近似），又有其不同之处。其"同"处，"湘""淮"之间较"湘""袁"之间更多而典型，这与前已揭示的"淮由湘出"的关系分不开；而"淮""袁"之间则较"湘""袁"之间为多，一则"袁由淮出"（尽管与"淮由湘出"情况不同），再则时间的衔接性更为紧密。就相异之处来说，自更具有绝对性，三者之间无论是任何两者对比都会是这样。当然，程度不一，相同较多的相异则会较少；反之，相同较少的相异则会较多，逻辑上如此，事实上也是这样。鉴于关系比较密切的"湘""淮"之间的异同前边已有所揭示（尽管未设专节、专目），而袁世凯集团总体上与之差异较大，故本章中主要作"袁"与"湘""淮"的比较。当然，"湘""淮"比较也有的放矢地选项置论。

第一节 首领素质条件及导向作用

一 曾国藩与李鸿章的比较

就集团首领而言，湘系集团前后更替甚至同时也有"多头并立"，而其开创立基的领袖和始终的精神领袖则为曾国藩，其人之于湘系集团最具典型性和代表性。淮、袁集团首领情况皆不像湘系那般复杂，分别主要就是李鸿章和袁世凯。

若以湘曾、淮李来说，笔者前有过比较研究[1]，要旨论及：就"风

---

[1] 参见拙文《胡林翼与湘系势力的崛起》，《近代史研究》1987年第4期。本目中有参照该文内容的地方。

范"①特征而言，虽然曾国藩、李鸿章都是科举出身的仕人，又都是靠从戎为帅的契机联络成各自的派系群体，但其风范表现及对群体的影响有着明显不同。如果说曾国藩素以"儒风"染人，那么李鸿章则惯以"痞气"（指与"儒风"相悖的那种直露地为功利目的而不择手段行事的习气）孚众。曾国藩是一个颇具理学根底的"经世派"人物，在湖湘士人中影响显著。自他为京官时，以其学名和地位条件，便成为湖湘经世派同道者上下互通声气、内外常相联络的中介。面对危及皇朝、祸连桑梓、更冲荡名教而"势焰日炽"的"粤匪之乱"，这帮人物"致用"的关注点和"修、齐"与"治、平"的缀合点自然集中于此。以曾国藩组建湘军为界标的湘系势力的正式发端，本身就是特定条件下湖湘群儒呼应集结的结果，曾国藩的个人风范正是在与群体风习的谐振中发挥了倡导、吸引的作用。

而李鸿章则有明显不同。李氏虽然也是科举正途出身，并且学业上直接师从过曾国藩，但李鸿章的读书只不过是跳跃科举入仕龙门的一种手段，他并没有立志去做、实际上也没有成为一个官员兼什么"学家"的双料人物，理学"修养"的功夫比曾国藩差得多。从日常仪态表现看，曾国藩很讲究严肃持重，纵有诙谐幽默也绝不为之所溺。据李鸿章所述他在曾国藩幕府时的亲历之事：曾国藩每天总要严格地按时与大家一同用饭，"饭罢后，即围坐谈论，证经论史，娓娓不倦"，曾氏"又最爱讲笑语，讲得大家肚子都笑痛了，个个东倒西歪。他自家偏一些不笑，以五个指头作把，只管捋须，穆然端坐，若无其事"②。平时待人处事，则一副深沉庄严的样子和"言必信，行必果"的规矩派头。这一切，都不外乎他"内省"功夫的体现。李鸿章则不但以气态轻慢为曾国藩所诟病，而且因"少诚寡信"为曾国藩所训诫。有记载说，李鸿章在曾国藩幕府时，以每天黎明陪餐为苦，一次假说头痛不去，经曾国藩三番五次地遣人催叫，才不得不"披衣踉跄而往"，曾国藩"终食无言"，食毕，舍箸正色对李鸿章说："既入我幕，我有一言相告，

---

① 这里所谓"风范"，不仅仅是指风度、气派的外观，更特别着意于决定风度、气派外观的内在文化素质和心理素质条件，并且排除该词通常带有的褒义色彩，而作为一个"中性"词来使用。

② 吴永口述，刘治襄记：《庚子西狩丛谈》，岳麓书社1985年版，第109页。

此处所尚惟一诚字而已。"① 从脾性上看，李鸿章暴躁而不求自羁，对人动辄恶言秽语，遇事易激，甚至不惜大打出手。前已述及的他在曾幕时，与彭玉麟因各护皖、湘而互殴之事，便是典型例子。及至晚年，李鸿章此性仍未稍改。譬如，因为一个来访的同年在谈话中自夸其著作，李鸿章讥笑人家"中进士不得翰林可羞"，对方以"翰林宰相不得文差（指做考官掌文衡）亦可羞"反唇相讥，李鸿章当即大怒，"以手杖击之"②。由此看来，尽管李鸿章尝自我标榜修身养性方面颇"服膺"曾国藩，得其造就，但境界上终究大相径庭。有知情者以李鸿章"皖人，性情坦直，以率性为道"，而湘人"自讲学而起，修道为教"③ 来分析这方面差异的根源，不无道理。

曾国藩、李鸿章以不同风范对群体精神习尚的塑造和影响，所显差异主要在于以下三个方面。

第一，军队风貌。

曾国藩不但本人即"儒臣从戎"，"慎终如始"④，而且治兵驭将之术，讲求兵事之法，亦深为儒风所染。"选士人领山农"（前已引）是湘军的一条基本组织原则。选士人为将领，即为用其"赫然奋怒，以卫吾道"⑤ 的精神，也就是曾国藩所强调的为将首先必须具备的"忠义血性"。这种"忠义血性"即靠封建伦理之道陶冶。所谓"上马杀贼，下马讲学"⑥ 成为湘军一大特色。至于驭将之道，曾国藩强调"最贵推诚，不贵权术"⑦。即使对募作兵勇的憨朴"山农"，也标榜以"用恩莫如仁，用威莫如礼"⑧ 的原则待之。在治军精神上，曾国藩"专主忧勤之说"，看重将士是否有"忧危之怀"⑨，时人谓其"治军愀愀然如秋，

---

① 薛福成：《李傅相入曾文正公幕府》，《庸庵笔记》，江苏古籍出版社2000年版，第11页。
② 窦宗一：《李鸿章年（日）谱》，台湾文海出版社"近代中国史料丛刊续辑"1980年影印本，第5138页（1898年5月1日条）。
③ 刘体智：《异辞录》，第22—23页。
④ 赵烈文：《能静居日记》第二册，第815页（同治三年七月二十一日条）。
⑤ 《讨粤匪檄》，《曾国藩全集》诗文，第140页。
⑥ 刘体智：《异辞录》，第5—6页。
⑦ 《复李鸿章》，《曾国藩全集》书信之四，第502页。
⑧ 《曾国藩全集》，日记之一，第442页。
⑨ 《求阙斋日记类钞》卷上，光绪二年铅印本，第36页。按：该条日记之末注为辛未年，即同治十年，查《曾国藩全集》中该年日记，未得见之。

有愁苦之容"①，意在防止骄纵嬉乐，即以孟子的"生于忧患而死于安乐"为诫。具体用兵曾国藩则极求"稳慎"，力持以静制动，后发制人，显出"儒臣"用兵打仗的风格特点。

李鸿章本人虽然也是"以儒生而起家军旅"，他却鄙薄以科名相标榜的所谓"儒将"。建立和扩充淮军，他一改湘军"选士人领山农"的基本原则，致使与湘军相比，淮军人员成分上大为杂沓（这从上已述及的兵员成分上可醒目看出），"儒风"自也大相径庭。显然既不是像湘军那样"儒风"倡率和激励下的产物，也不是靠"儒风"所能维系得了的，而李鸿章的"痞气"却派上了大用场。像曾国藩的那套渗透着儒家义理的治兵驭将原则，那种以是否守儒家正道为判定将士优劣首要标准的价值观念，李鸿章是不怎么讲的，而直露地表现出是靠功利的诱饵来吸引、靠宽纵的放任来迎合兵弁。在他看来，"天下熙熙攘攘，皆为利耳，我无利于人，谁肯助我？董子'正其谊不谋其利'语，立论太高"②。竟如此直言不讳地否定古圣的义利观而张扬功利主义的实用性。在李氏的心目中，不管品操如何，勇武能打仗便是上好兵将。像程学启、郭松林，都是被曾国藩深恶的"贪鄙好利""骄纵不法"之辈，而李鸿章却以其"打仗奋勇"不遗余力地褒奖、回护。淮军的另一将领唐仁廉，在湘人看来鲁莽无识，"难以理求，颇似衍义张飞、李逵一流人物"③，李鸿章却称其在军中"有赵云、敬德之目"，"坦直奋勇，吾之爱将，国之干城也"④。正是鉴于淮军的人员成分、素质和风气，湘系要员左宗棠以"冗杂殊甚，其骄佚习气实冠诸军"⑤评之。更有时人一语破的地说："淮军既富而骄，凤乐合肥相国宽大"，而视曾国藩"儒将约束颇以为苦"⑥。可见，军风与统帅的风范影响息息相关。

---

① 王闿运：《湘绮楼日记》，商务印书馆民国十六年铅印本（不分卷），光绪七年二月十九日条。

② 周馥：《负暄闲语》卷上，《秋浦周尚书（玉山）全集》，台湾文海出版社"近代中国史料丛刊"1967年影印本，第5530页。

③ 王闿运：《湘绮楼日记》，商务印书馆民国十六年铅印本，光绪十五年五月初四日条。

④ 年子敏编注：《李鸿章致潘鼎新书札》，中华书局1960年版，第60页。

⑤ 《左宗棠全集》（家书·诗文），岳麓书社1987年版、1996年第2次印刷本，第134页。

⑥ 徐宗亮：《归庐谈往录》（与《春晖草堂笔记》合刊），第18页。

第二，要员关系。

不仅限于军内，从曾国藩与湘系其他要员，特别是独当一面、自成一支的诸多大员的关系看，更是以儒风垂范，他们既有荩臣辈"谋国之忠"的精神，又有"吾党"间"同心若金"的信义，相互倚重顾持，其情如同手足。像曾国藩与胡林翼之间，那种儒风弥漫的同党之谊，简直到了无以复加的程度，对于湘系势力的崛起和维系，起了特别重要的作用。当然，并不是说湘系要员之间就没有矛盾，如曾国藩与左宗棠之间有时争执得还相当恼火，以致引起局外者认为私人交恶的讥议。对此左宗棠颇感委屈和激愤，对家人说："吾与侯（指曾国藩）所争者国事兵略，非争权竞势比，同时纤儒妄生揣似之词，何值一哂！"① 所谓"道义刚大，言不及私"，所谓"宽仁大度"，"披肝沥胆"云云，这类宣示湘系要员之间关系的语词，并非尽为虚谀。

从李淮方面的情况看，因为淮系要员主要即李鸿章直接统帅下的将领，其中成为疆吏并确有实力独辖一方、独当一面的人较少，这使得淮系群体的组织结构相对简单，不像湘系那样多头纷立，多支并存。所以李鸿章与淮系要员之间的关系，在相当范围和很大程度上类同于上述与淮军将领间那种功利主义的关系。当然，淮军将领中也有刘秉璋、刘铭传、张树声、潘鼎新等人出任疆吏，但其时他们实力上仍难以与李鸿章分庭抗礼，很大程度上还得依靠并听命于李氏，部属与长上的关系印迹仍相当明显，而缺乏曾国藩与湘系其他大员间那种"道义"风尚的维系力。也正因为如此，其间或生抵牾，往往直露相争，少有湘系要员间那种儒风熏染的谦和、委蛇。

第三，幕府状况。

曾、李不同的风范特征也直接影响到作为其派系群体重要组成部分的幕府。曾国藩幕府不仅规模宏大，而且儒风炽盛，有所谓"三圣七贤之目"。"幕府山头对碧天，英英群彦满樽前。"② 这是曾国藩对自己幕府状况的得意赞叹。曾氏对幕客的延揽，不仅仅为军务政务的实用，而且也为装潢、炫耀儒雅的门面。曾幕专设有书局之类的文化机构，罗致有诸多宿学名儒，除了号称曾门四大弟子、得其学问"真传"的张裕钊、吴汝纶、

---

① 罗正钧：《左宗棠年谱》，岳麓书社1982年版，第231页。
② 黄濬：《花随人圣庵摭忆》，上海书店出版社1998年版，第233页。

黎庶昌、薛福成等人，具道学声名的则有何应琪、邓辅纶、莫友芝、欧阳兆熊、邵懿辰、涂宗瀛等许多。这般人物的主要职能便是深造学养，砥砺名节，张扬义理，激荡儒风。至于主属、僚友间的关系，曾国藩明确概括出了"凡堂属略同师弟，使僚友行修名立"①的原则。

李鸿章幕府的情况则大为不同，其所看重和延揽的人才，绝大部分是经理实务的专家。李鸿章为帅统军时期，幕府人员以经理粮饷、军械者为主体。卸帅为政以后，李鸿章的文秘班子自然要加强，但这种幕僚的工作主要还是办理相关实务。无论何时，经理洋务者在其幕中皆占特殊重要的地位。李鸿章曾明确表示他"向看不起'老幕'"②，故其幕中很少有曾幕的那种文彦道学之士，更无那种儒风弥漫的氛围。

上述种种情形，无不体现出曾湘"儒风"与李淮"痞气"的不同。当然，这种不同只是从湘、淮系比较意义上相对而言，并不具有阶级实质上的根本区别。湘淮系势力都是以镇压反清起义为直接契机而集结形成的，在这方面都表现出同样的凶残，于此实难言以"儒风""痞气"之别。但从两系比较的特征表现和社会文化意义上论之，又确实存在这种差别，其实质是守"义理"与趋"功利"的一定反差，诚不失为其相异表现的一个方面。同时也需注意到，湘、淮集团特别是曾国藩和李鸿章个人，对清王朝的"公忠"基础都还是共存的，传统的道德支撑还都在维持，只是程度不同而已。按美国已故著名汉学家芮玛丽的意思，他们都属所谓"保守主义"（保守儒家文化）的代表，但对"儒学"的保守程度又是有差异的，曾国藩"对儒家伦理观念的忠诚胜过了他在政治及军事上的抱负"③，而李鸿章虽然"采纳了曾国藩的思想方式"，"但他的声誉不是靠儒家政治家的身份获得的"，并显出"从儒家的正统学说中游离出来"④的倾向。

二　袁世凯德行底线的丧失及其影响

而到袁世凯身上，在"儒风"方面则更难觅踪影，追求功利特别是

---

① 《题金陵督署官厅》，《曾国藩全集》诗文，第100页。
② 《上曾制帅》，《李鸿章全集》第29册，第89页。
③ ［美］芮玛丽：《同治中兴：中国保守主义的最后抵抗》，房德邻等译，中国社会科学出版社2002年版，第93页。
④ ［美］芮玛丽：《同治中兴：中国保守主义的最后抵抗》，房德邻等译，第96页。

权势较李鸿章更为直露和不择手段，甚至不顾廉耻，施展权术无所不用其极，当然也大见"功效"，有人就直以"奸雄"给他定性①。也有就其"奸雄"作这样具体论说者：袁世凯"作为一个曹操、司马懿式的奸雄人物，必定有他的很多奸雄事实。我们若从袁世凯入民国以来的种种作为看，诸如暗杀异己，摧残革命，违背约法，背叛民国，以及伪造民意，帝制自为等等，俱皆彰彰在人目，正无须笔者为之逐一胪列。如果撇开这些劣迹昭彰的重大事实不说，从很多小事情上着眼，我们也可以很清楚地看出，袁世凯这个人，实在是一个惯于诡诈欺骗的不义之人"②。接着所列举的事例，确都能典型地说明其人的奸诈，这里仅转录所举一例：

> 袁项城读书甚少，在前清时，虽以治兵见称，然其兵学知识亦非自读书而得。名誉既著，乃居然以兵家自命，孙吴不足当其一盼也。继思古今学者，必有著述以传于后世，兵学何独不然？况中国言新式兵学，尤推己为开山之祖，于是著书之心愈炽。然窘于材料，且苦笔难达意，乃谋诸门客某君。某君，文人也，何知兵事？然剽窃成书，则其所长。闻言即献策于项城：一、搜罗外国兵学书译本，采辑其精华，以供我使用；二、编辑练兵时所有公牍函件及营规示谕等类，以充我材料，盖前者为理论，后者为事实，只须略事点窜，便已成书，他人览之，洋洋大文章也，何患不驾孙吴而轶司马乎？项城闻之，心然其说，佯叱之曰："吾所谓著述者，名山千秋之业，岂比生员应试，以抄袭挟带为能事乎？"某君闻言，自愧而退，而项城自此亦不复言及著书事。久之，以他故辞某君去。于是别召一客，使之代笔著书，且授以方法，一一如某君所言。此客见项城言有条理，知其于著述之事阅历甚深。不敢轻视。未几书成，名之曰《治兵管见》，一时王公大臣阅之，颇加称许。而项城赠代笔者数十金。其人嫌其轻，项城怒曰："此书全系发挥我之意

---

① 譬如，外籍华裔历史学家陈志让，在20世纪六七十年代先后有初版和再版的英文著作《袁世凯》，傅志明、鲜于浩据再版所译的中文本，不但有"奸雄末路"一章，而且书名亦作《乱世奸雄袁世凯》（湖南人民出版社1988年版）。

② 苏同炳：《中国近代史上的关键人物》下册，百花文艺出版社2000年版，第642页。

见，间有参考之书，亦我所指点采择，君不过一抄写之吏耳。我赠君数十金，已待君厚矣，何不自量也！"某闻其言，不敢与论而罢。①

要说袁世凯"知兵"不假，自撰兵书却难，若正当地借助于人亦未尝不可，但如此转弯抹角地窃之于他人，心地之晦暗可想而知。即使此般逸事情节上未必完全可靠，但符合并可借以说明其人的惯常做派当无问题。由此类伎俩手段，以小见大，亦不失为察悉其人品行之一途。在奸诈疑人、防人方面，由民国时的这样一则报刊载文可见其一斑："据传张勋曾接袁世凯一电，谓冯国璋为人不可靠，嘱其就近监察。张欲得此事真相，乃来南京亲自面冯，告冯以袁氏来电，并问冯如何处置。冯聆言后，从案上抽出电报一（个），为冯小心监视自己（指张勋）之电也。"② 从这类"小事情"，袁世凯的心地晦暗、手段龌龊已昭然可见。而上文所谓其人"劣迹昭彰的重大事实"，言者也特别指明的是在"入民国以来"。诚然，该时段里他于此表现得最为醒目，但并不等于说在清末即非如此，事实上，其人"本性"是一贯的，在清末也不乏这方面的典型表现。

袁世凯由一个本身没有功名可资的人，得以进入官场并一步一步寻机升擢，即离不开其见风使舵的夤缘手段。甲午之前他费尽心思地讨好李鸿章，甲午之后李鸿章失势，袁世凯便改走他人的门路，如与朝中老臣李鸿藻套近乎，赢得他的推荐，然后则主要靠巴结、依恃荣禄，赢得小站练兵的机会并站稳脚跟，成为其后续发展的最关键台阶。清末亦任过直隶总督的陈夔龙，曾这样向人述说："袁世凯练兵，李高阳（按：指李鸿藻，他是高阳人）系原保之人，其后津门官绅多短袁作风跋扈，嗜杀专权，李深为不满。清流爱惜名义，虽系原保而毫不袒护，而讽御史参劾之。荣禄则不然，只求有利于自己势力之扩展，不问舆论如何，固始终维持到底。此后荣、袁关系益密，绝非偶然。"③ 两人建立亲密

---

① 苏同炳：《中国近代史上的关键人物》下册，第642—643页。据说这是出自《梵天庐丛录》中所载一则逸事。
② 《西报通信一束》，载《滇声报》1916年4月8日，转引自谢本书等《护国运动史》，云南大学出版社、云南人民出版社2016年版，第263页。
③ 张国淦：《北洋述闻》，上海书店出版社1998年版，第4页。

关系，前提自然是袁世凯的投靠，所谓"他唯一的路线，即是荣禄"①。当然，待有条件与朝廷最高层直接打交道时，逢迎慈禧太后自然更成为他的首重。有这样一则逸事，可见其人这方面的奸佞心机：

> 西后垂帘听政时，袁世凯以出卖戊戌六君子功任北洋总督，极意结交阉宦，使侦后意向以投其好，因之宠眷逾（愈）恒。其时国步方艰，朝庭（廷）困恤民力，值后诞辰，疆吏搜珍选异，各出心裁，以贡品之良窳，卜恩眷之隆替。煌煌盛典，举国骚然，惟北洋大臣近在辇毂之下，独无所献，人咸呐呐称奇，然袁意别有所在也。某日，后巡观珍品，啧啧称赏。最后目注四堵，沉吟无语而出。宦者以告，袁猛省曰："得之矣。"即搜集名画若干帧，盛饰以进。后大悦曰："慰亭实获我心，吾正思此物，此物来矣。"袁所费最少，独邀青睐，其善伺意旨，诚不可及也。②

袁世凯不仅仅极力巴结和讨好清朝的最高主宰者慈禧，而且用尽心机暗中侦测宫中情况，赢取争竞中的主动。陈夔龙说袁氏任直督时，"以疆吏遥执政权。一意结纳近侍，津署电话房可直达京师大内总管太监处，凡宫中一言一动，顷刻传于津沽。朝廷之喜怒威福，悉为所揣测迎合，流弊不可胜言"。并列举其排斥他人、争权竞势的事例："癸卯，张文襄（按：指张之洞）内召，两宫拟令入辅，卒为项城（按：指袁世凯）所挤，竟以私交某协揆代之。文襄郁郁，仍回鄂督任。继复推举某某人直枢廷，辇下号称三君，均为其所亲昵。"③ 接下来又述及史称"丁未政朝"当中袁世凯固结私党、排斥异己的情节，亦复卑劣之极。还有做过袁世凯幕僚的知情人张一麐，言及在选置东三省总督的内幕，从中既可见袁世凯的揽权心计，又可见靠平时经营确赢得了慈禧太后的看重：

---

① 张国淦：《北洋述闻》，第 3 页。
② 《逢迎太后》，李春光纂《清代名人轶事辑览》第 3 册，中国社会科学出版社 2004 年版，第 1532 页。
③ 陈夔龙：《梦蕉亭杂记》（与《蕉窗话扇》合刊），山西古籍出版社 1996 年版，第 99 页。

时当日俄战后，以东三省善后事繁，议改将军都统而为总督制。一日余奉命入都，与编纂官制局有所接洽，回津时杨君士琦密告余："顷确闻东三省总督内定徐世昌君，到津可即以余言告宫保。"余唯唯，暨下车即谒项城，以此言报告，项城顿足曰："误矣，误矣！"余惊问何故，乃曰："东三省当两大之冲，外交最为难办，原议吾自当之。"余对曰："请速派委员设法挽回，或可及也。"不数日，东海（按：徐世昌号）总督三省之谕已下，余探其故，则孝钦后谓："东三省譬如后门，北洋如大门，袁某如离北洋则大门无人看守。徐与袁本至好，徐去则与北洋仍一气耳。"[①]

正因为袁世凯位高权重，便不能再被视为一般的"奸人"，而"奸"到了能称"雄"的等级，这除了程度上的登峰造极之外，再就是地位上的高端，二者缺一不可，所谓一般"奸人"与"奸雄"的差异当主要就在身份地位悬殊上。

对袁世凯，笔者曾撰文作有这样的揭示：其官场生涯，基本上是一部钻营史。他为升迁攫权，善于投机，工于权术，不惜卑鄙手段，不讲节操底线，看人下菜碟，有奶便是娘，遂愿唯所图。他在驻朝鲜期间，靠夤缘李鸿章稍一硬翅，便"事事任性，妄自尊大，威福在我，陵蔑一切"[②]。及至甲午战争正式爆发前夕，他鉴于形势险恶，怕危及其身，不顾公务、国事，托病急切求归，仓皇回国。随着战局和时局变化李鸿章权减势衰，袁世凯便疏李而改趋荣禄等人，赢得"小站练兵"的主持权，成为其日后飞黄腾达的关键支点。随后在戊戌之局中，他见风使舵、诡诈投机的表现为人熟知。再往下就是他跻身疆吏后的"鼎盛"之期了，而翻云覆雨的权术施展亦不稍减，当然，那是在一个"更高档次"上的钻营了。无论如何，在廉正方面他实难及格，就说其"贿"事吧，为夤缘利用权贵而行贿为其惯技，而所需大把大把的银子，还不是靠贪污纳贿而来？可见，在政治品格的大端方面，袁世凯是相当差池的。

---

① 张一麐：《古红梅阁笔记》，上海书店出版社1998年版，第47页。
② 张謇：《偕朱曼君张詧与袁世凯函》，李铭勋、尤世玮主编《张謇全集》第2册，上海辞书出版社2012年版，第21页。

而在人文素质方面，袁世凯也非优长之辈。他出身乡间富室，且族人长辈多为官者，本亦有读书科举的良好家庭支持条件，但他并不努力于此道，而成"游惰冶荡"的纨绔子弟。科考终不能成之下，他竟放言："大丈夫当效命疆场，安内攘外，乌能龌龊久困笔砚间，自误光阴耶！"① 凭他以后的官场"成就"，倒也可以说得证此言并非全然狂妄，甚至可谓这是他有不同流俗之"志"和权变择宜之"智"的表现。但无论如何，他的"文化"功底和素养是欠缺的，这必然影响其"人文"方面的认知和思维。在"人文"外在表现上，袁世凯与"文雅""持重"几难沾边，而有损操行的市侩习气严重，不良武夫和官痞做派典型。

有说郑孝胥评论时人涉及袁世凯连同张之洞等人，说袁"不学有术"，张则"有学无术"，张听了别人的转告，捻须笑曰："余自问迂拙，郑谓我无术，诚然，然有学两字，则愧不敢当，不过比较岑（按：指岑春煊，郑以'不学无术'评之）、袁多识几个字。袁岂仅有术，直多术耳。"② 所谓"多识几个字"，言者表面自谦的调侃当中，流露出的是对自己"有学"优长的由衷骄傲。相比之下，认袁之"多术"，贬意显然，当隐指其多"不正之术"。

当然，对政治人物的评价不能只胶着于品格优劣之一点，更要看他对社会历史发展所起的实际作用。像前面述及的有人将袁世凯与历史上有些人物的类比，实际即难说合适，像曹操、司马懿传统上或曾真的被认作"奸雄"，而实际上是智谋、能力超群的政治家、军事家，有着积极的历史作用，在今人的眼光中形象当是以正面为主的。而袁世凯作为距今非远的近代人物，以复辟帝制、自我打造专制军阀作为其人生终端，逆历史潮流而动的大面昭然于天下，是谁也无法为之掩饰和辩白的。至于他在清末时段的作为，特别是在清末新政中的表现，不无一定的"亮点"可见，对此也应实事求是，不能因其民国时段的倒行逆施而对此也一概抹杀。不过，其前后之间关系也绝非是截然割裂、此时彼

---

① 沈祖宪、吴闿生：《容庵弟子记》，来新夏主编《北洋军阀》第五册，上海人民出版社1993年版，第8页。

② 刘禺生：《世载堂杂忆》中转述当事者所记，见该书中华书局1960年版、1997年第2次印刷本，第58页。

时并不搭界的两者，实际隐然有着一脉相承的贯通性，与之一贯的"德行"状况密不可分。

袁世凯的德行不佳，甚至可以说败坏透顶，这是自有公论的。在其尚在世间时，梁启超就有谓："袁氏自身原不知人之所以异于禽兽者何在，以为一切人类通性，惟见白刃则战栗，见黄金则膜拜。吾挟此二物以临天下，夫何求而不得者"，"我国士大夫之道德，实已一落千丈，其良心麻木者什人而七八，此毋庸为讳者也。而此种种罪业谁造之，吾敢断言曰，袁氏一人造之"①。"白刃"与"黄金"确就是袁世凯唯一认定和使用的两大法宝，在梁启超看来，这已不仅仅是他个人的道德问题，也严重影响到士大夫阶层，害莫大焉。华裔外籍学者陈志让为袁世凯作传，说其人去世之际，"唯一对袁世凯尊崇的人是朱尔典（按：时英国驻华公使。笔者理解，这里言其'唯一'，显然是如同作画写意般的说法，'尊崇'袁氏者当然还会有他人）"，以后多年间，人们更是"都得出同一个结论：袁世凯自私，贪婪，权迷心窍，妄自尊大，不可信赖，因而导致他的失败"②。这显然是统观其人一生所作评说。

袁世凯的这种情况，就对军队风貌、要员关系、幕府状况（对应于前述曾国藩、李鸿章"风范"特征所影响的三个方面）而言，当然也有他的特定影响。上面曾言及在袁世凯身上儒风"更难觅踪影"，他这方面的影响力较曾国藩之于湘系集团不可同日而语，甚至也比不上李鸿章之于淮系集团（尽管这方面湘、淮之反差明显）。需要注意到，有研究者强调北洋军阀"以'中学为体，西学为用'思想为指导"，并具体论及"北洋军阀集团的'中体'，可以作如下的概括。即：以儒家文化为核心，以封建伦常为纽带，维护一种异常明显的层次性宝塔式的统治系统和等级隶属关系，以延续甚至恢复封建体制和封建行为规范"③。这是就北洋军阀的总体情况而言，主要在民国时段当然也包括清末。从该研究者对北洋军阀的定性来看，其认为，"北洋军阀集团是以封建地主阶级为主要社会基础。它的某些部分在一定时期带有资产阶级性质。

---

① 梁启超：《袁政府伪造民意密电书后》，《梁启超全集》第五册，第 2911 页。
② ［加］陈志让：《乱世奸雄袁世凯》，傅志明、鲜于浩译，湖南人民出版社 1988 年版，第 225、227 页。
③ 来新夏等：《北洋军阀史》上册，南开大学出版社 2000 年版，第 22 页。

这种变化发生的时间大致在1914年以后"①。这样说来，在清末袁世凯集团形成时期，自然基本是"封建性"的，他当然脱离不了相应的"封建"意识形态。

尽管袁世凯本人并非像曾国藩、李鸿章有进士功名，用今天的话来说跟"学者型"官员沾不上边儿，他的属下也非曾、李属下的功名人物可比（虽这方面湘、淮亦有明显差异），像徐世昌这样的文化人绝少，但是，即使目不识丁之辈，当年也难逃封建意识形态的笼罩，这具有社会的"通同性"，袁世凯集团也不能例外。就此而言，也可以说是湘、淮、袁集团共同性基点之一。从一些具体做法的表面看，袁世凯不要说和李鸿章，即使和曾国藩，也有相类同之处。譬如，在训导教化兵丁方面，也很注重以浅易文字、通俗的形式教以忠勇、爱民、遵纪之类。在其新建陆军的"训条"的"选诵训章"里，有谓"本军兵丁多不识字（按：可见尽管清末新军的招募开始注意文化条件，不像昔日湘军特选'山农'，但起码在新建陆军兵员里实际还是文化人居少）"，对所发歌词章"读诵过多，默记甚难"，特规定了必读记的数种，其中就包括《劝兵歌》：

谕尔兵，仔细听；为子当尽孝，为臣当尽忠。朝廷出利借国债，不惜重饷来养兵。一年吃穿百十两，六品官俸一般同。如再不为国出力，天地鬼神必不容。自古将相多行伍，休把当兵自看轻。一要用心学操练，学了本事好立功。军装是尔护身物，时常擦洗要干净。二要打仗真奋勇，命该不死自然生。如果退缩干军令，一刀两断落劣名。三要好心待百姓，粮饷全靠他们耕。只要兵民成一家，百姓帮忙功自成。四莫奸淫人妇女，那个不是父母生？尔家也有妻和女，受人羞辱怎能行。五莫见财生歹念，强盗终久有报应。纵得多少金银宝，拿住杀了一场空。六要敬重朝廷官，越分违令罪不轻。要紧不可说谎话，老实做事必然成。七戒赌博吃大烟，官长查出当重刑。安分守己把钱剩，养活家口多光荣。你若常记此等话，必然就把头目升。如果全然不经意，轻打重杀不容情。一篇劝

---

① 来新夏等：《北洋军阀史》上册，第19页。

尔要紧歌，务必字字记的清。①

这与当年曾国藩教化兵勇的《晓谕新募乡勇》《爱民歌》《陆军得胜歌》②等通俗篇什，在内容、形式上何其相似乃尔！

而另一方面，更需要透过某些相似表象察悉其差异性所在。下述两点尤须注意：一是袁世凯自身没有像曾国藩辈那样承传儒家文化的学术资本和高度自觉性，这不用再多说。二是对儒家文化利用的追求实际目标也不一样。譬如，对曾国藩辈来说，实际追求的在很大程度上确是"公忠"，尽管同时也谋求集团和个人利益，但与"公忠"从基本面上并不相悖。而袁世凯，唯以其个人为中心的集团和派系利益是图，"公忠"说教在很大程度上流于表面装潢，起码也是异化为借"公"营"私"，缔结派系私党。袁世凯在《禀呈督办军务处练兵要则》中，表面强调"士卒须以忠国爱民为首务"，而同时言及用以教训士卒的要义里边，又有"亲上、死长"③之项，这才是其真要的，下级对上级特别是对自己要绝对地亲近、服从，为之死而不辞。这就是典型的结党营私。这种情形在其部下习以为常甚至不乏自认自承。历经其时、曾做过多年记者的吴虬，在其著述中云，"前清末造，袁开府北洋，宪政党人，多为北洋幕府所罗致，遂有北洋为政治中心之主张，报纸宣传，乃有'北洋派'三字出现"，"最可笑者，北洋武人，类多出自舆台，故伧俗鄙野之笑史，层出不穷。北洋元老王士珍与人通函，常用'我北洋团体'之句，王占元在公庭广众中，自称'我们北洋派'，并不知此系私人党援之名，决不宜自承，更不应见诸正式文牍也"④。其实，他们也

---

① 《新建陆军兵略录存》，来新夏主编《北洋军阀》，第一册，第150页。
② 曾国藩的《晓谕新募乡勇》，是一篇白话文告，有"本部堂招你们来充当乡勇，替国家出力。每日给你们的口粮，养活你们，均是皇上的国帑"；"若是学得武艺精熟，大胆上前，未必即死；一经退后，断不得生。此理甚明，况人之生死有命存焉。你若不该死时，虽千万人将你围住，自有神明护佑，断不得死；你若该死，就坐在家中，也是要死"（《曾国藩全集》诗文，第385页）云云。《爱民歌》《陆军得胜歌》则是像袁世凯《劝兵歌》这样的通俗体歌谣，有"三军个个仔细听，行军先要爱百姓。第一……第二……"（《曾国藩全集》诗文，398—399页）；"三军听我苦口说，教你陆战真秘诀。第一……第二……"（《曾国藩全集》诗文，第389—391页）。
③ 《新建陆军兵略录存》，来新夏主编《北洋军阀》第一册，第44页。
④ 吴虬：《北洋派之起源及其崩溃》，来新夏主编《北洋军阀》第一册，第966页。

未必不知"此系私人党援之名",知而公然无讳或是习惯顺口而出亦未可知。因为袁世凯北洋集团,就是以在个人野心驱使之下私结群体为最明显特征的。吴虬以"北洋军人之特征与袁世凯之野心"为题这样述说:

> 北洋军人,多系卵翼于袁世凯,才质驽下者居多,对上自知服从,不敢有所主张,盖北人对长官之忠,非发生于公的意识,全基于私的情感,服从之外,更有"报恩"的观念,牢不可破,只要是"恩上",或是"恩宪",无论是否"乱命",亦须服从,意为不如此则"忘恩",受同人道德责备,此北洋军人共同心理,即此可见它是私的结合。因此所谓"党"的意识而亦无之,彼辈习闻学究所谓"群而不党"之说,常对人自道,"我什么党也没有,我是良心党,我良心觉得合势,就办,不合势,就不办"。总之,服从、报恩、不党,三个基本意识,可以为北洋军人思想之结晶。由此不正确,不彻底思想,见之于行为,故与时代潮流,愈趋愈远,卒不免为时代巨轮所碾碎也。北洋军人结合之胶质,既在一私字,故甫有团体雏形便生裂痕……

将袁世凯北洋集团定性为"私的结合",意思是非今人语境下近现代意义上的政党或团体,做这样的区别,应该说既得体又重要。这其实既与前论"公忠"(传统语境下的概念)与否相连通,同时也是由较之更进一层次上的"公""私"之别的观照。而将"私"字作为"北洋军人结合之胶质",可谓破的之语。联系到前述对袁世凯"奸雄"之评的话题,吴虬于此也有自己的解析:"奸雄与英雄的区别,即在公私二字,袁虽老狯,终致惨败,最后胜利,仍是'天下为公',吾人观北洋成败小史,于此点应三致意也。"[①] 同样有超凡的地位、胆识和手段,以为"公"还是为"私"来作"英雄"还是"奸雄"的划分,确实有其道理。对于袁世凯来说,一切皆以自我经营为圆心,这在对其军队特点、要员关系、幕府状况的影响上,都能表现出来。

---

① 吴虬:《北洋派之起源及其崩溃》,来新夏主编《北洋军阀》第一册,第966页。上面独段楷体引文亦在同书此页。

就其军队而言，表面上"国属化""近代化"程度提高，较湘、淮军为"新"，但潜在地更强化其私属性。在袁世凯和张之洞同为军机大臣的时候，有一次闲谈中，张向他问起练兵的秘诀，他直露地说："练兵的事情，看起来似乎复杂，其实也很简单，主要的是要练成'绝对服从命令'。我们一手拿着官和钱，一手拿着刀，服从就有官有钱，不从就吃刀。"这绝非捕风捉影之谈，而是出自他的女儿袁静雪的忆述，紧接上语又道："有人说，他（按：指袁世凯）在小站练兵的时候，利用金钱和地位进行收买，所以当时的官兵们都对他有这样的看法：他是大家的衣食父母，只有听命于他，才能升官发财。"[①] 这样，表面上是国家的军队，实际在很大程度上成为其一手控制的"私军"。军人们不是听命于国家，而是效命于他的直接主人。袁世凯北洋军的潜在体制上，并不再像湘淮军特别是湘军那样"兵为将有，层层私属"，而可以说由袁世凯这里一竿子插到底，包揽全军（当然，层级分领自是不能弃置的），将士唯他是从。时人说北洋军"诸镇之兵权、饷权悉在世凯掌握，遇事毫无掣肘，北洋声势益炙手可热"[②]，自非虚语。这也是由他这里正式成型"军阀"的基因所在。因为湘、淮军尽管内部关系存在私属性，但其统帅曾国藩、李鸿章之辈，毕竟还是以皇朝荩臣自居，袁世凯这方面的意识则淡漠得多，一切以利"自雄"为取，嗜权如命，视军如命，靠威慑和利诱把控军队。

由袁世凯培植集团要员和罗致幕府方面，最能体现他用人的手段。要说，时人也有说袁世凯善于用人，待人"和易"，"处事无私"，"不用私人"[③]之类的。从表面上看，他的确不无这类表现，而这正是他手段的"高明"之处。其"无私"，实际主要并非真正"为公"，而是要真正为之合用。"和易"态度之类，无非是笼络人心的把戏而已，岂止"和易"，甚至更舍得下真功夫、真本钱。这从其女儿袁静雪所述笼络阮忠枢的事例可见一斑：

---

① 袁静雪：《我的父亲袁世凯》，吴长翼编《八十三天皇帝梦》，文史资料出版社1985年版，第8—9页。
② 转据苏同炳《中国近代史上的关键人物》下册，第691页。
③ 如张一麐的《古红梅阁笔记》中就这样说，见该书第43—44页。

阮忠枢，那时候正在他（按：指袁世凯）那里当文案。他们两人是老朋友，他对阮是另眼相看的。有一天，阮忠枢向我父亲说，他在天津某妓院里认识了一个叫作小玉的妓女，他们两人感情很好，想纳小玉为妾。我父亲当即说，这是有碍军誉的事情，严正地当面驳斥了。阮忠枢觉得，这既是关系军誉的大事，长官不准，也就只好作罢。过了不久，我父亲说是到天津有公事，邀阮忠枢一同前往。下车后，天色已晚，我父亲便邀他先去看一个朋友。他们走进一个院门，看到屋子里铺设得异常华丽，堂上红烛高烧，并且还摆着一桌很丰盛的酒席。及至进入里屋，便见一个丫头一面喊着"新姑爷到啦"，一面从里间屋里搀扶出一个新娘打扮的俏丽佳人。阮忠枢当时不明所以，真个是如入五里雾中，及至细细一看，才知道便是自己所要娶的那个小玉。原来，我父亲在阮忠枢和他商议之后，就秘密地派人给小玉赎身。等到把事情办理妥帖了，他才引阮忠枢一同前来。从此，阮忠枢更加忠实地给我父亲效劳，一直到洪宪帝制时期，还是始终如一的。①

阮忠枢是安徽合肥人，淮军将领家庭出身，早先曾资助过袁世凯（这显然是"政治投资"），"小站练兵"时即被袁世凯罗致为要幕，民初更在袁手下成为政要层人物。从上述袁世凯成其"好事"的情节看，纯系一种私人笼络手段而已。这类事情在袁世凯身上很多，哪里有大政治家的磊落，都是政客私下的龌龊之术而已。当然，袁世凯是个"聪明人"，也绝不盲目"投资"，笼络收纳的都是不同类型、各有特长的"干才"。并且，从纳取标准标榜得也绝对"冠冕堂皇"，有十一种拒用之人：（1）狡诈者；（2）工舞弊浮华者；（3）鲜实心轻率者；（4）难以持重嚣张者；（5）难以持久贪吝者；（6）见小而遗大虚骄者；（7）夸远而蔽近犹豫者；（8）多疑而少决暗昧者；（9）执滞而难通不知爱民者；（10）不足与言公忠不知自爱者；（11）不足与励廉耻者。② 这对其不论是"要员"还是幕府层人物当都是"适用"的标准，但其实际用人上，起码在"德"之方面，在很大程度上是难与之吻合的。到头

---

① 袁静雪：《我的父亲袁世凯》，载吴长翼编《八十三天皇帝梦》，第9页。
② 刘凤翰：《新建陆军》，台北"中央研究院"近代史研究所1967年刊印本，第186页。

来，追求的主要还是能否合其"私"用。

从私利出发，其结合便缺乏牢固的基础，极易因时因势而变。时人便针对袁世凯结交用人的情况有谓："凡人以势交者，势逼则争，如徐（按：指徐世昌）、铁（按：指铁良）是也；以利交者，利尽则散，如杨（按：指杨士骧）、严（按：指严复）是也。观此，可谓小人结党营私者戒。"① 在说如此交人结局不佳的同时，自也意味着是以"小人结党"为袁世凯的用人来"定性"。顺便说明，鉴于袁世凯手下的"要员"和"幕府"层人物"互通交联"性颇强，便未再严格区别分而论之，而是合并一起来说。需要指出的是，对其"小站练兵"时的要员（包括将领、重要幕府人物）班底应特别注意，这是其最重要的基干层，对后续发展至关紧要。有人这样说："新建陆军只七千人，规模并不算大，但其组织甚强，其后势力日张，几乎布遍全国。民国所谓北洋军阀者，若大总统、副总统、执政、国务总理、各部部长、巡阅使、各省督军、省长，以及军长、师长、旅长都出自小站。"②

就相关总体情况而言，袁世凯的个人素质条件对其军队、要员、幕府的影响上，较曾国藩之于湘系在"公忠"方面差距较大，甚至与李鸿章之于淮系在这方面也有一定反差，而营私的情形尤显突出，且"权术"色彩浓重，以所谓"小人结党"为支撑。

第二节　"技术"层面袁世凯集团最为趋新

一　曾、李的趋新态度与集团"近代化"因素强弱

说袁世凯集团在"技术层面"趋新，是相对于上揭其"精神"层面上的仍较落后。而就此"趋新"方面将"湘""淮""袁"三集团比较来看，显然是以袁世凯集团为最。先看比较视野下"湘""淮"两家这方面的情况③。

曾国藩和李鸿章同为洋务派官僚，对于西方长技和某些先进文化事

---

① 胡思敬：《国闻备乘》，第58页。
② 张国淦：《北洋军阀的起源》，杜春和等编《北洋军阀史料选辑》上册，第16页。
③ 对此笔者前在拙文《领袖导向与湘淮系势力的"异流"》（《近代史研究》1994年第2期）中有所论说，这里酌情编录（自有增删修改），相关注释则统一改用本书所用版本。

项之类的"新"事物,他们都能在一定程度上接受,但又存在着迟钝与敏感、被动与主动、消极与积极、开阔与拘囿的相对性差异,从而直接影响着其群体的近代化因素。

曾国藩和李鸿章的洋务生涯,都是从倡导学、用西方新式武器开始的,其趋新态度的程度差异首先从这一层面上表现出来。

虽然曾国藩以湘军统帅身份涉足镇压太平天国的时间比李鸿章要早数年,但他明确产生借鉴西方先进兵戎事物思想的时间是在60年代初,并不比李鸿章早多少。在《北京条约》签订后清廷组织的关于"借师助剿"问题的讨论中,曾国藩提出了"目前资夷力以助剿、济运,得纾一时之忧;将来师夷智以造炮制船,尤可期永远之力"① 的看法。后来,更有过"欲求自强之道",要"以学作炸炮、学造轮舟等具为下手工夫"② 之类的呼吁。但是,他内心深处对此又疑虑重重,关键行为上甚至表现出叶公好龙之态。譬如,对湘军的武器装备,他一直不愿彻底弃旧换新、大加改造,而多年基本上是维持使用旧式武器③。当李鸿章在淮军中迅速推广使用洋枪洋炮立见成效,建议曾国藩亦在湘军中推行,并且购买赠送曾国荃大营时,曾国藩却不以为然,致函告诫曾国荃说:"洋枪洋药,总以少用为是……凡兵勇须有宁拙毋巧,宁故毋新之意。"④ 所谓"用兵之道,在人而不在器"⑤,是曾国藩的一贯思想。其中固然包含着把人的因素放在第一位的合理成分,因为"器"毕竟是通过"人"来使用的。然而,在人的因素一定的条件下,武器装备的优劣,特别是新式火器与旧式兵器的巨大差距,确实是影响军队战斗力的重要因素,同时也是衡量军队近代化程度的一项重要指标。而曾国藩的"在人不在器"说,实际上主要是守旧思想的一种反映。

---

① 《遵旨复奏借俄兵助剿发逆并代运南漕折》,《曾国藩全集》奏稿之二,第618页。
② 《曾国藩全集》日记之二,第289页。
③ 从其营伍(陆营)编制和武器配备的具体情况看,每营的前、后、左、右4哨,每哨8队,其中4个刀矛队,2个小枪队,2个抬枪队。亲兵哨分6队,其中3个刀矛队,1个小枪队,2个劈山炮队。这样每营计有38队,其中19个刀矛队,9个小枪队,8个抬枪队,2个劈山炮队(据王定安《湘军记》水陆营制篇算得)。刀矛为旧式冷兵器,小枪和抬枪属旧式火器,劈山炮也不过是打群子的旧式"红夷炮",而使用最多的还是刀矛。
④ 《致沅弟》,《曾国藩全集》家书之二,第63页。
⑤ 《复李鸿章》,《曾国藩全集》书信之五,第266页。

李鸿章则不同。他率淮军一到沪上,看到外国军队的作战阵势,即由衷地惊叹"其落地开花炸弹真神技也"①!通过到英法兵船上实际考察,他更感到"其大炮之精纯,子药之细巧,机械之鲜明,队伍之雄整,实非中国所能及"②。在他看来,中国兵多"而终年积岁,不收功效,实由于枪炮窳滥"③。所以,他把效法泰西火器和训练方法,作为改造其军,提高效能的第一要着。在淮军建成抵沪后仅短短几个月的时间里,李鸿章便"择能战之将,其小枪队悉改为洋枪队"④。不久,淮军中又正式建立起炮队,使用西洋炸炮(时多为田鸡炮,类似后来的迫击炮),远优于劈山炮,更为湘军所不可比侔。既然武器配置、营伍编制发生变化,训练也必然相应变化。湘人王闿运就此置言:"淮军本放(仿)湘军以兴,未一年,尽改旧制,更放(仿)夷军。"⑤ 以后,李鸿章一直从这方面刻意对淮军不断改进。同治四年(1865)十月李鸿章奏及当时淮军的武器装备情况:"现计出省及留防陆军五万余人,约有洋枪三、四万杆,铜帽月需千余万颗,粗细洋火药月需十数万斤。"⑥越往后,其军不但洋枪洋炮的使用率继续有所上升,而且型制上的更新率也较高,成为新军编练前中国军队中装备最精良者。有的研究者采用美国军事历史学家杜普伊提出的关于比较兵器杀伤力的"TLI"理论指数,将淮军与湘军、练军进行对比,取各军以营为单位的装备平均值指数,显示的结果是:淮军在19世纪70年代初和90年代初分别为46.4和300.9;湘军同期分别为24.9和95.7;练军同期分别为24.2和177.6。由此算得,淮军武器装备的杀伤力指数超出湘军和练军的1—3倍,从70年代初到90年代初,淮军武器的杀伤力指数增至基数的6.6倍,而湘军仅为3.8倍。⑦

---

① 《上曾制帅》,《李鸿章全集》第29册,第83页。
② 《上曾中堂》,《李鸿章全集》第29册,第186页。
③ 《上曾中堂》,《李鸿章全集》第29册,第218页。
④ 《上曾中堂》,《李鸿章全集》第29册,第152页。从淮军改洋枪队后每营的情况看,前、后、左、右4哨,每哨皆8队,其中6个洋枪队,2个劈山炮队。亲兵哨6队,其中4个洋枪队,2个劈山炮队。这样,1营共计38队,其中28个洋枪队,10个劈山炮队。刀矛、小枪、抬枪队革除净尽。与湘军的情况相比,优劣差异已很明显。
⑤ 王闿运:《湘军志》(与《湘军志平议》《续湘军志》合刊本),第159页。
⑥ 《复陈奉旨督军河洛折》,《李鸿章全集》第2册,第303页。
⑦ 刘申宁:《淮军装备研究》,载《李鸿章与中国近代化》,安徽人民出版社1989年版。

在武器装备和训练方式方法上,是淮军在晚清军队中首开向近代化方向改革的先河。在这方面,它既反过来带动湘军,又直接为练军提供了楷模,并且成为新军编练的最接近的参考蓝本。所以说,淮军是晚清时期由落后的原经制兵过渡到近代型新军的重要环节。至于晚清海军,也是以李鸿章一手缔造和控制的北洋水师为最大、最强、近代化程度最高的一支。曾国藩生前中国尚无近代海军的建立,以后湘系其他大员在海军建设方面的成就也都无法与李鸿章相比,由此也更显出李淮在晚清军事近代化进程中地位的相对重要。还需要特别注意到,镇压了太平天国和捻军以后,清军御外方面的职能相对增强,海军更主要是为御外自不待言。这也使得在陆军建设上都相对领先的李淮方面,在晚清军事近代化中的分量益显加重。

更进一步来看,李鸿章趋新追求的目标尚不仅仅局限和停止于兵戎层面,兵戎层面只是一个基点和起点,由此触发其趋新思想和实践的连锁反应,向更广的范围和更深的层面拓进,从而使淮系群体的近代化因素相应地蕴涵着更广的范围和更深的层面。这突出地反映于李鸿章开拓的整体洋务事业。而淮系包纳了当时洋务精英的绝大部分,它也就成为晚清最大、最强的洋务派实体。这使得淮系除了军、政实力之外,又同近代新型的生产和经营活动紧相牵缠,从而肌体中注入较多新的经济因素的血流。

曾国藩及湘系势力在这方面更相形见绌。曾国藩的"趋新",基本上囿于在兵戎和军工方面向西方学习的有限意愿和创立安庆内军械所、派员出洋采办"制器之器"及学习长技等有限实践,而没有像李鸿章那样进入亟亟追求洋务"富"国的境界。这绝不仅仅因为他较早离世而未逮其时,更主要的制约因素是他缺乏重视工业的思想基础。他始终受中国重农而抑商鄙工的传统思想束缚颇紧,视工商为"末"业,不但不想力促其发展,而且因片面地着意于"兵政""农政"而不惜病工病商。与曾国藩的这种影响不无关系,湘系群体在与近代工业的联系方面也明显比淮系疏远。尽管湘系人物一时"文武错落半天下"[①],但其

---

① 《答徐树人中丞》,《左宗棠全集》书信一,第 518 页。

要员在兴工兴商方面的业绩较著者却显相对萧疏①。与淮系群体相比，湘系与传统生产方式和旧经济成分的联系要紧密得多。

相对守旧，确实表现为湘系势力的一个较为突出的群体特征。维新运动时期在湖南主持推行新政的巡抚陈宝箴曾置评："自咸丰以来，削平寇乱，名臣儒将，多出于湘。其民气之勇，士节之盛，实甲于天下，而恃其忠肝义胆，敌王所忾，不愿师他人之长、与异族为伍，其义愤激烈之气、鄙夷不屑之心，亦以湘人为最。"② 对于湘系势力来说，这诚然不谬（后来维新运动时期湖南在全国各省领新政之先。辛亥革命时期更是英杰辈出，正是对前湘系势力守旧风气突破的表现，而不是因袭的结果）。从思想根源上分析，曾国藩辈所具有的经世思想，虽是传统文化中容易通向变易观的部分，但它对于突破传统、具有新质意义的变革来说，又是一种无形的牵制和束缚。何况，与经世致用思想并不能水乳交融的义理之学，对于湘系的灵魂人物曾国藩来说更是沦肌浃髓。所以保守传统的重负一直压迫着他不能放开趋新的步伐。

而李鸿章所受这方面的累赘则轻得多。有迹象表明，李鸿章较早即对传统的伦理纲常的恒效性表示怀疑，对西方社会伦理知识就有所了解和肯定，显示出颇为鲜明的脱离传统、趋新适时的思想倾向。据说他曾言，中国的五伦"在家族封建时代，似可通行，然已不甚适当"，"洎乎封建既破为郡县"之时，则"更觉其不当"，"况乎（今日）大地交通，国家种族之竞争愈烈，故吾之古伦理，愈不适于世用，而吾国人犹泥之，此地方所以不发达，邦国之所以日受人侮也"。他认为，"今世界学者公定之伦理，大概为对于己、对于家庭、对于社会、对于邦国、对于世界，亦五大纲，而以个人与邦国关系为最重要，一国民法由此定，修身道德即以此为标准，此实吾国向者之伦理所不及者"。他具体比较了中国与西洋各国在家庭观念与家庭结构方面的情况，以及中国"养儿防老"和"以五代同堂为美事"的传统，与西方国家"人重自立""人能自养"的不同和弊利所在，最后得出结论："总之，一国法

---

① 除左宗棠还算较为突出的特例外，其他人恐怕就鲜有要事可记了。刘坤一晚年思想有较大转变，成为"新政"要人，但其时湘、淮系群体已近告终结，不再具有典型意义。

② 陈宝箴：《设立时务、武备学堂请拨常年经费折》，汪叔子、张求会编《陈宝箴集》上册，中华书局2003年版，第593页。

度，当随时势为变迁，而道德即缘之为轻重。今后一国之民族，乃趋乎适者生存之规。"[1] 若他真是曾有这般言说的话，自是扬弃相关旧思想而与西方观念接轨的表现，只是伪造的可能性很大。不过，造假者也需考虑到与李鸿章思想的一定吻合性，聊作参考吧。李鸿章真的也曾表露过效法资本主义国家进行政治改革的朦胧意向，如鉴于日本社会改革的成效，他提出过在中国"变法度，必先易官制"[2]之类的主张。

当然，李鸿章也远未达到从根本上、总体上怀疑乃至否定中国传统的"文武制度"的地步，对西学的接受和肯定主要限于"艺学"而非"政学"。他确实较早就有过"洋学实有逾于华学者"的说法，甚至公然有所谓"非圣"之语，但这尚不是从文化整体上对"洋学"和"华学"所做的比较和价值判断，不过是说"未见圣人留下几件好算数器艺来"[3]，与他所谓"孔子不会打洋枪，今不足贵也"[4] 的激言类同，他最终着力坚持的还是"惟西方科学极可学"[5] 的观点。

总之，曾国藩、李鸿章相对守旧与趋新的差异，主要是表现在对关涉军事和经济领域的西方"长技"的态度上。仅此对湘、淮群体的近代化因素乃至中国近代化进程的影响，就很值得注意，是为关乎两系"异流"的又一方面，也是社会历史意义最重要的一个方面。

二　袁氏集团军事技术方面的先进性

袁世凯集团的"近代化"因素，在上章"袁系集团"一节中已涉及军制方面的军队组建、编制、征募条件等事，后边相关"北洋新政"的内容中，则会涉及政治、经济、教育等方面，可见有诸多超越"湘""淮"之处。而在这里，专就军事技术方面论说。

军事技术体现于军事上的科学技术成果，乃军队物质基础的重要构

---

[1] 据《李鸿章家书》，东亚书局印行本，第6—7页。雷禄庆《李鸿章新传》引录（系引自《清代四名人家书》中所载同一函）将其断定在同治元年李鸿章到上海后所写（见雷书页40），但未说明理由。还需特别说明，民国问世的"李鸿章家书"整体上的真实性颇为可疑。

[2] 《复出使日本国大臣黎（纯斋）》，《李鸿章全集》，第34册，325页。

[3] 《复署赣抚刘仲良中丞》，《李鸿章全集》，第31册，第174页。

[4] 刘体仁读《曾文正公手书日记》眉批，原书存上海第二教育学院，转引自杨国强《曾国藩简论》，《历史研究》1987年第6期。

[5] 窦宗一：《李鸿章年（日）谱》，第5117页（1896年7月21日条）。

成，也是构成战斗力的重要因素。武器装备是军事技术的主体，是其水平的集中体现。而清末新军，在这方面是优长于此前清军的醒目事项之一。这以北洋新军为先导，并与主持此军编练者的重视和致力分不开。最早编练新军的胡燏棻，光绪二十一年（1895）闰五月，在条陈变法自强事宜折中奏称："新练各军，取用机器，宜因时制宜，改归一律。就近年新制而论，步枪以曼里夏、毛瑟小口者为佳，马枪以可尔脱（按：即'柯尔特'）为佳。炮，轻炮克房伯、格鲁森为佳，快炮以拿登飞尔、哈乞开司为佳。此简器之法也。"① 袁世凯接练后，更着意于先进武器装备的购进和用于新军，这从他两次奏报的相关情况中即可见一斑。一是于光绪二十九年十二月十五日会奏上年创练常备军第一镇订购军火的情况：

> 臣等查制造之精，向以泰西各国为最。近来日本考求日进，固亦未肯多让，而工贱道近，价值较廉。前据日商呈验该国明治三十年新式马步快枪，发营演放，并派员赴日本制造厂，将该国明治三十一年新式行军快炮一并考验，工料均极精坚，其子弹之线路、速率、涨率、穿力及炸弹之广狭，信管之疾徐，一切程度，均与泰西不甚悬殊。当饬支应局兵备处司道，向日商三井、大仓两洋行，订购六密里半口径五响新式步快枪一万二千杆，马快枪两千杆，皮件一万四千套，并随枪零件俱全，计日金三十八万九千二十圆。无烟子弹七百万粒，演装无药子弹七万粒，计日金二十九万八千八百七十五圆五角。共日金六十八万七千八百九十五圆五角。又，七生半陆路炮四十八尊，连子药车、备件车六十辆，挽马具、骑鞍具二百三十六副，计日金三十六万三千五百十圆。又，七生半过山炮十六尊，连随炮各种器具四十九套，驮鞍九十六副，计日金四万九千六百九十七圆九角。各种炮弹两万五千八百五十六颗，药筒二万五千六百个，弹药箱八十对，计日金三十四万三千一百九圆六角。又，新式手枪六百五十杆，枪子十三万粒，计日金一万九千一百十九圆一角。共日金七十七万五千四百三十六圆六角……兹计枪炮两项价

---

① 沈桐生辑：《光绪政要》第2册，江苏广陵古籍刻印社1991年影印本，第1118页（原书卷二十一，页二十二）。

值，共日金一百四十六万三千三百三十二圆一角，按现时磅价，约计合银一百二十万两上下。①

二是就近从日本订购，可见是经过切实的查验，订购品种涉及步、马快枪及配件，子弹；手枪和子弹；炮具及配件，炮弹及配装器具等，都是新式较先进者，用费过百万元。三是袁世凯于光绪三十一年（1905）二月二十五日，奏陈北洋续练第二、第三镇陆军筹购军火事项：

> ……本次本应仍向该国（按：指日本）购办，期归一律。旋因日、俄事起，不能应付，而事机日迫，又未便赤手久待。因不得已，改购德械。臣复详加讨论，知其新式枪炮，制造均极精工。即经饬令德商各洋行，呈验图说，并呈枪炮各样，逐加演放，验明速力、瞄准及穿、涨各力，悉与图说分数相符。当饬支应局司道，陆续订购瑞记、泰来、迪亚士等洋行德国八十八年式七密里九口径五响带刀头毛瑟快步枪一万五千一百三十杆，包镍钢无烟枪子一千万颗，购制皮带子盒一万五千一百三十套，油壶、皮件俱全。又向信义洋行订购德国克鹿卜七生特半十四倍口径长新式管退快炮七十二尊，子弹四万三千二百颗。内快炮六尊，随炮马鞍、弹箱拟即自行制造，较为节省。统计马克，约合库平足银二百十三万七千余两。惟马克价值降落无定，一俟全价付清之后，另行核明办理。②

可见，此次同样是经过切实的查验，订购品种涉及毛瑟快步枪、子弹及相关配件，快炮及相关配件，也属比较新式的先进装备，用费较前次更多，约合库平足银二百十三万七千余两。若与上次的用费合计，达三百三十三万七千两上下。在当时财政困难的条件下，此可谓大额了。及至北洋六镇新军全成并编定序列（前后编改调整较大）后，其"各镇军事装备，相当庞杂"，《陆军部档》第五镇造册成案中云："自编练成镇以来，所用军械，或购于比、德，或购于日、英。或制造于南洋，

---

① 《会奏北洋筹拨专款订购军火折》，《袁世凯全集》第11卷，第608—609页。
② 《筹购陆军二三镇军火折》，《袁世凯全集》第13卷，第354页。

或制造于湖北，全国故难期其划一，即各镇，亦互有异同。"① 所引著述中同样是据《陆军部档》对六镇武器配备编列简表：

	步枪	马枪	陆炮	山炮
第一镇	6849 六五口径	1483 六五口径	36 五生七七生半各半	18 五生七
第二镇	5448 六五口径	1222 六五口径	36 七生半	18 七生半
第三镇	6849 七九口径	1435 七九口径	18 七生半	36 七生半
第四镇	5458 六五口径	1443 六五口径	18 七生半	18 七生半
第五镇	5275 六五口径	1110 六五口径	18 七生半	18 七生半
第六镇	6849 六五口径	1483 六五口径	36 七生半	18 七生半

编列者说明："此表系书于一单纸片上，无年代；根据推测，当系光绪三十二年以后的统计，因为第六镇一律换成六五口径步枪，系光绪三十二年事。但此表统计不精确，只是大略如此。"并就枪炮的样式和分配使用情况介绍说：

"六五式"（6.5厘米）口径步、马枪，系日造三十一年式最新枪械；"七九式"（7.9厘米）口径步、马枪，是德造套筒毛瑟枪，较旧，是由第六镇、第四镇交回或拨发的枪械。七生半炮，是法国克鲁苏最新炮。以上最新武器，以第二、六镇最全，也最齐整和划一。这是因为二、六两镇是袁世凯的嫡系部队。其第四镇也是全新武器。

六镇中，常是二、四、六镇不用的武器拨发给三、五两镇再用。如光绪三十二年第六镇领取日造6.5厘米三十一年式步枪时，就全把旧毛瑟枪和旧炮（克虏伯、格鲁森厂造五生七）拨发给了第五镇，第五镇才把许多湖北造换了下来。②

---

① 姜克夫编著：《民国军事史》第1卷，重庆出版社2009年版，第9页。所据档案资料据原注出自《陆军部档》1061号。

② 姜克夫编著：《民国军事史》第1卷，第9页。

又以第六镇为代表，根据相关档案将其装备的具体列出：

标旗五面；营旗二十四面；军官佩刀四百五十二把；军佐佩刀九十七把；书记佩刀四十六把；军官手枪四百五十二杆（六响和七响）；军佐手枪九十六杆；炮目兵手枪三百五十五杆；炮、步、马枪见上表；马兵刀一千零四十六把；洋步号九十八支；洋马号五十九支；铜吹哨三百四十二个；四倍光千里镜二百八十四个；八倍光千里镜一百八十个；侧视镜二百一十九个；孔明灯六百三十三个；马灯两千对；号旗四十对；救伤床六十九架；子药箱一百九十二个；大洋锹一百九十二把；大洋镢五百七十六把；小洋锹三千零二十四把；小洋镐一千八百二十四把；修枪炮器械二十副；军乐队刺刀五十把；刺枪劈剑器三百零八副；军乐器一堂，计四十五件。①

其火炮装备："按规定，每镇五十四尊，分属三个炮营，每营十八尊。一般是，陆炮三十六尊（又称野炮），山炮十八尊。有时，山炮多于陆炮，如第三镇就是山炮三十六尊，陆路炮十八尊。有的镇，炮数则不足。如三、四两镇只有三十六尊，少一个炮营（光绪三十二年后）。炮六尊为一队。每营十八尊炮，即三个炮队为一炮营。计全镇为三营炮队，或炮九队。每炮配猛炸药弹一百，寻常开花弹一百，子母弹四百。"②并述及，"当时的枪、炮，大约有如下几种：曼利夏步马枪、十三响马枪、一出毛瑟枪、七出毛瑟枪、黎意枪、马蹄吸枪、小口径毛瑟枪、哈乞开思枪、快利枪、九响毛瑟枪、来复枪、马来复枪、十七响步枪、马毛瑟枪、十出毛瑟枪；最新式的，则是三十一年式6.5厘米日造步枪。炮，有克房伯山炮和陆炮、格鲁森陆炮和山炮；最新式的则是法国克鲁苏（厂）七生半陆炮和山炮"③。还介绍，"曼利夏枪系奥地利造；毛瑟枪系德国造；两种炮系德国造；来复枪系俄国造；英国炮亦有，但不多"④。

---

① 《陆军部档》1061号，据姜克夫编著《民国军事史》第1卷，第10页。
② 姜克夫编著：《民国军事史》第1卷，第10页。原注据《陆军部档》0026号。
③ 引文后括注"据光绪三十三年十二月库存单和各镇使用枪炮表"（按：亦属《陆军部档》），姜克夫编著《民国军事史》第1卷，第10页。
④ 姜克夫编著：《民国军事史》第1卷，第10页。

从新军武器装备的这种情况看，很显然，不要说比当年湘军，就是比更重视这方面的淮军也要先进得多。这固然离不开科技条件发展的因素，但更主要的，是由于袁世凯辈的重视和努力所致。还应该注意到，除新军之外，袁世凯这时对"淮、练等军"武器装备的改进亦颇着意。光绪三十一年（1905）二月，他为此事专有奏片中云：

> 查淮练等军所用枪械，本系新旧掺杂，历年既久，窳败尤甚……此时若一律购用新械，则所费不赀，无从筹此巨款，只能酌量添配，以期无误军需。臣于二十九、三十两年，陆续订购英国费开士麦克心厂七生特半口径过山快炮十二尊、子弹六千颗，计行平银十七万七百四两有奇，麦克心三生特七口径轻机快炮无烟药子弹二十万二千颗，计行平银一万八千三百二十七两有奇。德国八十八年式七密里九口径五响带刀头毛瑟快步枪七百五十三杆，计行平银一万三千九百七十一两有奇。八密里口径曼利夏无烟枪子五百万颗，计行平银二十万五千两。格鲁森五生七无烟炮弹一万五千颗，计行平银十七万四千四百四十一两有奇。克鹿卜八生七三十倍口径长子弹八百颗，计德银六万八十五马克六十分，约合行平银二万二千余两。添配七密里九口径毛瑟快步枪零件十种，八密里口径曼利夏快枪零件九种，快马枪零件九种，共五万一千八百五十件，计德银三万八千三百二十马克，约合行平银一万四千余两。存候分拨各军应用，尚未付清尾款，应俟找发时核明马克时价，另行核办。统共约合行平化宝银六十一万八千四百四十余两，折库平足银五十九万四千三百四十余两。①

需要说明，这些费用采购的武器装备，并非完全用于淮、练军，也包括武卫右军，上面引文中，就明确言及该军，引文语句之后，复有"查淮练及右军饷项"字句，更可证明。无论如何，这时袁世凯也照顾到淮、练军武器装备的适当改进是没有问题的。当然，是优先新军，淮、练军要在其次，与新军比较之下，其武器装备"窳败"的情况难以根本扭转。这也是显示袁世凯新军优胜的重要方面。

---

① 《购办淮练等军军火片》，《袁世凯全集》第13卷，第353页。

除了武器装备本身之外，对其操纵和使用的技能也属军事技术的范畴。而相关技能的形成，又与教育、训练分不开。新军的诸多军事学堂，军事技能方面的教育不失其重头戏之一。除此之外，新军平时的训练，在军事技能知识和技能本身也特别致力。像由袁世凯纂辑的《新建陆军兵略录存》，是关于新建陆军的系统文献，内容包括"章制""禁令""训条""操法"凡此四大类计八卷，各部分中都有涉及训练的内容，而"操法"尤其密切地关乎训练，并且它占了四卷之多（卷五至卷八），而重点特别有的放矢地置于适应和提高新式武器的使用效能方面。即使"训条"部分，除了思想、精神方面的教化之外，也有相当比重的内容是军事技术和相关知识方面的，并且非常细致。像只《枪件问答》《发枪问答》（所谓"发枪"即开枪射击）就不下四五千言。不妨择录片段，以见其一斑。《枪件问答》有云：

> 问步兵："手持军器为何名？"答曰："枪。"问："此枪何国所造？"答曰："造自奥国。"问："此枪何名？"答曰："曼利夏。"问："何名为曼利夏？"答曰："因造枪之人名以为名。"问："何种队伍所用？"答曰："步队。"问："枪用处有几样？"答曰："有两样。"问："有那（哪）两样？"答曰："一、可击敌人，二、保护己身。"问："此枪有几大件？"答曰："四大件。"问："那（哪）四大件？"答曰："一、枪筒，二、枪机，三、枪码，四、枪托。"问："枪上零件系何物。"答曰："安卸机柱、子弹巢、护手、送子簧、卸子簧、停枪纽、管机、笋簧、枪箍、安刺刀鼻子及旁星、准星、并枪环、枪底、铁片、螺丝钉等件。"问："枪外随枪零件系何物？"答曰："枪刺刀、皮腰带、并皮子弹盒、皮背带。"问："枪上备分件系何物？"答曰："机簧、退子钩。"问："此备件外尚有何物？"答曰："卸枪钥匙并擦枪藤条油布。"问；"枪筒是何形式？"答曰："如圆筒。"问："枪筒是和材料所造？"答曰："炼钢。"问："炼钢有何好处？"答曰："坚固不易炸损。"①

如此等等，是从这最基本的知识问答起始，逐步扩展深入。由此

---

① 来新夏主编：《北洋军阀》第一册，第153—154页。

亦可知，当时新建陆军的步队使用的主要是奥国所造的曼利夏枪，否则，是不会以它为问答样本的。而其《发枪问答》，则更直接涉及军事技术事项，如其中关于"发枪之法"，即射击战术方面，有这样的内容：

> 问："发枪之法，有几种？"答曰："有三种：一、零击，二、快击，三排击。"问："何为零击？"答曰："譬如二人轮放，前行发枪，后行看其子弹击中何处，如有错误，告知前行改正。后行发枪，前行亦如之。不必齐放，是谓零击。"问："何谓快击？"答曰："见敌即放，各由自主，不必彼此观望等候。是谓快击。"问："何谓排击？"答曰："全队均听一人口令，不准前后参差乱放。是谓排击。"问："何时宜用零击？"答曰："敌若隐伏无定或疏散迟顿之队，皆可零击。"问："何时宜用快击？"答曰："敌已迫近，或敌伏猛起，或我欲移队，或欲打冲锋之前，或已打冲锋之后，或敌来抄我，或敌无躲闪，皆用快击。"问："何时宜用排击？"答曰："敌尚靠拢，或队伍稠密，或敌马来攻，或敌来接应，或我军埋伏，敌已行至标记，皆用排击。"问："用零击时，尚用快击、排击否？"答曰："用一零击时，敌起进攻，或敌由旁抄，或马队突至，改用快击。一零击时，敌渐稠密，或敌来接应，或猛见敌马，改用排击。"问："用快击时尚用零击、排击否？"答曰："用一快击时，敌忽隐伏，或敌已溃散，改用零击。一快击时，敌前队虽散，后有备分，或敌马退远，改用排击。"问："用排击时尚用零击、快击否？"答曰："用一排击时，敌忽隐伏，或敌人乍稀，改用零击。一排击时，或敌马逼近，或敌来冲锋，改用快击。"问："零快排三法，究竟何法最善？"答曰："皆善。惟零击稳准，既易中敌，且免靡费子弹，临敌常用，尤为最善。"[①]

只有在使用新式枪支并有相关战术理论相配套时，才可能有如此的

---

① 来新夏主编：《北洋军阀》第一册，第157页。此段以及上一独段引文中，各句引号内的最末一个标点符号，原在引号外边，于兹改置其内，特此说明。

讲论。过去淮军尽管武器较湘军先进,"洋枪"的配用率较高,但战术理论上也无法达到新军这时的水平。至于湘军,尽管自曾国藩创建之始,即颇讲究阵法和战术,但武器的限制,也只能流于鸳鸯阵、三才阵、四面相应阵、一字阵、二字阵、方城阵之类的旧阵法①,晚年的曾国藩其实也意识到湘军这方面的落后,在给人的信中,明确表达了学习淮军的意思:"现请吴小轩(按:即吴长庆)来此,专教洋枪队","将来湘军阵法,或能步淮军后尘,则大慰矣"②。可见,使用"洋枪",自需相应新的阵法。当初的湘军也使用部分火器,但因是旧式的,所演只能是"连环枪法"之类。"连环枪法,是当时火器未精利的时候放枪的方法。其法每层六人,以两人为一叠,肩随雁翅而进。三叠为一层。前一叠二人伏地放枪,第二叠二人跪放,第三叠二人立放,三叠六枪齐放。放讫时,每叠二人左人左旋,右人右旋,直至末队。第二层六人前进一步,照前放枪,放讫退回。三层以后,更番代放俱同。"③而到袁世凯新军之时普遍使用的新式洋枪,性能上旧式枪支与之不可同日而语,射击战术及相应"阵法"上自也就相应更新。

当然,武器装备条件之外,还要看军队统帅对建章立规的重视与否,两者缺一不可。当年"儒风"浓重的湘军,武器虽较旧,但由于曾国藩的重视,形诸关于军制、军纪、训练等方面章法却能较为丰富和系统。淮军的武器装备较新,但相关文献的建设上似相对滞后,这与有些可依傍湘军已有成规有关,也与李鸿章于此"务虚"的东西不甚重视分不开。不过,到头来也得因时、因事制宜,到其新式海军的建立,就少不了系统章法的配套,当事者有"不详订章程,断难垂诸永久"之说,在光绪十四年(1888)北洋海军成军之初,就拟定出《北洋海军章程》,"计分十四款,列为六册",包括"船制""官制""升擢""事故""考校""俸饷""恤赏""工需杂费""仪制""铨制""军规""简阅""武备""水师后路各局"等项④。到袁世凯新

---

① 罗尔纲先生在《湘军兵志》中,根据曾国藩书信中的相关资料,作有这样的概述:湘军"练阵法,初时是练戚继光的鸳鸯阵、三才阵及《握奇经》的四面相应阵。其后练一字阵、二字阵及方城阵"。见该书第153页。
② 《复李鸿章》,《曾国藩全集》书信之十,第636页。
③ 罗尔纲:《湘军兵志》,第152页。原注:见陈龙昌《中西兵略指掌》附注。
④ 张侠等编:《清末海军史料》,第470—471页。

军这时，在军事章法方面更形完备，仅看《新建陆军兵略录存》，其中最大比重的就是此类内容，这当也是与军事技术先进直接关联的一个方面的表现。

三 与"技术"趋新同在的"军阀"因素膨胀

由上一目重点以军事技术方面为例论述的内容，再联系其他章节以及其他方面相关事项，确可见知袁世凯集团某些"趋新"或说"近代化"因素加强的表现，这自有其一定的"进步"性。然而，从袁世凯政治生涯的演变趋势看，是越发明显地趋向典型军阀，而到民国更是堕落为戕害共和、复辟帝制的独夫民贼。两相比较，岂不矛盾？这似乎不能完全用"此一时也，彼一时也"来解释，更须分别外在表象与内在实质，从内在层面把握线索。所谓其趋新、"近代化"方面的表现，一般都是属外在层面的，是为强化其个人和集团势力而功利性地随时趋势利用而已，在思想和精神层面，不择手段营私利己的基点始终未变，这也就是其最终成为军阀和独夫民贼的基因所在。这样看来，其一定时候的所谓"趋新"表现，与成为军阀和独夫民贼的结果并不矛盾。这里仅就军阀问题予以概说。

对中国近代"军阀"的界定和具体指认，众说纷纭。有研究者基于最基本的梳理指出："对于这样一个运用广泛却歧见深刻的术语，就其历史的实在形态，在中国主要是指民国时期的北洋军人或北洋军人集团，且在当时即以'军阀'称之。就有关评判军阀标准、并构成其概念界定的因素来说，大体包含有拥有私兵、对抗中央、割据地方、勾结帝国主义、实行武治、实行封建剥削残害民众等几大说法，近年有学者增加了采用西方兵制，以中体西用思想为指导等定性标准。"该研究者"结合学界有关军阀概念的不同界定、与军政关系研究之认识倾向与实际动态"，对"军阀"的定义归纳表述如下："所谓军阀，实指近代社会政治转型时期军政关系失衡条件之下，逾越法治规则与文化道义而擅权干政的军事人物或其权势集团；军阀是含贬义的近代汉字概念，是同推进社会发展的健康的军事力量相对立的形象称谓。"[①]

---

① 徐勇：《近代中国军政关系与"军阀"话语研究》，中华书局2009年版，第10—11页。

第三章 "三集团"的异同比较

中国近代军阀的存在，其最典型期是在民国当是没有问题的，但其孕育乃至初成是在清末，更具体说即由袁世凯集团体现。像对北洋军阀史素有研究的学者中，有的认定："中国近代军阀的形成是从北洋军阀开始的。从 1895 年袁世凯小站练兵至 1911 年武昌起义爆发这十六年，是北洋军阀的孕育阶段。从武昌起义至清帝退位，继而袁世凯出任临时大总统这一时期，可称为北洋军阀形成阶段。武昌起义爆发后，清政府无力应付。袁世凯东山再起，不仅控制了北洋军，并且进而控制了清政府，不久就任临时大总统，夺取了全国政权。这一时期，北洋军才完全表现出是袁氏的私军。"① 有的则把"从 1895 年袁世凯小站练兵"起，"到 1912 年初袁世凯获任中华民国临时大总统前止"的时段（显然基本是在清末），认定为"北洋集团兴起、发展和形成的阶段"，即北洋军阀全程四个阶段中的"第一阶段"②。这显然是把北洋军阀集团的不仅"孕育"而且"形成"基本都定于清末，当然也是由袁世凯及其集团体现。

可以说，这显示袁世凯集团在清末之时，在某些"技术"层面进步同时，于内在实质上的负面因素却越发严重膨胀，最终的恶果即导致军阀形成。前面对袁世凯嗜权如命、结党营私，其集团乃"私的结合"之情形的揭示，正是军阀形成的肯綮。的确，弄权有术的袁世凯当时权势显赫，甚至明显超过同级官员中宿老之辈，如与张之洞同为大员时，"袁世凯势力极大，出其门者，不二三年辄至专阃"③，如此说来，张之洞自亦不能及之。甚至袁世凯即使在被"罢"期间，依然对北洋军能不失暗中控制，就是基于其集团"私的结合"之牢不可破。知情者说其原统辖的"这些军队，心目中并不知有国家，只知有他们的'袁宫保'。他在彰德时，这些将领没有一个不是岁时馈遗络绎不绝

---

① 李新：《北洋军阀的兴亡》，《中华民国史》第二编第一卷，中华书局 1987 年版，"代序"第 1 页。
② 来新夏等著：《北洋军阀史》上册，第 6 页。其所划后三个阶段，时间分别是"从 1912 年袁世凯获任中华民国临时大总统职务起，至 1916 年洪宪帝制失败、袁世凯自毙止"；"从 1916 年袁世凯自毙后到 1926 年 7 月北伐开始前"；"从 1926 年 7 月北伐战争开始起到 1928 年 12 月张学良等宣布东北'易帜'止"（该书第 6—7 页）。
③ 胡思敬：《国闻备乘》，第 74 页。

的"①。

　　袁世凯对集团的控制，自赖其有出众的权术手段，前已侧重揭示的像收买笼络的招数之类外，严苛的专制控制则是其绝不或缺的另外一途，这与对"敌"镇压在对象上自有不同，但手段上则相通。所传清末"三屠"，即指张之洞"屠财"，岑春煊"屠官"，袁世凯"屠民"。所谓"屠财"者言因其"用财如水"（按：当指其办洋务花费巨大），所谓"屠官"者言因其弹劾官员特多，至于袁世凯的"屠民"，则因"其杀手甚重，自小站练兵以至在山东剿捕拳匪，在天津搜杀拳匪余孽，杀人不计其数"②。其"屠民"如此，"屠兵"则亦不失威慑手段。其为"新建陆军"所定犯者皆斩的"禁令"中，当然有些属对军队、战事影响重大的错咎，但也有些属违规、违纪一般来说不当死罪者，像临阵"交头接耳私语者"；"临阵探报不实"者；"行队遗失军械"者；"夤夜窃出、离营浪游者"等项。还有"长官阵殁首领，属官援护不力，无一伤亡；及头目战死，本棚兵丁并无伤亡者，悉斩以殉"③，也有不问具体情况，绝对地以兵众殉长上的偏弊。当然，军令、军纪非同一般，严格是必要的，但也不等于说错咎不问轻重，有即处死，那样岂不是杀不胜杀、斩不胜斩了吗？袁世凯在军中实行的严苛军纪，事实上带有浓重的封建专制的随意性。

　　这不但是体现在相关规定上，袁世凯实际上也是这样做的，并不经军法程序，随意擅杀，对他来说是为常事。不妨举小站练兵时的一例，这是据袁静雪对他父亲的忆述：他"有一天独自一人出外巡查，恰恰在一个营盘里发现了一个小军官在偷偷第抽鸦片烟。这个小军官一见是我父亲闯了进来，手里的烟枪没有来得及放下，吓得浑身发抖，立刻翻身下地，跪着求饶。我父亲顿时大怒，亲自用腰刀把他的首级砍了下来"④。当时军中是有"在营吸食洋烟者斩"⑤的法条，就此而言，袁世凯杀其人也属有"法"可依，但是毕竟未经任何程序，一怒之下擅自

---

① 张国淦：《孙中山与袁世凯的斗争》，杜春和等编《北洋军阀史料选辑》上册，第135页。
② 苏同炳：《中国近代史上的关键人物》下册，第702页。
③ 来新夏编：《北洋军阀》第一册，第127—128页。
④ 吴长翼编：《八十三天皇帝梦》，第47页。
⑤ 来新夏主编：《北洋军阀》第一册，第128页。

立马出刀斩杀,这样毕竟于"现代"军法程序不合。这还未必属极端事例,较此更出格的随意诛杀恐在多有。要不,在小站练兵当时,怎就有人以"办事操切,擅杀嗜权"[①] 作为弹劾他的要端? 其这种"擅杀嗜权",自也是军阀"基因"所致。

---

① 陈夔龙:《梦蕉亭杂记》(与《蕉窗话扇》合刊),山西古籍出版社1996年版,第78页。

下篇

第四章 "三集团"的演变走势

如果说，前边是侧重对"三集团"相对"静态"的状况予以揭示和分析，那么，本章则是侧重从"走势"的动态上对其进行观照，先考察自"湘"到"淮"的过程，再观览自"淮"到"袁"的过程。这中间，所注意的不仅仅是基本脉络，而且更在其关键性情节乃至细节的审视。在此基础上，进而总结性揭示三者"环链关系"中的"走势"反映。

第一节 自"湘"到"淮"

一 当时东线特别是沪上形势

曾做过湘、淮几位要员幕僚的皖人徐宗亮，有谓"湘、淮本系一家，淮由湘出，尤有水源木本之谊"[①]。后来浙江人士柴萼（小梵）在其笔记体的编著中，也辑录了首出此语的徐氏笔记条目[②]。揆诸史实，关于晚清湘、淮关系的这种说法，就淮系势力产生的背景和契机而言是基本符实的。

"淮由湘出"，即淮系在湘系发展的特定阶段分化出来，这当然离不开湘系势力率先崛起的宏观背景条件。大旨是清朝面临太平天国起义造成的统治危机，而其国家"经制兵"在与太平军对战中暴露出窳败无能，故湘军得以乘机崛起，在此基础上进而形成军政结合的湘系集团势力。当然，这经过了一个曲折的过程，有数年间湘系是处于被清廷既

---

① 徐宗亮：《归庐谈往录》（与《春晖草堂笔记》合刊），第18页。
② 见柴小梵《梵天庐丛录》（一），山西古籍出版社1999年版，第153页。柴氏原书于民国十四年（1925）问世。

利用又限制的尴尬处境之中，使它的发展相对困顿。而在咸丰十年（1860）江南大营被最终攻灭之后，曾国藩获任两江总督，并为钦差大臣节制战区数省军务，朝廷不得不将镇压太平天国的战线全面向湘军开放。这样，湘系集团的势能终于得以"爆炸性释放"。其具体表现就是不但兵力急剧扩展，将领及其他要员出任疆吏者也迅速增多。以李鸿章为首的淮军亦因以获得组建，并在此基础上形成军政结合的淮系集团势力。进而需要着重明了的，是当时东线战区特别是沪上的具体形势。

所谓"东线"，是相对于多年间属湘军战区的"西线"而言。按照清廷的原本意图，是要让清朝国家经制军拿下太平天国的都城天京，收取最关键之功的。天京附近及其以东的地区，湘军未能也无充分军力染指。自江南大营覆没、曾国藩获任两江总督后形势改观，尽管曾氏还有过因自身战略安排失误而致的"祁门之困"短暂艰危，但总体上清廷对其防范控制的"暗闸"再难坚置，局面越发展开，实力发展迅速。特别是咸丰十一年（1861）秋取得安庆之役的胜利之后，天京上游的最后一道屏障被打破，太平天国都城直接暴露在湘军的攻势之下。虽说由于暂时的兵力欠足等具体问题，进围天京的军事行动进行之中还不乏曲折，但拿下安庆的主力军曾国荃部仍作为进围天京主力的布局已成，特别是曾国荃本人对此更是死死盯住，有非其莫属之坚意。天京地区顺延为湘军战区成既定之局，就此而言，所谓"东线"也可以进而东移视之，落在镇江、常州、苏州、上海一线及以南杭州、宁波等地带。

特别是上海，尤其具有特殊意义。沪上作为近代最早的通商口岸之一，到这时已发展成最大且最重要者。中西交汇，商贸繁兴，富庶称甲，因华洋杂处，政治、经济势力结构特别复杂。外商、华商，外官、华官，买办、土民，富豪、穷黎，各色杂集，应有尽有。最有影响力的可归结为外国官、商势力和清朝官绅、买办势力。而面临的最亟要问题，是如何应对太平天国势力的威胁。咸丰十年（1860）夏，李秀成就率部首次进攻过上海，而最后失败退却。其原因固然复杂，但一则缺乏周密的计划性和起码的兵力规模，再则惑于宗教因素对外国势力的真面目缺乏认识而应对失措，诚不失为重要缘由。而清方和外国方面并没有因太平军的首次进攻失败放松警惕，当然太平天国方面也没有因一次失败而告罢，一年多之后又有第二次（再后尚有第三次）进攻，其时正当淮军编练及成军赴沪之初。在此前，清方就上海防卫事宜积极筹划,这一方面是酝酿"借师助剿",就是借助外国军队镇压太平军;另一方面就是主动请求湘军前来介入。这后一方面拟于下目中论说,这里先看"借师助剿"的酝酿。

清朝中央洋务派大员是主张"借师助剿"的。他们这一主张所赖对外国的认识基础,以其如此之言可为代表:"该夷并不利我土地人民,犹可以信义笼络,驯服其性","就今日之势论之,发捻交乘,心腹之害也",而外国不过"肘腋之忧""肢体之患"也①。显而易见,其对外国的认识有着根本性的荒谬,不过既然如此之看,那么,与之联合共同镇压视为"心腹之害"的"发、捻",对他们来说自然就觉得非常必要而且"得计"了。不过,权臣肃顺之辈乃至咸丰皇帝,对"借师助剿"有着疑虑,相关筹议未成定策。而及至咸丰皇帝去世和肃顺辈被惩治,慈禧太后执政,奕䜣辈也成为可左右时局的要角,"借师助剿"成为定策也就为顺理成章之事了。当然,也是经历了一个复杂的筹议过程,并且也有过尝试性行动,详细情况不待细述,就说标志其"定策"的上谕吧,这是于同治元年正月初十日发布的:

> 上海情形实属万分危急。借师助剿一节,业经总理衙门与英、法驻京使臣商酌。现据薛焕(按:时任江苏巡抚)奏:英法文武各员颇为出力,且法国轮船为我开炮击贼。是其真心和好,固已信而有征,上海为通商要地,自宜中外同为保卫……所有借师助剿,即著薛焕会同前次呈请各绅士,与英、法两国迅速筹商,克日办理,但于剿贼有裨,朕必不为遥制。其事后如有必须酬谢之说,亦可酌量定议,以资联络。②

这显然属清朝最高统治层的决定,但并非仅仅出自清廷孤立决断,而在很大程度上是基于地方官绅的屡屡提议,急切上请,而清廷最终决策允准(这中间奕䜣辈积极推动作用自不可觑)。江苏巡抚薛焕等相

---

① 《筹办夷务始末》(咸丰朝)第八册,中华书局1979年版,第2674—2675页。按:所引该书系全套同出,下引各册皆省略出版项。

② 《筹办夷务始末》(同治朝)第一册,中华书局2008年版,第119—120页。按:所引该书系全套同出,下引各册皆省略出版项。

关地方官员之外，名绅辈的作用也十分值得重视。上引上谕中"前次呈请各绅士"之语，就透露了这种信息。此前薛焕上奏中，也言及"有江、浙绅士公议借调英、法二国之兵助剿，恳臣代为具奏"①。并且"绅士"们的要求极其迫切，显然与之利益密切相关，就是为了保护他们的丰厚家财，保护他们的政治地位，为此宁肯做出自己的一定付出。他们实际也是清朝当地政权的重要社会基础，相关官员不能不倾听他们的呼声，不能不代表他们的利益。其实，乃至清廷一定程度上也是如此。

那么，两江总督、湘系集团的重要领袖人物曾国藩对"借师助剿"态度如何呢？总体来说，他一直是抱有很大疑虑的，到头来也只是有条件地接受。他于咸丰十一年十二月，接到苏州绅士、在沪参议中外"会防"的潘曾玮（大学士潘世恩之子，其人可谓急切呼吁"借师助剿"士绅辈的典型代表）的来信，旨在就"借师助剿"之事说项。曾国藩回信这样表态：

> 大抵宁波、上海皆系通商码头，洋人与我同其利害，自当共争而共守之。苏、常、金陵非通商子口，借兵助剿，不胜为笑；胜则后患不测。目前权宜之计，只宜借守沪城，切勿遽务远略。谓苏、常、金陵可以幸袭，非徒无益，而又有害也。况上海孤城，安危未判，安得更有余力以图他处……金陵、苏、常，则鄙人不愿与闻。②

可知，其大旨是，"借师助剿"即使迫不得已，也要限制范围，只宜在上海，而不能推及金陵、苏州、常州内地。至于这些地方不让外国插手，尽管曾国藩言及种种理由，但最关键的未言之真意，当是不想让外国染指而与他湘军夺"功"。翌年正月，潘氏又有信给曾国藩再次陈说"借师助剿"之事，曾氏复信重申前信中所述意思，并要潘氏劝阻借洋兵攻取金陵和苏、常之议，说若劝阻不下，反正他这里没有参加"会剿"之兵，不论其胜败结果怎样，他概不与闻，也概不负责。至于

---

① 《筹办夷务始末》（同治朝）第一册，第114页。
② 《复夏曾玮》，《曾国藩全集》书信之三，第644页。

洋兵的报酬，表示其"所俘财物，任彼取携，别无犒军酬劳之资"①。尽管曾国藩是以这种态度表示对让洋兵"助剿"内地的拒绝，但真若让洋兵如此"取酬"，岂不是等于放纵他们肆意抢掠吗？

稍后，曾国藩在给薛焕的信中，则明里对士绅辈率然行事直言责备，暗里也隐含对薛焕应和、支持的不满，并明确表示不改初意：

> 苏省军民久困阽危，属望太切，转生怨议。其借助西洋一事，未经奉商，遽行举办，此等情形，鄙人前皆未闻。阁下犹为据情入告，具征苦心维持。目前权宜之计，舍此别无善策。叠次函咨奉商，并经附片陈明。沪上通商已久，究与内地不同。弟所谓愿执其咎者，专指保卫上海而言；必欲攻取金陵、苏、常，则始终不敢不闻。至谓事由诸绅为政，恐难主持，则岂特阁下为然？敝处远隔千里，又何从遥为钤制？但知其事之不可，则切以告之；告之不从，终不易吾之初说以相就也。②

曾国藩不仅对苏沪官绅这样表示意见，而且在同治元年（1862）正月下旬的奏片中有云：

> 臣之愚见，借洋兵以助守上海，共保华洋之人财则可，借洋兵以助剿苏州，代复中国之疆土，则不可。如洋人因调船已齐，兵费太巨，势难中止，情愿自剿苏州等处，我中国当以情理阻之，婉言谢之。若该洋人不听禁阻，亦须先与订定：中国用兵，自有次第。目前无会剿苏州之师，即克复后，亦难遽拨驻守之师。事成则不必中国感其德，不成则中国亦不分其咎。③

尽管其主旨仍是婉拒洋兵"助剿"，但放任其"自剿"的说法则难掩卑劣。潘曾玮等地方士绅们则急于保护家园，他们主张不但"借师助剿"上海，而且还要包括上海以外的苏州等地方。其意似乎是很坚决

---

① 《复夏曾玮》，《曾国藩全集》书信之四，第 50 页。
② 《复薛焕》，《曾国藩全集》书信之四，第 79 页。
③ 《议复借洋兵剿贼片》，《曾国藩全集》奏稿之四，第 55 页。

的，说不动曾国藩，竟由上海赴京，"诉称乡间被陷，恳请借用英、法等国官兵，速筹规复"。这还果真惊动了朝廷，谕令负责"夷务"的总理衙门与英、法驻京公使筹商，并且征求曾国藩的意见。不日，又追加一谕，说"洋人与逆匪仇隙已成，情愿助剿"，要曾国藩不失时机地"饬令沿江上下游师船，与该洋人联络声势，冀收速效"。显然，是要"全面"地实施"借师助剿"。面对这样的朝命，曾国藩于三月二十四日的复奏中，还是坚持借洋兵"助守上海则可，助剿苏、常则不可"的意见，并进一步述明理由，说除了他手下无兵抽动参加"会剿"外，即使刚到上海的李鸿章一军，作为"新集之卒"，也"只堪自守，不能远征"；没有大支劲旅与之"会剿"，假使转战内地，但有"西兵"，而无"主兵"，不免让三吴父老"生疑惧之情"，而对他曾国藩来说，就像应试科场请人替考一样羞愧。他说道理上应借洋人与太平天国的仇隙，因势利导，与洋人"彼此互商，嘉其助顺，听其进兵"，但因无"会剿"之师，还是不宜让其"进攻金陵、苏、常"①。看来，在坚持有范围、有限度地"借师助剿"的意见上，曾国藩还是很难动摇的。甚至他的本意上，是连上海也尽量不让洋兵参与"会剿"。这在他对带兵赴上海后的李鸿章的指授机宜中，便能看得更清楚，有谓："洋人缠嬲颇难处置，尊处只宜以两言决之曰：会防上海则可，会剿他处则不可。"进而明确授以在上海亦"会防不会剿"②的"五字经"，这也是曾国藩力持的底线。

二 乞援、筹援与派援

苏沪方面在努力推动"借师助剿"的同时，也直接而急切地向湘军求援。其实，曾国藩作为两江总督，江苏包括沪上在其辖区之内，御守亦系其职责所系，只是一则由于暂时的兵力限制，再则也与他的战略较为拘囿不无关系（其实，在他刚任江督之后，胡林翼力劝其"包揽把持"，进兵方案就计及东线），虽不无考虑但未能及时出手。而苏沪官绅们则迫不及待。咸丰十一年（1861）十月初四日，金匮知县华翼纶等一行三人，从上海来到曾国藩的驻地安庆，说下游盼望湘军，"情甚

---

① 《筹议借洋兵剿贼折》，《曾国藩全集》奏稿之四，第140—142页。
② 《复李鸿章》，《曾国藩全集》书信之四，第181页。

迫切"，"上海每月可筹饷六十万两之多"，"绅民愿助此间饷项"，总之，是"冀上游之兵早赴江东"①。该月十六日，有户部主事职衔的钱鼎铭和候补知县厉学潮，亦专程从上海赶到请兵。他们的到来，更是上海官绅认真集议的结果。有研究者勾勒出这样一个梗概：上海当局对湘军的到来，本不表欢迎，但又无善策以解救江南，避乱居于上海的绅士们不能忍耐，适湖北盐法道顾文斌自鄂抵沪，倡乞师安庆之说，得到沪上有关绅士们的赞同，并由其出面游说江苏巡抚薛焕，薛氏终于认可，由当地团练大臣庞钟璐等六人出名，备具公启，代表沪绅的请求，派钱鼎铭持启前往，薛焕又特派厉学潮持其专函偕行。②"公启"则是出自在中国近世思想史上颇为出名的人物冯桂芬的手笔，曾国藩说此"书辞深婉切至"，看来是切实打动了他。在钱鼎铭一行来到当天的日记中，他还特意记下了"公启"的内容大略：吴中有可以乘机利用但无援军依恃便不能持久的三种势力，"曰乡团，曰枪船，曰内应"；有仅剩的未被敌人占领而无援军支撑也不能持久的三处地方，"曰镇江，曰湖州，曰上海"。并且记云，"钱君在坐次哭泣，真不异包胥秦廷之请矣"。这是用典故比喻钱氏其人哭求的痛切：包胥即申包胥，春秋时代楚国大夫，其国为吴攻破，他到秦国求救，在人家对是否应允举棋不定的情况下，他在秦廷痛哭七日夜，终于使秦国发兵往救。看来，此时这个钱鼎铭不啻要做申包胥第二了。③

值得注意，不仅仅是动之以情，也诱之以利。"每月可筹饷六十万两之多"，可是个肥厚的"大馅饼"啊！对多年间为饷事艰难备尝的曾国藩来说，这不啻是一座金山，有巨大的诱惑力，他不会不为之所动，这从后边引及的他的相关话语中，就能醒目地看出。再往深层究，想来这也等于用软招将了曾国藩一军：我们主张"借师助剿"你不痛快应和，设法划界设卡，那我们乞请你出援总得痛快应允吧，总不能横竖都不行啊！诚然，面对此局，曾国藩总需做出铺排。这样，有此"乞援"，便有曾国藩的"筹援"和"派援"。

由曾国藩的日记可看出，东援之议初有成局，就有人毛遂自荐，愿

---

① 《曾国藩全集》日记之二，第213页。
② 参见王尔敏《淮军志》，第57页。
③ 以上少量文字参照拙著《曾国藩传》，人民出版社2014年第3版。

意带兵东行，此人就是湘军将领吴坤修（字竹庄）。他是江西修水县人，靠捐资在湖南为低层官员，湘军创建时在水师司器械，渐成长为湘军将领。这时他主动请缨东援，曾国藩在咸丰十一年（1861）十月二十日日记中记："吴竹庄来久谈，渠请募兵六千，赴江苏上海一带救援，盖因钱苕甫（按：即钱鼎铭）求兵深切也。余以新兵恐难得力，未许。"① 并未说拒绝的详细原因，所谓"以新兵恐难得力"，当是搪塞之词，随后赴沪淮军，相当部分不也是新募的吗？真实的主要原因，恐是认为吴氏非合适人选。从吴氏的口吻看，他恐怕也是把东援看成了一桩临时性军务，没有充分估计其在全局中的重要性，而曾国藩自然托底而有其相应谋划。一开始，他是想让其弟曾国荃充当此任。当时国荃为增募兵勇事已暂时回湘，曾国藩于十月二十四日写家信与之商议：

> 上海富甲天下，现派人二次前来请兵，许每月以银十万济我，用火轮船解至九江，四日可到。余必须设法保全上海，意欲沅弟率万人以去。已与请兵之官商订，定渠买洋人夹板船数号，每号可装三千人。现已放二号来汉口，不过放五号来皖，即可将沅弟全部载去。目下专主防守上海一隅，待多（隆阿）破庐州、鲍（超）破宁国后，渠两军会攻金陵，沅弟即可由上海进攻苏、常。不知沅弟肯辛苦远行否？如慨然远征，务祈于正月内赶到安庆，迟则恐上海先陷。如沅弟不愿远征，即望代我谋一保上海之法，迅速回信……至要至要。②

尽管是商量的口气，但可见这时曾国藩处的计划已颇具体了。似乎尚未及等到乃弟的回信，在十一月十四日，给国潢和国荃两弟又发一信，说"前许令沅弟带八千人往救（上海），正月由湘至皖，二月由皖至沪，实属万不得已之举"，"吾家一门受国厚恩，不能不力保上海重地。上海为苏、杭及外国财货所聚，每月可得厘捐六十万金，实为天下膏腴。吾今冬派员去提二十万金，当可得也"③。可见，除了图报"国

---

① 《曾国藩全集》日记之二，第219页。
② 《致澄弟沅弟》，《曾国藩全集》家书之一，第711页。
③ 《致澄弟沅弟》，《曾国藩全集》家书之一，第714—715页。

恩"的冠冕堂皇之说外，曾国藩更看重的还是那里的丰厚财源。然而，曾国荃的兴趣却不在此，他的追求是担当攻取太平天国都城的主力，来场比安庆之役更"漂亮"的最终收功之战。当然，他不会不知道这并不是眼下唾手可得的，只是一旦东援，也许就永远失去了这个机会。所以，他回信谢绝了兄长的一番"美意"。十二月初一日，曾国藩接到乃弟的回信，在当天的日记中记下："是日接沅弟信，不愿往上海，恐归他人调遣，不能尽合机宜，从违两难。"其实，曾国荃针对其兄的沪地富说，也是"高调谢绝"，有记曰："时朝廷以杭州陷，松、沪岌岌可危，议令公（按：指曾国荃）率师出上海，规苏、常……公答曰：'松、沪财富甲天下，筹饷易。然贼巢在金陵，急攻其巢，必以全力援救，而后苏、杭可图。愿任其难者。'"① 全然一副舍易取难、勇当艰危的姿态了。

东援必行，而自家老弟又不去，那统帅就得另行选人了。不过此事未费什么周折，很自然地就落在了李鸿章的头上。因为在酝酿安排曾国荃的时候，就已有让李鸿章辅助的动议，曾明确说要让"少荃、昌岐（黄翼升字）同去"②。黄翼升已是淮扬水师将领，在曾国荃不愿东援的情况下，新建淮军的统帅自非李鸿章莫属。这当然也是其人巴不得的事情，无论与曾国藩的私人关系如何，作为一个幕僚，在湘系集团中毕竟难有出人头地的机会，他不能不渴望寻机自立山头，独树一帜。眼下出任东援统将，不就是此途的一个绝好台阶吗？而曾国藩，这时不但认可其东援统帅之任，而且此前早就奏荐其为江苏巡抚人选了，其奏云：

> 江苏、浙江地方军务关系甚重，钦奉谕旨酌保堪胜疆吏将帅人员……江苏巡抚一缺，目前实无手握重兵之人可胜此任。查有臣营统带淮扬水师之延建邵遗缺道员李鸿章……十年七月初三日，臣于保带淮扬水师案内，奏称李鸿章劲气内敛，才大心细，与沈葆桢二人并堪膺封疆之寄，旋因祁门危急，仍留臣营未赴扬州，该员现在臣营统带淮扬水师五千人，战船二百号，与总兵黄翼升会同办理……若蒙圣恩将该员擢署江苏巡抚，该员现统水师五千，臣再拨

---

① 《湘军人物年谱》（一），岳麓书社1987年版，第478—479页。
② 曾国藩：《致澄弟沅弟》，《曾国藩全集》家书之一，第717页。

给陆军六七千,便可驰赴下游,保卫一方,地方一切事宜,该员亦能洞悉利弊。至巡抚驻扎之地,上海僻在东隅,不足以资控制,臣愚以为宜驻扎镇江,北可联络淮扬,南可规复苏常,近拊金陵之背,远制洋面。但派劲兵数千保卫上海,留司道一二员经收关税,不必巡抚常驻沪城。如蒙俞允,应请密谕李鸿章料理赴任,待该员军抵镇江后再求明降谕旨。①

此奏荐当在东援统帅人选落定之前。此片在《曾国藩全集》中没有查见,《剿平粤匪方略》中系于咸丰十一年(1861)十二月十四日之下,当为清廷收阅日期。此件之前为同日曾国藩关于恳辞节制浙省各官军务的奏折,此折《曾国藩全集》中收录,日期为十一月二十五日,此为出奏日期,奏荐李鸿章片若是此折的附片,那么自在同日。而十一月二十五日这时,尽管曾国藩还没有接到国荃明确推辞东援的回信(接信是在十二月初一日),但从他没有迅速回复表态的迹象,也许已料及他的意向。再说,从上引奏语中可知,早在咸丰十年(1860)七月初,也就是早于此时约一年五个月,就已经对李鸿章有过疆吏之荐,只是没有及时落实,而这时可谓重荐,连"劲气内敛,才大心细"的荐语都作重申。当然,具体军政条件较那时显有变化,特别是面临东援组军派帅之事,曾国藩不会不与之联系通盘考虑。特别需要注意,片中"江苏巡抚一缺,目前实无手握重兵之人可胜此任"之句,分明是特别注重和强调"军政结合"的紧要,而此时的荐抚与派帅正好同时面临,曾国藩岂能没有结合进行的统筹运思?片中他不是就言及在李"现统"水师的基础上,"再拨给陆军六七千",让其"保卫一方"吗?这显然是基于"军政结合"的立意。至于苏抚驻地建议为镇江而非上海,起码按其自己的解释,是鉴于他心目中镇江地理位置的"联络"优势,并非抚、帅分离。试想,开府镇江也不是不可以兼而统管沪军,充其量沪军需加置专门统将而已。至于随后李鸿章先是率军前赴上海,而获任苏抚后亦未驻镇江,自是因现实而取宜,更显顺理成章。

需要注意到,有论者对曾国藩奏中建议新任苏抚驻镇江而非上海之

---

① 《剿平粤匪方略》,《(钦定)平定七省方略》,北京中国书店 1985 年影印本,卷二八一,第 18—20 页。

事，看得颇为复杂，说实际上"是曾国藩的障眼法，是他明修栈道，暗度陈仓之计"，江苏巡抚"以镇江为驻地一类的话，主要是说给清政府听的，消除清政府疑阻的，后来则又是逼上海官绅迅速供船供饷的，并非他的真意"①。总之，认为完全是与清廷和沪上官绅斗法。酌量起来，这时此种因素即使真有，不应忽视，也只是"之一"而已，并非其全部恐亦非主要，特别是不能排除所言反映当时曾国藩战略斟酌上的真实认识。诚然，此际曾国藩给家人、朋僚信中，多议及上海而较少涉及镇江，主要是因为用兵援沪乃面临的最急切之事，这与拟任新抚驻镇江有联系但毕竟是两码事，因为新抚之任是要等清廷正式谕旨的，非他宜与别人多议之事。而从其战略筹划上看，援上海与驻镇江并不矛盾，而是一盘棋局上如何具体布子的事情。直到同治元年（1862）正月下旬的时候，曾国藩在给左宗棠的信中这样交底："少荃赴上海，系新募舒、庐之勇，名曰淮勇。另拨湘勇二三营与之，令淮勇一法湘勇之营制营规。目下未经战阵，安得号为劲旅？亦别无劲旅可拨，拟先驻镇江，徐图上海也。"② 通信的他俩之间是用不着虚言欺饰的，自是真诚陈说。实际上，曾国藩在好一段时间里，在"援上海"和"驻镇江"问题上是颇费脑力而又显犹疑、举棋不定的，似非全属故与清廷和上海官绅斗法的表现。这时清廷和上海方面对曾国藩的依赖是显而易见的，"斗法"虽说仍旧难免，但情势显然今非昔比。

而无论如何，从清廷收阅上引曾国藩奏片后所发谕旨看，是完全同意了曾国藩的意见：

> 上海系僻处一隅。该大臣所筹苏抚应于镇江驻扎之处，于地势、军情，极得要领。道员李鸿章既据查看其才可胜重寄，着照所拟，即饬督带水军，并再由曾国藩拨给陆军六七千，驰赴下游。诚如所奏，北可联络淮、扬，南可规复苏、常，扼金陵之背，与该大臣扼吭之师相为策应，实中机宜。薛焕现在办理通商等事，一俟可以移交，再降谕旨，或令其专办外国事宜，分别交替。李鸿章到镇后，着将镇江一带水师战船是否得力，两淮盐务现应如何整顿，及

---

① 樊百川：《淮军史》，四川人民出版社1994年版，第41、44页。
② 《复左宗棠》，《曾国藩全集》书信之四，第44页。

该运司等能否得力之处，一并查明，由该大臣妥筹具奏。①

该密旨的发布时间是咸丰十一年（1861）十二月十四日。可知，此时实际已基本内定李鸿章为江苏巡抚，只是因为时机原因尚未明发谕宣布，要等待合适的时间。当然，从另一方面说，既然没有正式发布谕旨宣明，李鸿章这时就还不是江苏巡抚，未宣布期间，一切变故都可能发生。至于对这一"内定"消息，不但作为推荐人曾国藩，即使受荐人李鸿章，想必也会知情的。既然被拟任江苏巡抚，那么东援统帅也就更舍其莫属。这中间还有一"插曲"需稍作辨析：就是在确知曾国荃不愿东援之后，曾国藩曾于十二月初五日致函邀请在籍旧属陈士杰出山东援，或留安庆相助：

> 苏省士民望救情急，使者数辈，更番迭至。国藩职领兼圻，义不容诿，许以明春发兵驰援。而现计敝处兵力尚不敷用，即各营统领，亦亟需干城心腹之人。是以备具公牍，敦请大旌出山，相为助理。并令陈游击飞熊、马教谕先槐，代达鄙悃。如获许允，即望召集旧部，挑募三千人，已另饬马、陈各另募一营，随同东下，合成四千之数。旧人共事，调度易灵，务望及早着鞭，于明年二月底到皖。其留苏请简一层，以苏省办事乏人，而此军专为东征之用，故如此位。若不惬尊意，则请到营面商，再行出奏。若阁下不愿赴苏，或带三千人，随鄙人同驻安庆，亦无不可。②

陈士杰为湖南桂阳州人，湘军创建之初入曾国藩幕，后为将，此时已晋道员。而此番曾国藩邀其出山（他在籍亦领团丁武装），并形诸奏章，保其为江苏按察使，为清廷允准。但陈士杰以母老和家乡不靖为由辞却，未如曾国藩所愿。那么，在曾国荃不赴东援的情况下而邀陈士杰，是不想让李鸿章东援吗？或是说是在陈士杰未受邀的情况下李鸿章才得以东援？其实不是。试想，既然李鸿章为新苏抚人选已有内定之局，且兼有为之增兵"保卫一方"的方案，就意味着他以苏抚而兼东

---

① 附录廷寄，《曾国藩全集》奏稿之三，第386页。
② 《致陈士杰》，《曾国藩全集》书信之三，第642页。

援统帅,这不是随便就能朝令夕改的,而邀陈士杰带兵东援,想必是隶属于李鸿章手下的专门性统将,这从安排李鸿章为巡抚而陈士杰为按察使的职务上也间接可证。实际上,当时对陈士杰的拟用,若是与曾国荃比更不是同等量级的。至于曾国荃与李鸿章,如果同去东援,按曾国藩原拟想的李鸿章为辅也许还能暂时勉强成局,实际也难真正协和共事,若李主曾辅恐成事尤难。事实上,李鸿章内定苏抚成局之后,曾国荃东援便更无可能。淮军编练过程中李鸿章写给曾国荃的一信中,所置此语颇堪琢磨:"东吴请兵之使数至,师门始以麾下得胜之师允之。嗣因内举避亲,复以不才应诏。"① 这里边显然没有言及作为"主""从"同去的意思,而是"始""复"的先后替代,所谓"内举避亲",似非指带兵东援军务本身,因为这种事情没有什么需"避亲"的嫌疑,更像是举荐巡抚之任,由巡抚兼任东援军事统帅。若是这样看,由逻辑到事实就能统一起来。

总之,东援主帅最后是被派定在李鸿章身上,并且这时候他也被内定为江苏巡抚,只等待机正式宣布。对李鸿章来说,这绝对是一次"华丽的转身",淮系集团的诞生也即将揭开帷幕。

三 李鸿章个人条件及与曾国藩关系的要素

李鸿章东援之局,当然有阴差阳错的客观契机因素,但更根本的是主客观条件结合的必然性体现。客观条件方面,从前面的相关内容中已得基本揭示,这里主要看李鸿章的个人条件及其与曾国藩的关系。

安徽合肥籍的李鸿章,小曾国藩十二岁,出身上则比曾国藩"高贵"。他的父亲李文安,与曾国藩同科进士,也曾在京城为官。这样,李鸿章少年时,其家就已经属官宦门第了。而因为其父与曾国藩同年进士的关系,李鸿章本人也有了曾从学于曾国藩的机缘,建立师生关系,在这种情况下,他更当以"晚辈"自居了。尽管他们籍不同省,但"结谊"如此。李鸿章有中进士、入翰林的正途履历,仕途起点算得颇高而优越。不过由于"粤匪"事起,一度受到影响,未能按部就班、一路顺风地发展。他也有过被派回皖办团练的经历,但开始只是协助大员吕贤基,吕贤基死后自家"单干"只是小打小闹,总之身份上远不

---

① 《复曾沅甫方伯》,《李鸿章全集》第29册,第66页。

能与在湖南办"团练"的曾国藩相比。李鸿章当时在安徽没有弄出大的名堂,还落得个"翰林变绿林"①的讥名。他不能不试图寻找新的出路,于是,凭借与曾国藩的旧有关系,又通过其兄李瀚章的牵线搭桥,谋求投赴曾国藩幕下发展。李瀚章比鸿章大两岁,也曾拜曾国藩为师,还在湖南署理过几个县份的知县,随后进入曾国藩幕府并被欣赏和看重,此番为乃弟与曾国藩接洽所起"中介"作用可谓自然天成。

时当咸丰八年腊月(1859年1月),当时曾国藩在江西建昌大营,他对于李鸿章的"傲性"自有了解,似乎是为了对他先行考验,甚至有意"摧折"其气,开始并没有表现出迫不及待之态,而迟迟不明确表示聘用。李鸿章着急之下让当时在曾幕的友人陈鼐(作梅)探寻底细,为之说项。于是陈鼐对曾国藩说:"少荃(李鸿章字)以昔年雅故,愿侍老师,借资历练。"曾国藩回答:"少荃翰林也,志大才高,此间局面窄狭,恐艨艟巨舰,非潺潺浅濑所能容,何不回京供职?"陈鼐说:"少荃多经磨折,大非往年意气可比,老师盍姑试之?"曾国藩这才答应下来,接纳李鸿章入幕。不过,对其人的考验并未就此罢休,续有考验、训诫,前述李鸿章以早起与曾国藩及幕僚同人一道用餐为苦,又一次托病推辞不到,最后还是被曾国藩催至,并以"此处所尚惟一诚字而已"训之的事情,便可生动地反映出曾国藩与李鸿章性格和做派不同的一个侧面。

正式进入曾国藩幕府之后,李鸿章被安排"初掌书记,继司批稿、奏稿",成为机要文案。他对工作处理得妥适有序,显出"业务"上确实把好手,从而赢得曾国藩这样的称道:"少荃天资与公牍最相近,所拟奏咨函批,皆有大过人处,将来建树非凡,或竟青出于蓝,亦未可知。"而李鸿章"亦自谓从前历佐诸帅,茫无指归,自此如识南针,获益非浅"。上述不管是曾国藩还是李鸿章的话,应该说都不为客套虚言,是由衷而发,两人相互支持,互利互惠,当然,这时主要是李鸿章对曾国藩的依恃。曾国藩纳幕李鸿章,总算有了一个较好的开头,两人关系也基本和谐,不过,也不是没有波折。曾国藩任两江总督,对东线吴区也负有军政责任。按照他自己的铺排,先进驻皖南祁门,摆出兼而东顾的架势。本来,鉴于祁门属军事地理上的"绝地",部属中许多人其中

---

① 刘体智:《异辞录》,第10页。

也包括李鸿章,劝曾国藩不要进驻那里,但曾国藩固执己见,结果,到后马上陷入了极大的被动和危险境地,军事上连连失利,其中就包括部属李元度兵败徽州。李元度从曾国藩的湘军出战伊始就跟从相助,甚至在战场上救过曾国藩的命,两人关系非同寻常,曾国藩也常念李氏之恩。而李氏此番兵败,固然与他不甚知兵而又有违曾国藩的指令,犯了指挥上的错误分不开,但更根本的原因还是为总体上的军事被动形势所制约。曾国藩不检讨自己,也不念与李元度的旧情,执意要对他奏劾。而当时起草奏稿这类事情为李鸿章职事所属,李便拉上另一幕友,前去与曾国藩相争,不被听从,便说:"果必奏劾,门生不敢拟稿。"曾国藩毫不相让,说:"我自属稿。"李鸿章说:"若此,门生亦将告辞,不能留侍矣。"曾国藩亦不挽留,发话:"听君之便。"[①] 在这种情况下,李鸿章果真很快离开了曾幕。

不过,李鸿章离开曾幕后,并没有膺任其他职事,基本处于"赋闲"状态,此间接郭嵩焘信,有这样的劝说之言:"此时崛起草茅必有因依,试念今日之天下,舍曾公谁可因依者?既有拂意,终须赖之以立功名。"读之使得李鸿章"怦然有动于心"[②]。其实,李鸿章自己何尝不明白这个"玄机",只是要找个台阶下而已。这个台阶自然还是由幕主来铺合适。在咸丰十一年(1861)的夏间,曾国藩就写信给李鸿章,明确邀他"速来相助"。李鸿章见机行事,很快复来就幕。这与"东援"安排,时间就很接近了。

可以看出,李鸿章与曾国藩之间尽管由于性格差异、见解不同等原因也不无龃龉,但到头来李鸿章对曾国藩还是要依赖、附从。而两人间既有的非同寻常的关系基础,以及政治上志同道合的投契,更决定了两人互为认可和信赖的主面。何况,李鸿章又非等闲之辈,乃一大干才,给了曾国藩很大帮助,赢得了幕主的由衷欣赏和荐拔。在曾幕期间的咸丰九年(1859)十月,李鸿章就获延建邵道之授职,尽管没有实际赴任(一则基于需要曾国藩不愿放离,再则闽地环境亦恐不利李鸿章发展),但这为曾国藩奏荐他巡抚之任,是备下了可资之阶。由一个幕府

[①] 薛福成:《李傅相入曾文正公幕府》,《庸庵笔记》,第 11—12 页。
[②] 郭嵩焘:《玉池老人自叙》,台湾文海出版社"近代中国史料丛刊"1967 年影印本,第 49 页。

人员直接推荐巡抚之任，搁在平时不啻天方夜谭，也只有在这时的实力大员曾国藩辈手下，才有可能，甚至屡见不鲜。而李鸿章前已有道员之职，推荐起来自更显得自然些，也更易为清廷认可。总之，李鸿章受命组建淮军又兼获苏抚之荐，一旦成局便是其军政结合、独立淮系的标志。事实上，这很快成为现实。

四 淮系集团形成之速及相关问题辨析

先说淮军组成之速。可以说在同治元年（1862）正二月之际，淮军即告初成。说到淮军的成立时间，还需作一番辨析和说明。对其具体时间，学界说法不一。或取这年正月二十四日（2月22日），如郭廷以的《太平天国史事日记》该日条下记："道员李鸿章募淮勇到安庆，曾国藩为定营制，悉仿湘军章程。"① 或取同年二月初四日（3月4日），如窦宗一编《李鸿章年（日）谱》该日条下（按：该条所标旧历日期正确，其公历误为3月3日）记："鸿章随曾国藩检阅所部淮军，淮军正式成立。"② 也有此两说兼顾者，如雷禄庆《李鸿章新传》中说，"同治元年的正月二十四日（2月22日），李鸿章筹募的第一批淮军五营集齐于安庆北门城外，正式定立营制，这是淮军的建军之始"，"二月四日，鸿章随曾国藩检阅所部淮军，淮军算是正式成立了"③。是用"建军之始"和"正式成立"界定两者，并试图将其统一起来。

所见还有多家，或依正月二十四日说，或依二月初四日说。并有论者作有《淮军成军时间考》④ 的专文，其终究是认可二月初四日说。这是学界的观点性认识，当然要有史料依凭。当年曾国藩正月二十四日日记中记："出城至李少荃处道喜，渠本日新移居营盘也。"⑤ 黎庶昌的《曾国藩年谱》本日条下则记："李鸿章募淮勇到安庆，公为定营伍之法。器械之用、薪粮之数，悉仿湘军章程，亦用楚军营规以训练之，拨湘勇数营以助之。两省将卒，若出于一家然，公（按：指曾国藩）所

---

① 郭廷以：《太平天国史事日志》下册，上海书店出版社1986年影印本，第862页。
② 窦宗一：《李鸿章年（日）谱》，第4801页。
③ 雷禄庆：《李鸿章新传》上册，第97、99页。
④ 陆方、李之渤：《晚清淮系集团研究——淮军、淮将和李鸿章》，东北师范大学出版社1993年版，第43—45页。
⑤ 《曾国藩全集》日记之二，第255页。

教也。"① 凡主张正月二十四日说者，当主要是以此为据。同年曾国藩二月初四日日记中则记："至城外李少荃营，又自韩正国营、程学启营、李济元营、滕嗣林营，归寓已未初矣。"② 主张此日说者，便将上引曾国藩所记演绎为"鸿章随曾国藩检阅所部淮军"之类说法。另更有进一步的考索，像上揭《淮军成军时间考》文中，就征引曾国藩二月初二日奏语："李鸿章一军于腊底正初招募淮勇五营，另拨湘勇数营，赶紧训练，二月可以成军。"③ 并据以否定正月二十四日说："如果正月二十四日淮军已建立，曾国藩怎能奏报二月可以成军呢？"其实，这也不易支持二月初四日成军说，试想，初二还在"赶紧训练"当中，岂能两天里就可训练竣事？《淮军成军时间考》中，又引曾国藩二月二十二日关于"李鸿章新募淮勇及调拨湘勇，均已募练成军"④ 之奏语佐证其观点。想来，若据以证明这时淮军已经"募练成军"可以，但由此来证二月初四说岂不牵强？倒是就将二月二十二日曾国藩上此奏正式报告"成军"取为标志，将这天认定为宣布淮军"成军"之日，觉得比前两说都更合适，只是这又要增加一说了。

　　这有一个思路上的问题：若非找定淮军成军的一个具体日期，就需要当时真有醒目而明确的标志性事情，如说宣布成军的专门文告或集合"誓师大会"之类。淮军建立过程中未见这类特别典型的标志。曾国藩二月二十二日奏报中言及"成军"，当然也不是宣告成军的"专门文告"。曾、李他们若是真有特行的检阅全军的行动和仪式，当然亦可，而像上揭曾国藩二月初四日记中所记，也非此类，而只能说属一般性的分营视察而已。如果说连二月二十二日曾国藩奏报的标志（比较起来已属最明确而典型的了）也不取的话，那么，就不必非择其他具体日期，而采取"模糊性"处理更为妥适，若非要从中硬定一个，就不免有胶柱鼓瑟之嫌了。当然，若申明是研究者根据自己把握的特定标准做出的一种"自我规定"未尝不可，只是不要强调成"本来事实"，史实本身

---

　① 黎庶昌：《曾国藩年谱》，岳麓书社1986年版，第146页。
　② 《曾国藩全集》日记之二，第259页。
　③ 原注《曾文正公全集》，奏稿，卷十五，页二十五。查载《曾国藩全集》奏稿之四，第66页。
　④ 原注《曾文正公全集》，奏稿，卷十五，页三十一。查载《曾国藩全集》奏稿之四，第96页。

和研究中的"人为规定"是两码事，不应混淆。联系湘军成军之事，一般以其"建旗东征"为正式"成军"投赴战场之日，倒未见有太大争议。若是以之比照，那么淮军以其从安庆集训后最早赴沪的时间即三月上旬（初七日头批启程，李鸿章三月八日开行）①，视为淮军正式成军开拔投赴战场的标志，亦更明确而醒目，并且与言其正二月之际"初成"亦不矛盾，似比非在"正月二十四"和"二月初四日"两者中"绑架"其一更显有通融性。

实际上，就所见在两说中争议各家取据的"原始材料"来看，似皆难提供直接而充分的证据，所以各家就不能不做出利于证己观点的演绎性解读，在这一过程中，也许就有了"扩展性失真"。譬如，曾国藩一般性的分营视察被演绎成好像有典型仪式的集中检阅，就是很明显的例子。要说，与之比照起来，正月二十四李鸿章"新移居营盘"而曾国藩往贺尚属较典型些的标志，再加黎庶昌所作《曾国藩年谱》本日条下的记述，似更增证据力度。问题是，仔细斟酌，上面引及的其该日条下的相关"证据"语句，并非本日条下的具有精确时间意义的"主记"内容，此主记内容是本日曾国藩奉到在"贼氛日炽"的情势下要他"统筹全局，缓急兼权"的上谕，其后才是上引那番话语，是起补充性说明相关情况之作用的，涉及时间并非必定局限于此一日。譬如，所募淮勇到安庆集结，实际也是"陆续"的，并非在某一同日齐到。李鸿章在这年二月二十六日给人的函件里，就有"敝军业于灯节（按：当指元宵节）后陆续到齐，亲督训练"②之说，可谓明证。若说以最后者到达为"到齐"的精确日子，也未必就是在正月二十四日。

看到有著述中说："3月13日（按：阴历二月十三日）张树声到安庆，李鸿章所招募的淮勇到齐。"③查其所据，为当日李鸿章《复王敬亭孝廉》函："振轩（按：张树声字）到营。接初五日手书……"④严格来说，信文中并未说其人是写此信这天刚到的（是不排除这种可能），只是表明"已到"而已。至于上揭"年谱"中本年正月二十四条

---

① 《李鸿章改由轮船赴沪折》，《曾国藩全集》奏稿之四，第113页。
② 《复吴方伯》，《李鸿章全集》第29册，第73页。
③ 樊百川：《淮军史》，第66页。
④ 其原注为吴汝纶编《李文忠公全书》，朋僚函稿，卷一，页六。查《李鸿章全集》中文字亦同。

下记及淮军的营制、章程之定，也未必就是在本日（当然亦可证到这时"已定"）。因为该年谱中在记条目日期本日的事情之外，兼作前后联系的说明性纪事，这种情况屡屡可见，不待枚举，切莫将系于某日条下的所记各事都拘泥认定在该日。不过，假设非做一道"正月二十四日"与"二月初四日"的"选择题"，笔者倒是宁选前项的，因为这天起码有李鸿章"新移居营盘"之事，说这意味着其专门驻营治军（并非一般性迁居）当非过度解读，李鸿章本人亦有他"于二十四日移驻城北营内，日与哨弁武夫摩挲训戒"①的说法，且曾国藩为此专门往贺，更说明受到重视。至于曾国藩曾有"二月可以成军"（意味着正月尚未成军）之说，其实"成军"与否，在他们不同语言场合下的具体标准和说法可能是不一样的，未必以之为绝对凭据，作为研究者起码可以通过综合斟酌而做出自己的认定。

综合斟酌，笔者终究还是觉得说淮军在正二月之际"初成"，三月上旬自安庆启程赴沪则标志其"正式成军出征"为妥，如此"涵容性"较大，可省却诸多无谓争议。当然，淮军自安庆赴沪也是分批的，三月初七日（4月5日）为首批（韩正国、周良才、程学启营），直到五月初二日（5月29日）还有才开行者（熊字营）②，若非说具体日期，那么不妨即取头批成行之日的三月初七日为界标。

无论如何，淮军组建进行得颇为迅速和顺利，从着手到初步成军只用两个来月，在同治元年（1862）正月就集训于安庆，并制定营制，三月上旬就启程东下了。此初始淮军规模，即通常所说"十三营"，当然关于其具体营伍情况的说法上或有不同，不一一列述。若按赴沪时的营头而言，其有亲兵营2营（营官分别为湖南籍的韩正国和周良才），开字营2营（安徽籍的程学启统带），春字营1营（营官为安徽籍的张遇春），树字营1营（营官为安徽籍的张树声），铭字营1营（营官为安徽籍的刘铭传），鼎字营1营（营官为安徽籍的潘鼎新），庆字营1营（营官为安徽籍的吴长庆），林字营2营（营官分别为湖南籍的滕嗣林和滕嗣武），熊字营1营（营官为湖南籍的陈飞熊），垣字营1营

---

① 《复李黼堂中丞》，《李鸿章全集》第29册，第64—65页。
② 《曾国藩全集》日记之二，第268、287页。这中间还有数批，每次曾国藩都为之查看、送行，其日记中亦各有记，不一一列示。

（营官为湖南籍的马先槐），正好是"十三营"。需要说明，还有以安徽人李济元为营官的济字营，本也做东援淮军安排，参加安庆集训，但此营未赴沪而留驻安徽池州，算上此营，即十四营，不算上它，为十三营。这是陆军，所谓淮扬水师未计。按照《淮军志》中的说法，这"最初十三营"，为"淮军的基本骨干"，"淮军建军之根本"，"极为重要"①。从规模上说，因为就是沿袭湘军编制，不算长夫每营500人，如此算来约6500人，这也是学界通常的说法。也有论者更细推算，"加上长夫（每营180人）及李鸿章大营营务处人员，总数约为9000人"②。

这等规模不小的军旅，何以在倏短时间里能成？可以说主要是因为在不同途径上都有基础。其基本途径有二，一是调拨，二是新募。调拨主要来源于湘军。亲军两营是来自曾国藩两江督标的亲军；开字两营的统带者程学启虽是安徽人，但其军本属曾国荃所部，程氏本为太平军将领，在湘军攻下安庆前夕叛降倒戈；林字两营，系源自江苏巡抚薛焕让湘人滕嗣林和滕嗣武在湘地招募而成之旅，本有数千人，留归曾国藩，经裁汰归淮，自亦可算是由湘而出；还有熊字营、垣字营，则为曾国藩布置在湘募成，原拟归陈士杰统带不果，遂拨归淮军。再有像张遇春所带的春字营，虽说最初本于李鸿章在皖时属下的团练，但在李鸿章入曾国藩幕府后，它改编归属湘军，到已历时数年的这时拨归淮军。这样算来，出自湘军或说基本出自湘军者即有九营之多。当然，像春字营，由"淮"归"湘"又返归于"淮"的情况比较特殊；统带开字营的程学启，也有着皖省籍地上的特别因素。但无论如何，总能说此番由湘军调拨的营伍占了初始淮军的大半。曾国藩分亲军给李鸿章，戏称为"赠嫁之资"③，其实，何止亲军，所调拨的全部湘军岂不都可谓"赠嫁之资"，这是多么"慷慨"的"送女出门"！

按十三营说，除上述九营外其余四营是由李鸿章新招，但基本上是借助于庐州府地方早已成型的团练，这是重要基础，就此稍加改造便成新的营伍，与完全白手起家大不相同。上已言及，李鸿章本人就有在安

---

① 王尔敏：《淮军志》，第117页。
② 翁飞：《李鸿章与淮军的创建》，黄山书社2012年版，第130页。
③ 刘体智：《异辞录》，第28页。

徽地方上办理团练数年的经历，特别是其家乡所属的庐州府地区团练尤为密集和有成。各团练多由当地的望族、名绅领办。有的属"官团"，有的为"民团"，即使"民团"也与官方有着密切联系，甚至不乏出乡配合官军作战。众多团练之间矛盾、争斗多有，但也不乏联络、合作，特别是在一些"名团"，其头目之间更是不乏亲眷、世交、友朋、同学等非常关系。而李鸿章与他们之间或熟识或有着这样那样的联系，到组建淮军这时一旦需要联络、筹备非常便捷。下面仅以初始淮军中"皖地四营"（树字营、铭字营、鼎字营、庆字营）连带春字营的情况为例，看其营官概况（特别是起自团练情形）以及与李鸿章的关系基础。

张遇春的情况上曾言及，这里补充交代的是他为庐州府所属的巢县人，武举出身，在籍所办团练，自李鸿章随吕贤基办团练时即归其指挥，曾转战本邑及含山等地，其间建立了亲密的统属关系，这时成为淮军的初始营伍，对于它与李鸿章的关系而言可谓"复归旧主"。不仅如此，张遇春本人及其营伍对在皖招募其他新营还起到了直接的吸引和示范作用。有说，"李鸿章组建淮军，张遇春成了淮军的带头羊"，"潘鼎新、吴长庆、刘铭传、周盛波、周盛传、张树声、吴毓芬、李胜等都步张遇春的后尘，按照湘军营制进行了改编"[①]。

领树字营的张树声，为合肥西乡人，所办团练亦曾从李文安、李鸿章父子，及至李文安病死（在咸丰五年）后转从过知府李元华（由六安团总晋身）。在筹建淮军前，张树声即为曾国藩所赏识，旧传稿中有述："因乡人李鸿章从曾国藩军江西，树声遣间使走江西，贻书论贼形势利钝及乡勇可倚办贼状甚具。国藩驻军祁门，阅书吒曰：'独立江北，今祖生（引按：指东晋名将祖逖）也。'见于军，退谓鸿章曰：'此将材也，他日当为国立大功。'树声由是始显闻。同治元年壬戌，鸿章督师赴上海，令树声募勇从，树声乃与刘铭传、周盛波周盛传各率所部往，淮军之兴，实树声为之倡也。"[②] 由此可见张树声与李鸿章、曾国藩的关系基础及在淮军组建时的作用。

---

① 马昌华主编：《淮系人物列传——李鸿章家族成员·武职》，黄山书社1995年版，第296页。

② 金松岑编，徐膏甫、李诚安补修，翁飞识读点校：《〈淮军诸将传〉（稿本）中的庐州籍将领传记》，翁飞《李鸿章与淮军的创建》（附录），第237页。

铭字营营官刘铭传,为合肥西乡人,在籍办团练,是个好勇斗狠的人物,甚至不乏匪痞气习,后随李元华与太平军、捻军作战"建功",屡被保奖,其中即有曾国藩的奏荐[1]。筹组淮军时,在张树声的联络下,他手下团练也被改组为淮军最早的营伍之一。

分别带鼎字营、庆字营的潘鼎新和吴长庆,他们是庐江同乡,又有世谊,特别是潘鼎新还先后从学过李文安、李鸿章父子,有师生之谊。知情者刘体智记述,其父亲刘秉璋(亦淮系要员)与潘鼎新(他俩亦为同乡、有世谊关系)曾在京先从学于李文安,及至李鸿章中进士后,"李翁(引按:指李文安)谓'吾儿新贵,可取资焉'。是后文字,皆就文忠(引按:指李鸿章)是正矣"[2],末句即指明改以李鸿章为师。这时潘鼎新、吴长庆以各自手下团练为基础改造为淮军营伍,自亦顺当便捷。

顺便说明,非属淮军最早营头建立人的刘秉璋,不久也被李鸿章招至身边辅弼,旋即让他为将领军,其人兼有进士出身的优越条件,日后大有发展。还有,前边引文中涉及的周盛波、周盛传、吴毓芬、李胜等人,也顺作简要交代。籍地合肥西乡的周盛波、周盛传兄弟,亦当划属淮军元老级人物,他们也在家乡办团,并且淮军筹建时也到过安庆,但赴沪之"十三营"里边,并无他们统带的营头,何以如此?这有不同的材料根据和说法:一是李鸿章在《周盛波病故请优恤折》中说,其人"同治元年带队随臣督师赴沪"[3];孙家鼐撰《周盛传神道碑铭》中说,"同治元年,李公(引按:指李鸿章)督师至上海,规复江苏,挟公(引按:指周盛传)俱东"[4]。这样看来,周氏兄弟皆是随李鸿章东下的,并且,李鸿章也有"回溯平吴之初,迄于剿捻之役,时推铭、盛、鼎、树四军,成行最先,立功最多"[5]之言,"盛军",即指周盛波兄弟统带的营伍,将其列为与铭、鼎、树三营同样的"成行最先"者,而"成行",自然是启程赴沪了。但也有说当时他们尚未独领营伍,只

---

[1] 《刘壮肃公奏议》,光绪三十二年印本,卷首《咨部履历》。
[2] 刘体智:《异辞录》,第3页。
[3] 《李鸿章全集》第12册,第490页。
[4] 《周氏宗谱(七修)》卷三,转据翁飞《李鸿章与淮军的创建》,第113页。
[5] 《李鸿章全集》第12册,第491页。

是亲兵营哨官,是到沪后又回乡募勇立营的①。二是《续修庐州府志》中有记,"同治元年,今大学士李鸿章督师赴沪,盛传以六品蓝翎随总统淮军李鹤章带队东下"②。也就是说,周盛传部是随李鹤章而非李鸿章东下赴沪的,而李氏兄弟并非同路而行,因有人进而说"周氏兄弟,各率营众,随李鹤章绕江北陆路东下",并特别强调,"此支部队,实应视为淮军的基本骨干"③。上述不同说法,各有所据。而无论如何,上述"十三营"中,是未包括周氏兄弟独领之营的,当然即使这样也并不影响他们兄弟的"元老级"将领地位。还有吴毓芬、李胜两人,他们都是合肥人,也都曾追随李鸿章办团和出战,李鸿章东援这时,吴毓芬在营务处经理饷项,后隶程学启部下;李胜则随李鹤章由江北陆路至沪,他还是李鸿章母亲的内侄,曾为李家经理家务。

值得特别注意,由团练到淮军涉及的相关部众和头领,绝多系出于庐州府范围,该府对于淮军的兴起来说,比之湘乡县对于湘军兴起的地缘作用,可谓有过之而无不及。

大概看来,淮军的初始就是如此情形。可以说,自湘军调拨之营是熟饭早备,皖地新募之营则是新炊快成,淮军初始即如此凑集而成,可见它是"湘淮杂糅"合为一体的。这与"淮由湘出"分不开,罗尔纲有谓,"淮军与湘军,犹如儿子与母亲,曾国藩与淮军,犹如老褓母与婴儿"④。至于淮军立军以后,就基本上不再依傍湘军,而主要是自行因势扩充发展了。

淮军成立是淮系集团形成的必备基础,而另一离不开的要素,就是有要员出任疆吏,而这方面首开先河的自是李鸿章。在已被隐然"内定"为苏抚薛焕的替代人选后,就在他到沪(三月十日)后不到二十天的三月二十七日,清廷即明降谕旨,令李鸿章署理江苏巡抚,及至十月十二日便谕令实授。就湘系集团形成的标志而言,不必到李鸿章实授巡抚之际,取他署理巡抚之时就可以了,至此他即"法定地"实现了军政结合,这与淮军初成时隔很近。

---

① 如翁飞《李鸿章与淮军的创建》书中第113页所述。
② 林之望、汪宗沂等纂:《光绪续修庐州府志》第二册,江苏古籍出版社1998年影印本,第157页(原书卷四十八,页十六)。
③ 王尔敏:《淮军志》,第121页。
④ 罗尔纲:《淮军志》,《晚清兵志》,中华书局1997年版,第7页。

当然，在镇压太平天国的过程中，在其整体战局上，淮军比之湘军还属"配角"，就全局统辖权和指挥权而言，它还不是完全能够脱离曾国藩，即使其统帅并兼为江苏巡抚的李鸿章，职权也还在作为两江总督兼钦差大臣的曾国藩之下，虽说巡抚并非辖区总督的法定属官，但事实上李鸿章还是在一定程度上听曾国藩的指授。尽管如此，但淮军毕竟是相对的独立军系了，李鸿章毕竟是一方大员了，并且军政结合，有了从军事到政务的系统组织机构和文武下属。总之，在淮军建立且其统帅李鸿章又获苏抚之任后，"淮由湘出"即告完成了。在特定的契机下，这个过程也就非常快捷而顺利。

就具体契机而言，就是在曾国藩幕府的李鸿章，于咸（丰）末同（治）初得以被派统军沪上，独立山头。而这，是基于多种复杂因缘的凑合。除了上揭宏观时势条件的得宜，李鸿章和曾国藩之间有着"私谊"关系基础，以及相关"东援"事局的若干具体情节凑合之外，李鸿章与湘系群体间的微妙关系，也需注意。这与李鸿章与曾国藩的个人关系既有一定联系，也有明显区别。湘系群体不免有着地缘上的排他性，对皖人李鸿章不能真正视为嫡亲，有些湘系要员与李鸿章的关系甚至很僵。像前边述及的李鸿章与彭玉麟因湘淮籍地的互讽对打就是一例。还有左宗棠，与李鸿章的关系亦颇不和谐，就连曾国藩的弟弟曾国荃也是如此。李鸿章对此湘淮隔阂当然有敏感的觉察，是绝不甘心寄人篱下的，总寻求能独树一帜的机会，以实现他的政治抱负。一旦有此"东援"机缘，他自会不失时机地妥适把握。

可以看出，"淮由湘出"既有客观时势条件下的必然，在其过程中又充满偶然因素。而有些看似偶然的因素、关键性的历史细节，在特定机缘下起着重要甚至决定作用，如果不是基于那样的特定情节，也许相关历史事实就会是另外的面貌。对这一点，绝不应轻视和忽略。

第二节 自"淮"到"袁"

一 袁世凯与淮系集团的渊源关系

（一）袁世凯及其家族与淮系人员之间

淮系集团形成之后，发展至鼎盛，历时多年，经甲午战争，淮军挫败大伤元气，北洋海军更是全军覆没，淮系集团依赖的海陆军队遭受重创。淮系首领李鸿章的个人声誉、地位一落千丈，被免去直隶总督兼北洋大臣之职。历时数载到"庚子事变"年间，他由刚履职不久的两广总督任上回任直隶总督兼北洋大臣，到次年签订《辛丑条约》后不久即去世。自甲午战后，因李鸿章及其淮系集团衰落，客观上需要一个强有力的类似政治人物和一种新的军政力量来填补和维系，袁世凯及其所领军政集团便是在这种形势下应运而生。总体看来，袁世凯及其集团的崛起与发展，与李鸿章及淮系集团的衰落确有着密切的替接关系。而此中契机复杂，首先需要注意到的是袁世凯及其家族与淮系早有联系的情况。

袁世凯早年投身淮军，并在淮系集团中站稳脚跟，与家族的背景自有重要关系。袁世凯出身官宦家族。袁甲三是袁世凯的叔祖父，道光末年，他和李鸿章曾同在京为官，"相厉以道谊"①。咸丰三年（1853），清廷命袁甲三和李鸿章协助工部左侍郎吕贤基同赴安徽帮办团练、防剿太平军。李鸿章入曾国藩幕府后，同袁甲三仍有书信往来。同治二年（1863）袁甲三病逝后，所属部众大都归属李鸿章，成为淮军的一部分。袁世凯的堂叔袁保恒（袁甲三长子）、袁保龄（袁甲三次子）都曾在李鸿章手下做事。同治七年（1868）袁保恒受命到李鸿章军营差遣委用，被委派为马步全军翼长，协同防剿西捻军，二人关系一度颇为密切。光绪七年（1881）李鸿章以其"谙习戎机，博通经济，才具勤敏"②，奏荐调赴直隶，以二品道员委办"旅顺海防营务"，得到赏识与器重。袁世凯的生父袁保中曾在籍办团防，嗣父胞叔袁保庆则多年跟随叔父袁甲三于军中，与淮军将领吴长庆、刘铭传等关系密切。

咸丰四年（1854），太平军围攻庐江城，庐江民团督首吴廷香被困，情况危急，遂命其子吴长庆赴宿州向袁甲三求援。袁甲三以询子侄，长子袁保恒"以地当强敌，兵不能分，主不救"；侄子袁保庆"以绅士力薄，孤城垂危，主救"；迁延时日，庐江城陷，吴廷香战死。吴长庆愤而与袁保恒断绝关系，与袁保庆"订兄弟之好"③。同治十二年（1873），袁保庆病死于南京，吴长庆渡江视殓，扶棺痛哭，与刘铭传

---

① 丁振铎编：《项城袁氏家集》（一），台北文海出版社1966年影印本，第145页。
② 《章洪钧金福曾袁保龄请留北洋差委片》，《李鸿章全集》第9册，第389页。
③ 参见张謇《张謇自述》，安徽文艺出版社2014年版，第24页。

一起帮助料理丧事①。再就是淮系的周馥与袁世凯家族关系也十分密切，周馥同袁保庆为好友，与袁保龄也十分亲善，袁世凯曾称呼周馥为"玉山大伯"，后来周馥和袁世凯成为儿女亲家，其子周学熙更成为袁世凯的亲信与得力助手。

嗣父袁保庆去世后，袁世凯遂到北京，跟随袁保恒、袁保龄读书，这两位叔父对袁世凯的影响，较其生父和嗣父更大。袁保恒聘请名师教导袁世凯，袁保龄亦对他严加督导。袁世凯"不喜为章句之学"，"尤好读兵书"，后两次乡试不中，他将所作诗文付之一炬，并有前引"大丈夫当效命疆场，安内攘外，乌能龌龊久困笔砚间，自误光阴耶"②之说，从此绝意科举。

袁世凯希望弃笔从戎，因其家族与淮系集团的渊源，他决计投奔淮系以求升达。当时李鸿章"坐镇北洋，遥执朝政"，权势显赫，攀附者趋之若鹜，其幕府人才荟萃，投其门下对袁世凯来说似乎可望而不可攀。而与袁保庆关系密切的刘铭传此时正在籍养病，显然也不宜投奔。他遂前往山东登州，投身嗣父袁保庆的另一位密友淮系要员吴长庆，这是在光绪七年（1881）。

（二）袁世凯投身淮军与平乱朝鲜

既投吴长庆门下，吴氏感念昔日与袁保庆的情谊，留袁世凯在军营中读书，每月给银十两，并指定幕僚张謇教授其功课，以报答袁世凯上辈的情谊③。张謇"曾命题，课以八股，则文字芜秽，不能成篇。謇既无从删改，而世凯亦颇以为苦"。张謇发现，袁世凯虽非读书之材，但于事务方面却能处理得较好，"偶令其办理寻常事务，井井有条，似颇干练"④。此后，吴长庆委任袁世凯帮办营务处，办理军需、参谋等事宜。袁世凯任劳任怨，吴长庆亦对他优礼有加。袁世凯曾给二姐去信说："延陵帅（吴长庆）相待日见加优，谏行言听，可感之至。"⑤

光绪八年（1882），即袁世凯投奔吴长庆的第二年，朝鲜发生"壬午兵变"，以朝鲜国王生父大院君李昰应为首的极端保守势力，为驱逐

---

① 马昌华主编：《淮系人物列传——文职·北洋海军·洋员》，第214页。
② 沈祖宪、吴闿生：《容庵弟子记》，第12页。
③ 袁保庆即述说过类似意思。见《张謇自述》，第24页。
④ 刘厚生：《张謇传记》，第6—7页。
⑤ 《致二姊函》，《袁世凯全集》第1卷，第11页。

标榜开放的闵妃集团而夺权。清廷应闵妃集团请求，出兵朝鲜平定叛乱。吴长庆奉命率六营淮军渡海赴朝，由丁汝昌率舰护行，袁世凯亦随吴长庆同往。

吴长庆仓促出发，军务繁忙，前敌应办诸务，完全委任张謇办理。张謇认为袁世凯"才气可用"，"以诸务冗集，力荐袁世凯为佐理，委为前敌营务处"。军队到达朝鲜内港马山津后，吴长庆即派某营为先锋队，限次晨登陆。该营官奉命后，以兵士不习航海多数晕船为由，请求稍缓登陆。吴长庆怒而将其撤职，命袁世凯代理该营。袁世凯奉命后，"即刻部署，两小时内，完全就绪，向长庆复命，长庆对众大加夸奖"①。此次事件中，袁世凯展现了他的治军才能，得到吴长庆的赞赏，也证明了他确实"才气可用"。

"壬午兵变"很快得以平息，闵妃集团重新执政。袁世凯在此次协助吴长庆朝鲜平乱中，表现突出，张謇称赞其"颇勇敢"②，吴长庆更以"治军严肃，调度有方，争先攻剿，尤为奋勇"③佳评，以袁世凯为首功向上呈报。李鸿章与张树声会奏朝廷请奖，称袁世凯"治军严肃，剿抚应机，拟请以同知分发省分前先补用，并赏戴花翎"④。此后，应朝鲜国王所请，吴长庆派袁世凯等办理为朝鲜练兵事宜。袁世凯采用淮军操法，"草创章制，编选壮丁，先立新建亲军，继立镇抚军"，"成效大著"⑤，吴长庆及朝鲜国王校阅后，都称赞他训练有方。

光绪十年（1884）中法战争爆发，李鸿章为巩固北洋防务，命令吴长庆率三营淮军，回驻辽宁金州，其余三营淮军仍留驻朝鲜，由记名提督吴兆有、张光前统带。李鸿章推荐袁世凯总理营务处，会办朝鲜防务，并兼带一营。他在奏折中称赞袁世凯"廉明果毅，晓畅机宜，久办庆军营务，兼带朝鲜练军，该国君臣均深敬佩，堪以委令总理营务处，会办朝鲜防务，可期得力"⑥。这样，袁世凯在入朝短短两年的时间内，一跃成为驻朝淮军的要员。

---

① 刘厚生：《张謇传记》，第7—8页。
② 张謇：《张謇自述》，第25页。
③ 沈祖宪、吴闿生：《容庵弟子记》，第12页。
④ 《李鸿章全集》第10册，第100页。
⑤ 沈祖宪、吴闿生：《容庵弟子记》，第14页。
⑥ 《议分庆军驻朝片》，《李鸿章全集》第10册，第421页。

袁世凯因家族关系得以投身吴长庆军中，袁保龄多次致函吴长庆，要其对袁世凯多加指教和关照。而袁世凯受到吴长庆的赏识，更多则是因自身的才能与素质条件。从袁世凯随赴朝鲜平乱的相关作为中，不难看出，他"颇习劳苦，敢任事，为吴所倚任"①。光绪十年（1884）吴长庆病逝于金州，袁世凯在给二姐的信中写道："五月廿一日，吴大叔因病即世，痛悲数日，百事不能理。此一知己，而今已矣……父亲大人去世后，吴大叔情谊甚厚，不能忘记也。"袁世凯将吴长庆视作知己，感念吴氏对他的知遇之恩，而对举荐他总理营务处、会办朝鲜防务的李鸿章，则看成另一知己，更为感激，称"李傅相（李鸿章）知遇甚厚，亦一知己，无可报者也"②。吴长庆去世后，袁世凯通过叔父袁保龄更加紧攀援李鸿章。恰逢朝鲜发生"甲申政变"，袁世凯终与李鸿章建立直接联系，并一再获得李鸿章的提拔与重用，这为他仕途的升迁及在淮系集团中的发展创造了条件。

"壬午兵变"后，朝鲜大院君李昰应作为兵变祸首被软禁于中国保定，但朝鲜国内状况未见好转，闵妃集团与朝鲜"开化派"继续内斗。中法战争之际，驻朝清军兵力削弱，这对于"开化派"来说正是可乘良机，他们开始积极寻求日本作为外援以推翻保守派的统治。朝鲜政府因中法战争胜负未卜，对清廷依恃的信心产生动摇，以国王为首的保守势力转而迫切地寻求日本的支持。日本亦视此动向为良机，认为清廷无暇顾及朝鲜，遂制订了假"开化派"之手，一举驱逐清朝势力的计划。在日本的参与支持下，光绪十年十月十七日（1884年12月4日），"开化派"发动以推翻清廷支持的闵妃集团为目的的政变，史称"甲申政变"。

政变发生后，袁世凯一面将相关情况密禀李鸿章③，并会同吴兆有上报，要求派兵轮来朝鲜；一面随机应变，自行决定派兵入宫保护朝鲜国王。最终，参与政变的日军退逃日本，闵妃集团重新掌权。袁世凯事后给李鸿章写了一份数千言的报告，详细禀告平叛经过，并建议在朝鲜设立监国，他说"莫如趁此民心尚知感服中朝，即特派大员设立监国，

---

① 石泉：《甲午战争前后之晚清政局》，第262页。
② 《致二姊函》，《袁世凯全集》第1卷，第30页。
③ 《密禀北洋大臣李鸿章文》，《袁世凯全集》第1卷，第32—33页。

统率重兵，内治外交，均代为理，则此机不可失也"①，他更亲率淮军一营驻守朝鲜王宫，以"监国"自视。袁世凯在朝鲜政变关键时刻果断出兵的行动无疑是正确的，但他亦存在挪用公款、专横独断等行为，更有日本政府指责他"擅启边衅"。清廷命李鸿章与会办北洋事宜的吴大澂负责处理此事。李鸿章遂电告袁世凯不要与日本开衅，并派吴大澂等赴朝查办乱党（也兼调查袁世凯）。为摆脱当时的困境，袁世凯以"母病"为由，请假离开朝鲜，于光绪十一年（1885）年初回国，旋即去旅顺见袁保龄。此后，吴大澂处理完朝鲜问题亦回到旅顺，随后于三月中旬返回天津，向李鸿章汇报朝鲜情况，盛称袁世凯有"奇才"；到京复命时，又屡言袁世凯之才可用。②从吴大澂对袁世凯的态度，隐约可见袁保龄与吴大澂等同在旅顺之时，为袁世凯之事进行的运作痕迹。这年，日本派伊藤博文来华，与李鸿章谈判"中日冲突"问题。日本因朝鲜问题对袁世凯尤为痛恨，所谓"憾之刺骨，百计排陷之"③。伊藤博文提出惩治袁世凯的要求，但李鸿章却对袁世凯大加庇护，仅以私人名义"行文戒饬"，为其推卸了所谓"擅启边衅"的责任。至此，这场有关袁世凯的宦海风浪得以平息。

此次危机的化解与袁保龄的活动不无关系。袁保龄本人深受李鸿章赏识，而李鸿章的亲信幕僚，如周馥、章晴笙等，都与袁保龄交谊甚笃。袁保龄事后函告袁世凯，"伊藤此次极力欲撼汝，尚赖合肥相国持正，颇费唇舌。此节自是可感"④。对李鸿章的帮助，袁保龄甚为感激，写信给李鸿章的幕僚章晴笙说，"凯侄得蒙我帅力持正论以覆庇之，感切心骨"⑤。

"甲申政变"后，日本对朝政策由政治干预转为经济渗透，俄国趁机插足，企图变朝鲜为其"保护国"，而闵妃集团控制下的朝鲜政府自主趋向日趋明显，与清廷的离心渐生。为此，李鸿章等有意送与闵妃集

---

① 《禀北洋大臣李鸿章文》，《袁世凯全集》第1卷，第44页。
② 侯宜杰：《袁世凯传》，百花文艺出版社2004年第2版，第20页。
③ 袁保龄：《阁学公集》，书札卷四，丁振铎编《项城袁氏家集》（七），台北文海出版社1966年影印本，第4831页。
④ 《与世凯书之一》，《项城文史资料》总第16辑《袁世凯家族诗文辑》上册，中国人民政治协商会议项城市委员会2008年编印，第352页。
⑤ 袁保龄：《阁学公集》，书札卷四，丁振铎编《项城袁氏家集》（七），第4837页。

团素为政敌的大院君回国,借以牵制闵妃集团,防止其引俄拒清。李鸿章认为,护送大院君的人选关系重大,他反复考虑,决定启用"足智多谋"的袁世凯,对其说:"今如演戏,台已成,客已请,专待汝登场矣。"李鸿章对袁世凯此行信心十足,说:"韩人闻袁大将军至,欢声雷动,谁敢抗拒……汝带水师小队数十登岸,作导引足矣。"① 如此一来,袁世凯回籍不到半年即被启用,而且身份和声望较前更高了。

原任中国驻朝鲜总办商务委员陈树棠软弱无能,被人戏称"无骨海参",李鸿章早有更换之意。袁世凯护送大院君返朝后回国,李鸿章即奏荐他接替陈树棠的职务,称赞其"胆略兼优,能识大体。前随吴长庆带兵东渡,久驻王京,壬午、甲申两次定乱,情形最为熟悉,朝鲜新旧党人咸相敬重。此次派令伴送李罡应归国,该国君臣殷殷慰留,昨接朝王来函,亦敦请该员在彼襄助。若令前往接办,当能措置裕如"②,并在奏折中又要求清廷提高袁世凯的事权,为"驻扎朝鲜总理通商交涉事宜",增加了该职位的权力。不仅如此,李鸿章更特向朝廷密保袁世凯,称赞其"足智多谋,与朝鲜外署廷臣素能联络","两次戡定朝乱,厥功甚伟",建议清廷"以知府分发,尽先即补,俟补缺后,以道员升用,并请赏加三品衔"③。

对于李鸿章的荐举、提拔,袁世凯十分感激,立即上书表示仰赖之心。他说"卑府才力驽下,深惧弗克胜任,惟有仰赖声威,敬谨从事,以期不负委任至意"④。袁保龄也感到此次"擢太骤,任太隆",上书李鸿章表示,"两世受恩,一门戴德"⑤。袁世凯在给二姐的家书中亦说:"弟年少识浅,不料蒙太后留意,诸亲王、军机大臣、中堂推重,如此知遇,更有何言……弟年未三十,名扬中外,大臣推重,九重垂青。"⑥

袁世凯接任朝鲜交涉通商事务后,成为清廷驻朝的最高代表。作为他的直接上司,李鸿章对其人爱护有加,使其才能得以充分施展。袁世

---

① 沈祖宪、吴闿生:《容庵弟子记》,第35页。
② 《派员接办朝鲜事务折》,《李鸿章全集》第11册,第203页。
③ 《密保袁世凯片》,《李鸿章全集》第11册,第203—204页。
④ 《袁世凯致总署函》,转引自李宗一《袁世凯传》,中华书局1980年版,第31页。
⑤ 项城市政协编:《百年家族——项城袁氏家族资料汇辑》,河南大学出版社2012年版,第135页。
⑥ 《致二姊函》,《袁世凯全集》第1卷,第57—58页。

凯在朝鲜期间,极力维护宗藩关系,推行了一些改革,引发相关方面不满,更有甚者要求清廷调回袁世凯。对此,李鸿章多加维护。光绪十二年(1886),李鸿章在复醇亲王的信中言及:

> 各国驻韩者趋向不一,日来颇怪袁世凯多事,盖皆有妒忌韩为我属之意。若我遽加兵易主,责言更多,掣肘立见,刚柔操纵,势在两难,非至万不得已时,未便声罪致讨。袁守精明刚躁,鸿章每切谕以镇静勿扰,但因壬午、甲申两次定乱,该守身在行间,颇有德于韩民,情形亦较熟悉,权宜用之。惟其洋务素少历练,年资稍轻,诚如钧谕,宜预储通品,为他日替人。第系难作文之题,通品亦不易得。①

大旨是说朝鲜之事,仍需交由袁世凯为之。至光绪十五年(1889),朝鲜方面要求撤换袁世凯,李鸿章则仍力保袁世凯,并多次致函总署为其辩护,说"袁道驻韩四年,遇有韩与他国交涉,尚能悉心襄助,随事调护,案据具在,未始无裨大局,自不能因韩王及各国嫉忌,轻于撤回,致堕奸谋而失大体"②;"若轻信谣诼,而使任事者抱不白之冤,以后稍知自好,顾全国体者,孰敢蹈此危机哉"③? 次年李鸿章办理朝鲜商务请奖时则奏称:"升用道袁世凯血性忠诚,才识英敏,力持大体,独为其难,拟请旨免补知府,以道员分省归候补班尽先补用,并加二品衔,以示鼓励。"④ 光绪十八年(1892)李鸿章上奏保荐袁世凯片,称"该道于十七年九月已届二次差满,例应叙保,但虚衔实职无可再加,迹其从事海外,不避艰险,独为其难,实非寻常劳绩可比。臣于十一年、十六年以该道胆略兼优,血性忠诚,先后奏保,近日察其器识,尤能深沉细密,历练和平,洵属体用兼备,置之交涉繁剧之区,必能胜任。合无吁恳特恩,以海关道存记擢用"⑤。可以看出,李鸿章对袁世凯的看法和评价越来越好,对其信任有加。与这不无直接关

---

① 《复醇邸 论朝鲜局势》,《李鸿章全集》第34册,第74—75页。
② 《复总署 论袁道见忌外国》,《李鸿章全集》第34册,第565页。
③ 《复总署 论撤换袁世凯》,《李鸿章全集》第34册,第646页。
④ 《办理朝鲜商务请奖折》,《李鸿章全集》第13册,第290页。
⑤ 《奏保袁世凯片》,《李鸿章全集》第14册,第462页。

系，至甲午战前，"袁世凯成为朝鲜国内权力最大的人物"①。

袁世凯自"壬午兵变"初露锋芒，得李鸿章关注，进而长驻朝鲜，成为李鸿章在朝鲜的全权代表，力控朝局十余年。可以说，李鸿章是袁世凯仕途中的"贵人"，袁世凯早年能够在朝鲜发迹，与李鸿章的提携与保护密切相关。然而，甲午战争使袁李二人的关系发生了微妙的变化。

面临中日甲午衅端，滞留朝鲜的袁世凯深感处境危机，孤立无援，屡次电函李鸿章请求回国。尽管李鸿章电告袁世凯"要坚贞，勿怯退"②，但他决意回国以摆脱险境，向李鸿章称病请辞："凯等在汉，倭围月余，视华仇甚，凯病如此，虽死何益于国事"③。此后，袁世凯虽然得令回国，但又被李鸿章力阻入京，派去关外协助周馥办理淮军后方军务。对此，袁世凯并不情愿，他曾托堂弟袁世勋入京找李鸿藻、翁同龢设法，李鸿藻力促袁世凯赴前敌统兵，因李鸿章之坚持而未成，袁、李二人嫌隙已生。甲午战败，李鸿章之权势一落千丈，淮系集团瓦解，袁世凯企图改换门庭，转而结交翁同龢，攀附李鸿藻、荣禄等当权人物。对此，李鸿章难免失望，二者关系更渐疏远。据王伯恭《蜷庐随笔》中云：中日和约既定，恭亲王一日问合肥曰："吾闻此次兵衅，悉由袁世凯鼓荡而成，此言信否？"合肥对曰："事已过去，请王爷不必追究，横竖皆鸿章之过耳。"恭亲王遂嘿然而罢。④ 李鸿章与恭亲王的这段对话，表面看来是李鸿章的担当，但未尝不是对袁世凯的不满。此后，袁世凯通过小站练兵建立了北洋新军，后出任山东巡抚，而李鸿章亦于此时期内任职两广总督。庚子事变期间，袁李二人均参加"东南互保"，联络又趋频繁，袁世凯为李鸿章中转诏令与奏报，关系明显缓和。

二 小站练兵的机缘

甲午战争，淮系军事力量遭受重创，清廷急需一支可以依恃的新的武装力量。事实上，在甲午战争末期，根据洋员汉纳根等建议，清廷就

---

① ［美］费正清：《剑桥中国晚清史》（中译本）下册，中国社会科学出版社1985年版，第125页。
② 《寄汉城袁道》，《李鸿章全集》第24册，第96页。
③ 《寄译署》，《李鸿章全集》第24册，第136页。
④ 徐一士：《一士谭荟》（与《一士类稿》合刊），台湾文海出版社"近代中国史料丛刊"1966年影印本，第109页。

组建了一支洋式编练的军队，由广西按察使胡燏棻负责，成军十营，为"定武军"，此为小站练兵之始。

在甲午战时清廷设立的临时中央军事机构督办军务处[①]，在战后的权力格局中仍发挥重要作用。战后荣禄成为督办军务处的核心人物，通过这一权力平台，荣禄的权势得以迅速扩张。以荣禄为首的督办军务处，试图编练中央控制下的新军以取代地方勇营，重建中央集权的军事支柱，这也存夺回自咸同年间湘军、淮军兴起后所形成的地方督抚实力派手中军权的隐意。编练新军成为甲午战后清廷重整军备的重头戏，而编练新军的权力，则成为战后清方各派势力关注的焦点。

荣禄的练兵主张与袁世凯不谋而合。甲午战争正式爆发前夕，袁世凯奉调回国后，与周馥跋涉关外，协助办理后方转运事宜。他目睹敌我军队的优劣悬殊，产生编练新军的想法。战争期间，他曾电告盛宣怀，建议军队参照西法，改革战术[②]，其相关军事见解在当时亦属先进。光绪二十一年（1895）转运事宜办理结束后袁世凯交卸回津后，"旋应督办军务处招，赴北京"[③]。袁世凯加紧结交李鸿藻、荣禄、翁同龢等名公巨卿，阐述自己的练兵主张，迅速走通了上层路线。

早在光绪二十年（1894），袁世凯就曾上书军机大臣李鸿藻，向其阐述自己的西法练兵主张。次年再次上书李鸿藻，谈及重整军备与练兵事宜：

> 至此次军务，非患兵少，而患在不精；非患兵弱，而患在无术。其尤足患者，在于军制冗杂，事权纷歧，纪律废弛，无论如何激砺亦不能当人节制之师……为今之计，宜力惩前非，汰冗兵，节靡费，退庸将，以肃军政。亟检名将帅数人，优以事权，厚以饷糈，予以专责，各裁汰归并为数大枝，扼要屯扎，认真整励。并延募西人，分配各营，按中西营制律令参配改革，著为成宪。必须使统将以下均习解器械之用法，战阵之指挥，敌人之伎俩，冀渐能自

[①] 督办军务处，简称"军务处"或"督办处"，以恭亲王奕䜣为督办，庆亲王奕劻为帮办，军机大臣李鸿藻、翁同龢和礼部左侍郎长麟、步军统领荣禄为会办，该处负责督办全国军务与指挥全国军队。
[②] 沈祖宪、吴闿生：《容庵弟子记》，第 65 页。
[③] 石泉：《甲午战争前后之晚清政局》，第 262 页。

保。仍一面广设学堂，精选生徒，延西人著名习武备者为之师，严加督课，明定升阶。数年成业，即检派凤将中年力尚富者分带出洋游历学习，归来分殿最予以兵柄，庶将弁得力而军政可望起色。①

李鸿藻是袁世凯嗣父袁保庆的座师，对于袁世凯这位徒孙，尤激赏之，认为袁世凯"家世将才，娴熟兵略，如令特练一军，必能矫中国绿防各营之弊"②。袁世凯在结交李鸿藻的同时，对手握兵权的荣禄更为关注，并想尽办法与之结交。曾在吴长庆幕下与袁世凯相处数年且关系密切的王伯恭，在《蜷庐随笔》中记载了袁世凯结交荣禄的情形：

> 是时项城在京，虽有温处道之实缺，万无赴任之理，设从此罢误，心实不甘。忆昔在吴武壮朝鲜军中，以帅意不合，借题为朝鲜练兵，因祸为福，此次师故智，正合时机，乃招致幕友，僦居嵩云草堂，日夕译撰兵书十二卷，以效法西洋为主。书成，无路进献，念当时朝贵中，惟相国荣禄，深结主知，言听计从，皇太后至戚也，惜无阶梯可接。嗣侦知八旗老辈，有豫师者，最为荣禄所信仰；又侦知豫老独与阎相国敬铭相得，阎为路润生八股入室弟子，又申以婚姻，豫老亦会师事路德，习仁在堂八股。非路氏之言，不足以动之。因念路氏子弟，有在淮安服官者，家于淮安。而袁之妹夫张香谷，系汉仙中丞之子，亦家淮安，必与路氏相稔。遂托香谷以卑礼厚币，请路辛甫北来，居其幕中，尊为上客；由辛甫而介见阎敬铭，由敬铭而见豫师，由豫师而得见荣仲华，层叠纳交，果为荣所赏。③

这段文字中所讲虽有错误之处，如阎敬铭已于光绪十八年（1892）去世，此时不可能再现身。除此类之外，其他情节大致合理，特别是所谈及的运作情形，亦颇符合袁世凯的路数。

袁世凯善使两面手段，他在努力结交慈禧太后亲信荣禄的同时，与

---

① 中国史学会主编：中国近代史资料丛刊《中日战争》（五），上海人民出版社1957年版，第218—219页。
② 沈祖宪、吴闿生：《容庵弟子记》，第72—73页。
③ 徐一士：《一士谭荟》（与《一士类稿》合刊），第109—110页。

帝党大佬翁同龢亦保持良好关系。实际上，早在袁世凯从朝鲜回国、困坐津门之时，他就曾与翁同龢建立联系。据翁同龢日记光绪二十年七月十六日条载："袁世勋（敏孙）为袁慰廷事来见。慰廷奉使高丽，颇得人望，今来津不得入国门（李相仍令赴平壤），欲求高阳主持，因作一札与高阳，即令敏孙持去。"① 此处所记虽主要是为解一时之围的人事运作，且所求实为李鸿藻，但也反映了袁世凯心机。尤其翁同龢与李鸿章早有夙怨，以袁世凯的遭遇，也容易得到翁之共鸣。袁世凯又参加了维新组织强学会，创造进步、开明的形象，声名日显，借此达到由外而内、自然而然博取帝党翁同龢之辈好感的目的，翁同龢也推许袁世凯，称"此人不滑，可任也"②。

此外，袁世凯还设法争取到地方实力派人物两江总督刘坤一、湖广总督张之洞等支持。光绪二十一年（1895）五六月间，刘坤一、张之洞先后上奏朝廷推荐袁世凯。甲午战争后期，清廷命两江总督刘坤一督办关外军事，而当时袁世凯正在关外办理后勤转运事宜，期间二人多有接触，刘坤一曾称赞他办事有条理，为军中出色之员，并向清廷力荐袁世凯：

> 查北洋前敌营务处浙江温处道袁世凯，名家之子，于军务及时务均肯留心讲求，前在朝鲜多年，声绩懋著，早在朝廷洞察之中。臣抵关津后，与该道时常接晤，见其胆识优长，性情忠笃，办事皆有条理，为方面中出色之员。宋庆及各将弁多系袁世凯先人旧部，莫不愿同袍泽，乐听指挥。请旨饬下河南抚臣，迅催袁世凯销假来营，商办裁留归并事宜，臣与宋庆得资臂助，该道亦借盘错，以底于成。际此时局艰难，知兵文臣甚少如袁世凯者。伏愿皇上擢以不次，俾展所长，及其年力正强，得以功名自奋，庶立尺寸之效，仰酬高厚之恩。③

---

① 陈义杰整理：《翁同龢日记》第五册，中华书局1997年版，第2719页。
② 陈义杰整理：《翁同龢日记》第五册，第2836页。
③ 《刘坤一遗集》第2册，中华书局1959年版，第874页。按：所引该书系全套同出，下引各册省略出版项。

湖广总督张之洞也称赞袁世凯"志气英锐,任事果敢,于兵事最为相宜",认为"若使该员专意练习兵事,他日有所成就,必能裨益时局"①。

　　大员们的赏识,更增加了袁世凯办理军事的自信。光绪二十一年(1895)七月,袁世凯在给从弟袁世承的家书中写道:"抵京来忙甚。日在车马泥尘奔走。军务处现无多事,近每三两日一往……诸大老均甚优待,圣恩极厚。惟内事甚迟缓,办事殊不易,只随班奔走而已,似未能久居此,暂留以备顾问,而赴任直无可望,大约仍不外兵事。"② 袁世凯在信中透露出,他在人脉方面经营颇有所成,而"未能久居此(京城)"既是事实,也关乎袁世凯的盘算,"不外兵事"则反映了他希望取得练兵之权的真意。实际上,袁世凯的军事才能此时已为朝廷各方所赏识,最终经由李鸿藻创议,荣禄等支持,令袁世凯特练一军,而先令拟定计划呈览。袁世凯"手缮数千言"③,主张效仿德国,并提高士兵待遇,以收实效。光绪二十一年十月,督办军务处正式商定,奏调胡燏棻去督办津芦铁路,由袁世凯接统定武军,并加以扩充,以成新建陆军。督办军务处大臣在上奏光绪皇帝的奏折中说:

　　　　今胡燏棻奉命督造津芦铁路,而定武一军接统乏人,臣等共同商酌,查有军务处差委、浙江温处道袁世凯,朴实勇敢,晓畅戎机,前住朝鲜,颇有声望,其所拟改练洋枪队办法,及聘请洋员合同,暨新建陆军营制饷章,均属周妥。相应请旨,饬派袁世凯督练新建陆军,假以事权,俾专责任,先就定武十营,步队三千人,炮队一千人,马队二百五十人,工程队五百人为根本,再加募步马各队,足七千人之数,即照该道所拟营制饷章,编伍办理。每月约支正饷银七万余两,至应用洋教习、洋员,由臣等咨会德驻使,选商聘订,果能著有成效,尚拟逐渐扩充。④

---

① 赵德馨主编:《张之洞全集》第3册,武汉出版社2008年版,第270页。按:所引该书系全套同出,下引各册皆省略主编(书名前加"鄂版")和出版项。
② 《致从弟袁世承函》,《袁世凯全集》第3卷,第546页。
③ 沈祖宪、吴闿生:《容庵弟子记》,第73页。
④ 来新夏主编:《北洋军阀》第一册,第37—38页。

上奏当日即获准，上谕称：

  据督办军务王大臣奏，天津新建陆军请派员督练一折，中国试练洋队，大抵参用西法，此次所练，系专仿德国章程，需款浩繁，若无实际，将成虚掷。温处道袁世凯既经王大臣等奏派，即著派令督率创办，一切饷章，著照拟支发。该道当思筹饷甚难，变法匪易，其严加训练，事事核实，倘仍蹈勇营习气，惟该道是问，懔之！慎之！①

这样，袁世凯接替胡燏棻，开始在天津小站编练新建陆军，这也成为他与北洋集团奠基的关键一步。

甲午战后，在清廷"变通军制"讲求练兵自强的过程中，袁世凯最终获得练兵权。他之所以能够如此，与其本人在军事上的才能及其在朝臣间的左右逢源、擅于钻营分不开。袁世凯最初颇得李鸿藻提携，小站练兵后，虽有成效，亦招致地方人士之忌，数月之间，"津门官绅啧有烦言，谓袁君办事操切，嗜杀擅权，不受北洋大臣节制"②。此时，李鸿藻对袁世凯的信任不如从前，早前张佩纶已致函李鸿藻，指责袁世凯不可信，对李鸿藻之目其为奇才，表示异议③。之后李鸿藻同乡御史胡景桂弹劾袁世凯，上谕令荣禄查办此事。而荣禄到小站后，对袁世凯所练军队印象颇好，表示此人必须保全。荣禄的护持，袁世凯遂得无事，此后二人关系日益密切。④

"小站练兵"与袁世凯的个人发展和其北洋集团的形成关系密切。光绪二十三年（1897），由于编练军队颇有成效，袁世凯升任直隶按察使，专管练兵事宜。"小站练兵"提升了袁世凯的声望，为其仕途发展铺平道路。袁世凯的新建陆军在武器装备上的日趋"洋化"，从"军制"的整体层面追求效法"西式"，技术层面的"近代化"色彩更形鲜

---

  ① 《清实录》第56册，中华书局1987年影印本，第946页。本书中所用《清实录》，各册皆该年同出，下引省略出版项。
  ② 陈夔龙：《梦蕉亭杂记》，上海古籍书店1983年影印本，第2页。
  ③ 张佩纶：《致李兰孙师相》，中国史学会主编《中日战争》（五），上海人民出版社1957年版，第231页。
  ④ 详情参见陈夔龙《梦蕉亭杂记》，第2页。

明。袁世凯从更隐深的层面实行"兵为将有",使其麾下新练的形式上"近代化"的军队,实际成为其私属性颇强的军事力量,为袁世凯北洋集团的崛起提供了重要的支撑力量。而"小站练兵"过程中所形成的"小站班底",则为北洋集团的形成与发展奠定了人员基础,成为后来袁世凯北洋军事政治集团中的基干力量。

袁世凯作为一个有野心的政治家,他在小站编练新军的同时,也密切关注朝局变化。此时,正值维新运动兴起,帝党与维新派关系密切,而以慈禧太后为首的守旧派则反对维新。随着康有为为首的维新派的介入,清廷帝后党争有更加白热化的趋势。袁世凯使出两面派的手法,想方设法谋取帝后两党的信任。一方面,他继续加强与慈禧太后亲信荣禄的联系,极尽巴结之能事,并对亲信徐世昌透底,荣禄"相待甚好,可谓有知己之感"①。另一方面,袁世凯还与帝党要员翁同龢保持密切联系,并通过徐世昌与维新派康有为、梁启超等接触,表达对维新变法之关切。然而,在戊戌政变之际,袁世凯最终选择投靠慈禧太后,背弃帝党与维新派,更加得到慈禧太后与荣禄等人的信任,曾奉命护理直隶总督兼北洋大臣。袁世凯向朝廷建议编练武卫军以增强中央统治实力,得到采纳。荣禄奏准成立武卫军,以袁世凯新建陆军一万人为武卫右军。义和团运动中,袁世凯借进京之机,向荣禄面陈解决山东问题的办法,使得荣禄认定袁世凯有能力解决山东问题,竭力保荐他出任山东巡抚。光绪二十五年(1899)十一月,袁世凯奉命署理山东巡抚(次年实授)。

三 袁系集团对淮系集团的承继

袁系集团与淮系集团之间有着密切联系,二者的关系可以用"旧魂新魄"来形容。袁世凯本人曾是淮系集团的一员,得到李鸿章和有关淮系要员的栽培。后逐步发展并形成自己的势力,而其奠基,又离不开对淮系集团人员的直接延揽、收用。袁世凯和他的新军,被冠以"北洋"的头衔,也是继承了李鸿章的"北洋"之名。总体看来,北洋集团从淮系集团手中接收的遗产,主要包括军队、淮系人员、企业等诸多方面。

---

① 《致新建陆军总理营务处徐世昌函》,《袁世凯全集》第4卷,第68页。

(一) 收编淮系军队

袁世凯及其北洋集团崛起的军事基础,即为北洋新军。而北洋新军,则与淮军关联密切。袁世凯对淮系军队的收编大致分为两个阶段。

第一阶段是在小站练兵时期,袁世凯从胡燏棻手中接收定武军。定武军是甲午战争中以淮军为基础,按照德国军制编练的一支新军,共十营,4000多人。光绪二十一年(1895),袁世凯从胡燏棻手中接收定武军,开始小站练兵。

小站位于天津城东南70里的新农镇,原为淮军营地,淮军之盛军曾在此驻防二十多年。甲午战争中,盛军溃败,营房闲置,胡燏棻所练的定武军十营由马厂迁此。定武军的各级军官多为淮军旧将,胡燏棻购置西洋先进武器,又聘请德国军官担任教习进行训练。袁世凯接收定武军后,重新制定《练兵要则》《营制》《聘请洋员合同》等章程,对定武军进行严格测试,将军中不合格者人员进行整顿、淘汰,继而又派人到苏北、山东、河南、奉天等地招募新兵,将军队加以扩充,改名为"新建陆军"。"袁世凯实际练成战斗部队7400人,非战斗兵员包括长夫、官佐3852人,全军共11252人。"①

袁世凯出身淮军,对淮军的基本情况自然十分了解,对淮军的弊端也深有体会。他注意总结淮军的经验教训,一方面重视军队武器装备的近代化;另一方面反思淮军在军事、后勤等方面存在的问题,如武器装备的口径、型号不统一等,有的放矢地予以解决,使得新建陆军质量提升,成为超越淮军的新的军事力量。

袁世凯出任直隶总督兼北洋大臣后,加紧对淮系军队的收编工作,这是他收编淮系军事力量的第二阶段。此时,清廷决意裁减勇营。直隶境内军队多是淮军,李鸿章刚刚去世,淮军正处于群龙无首的状态,面临被裁撤的危机。对此,袁世凯借口直隶幅员辽阔,地方不太平,需要足量军队驻防,并没有立即裁减直隶境内的淮军与练军,而是对其稍作整顿,削减部分疲弱营伍,保存了淮军的基本实力。他还把李鸿章在任时裁减淮军的成绩摆出来充数,以应付裁撤淮军的命令②。

---

① 廖一中:《一代枭雄袁世凯》,北京图书馆出版社1997年版,第71页。
② 《奏陈暂缓裁并折》,台北故宫文献编辑委员会编《袁世凯奏折专辑》第2册,台北故宫博物院1970年版,第379—380页。

（二）延揽淮系旧人

一是招揽淮系集团军事学堂的学生。

淮系集团创办军事学堂的学生，原为淮系的军事员弁储备力量，此时被袁世凯所接收，主要包括李鸿章创办的天津武备学堂、山海关随营武备学堂及聂士成开办的开平随营武备学堂的学生。特别是天津武备学堂者，据光绪二十二年（1896）统计，新建陆军由天津武备学堂毕业生充当统带、帮带、领官、哨官、哨长、教习者有一百三十余名①。

天津武备学堂，又称北洋武备学堂、陆军武备学堂。光绪十一年（1885），由时任直隶总督兼北洋大臣的李鸿章仿照西洋陆军学堂创办，办学宗旨是为造就将才。李鸿章聘请德国军官为武备学堂教官，并从淮军中挑选弁兵百余名入堂，学习天文、舆地、格致、测绘、算、化诸学及炮台、营垒、操习马队、步队、攻防、守卫等军事课程，学制一年。天津武备学堂的毕业生是当时不可多得的新型军事人才，因此，袁世凯注意招揽该堂毕业生为其所用，像王士珍、段祺瑞、冯国璋、曹锟、陆建章、段芝贵、李纯、陈光远、王占元、张怀芝、雷震春、何宗莲、王英楷、田中玉等都是②。其中，武备学堂第一期的毕业生王士珍、段祺瑞、冯国璋尤为著名，后来被称为"北洋三杰"，是袁世凯的左膀右臂、心腹爱将。总体来说，"此等学生在李鸿章时尚未能参加军队实际工作，袁世凯小站练兵乃重用之，于是成为北洋新军最高之官员，所谓北洋武备派也"③。他们是北洋集团军事力量中军官群体中的主体。

二是招纳淮军旧将。

袁世凯以淮军后继人自居，他在招揽淮系军事学堂学生的同时，还注意招纳淮军旧将。他先是留用了定武军中的原淮军旧将龚友元、孟恩远，后又访求"赋闲之老将"④多人，主要有姜桂题、张勋、任永清、马龙标、聂汝清等。其中像姜桂题治军经验丰富，"谋勇兼优，能识大体，朴诚忠直，晓畅戎机"⑤被袁世凯任命为新建陆军的翼长，后来长期统领毅军。张勋，在小站练兵时投奔袁世凯，在新建陆军中担任行

---

① 参见张华腾《北洋集团崛起研究（1895—1911）》，中华书局 2009 年版，第 53 页。
② 参见张华腾《北洋集团崛起研究（1895—1911）》，第 53、79—81 页。
③ 张国淦：《北洋军阀的起源》，《北洋军阀史料选辑》上册，第 3 页。
④ 王伯恭：《蜷庐随笔》，山西古籍出版社 1999 年版，第 25 页。
⑤ 廖一中、罗真容整理：《袁世凯奏议》上册，第 11 页。

营中军和工程营管带，也成为袁世凯的得力干将。

袁世凯在朝鲜庆军旧部的将领吴凤岭、刘永庆、吴长纯、徐邦杰、王同玉、王凤岗等，也被他收入麾下。如吴长纯曾担任庆军统带，"忠勇奋发，智略过人，迭著战功，屡平匪乱"①，受到袁世凯的赏识。

对淮军旧将的招纳，反映了袁世凯北洋集团与李鸿章淮系集团之间的历史渊源。袁世凯并不因淮系的没落而摒弃淮军旧将，而是延揽为己所用。并通过奏请恢复其旧有荣誉等手段来安抚、笼络他们，得到其支持拥戴。直隶的淮军基本得到保留，袁世凯顺理成章成为其新领袖。这些淮军旧将对于袁世凯及其北洋集团发展有着至关重要的作用和意义，成为与李鸿章及其淮系集团保持特殊联系的纽带。

三是延纳原北洋海军旧将。

甲午战争，北洋海军全军覆灭，清廷将幸存的将士或革职或遣散。后清廷重建海军，部分北洋海军旧将被重新启用。袁世凯对北洋海军旧员亦十分重视。早在小站练兵之时，原北洋海军的郑汝成即投入袁世凯麾下。光绪二十五年（1899），原北洋海军副将叶祖珪被任命为北洋新购舰只暨旧有各船统领，原北洋海军精练左营游击萨镇冰为北洋海军帮统领，兼"海圻"号巡洋舰管带。袁世凯出任直隶总督兼北洋大臣后，即上奏朝廷调北洋海军统领叶祖珪"襄助交涉事宜"。光绪三十年（1904），他又与两江总督周馥奏准将南北洋海军联合派员统率，是由叶祖珪担负其职。光绪二十九年（1903），袁世凯奏保萨镇冰补授广东南澳镇总兵，仍留北洋差遣。光绪三十一年（1905），萨镇冰升任总理南北洋海军兼广东水师提督。光绪二十八年（1902）、光绪二十九年（1903），袁世凯又陆续奏保原北洋海军的林颖启、李鼎新、李和、蓝建枢、何品璋、程璧光、林文彬等开复原官②。在袁世凯督直期间被重新提拔或重用的原北洋海军将领还有刘冠雄（袁世凯奏调管理德州兵工厂）、蔡廷干（由袁世凯奏保开复）、谢葆璋（由袁世凯奏准主管烟台海军学堂新校舍）等。

由此，袁世凯北洋集团中，逐步形成了以原属淮系的以北洋海军将领为主体的海军官员群体。他们中的很多人深受袁世凯的信任与重

---

① 廖一中、罗真容整理：《袁世凯奏议》下册，第1297页。
② 《北洋大臣袁世凯奏蓝建枢等开复原官片》，张侠等编《清末海军史料》，第585页。

用，成为北洋集团的骨干力量。如蔡廷干曾长期担任袁世凯的军事顾问兼英文秘书。刘冠雄被袁世凯调往德州机器局出任总办，负责管理德州兵工厂，民国成立后，他长期担任北洋政府的海军部总长。在袁世凯的招揽下，原北洋海军的残余势力成为袁世凯北洋集团军事力量的重要补充。

四是网罗李鸿章幕府要员。

袁世凯与许多李鸿章的幕僚都很熟识，他注意罗致充实自己幕府班底。如唐绍仪，曾由淮系要员马建忠推荐，充任由李鸿章所聘襄理朝鲜海关事务的德国人穆林德的秘书，在朝鲜甲申政变时，为袁世凯所赏识，袁世凯出任朝鲜总理交涉通商事宜之职后，即调唐绍仪为自己的西文翻译兼秘书，长期协助他处理外交事务，是较早跟随袁世凯的淮系集团成员。此外，李鸿章也曾向袁世凯推荐了一些淮系人员，如阮忠枢、言敦源等。阮忠枢，出身淮军将领家庭，早年就与袁世凯相识，后由李鸿章推荐入新建陆军，成为袁世凯重要参谋人员。言敦源初入李鸿章幕，后经李鸿章举荐给袁世凯，他曾担任新建练兵处文案，后成为北洋系中重要参谋人才。

李鸿章去世后，袁世凯更加紧把李鸿章的幕府班底网罗到自己手下，相关代表性人物像杨士骧、杨士琦、孙宝琦、于式枚等。杨士骧原为李鸿章晚年的亲信幕僚，"敏活机警，善揣摩人意"[1]，李鸿章去世后，他投入袁世凯幕府，成为袁世凯的重要"智囊"。杨士骧之弟杨士琦，同样曾是李鸿章的幕僚，李鸿章去世后，他与其兄一样投靠了袁世凯，为袁世凯联络权贵起到重要作用。于式枚，作为李鸿章幕府总文案，深受李鸿章信任，李鸿章的奏牍多出其手。李鸿章去世后，他也转投袁世凯，留在袁世凯北洋幕府做文案。

此外，袁世凯还招揽了一些淮系旧员的亲属加入北洋幕府。例如，周馥与袁世凯家族关系密切，其子周学熙在袁世凯任山东巡抚时，被招入幕府，后随袁世凯调直隶，主持北洋实业，可谓北洋集团的财政操盘手。又如，段芝贵既是天津武备学堂学生，其父段日升更是与袁世凯熟识的淮军将领，段芝贵于小站练兵时期跟随袁世凯，得到袁世凯信任。

---

[1] 沃丘仲子：《近现代名人小传》，北京图书馆出版社2003年版，第204页。

（三）接收淮系所控企业

李鸿章在晚清政坛活跃多年，淮系集团掌控了许多军用工业与民用企业。淮系要员盛宣怀作为李鸿章集团的洋务大总管，该集团所控制的电报、轮船等企业都由他掌握。随着袁世凯政治地位的提高，他与盛宣怀的关系不断升温，在政治上互相援引，但袁世凯出任直隶总督后，二人关系急转直下。袁世凯尽夺盛宣怀所控制的轮船招商局、电报局等。

光绪二十八年（1902），袁世凯利用盛宣怀丁忧守制之机，着手夺取轮船招商局、电报局，开启了袁、盛轮电之争[1]。轮船招商局和电报局作为淮系集团的重要企业，其控制权长期掌握在盛宣怀手中。这年盛宣怀因丁父忧需开缺守制，清廷拟派张翼督办轮、电两局，盛宣怀则希望将轮船招商局暂托袁世凯，以便将来仍归自己掌管。袁世凯则抓住这个机会，从盛宣怀手中夺取两局的控制权。在袁、盛二人会面商讨轮船招商局事宜后，袁世凯旋即上奏清廷称：轮船招商局"前北洋大臣李鸿章经手创办……一切要事，悉禀承北洋大臣主持"，"适值盛宣怀丁忧守制"，"当经臣面饬各员董等，嗣后仍恪守定章，官、商互相维系，认真经理……一切要务，随时禀承臣核示遵办"[2]。这样，袁世凯借口招商局附属北洋，首先夺取了招商局，派亲信幕僚杨士琦为招商局督办。光绪二十九年（1903），袁世凯出任督办电务大臣，让其老师原直隶布政使吴重憙出任驻沪会办大臣，接管电报局。

光绪三十一年（1905），上海铁路总公司被裁撤，并归袁世凯亲信、铁路总局的唐绍仪督办，至此，路权也被袁世凯夺获。胡思敬在《国闻备乘》中也曾言及相关情形（连同铁招商局、电报局事）：

> 常州朱宝奎游学西洋归，夤缘人盛宣怀门。宣怀以乡谊，处以铁路局小差。人颇机警，渐被亲任，不数年，由同知捐升道员，遂充上海电报局总办，凡各局弊窦，无不知之。窥宣怀有婢，绝美，求为篷室，宣怀不许，由是离交。私发路局积弊，并钞录累年洋商交涉案，叛归袁世凯。世凯久涎铁路、招商、电报三局之利而不详其底蕴，至是得所借手，遂参宣怀，尽撤其差。以铁路局交唐绍

---

[1] 关于轮电之争，详情可参见夏东元《盛宣怀与袁世凯》，《历史研究》1987年第6期。
[2]《轮船招商局经营情形片》，《袁世凯全集》第10卷，第528页。

仪,招商局交杨士琦,电报局交吴重憙,而保宝奎为邮传部侍郎。①

李鸿章淮系集团势力长期盘踞北洋地区,北方各省路矿多为其所办,关内、外铁路即为李鸿章淮系集团的重要产业之一,袁世凯对此早有接管之意。八国联军侵华时,关内、外铁路落入俄、英军队手中,袁世凯继任直隶总督后不久,即兼任督办关内、外铁路大臣,开始从列强手中接收关内、外铁路。袁世凯"不仅要求联军交还铁路线本身,还要求交还铁路相关车辆器材、车站、电线、房屋,及维修线路、建造桥梁的机器、工厂等附属设施,确保铁路及时投入营运。除此之外,他还争取到自定客、货运价权(军事运输除外)、招标购料权及账目独立核算权,基本上恢复了铁路的自主经营"②。铁路收回后,袁世凯又采取展筑原路及修筑铁路支线的办法设法增加客货运输量。从光绪二十九年到光绪三十三年(1903—1907),关内、外铁路处于袁世凯北洋集团的控制之下,并逐渐摆脱常年亏损的局面,成为北洋集团重要的金库。

光绪三十二年(1906),清廷设立邮传部,总管铁路航运等。对此,袁世凯十分重视,邮传部设立伊始,他就积极介入该部人事安排。曾出任该部要职的胡燏棻、唐绍仪、张百熙、吴重憙、朱宝奎、陈璧等③,都与袁世凯关系密切。邮传部号称清末最富有的衙门,袁世凯借助控制该部人事安排,大利于北洋集团发展。

在矿业方面,开平煤矿原为李鸿章淮系集团的重要产业,由唐廷枢主持创办,曾是淮系集团的重要财源补给。光绪十八年(1892)唐廷枢去世后,由张翼接办开平煤矿。光绪二十八年(1902)张翼升任路矿总办,深受朝廷信任。袁世凯出任直隶总督后,加紧从张翼手中收回开平煤矿。他多次上奏朝廷,弹劾张翼将开平煤矿私自出卖给英国人谋取私利。此外,开滦煤矿、山东峄县中兴煤矿等也都是李鸿章创办与控制的企业,这些工矿企业也先后转入袁世凯的北洋势力之手。此外,袁世凯出任直隶总督后,还接手更多李鸿章淮系企业。例如,他通过多次

---

① 胡思敬:《国闻备乘》,第59页。
② 王炎:《袁世凯与近代铁路》,《社会科学研究》1992年第5期。
③ 参见苏全有《清末邮传部研究》,中华书局2005年版,第57—59页。

与英国人交涉,将李鸿章兴办的唐山细棉土厂收回,创办为启新洋灰公司。

总体看来,袁世凯集团是在多方面承继李鸿章集团遗产的基础上发展起来的。时间上,在李鸿章甲午战争后期失势并离直隶及北洋之职后,就开始了这方面的进程,而到李鸿章去世后越发明显。自然,袁、淮集团并不是一种你亡我出纯然接替的关系,而是有着处于彼此兴衰态势中的一定并存期。正是在这一过程中,也显示出袁之于淮的"承继"。在李鸿章去世后袁世凯上挽联曰:"公真旷代伟人,旋乾转坤,岂止勋名追郭令;我是再传弟子,感恩知己,愿宏志业继萧规。"上联是用李光弼、郭子仪并肩平定安史之乱,中兴唐朝的典故,比喻李鸿章是清朝"同光中兴"的柱石[1];下联袁世凯自称为李鸿章的"再传弟子",隐喻汉初名相曹参继承萧何开创局面,自认是李鸿章政治衣钵的承继者。梁启超曾说:"世凯,鸿章所豢养之人也。"[2]尽管袁世凯有做法曾令李鸿章不满,但他终究是淮系集团的一员,其发展的基础,仍离不开淮系集团。不管李鸿章去世前是否曾密保袁世凯接替其职,反正李鸿章身后可事继承者,除袁世凯外确实没有更合适的人选。袁世凯接替李鸿章之任后也确能够"继往开来",在清末民初政治舞台上续演他和所领集团的"新戏"。

第三节 三者"环链关系"中的走势反映

一 "环链关系"中的各自起始边界与三者存续"重合"

节题中的所谓"三者",即指晚清"湘""淮""袁"三集团。三者之间交错勾连,发展嬗变,承续更替,故以"三环链"喻指[3]。本节中所涉某些内容"元素",在前边或后边有所涉及,甚至有的还属重点展开,但与这里用以论证的角度和方面侧重自有所不同。譬如,那只是单就一者叙述或两者"静态"比较行文,而本节是出于从"走势"的

---

[1] 骆宝善:《骆宝善评点袁世凯函牍》,岳麓出版社2005年版,第143页。
[2] 梁启超:《李鸿章传》,中华书局2016年版,第117页。
[3] 这一喻指见之于拙文《晚清三大军政集团的"环链关系"说略》(《光明日报》2014年8月27日)。该文内容要旨也在本节中有的环节上体现。

动态过程上统观三者，而作综合性论述的需要选材，并且会尽量注意避免简单重复，而使之有机地整合于此处新的论述当中，与各相关地方做有机照应。

就三者的形成而言，"湘""淮"时间上比较靠近，且源流上关联直接而又密切。所谓"湘、淮本系一家，淮由湘出，尤有水源木本之谊"之说，旨在揭示其间的连带关系，无疑也提示出其形成时间的先后。稍具体看，曾国藩自咸丰二年年末（1853年年初）开始借办团练练兵，咸丰四年（1854）春湘军正式练成出征，至此可以说湘系集团雏形初备。当然，还说不上具有"完备"形态，因为还没有疆吏大员的出现。如上已述及的，此前虽曾有江忠源被授职安徽巡抚，但当时主要是因临时作为清方安徽省会的庐州形势危急，清廷任命江忠源巡抚之职，主要是对他做军事解救和防卫的督责，其人被死死缠身于军务且陷于危境，根本没有实际开府理政的条件，并且很快败亡而并未真能成为一方诸侯。是到胡林翼任湖北巡抚，湘系才具备了有要员任职疆吏的条件，而到曾国藩获任江督，这方面的条件更加完善，且随后湘系要员出任疆吏纷纷多有，局面大开。不过，从湘军初起到此时，是历经多年的时间。

以李鸿章为首的淮系集团，因源自湘系，在特定情况下形成比较快捷。因"东援"需要，本为曾国藩幕僚的李鸿章奉幕主之命组建淮军，同治元年（1862）春率赴上海，并且他很快有了疆吏（出任江苏巡抚）权柄，这样实现"军政结合"，淮系集团就有了比较完备的形态，完成"淮由湘出"的衍生分化。可以说，如果把湘系集团逐渐形成完备形态比喻成养鸡长大的话，那么淮系集团的形成则犹如由这只鸡一朝生蛋，快慢自相差悬殊。若只从湘、淮集团各自立军的时间上看，其前后约有八年之差。

而两者形成后共存"交叉"（目题中的"重合"）的时间则更长。在这一过程中，既有其各自特定的演变轨迹，又有着两相关联的势态。从湘系集团来看，自"裁湘留淮"便显其军力上的开始衰减，而曾国藩、左宗棠时隔十多年的先后离世，则是湘系核心层级人物的相继消损，此后湘系群体凝聚力愈失。刘坤一可以说是湘系后期的主要撑局者（起码是"之一"），而及至甲午战争后期集合湘军由他率赴前敌而迅速溃败，局面不可收拾，这既说明湘军战斗力越趋低下，实际也是湘系群体越发涣散和颓衰的征象。可以说，甲午战后湘系在群体形态上便明显漫漶。当然,刘坤一作为湘系大员,还有其一定的维系力,但在他于光绪二十八年(1902)去世后,湘系大员也只有魏光焘辈聊撑残局,并微息渐弭。

而淮系集团,其形成迅速,发展也迅速。特别是自曾国藩的"裁湘留淮"决策实施之后,湘淮军力消长的变化凸显,而李鸿章取代曾国藩挂帅平捻成功,特别是再后不久获任直隶总督兼北洋大臣,权势显赫,在淮系中更可谓一人独尊。还需注意,他立基北洋,而多年间又有其兄李瀚章坐镇湖广(后又曾任两广总督),两相配合。从他们之间的通信看,李鸿章利用他接近中枢的有利条件,经常向哥哥通报朝中政情,特别是人事信息,又就各自重要或疑难政务筹议对策,密为谋划。不妨举一个具体事例:光绪初年,李瀚章有过由湖广总督调任四川总督的事情,但很快朝廷又拟让他改回原任。李鸿章由"小道"闻知后,赶紧写信向哥哥通报〔时在光绪二年(1876)九月,李瀚章正在赴川途中〕,同时又告知"丁稚璜(按:即丁宝桢)放川督,文式岩(按:即文格)放山东抚,潘琴轩(按:即潘鼎新)升滇抚"等尚未从正式渠道闻知的人事消息,并高兴地说:"似此可谓天从人愿,布置合宜。"接着还与哥哥具体议商如何处置职事交接之事,又就其回任湖广总督后面临的与两江之区的盐厘之争事项,较详地预做筹策[1]。类似的事情,仅在李鸿章写给其兄的信中就屡见不鲜,反映出他们之间这种时常的配合和援应。李鸿章坐镇北洋,李瀚章则以居职湖广为主,其间北南呼应,有机配合,合同致力,统一行动,这对于淮系集团的维系自然是非常有利的。这一点,以往似被注意不够,这里特别强调出来。

及至甲午战争当中,若与上述刘坤一所率湘军之溃败相比,淮军遭受重创更是首当其冲,特别是北洋海军终至覆没,淮系综合军事实力更

---

[1] 此信在陈秉仁整理的《李鸿章致李瀚章书札》第十二封,载《历史文献》第十一辑。时间标定在"光绪元年",似误,该年九月,尚无信文中涉及的人事变动及相关其他事情,而在光绪二年九月时则可符合。还需要说明,《李鸿章全集》第31册第316—317页,载时间标为"光绪元年九月十二日午刻"的《致李瀚章》一信,其信文的后半部分的大半,与这里引文涉及之信的后半部分的大半文字相同,显然是串接错了,将时隔一年多的两信各一部分拼成了一信。就其信文的这后半部分的大半内容而言,时间显然也该是"光绪二年"而非在"光绪元年"。

是塌掉"半边天"。李鸿章因战事失败获咎，权势骤形跌落，淮系群体实力也相应大为衰减。只是李鸿章其人尚存，其潜在的影响力尚不可小觑。他"历聘欧美"之后，又在总理衙门任职，再后出任两广总督，恢复疆吏大员之身，且终而重任直隶总督兼北洋大臣，主办"议和"，复成为身系朝政、时局转机的关键要人。只是"和约"甫签，他便下世。因为他在淮系集团中的"独尊"地位，他的不在对其集团群体来说遂也是"致命"的。其后虽尚有周馥之辈的"余脉"延续，但就淮系群体而言，则已可谓苟延残喘，渐趋寿终正寝。

总体上看，淮系虽说在形成上较湘系晚若干年，而形成后与湘系在群体实力上的消长和多方面的具体演变情况上，自然也各有所异，但其共存的时间较长，而且在变化节点（如甲午战争，李鸿章、刘坤一之死等）以至终点上，又颇有近似之处。需要说明的是，鉴于其群体形态的复杂情况，这里没有强求为各自硬性划定一个很具体的"时日性"终点，认为那样未必科学，有些事情采取"模糊性"处理反倒更为妥适，湘、淮群体的"终点"问题当即属此类。

袁世凯北洋集团的孕育产生较湘、淮更为靠后，是自甲午战后的"小站练兵"初萌，嗣后逐步成型。时间上与其笼统地说承湘、淮两者之后，不如说承淮衍生更为直接。如前边业已约略揭示的，袁世凯的叔、祖辈与李鸿章即多有联系，袁本人的为官初阶则可谓从淮系要员吴长庆门下踏出，而后更得助于李鸿章的护持、荐引。其集团势力的奠基，也离不开对淮系人员的直接延揽、收用。而及至其集团势力初成之际，湘系群体形态上相当程度地已趋漫漶，淮系则因其"开元"领袖李鸿章的在世而其实体性稍强。虽说这时湘系也仍以其特定形态尚存，但因袁系集团本即与之关系为疏，而与淮系关系为近，故就交叉共存的实况来说，相应也是"袁""淮"之间更具有实质意义，尽管从交叉共存的时段来看无甚大差异。而就"淮""袁"发挥作用和影响的主体地位而言，甚至可谓有"替代"性的较明晰节点，就是光绪二十七年（1901）李鸿章去世，直隶总督兼北洋大臣的要职由袁世凯继任（先署理，随后实授），这可视为完成其集团性主体地位替代的标志。由此可见，渊源上袁系集团与"湘""淮"有着相对的远近、疏亲。虽说它与"湘""淮"的并存时间上无大差异，但其间实力地位上的主次分别还是因时而异的，袁系集团最终居上。

二 关联其同异状况及形态演变的"走势"反映

"三集团"就是像上述这样递次生成，交错连接，相承相续，此为体现其"环链关系"的一方面。另一方面，更内在地体现于其有同有异、形态演变的关联上。在前面对其同异有侧重于"静态"比较的基础上，这里主要从关联三者动态走势的方面来总结论述。

"三集团"形成存在有着共同的基础。就最基本的要端而言，一是在形成的背景性契机上，都是基于特定条件下清朝的军事需要应运而生，乘机发展。"湘""淮"之生成尽管有一定的时间差，但显然都是利用了清方镇压太平天国的需要因势而起。而袁世凯"小站练兵"，则是在甲午战后背景下，应合清朝借"变通军制"而"讲求自强"的需求而得。没有各自当时特定的背景条件，也就没有其军政集团形成的最初客观契机。再一更要之端，就是它们皆以"私属性"颇强的军队为支柱，进而实现密切的"军政结合"（有"私属性"军队又有督抚权柄，而此种人物实力上非一般督抚可比），终得形成具有完备形态的集团性群体势力。所谓其军之"私属性"，当然是就特定意义而言，主要是指在其军队内部具有相当程度的私人隶属性，而并不是说它就完全不听命、不受节制于朝廷。湘、淮"勇营"不属于国家"经制军"，袁世凯的北洋新军从形式上似颇具"国家规范"，而实际上的私人控制却愈加强化，这在袁氏即使被罢在乡所谓"养疴"期间，仍能暗中控制其军的事实就足以证明。总之，军队"私属性"的要素，对于"湘""淮""袁"三集团来说，可谓共同基点，也是扩大和维系其群体势力的重要保障。

至于"三集团"的相对特异性，这里主要把前边分散说到的相关问题综合起来，从三者系统地看来：

一是从三者军队新旧方面看。总体视之，相比之下湘军最为传统旧式。曾国藩对湘军编练缘起有这样的明确交代："维时国藩方以母忧归里，奉命治团练于长沙。因奏言团练保卫乡里，法当由本团酿金养之，不食于官，缓急终不可恃，不若募团丁为官勇，粮饷取诸公家。请就现调之千人，略仿戚元敬氏成法，束伍练技，以备不时之卫。"[①] 所谓

[①] 《湘乡昭忠祠记》，《曾国藩全集》诗文，第172页。

"略仿戚元敬氏成法",戚元敬就是戚继光,是明朝的抗倭名将、军事家,他招募基层民众组建训练出的军队,纪律严明,战斗力强,组织形式上也有自己的特色,人称"戚家军",为人熟知。曾国藩编练湘军,是"略仿"于三百年前的这样一支军队,传统性基因的奠定就是注定了的。湘军不仅仅是从组织形式等外在方面仿袭,按照罗尔纲先生的说法,在"选拔制度、招募制度、军律、遣撤、教练等制度也都源自戚继光成法"①。当然,这不能绝对化地看,在时过境迁的不同条件下,湘军不可能全盘沿袭"戚家军",但旧的因素,甚至是刻意"守旧"的因素,在湘军是明显的。譬如,在武器装备方面并没有求新的强烈愿望,甚至在技艺、阵法方面也相当老套,这当然又与其武器种类、人员编组等方面密切关联。又如,"练习放抬枪,鸟枪、连环枪,练习跑坡、抢旗、跳坑,练习拳、棒、刀、矛、钯、叉,都是练技艺"②;所练阵法的种类前面说到,也都属传统旧阵,甚至起先就是"戚家军"的阵法。而淮军较比湘军的最大进步,主要是武器装备上的日趋"洋化"。有研究者指出,曾国藩、李鸿章"两人固然同样重视西洋新式机括,而国藩毕竟为成见所蔽,不及鸿章反应之敏速。在最初对外接触之时,尤足见两人基本观念的差异","鸿章一见其利,即力求效法;国藩则于久试之后,反戒禁湘军使用"③。正是首领的这种态度,是其军在武器装备上"洋化"程度显出巨大差异的重要因素。李鸿章视洋枪洋炮为神器,外购之外,尤重开厂效法自造。或说"淮军普遍使用洋枪",当在同治二年(1863)是"上海炸弹三局"创立的年份。该三局一是由马格里(英国人)和刘佐禹主理,另二局分别由韩殿甲、丁日昌主理,"三局所造的西洋炸炮炸弹,全部解交淮军应用"④。到同治四年(1865)十月李鸿章向清廷奏报其军务情形时说到,因其军"习见洋人火器之精利,于是尽弃中国习用之抬、鸟枪,而变为洋枪队"的情况⑤。及至袁世凯北洋新军,进而从"军制"的整体层面追求效法"西式"(这在袁氏所辑《新建陆军兵略录存》的相关内容里即典型可见),技术层面的

---

① 罗尔纲:《湘军兵志》,第 84 页。
② 罗尔纲:《湘军兵志》,第 153 页。
③ 王尔敏:《淮军志》,第 295 页。
④ 王尔敏:《淮军志》,第 296 页。
⑤ 《复陈奉旨督军河洛折》,《李鸿章全集》第 2 册,第 303 页。

"近代化"色彩已较鲜明，淮军相较则不及，湘军反差更大，这在前面已有较详揭示，于此不赘。

二是从三者群体结构状况方面看。湘军以"选士人领山农"为组织要则，淮军将领出身"士人"的则要少得多，兵员成分也明显庞杂，惟"战"是取的实用功利性强。到袁世凯的北洋新军，选员因明显借鉴"西法"，官兵素质条件上越发有"趋新"气象。再如，要员情况方面，总体上湘系是"多头并立"，不但军多分支，而且要员中得以出任督抚、独据一方者人数众多，且有"喷发"式阶段。而淮系，则不但军队由李鸿章总揽的情况相对明显，而且其要员出任督抚者也要少得多（这一则因其未占先机，再则也受出身条件限制），实力地位上鲜有能与李鸿章抗衡者，其群体关系格局可以说是"众星拱月"。而到袁世凯，对其集团内部的控制就日趋变本加厉，他"实行'兵为将有'，使自己成为'本军之君'"①，"寡头"色彩越显浓重。

三是从首领风貌特征方面看。不妨就以三个集团各自最具代表性的人物曾国藩、李鸿章、袁世凯为例来说。曾国藩最为传统，浸润儒风，追求圣道，统兵理政也不弃学事。李鸿章尽管也是进士、翰林出身，但就专意带兵、理政，少受道学束缚，甚至不忌"痞"气，如有以"打痞子腔""参用痞子手段"来应对洋人之语（而曾国藩主张于此也得"老老实实，推诚相见"，"言忠信""行笃敬"）。即使日常气态、做派上，曾、李也大为不同。到袁世凯，于此更见其异。其人并非科举出身，比起曾、李他简直就是个"大老粗"，而这样一个人能够在军政界出道、腾达，与他非常的心计、权术和手段自然密不可分，除道德取向的负面之外，其实也有他善于以策略手段应变的一面。就此而言，显然与李鸿章相对接近而与曾国藩反差较大。

三 其整合性历史效用的动态发挥

上述异同的造成，既基于客观时势条件，又取决主观人为因素。且异同之端并非能够绝对、截然地割裂，而是同中有异，异中有同。察识其这种复杂情状，自有助于整合性地体察其历史效用的动态性发挥。

---

① 李新：中华民国史第二编代序"北洋军阀的兴亡"，李新、李宗一主编《中华民国史》第二编第一卷，中华书局1987年版，前置第6页。

先就晚清军制变革的节点和轨迹而言。湘、淮军（所谓"勇营"）得以崛起，与作为清朝"经制军"八旗、绿营的腐败无能分不开。它们虽有"经制"的名义和地位，但战斗力低下、实际作用的发挥不行，远抵不上湘、淮"勇营"，这样发展下来，前者越衰而后者越盛就是不可避免的。并且，不只是限于它们自身，而是直接关联和影响军制的变化。像"练军"的出现（由湘系大员刘长佑在直隶创始）和推广，自为以"勇营"改造绿营的一途；而以湘、淮"勇营"作为"防军"存续，则可以说是进而为其实际地走向"经制"开放。这里只如此原则性提及，后边在适当的地方再行较细论述。如果说，由湘、淮军对旧有军制的冲击，还未能完全颠覆"旧制"樊篱，那么，到袁世凯"新军"的编练，就无疑是一种"转型"的发轫。而这自然也不是完全"赤地新立"，离不开对湘、淮军（尤其是淮军）趋新发展所积留的有形、无形资源的借助，从这个意义上说，也自有其一脉相承性，体现出一种发展动态。

再从近代军阀的孕育过程而言。关于近代军阀的界定以及对它何时与如何形成的看法，学界观点不尽一致，认定其到民国代清后的袁世凯集团那里才告正式形成，而袁氏清末编练和发展新军，则为"北洋军阀的孕育阶段"，应该说比较合理。自然，"孕育"也是一个逐步过程，其"基因"（所掌军队特定意义上的"私属性"）在前边"湘""淮"那里业已奠定并逐步发展，到"袁"则胎成腹中。前后联系看来，在整个"孕育"过程的"段位"上，"湘"居初基，"淮"近一程，到"袁"则最终完成。而这，与其"西化"趋向扭曲绞合。总之，从其发展过程看，也体现出逐步性的动态情状。

还需归结到促使朝政权力格局变化方面申说。由湘军崛起导致形成"督抚专政""内轻外重"之局，是前辈学者由来已久的看法，虽说也有（特别是近年来）或直接或间接的异议出现，但若非陷于绝对化而是从相对意义上（与"湘"前比较）来考量，若非惑于制度性的某些表象（如臣奏与上谕之类）而是把握实质，若非捕捉个别时候的"反弹"现象以偏概全而是综观整体趋势，那么，说自咸、同到终清基本是"内轻外重"则觉得大致符实，甚或宏观上是呈愈演愈烈之势，到袁世凯最终能够左右清廷、挟清帝逊位。这固然是其人投机性地利用了革命形势，但同时也可谓"内轻外重"发展到极致的结果。而这一发展过程，自可溯源于"湘""淮"的奠基，而至袁世凯这时则终达顶点。诚然，他挟清帝退位此时已在中央，并且他自数年前就离开地方入职中央，似乎其自身已居"内"而非"外"，再说体现"内重外轻"似乎不合。但实质问题是，他是凭借在北洋地方起家而入职中央且最后掌控朝廷，这时他依恃的主要还是原造就起来的地方军政势力，从根本上说还是"外重"所造成的结果，归根结底仍是基于"外重"。这样，由他这里上溯至淮、湘，显然是具有连贯性的，显现"三集团"接续发力的势能性"环链效应"。

第五章 从"内重外轻"到"内轻外重"变局的形成

这里的"内外轻重","内""外"分别是指朝廷（中央）和地方（主要是省区），"轻""重"则是就其实力、地位、权能的"分量"而言，也体现为一种相对的变化态势。在君主专制条件下的中央集权，"内重外轻"自是常态。而湘、淮系集团崛起以前的清代长时间里，不但依然持续着这样的状况，而且较前更为典型，甚至可谓"登峰造极"。是随着湘、淮系集团的崛起，其要员批量出任督抚大员，军政结合，实力和控制局面的权能大大增强，在特定的客观时势条件下，遂有相对"内轻外重"的态势变化。本章主要就此进行考察。

第一节 中央与地方的原有权力格局及满汉关系

一 皇权体制下中央与地方的传统权力格局

节题中所谓"原有"，是指咸丰朝以前的清代多年间并连带更早王朝情况的。中国封建王朝历史悠久，而自秦始皇创称皇帝并建立皇权制度。秦扫六合，所谓"六王咸伏其辜，天下大定。今名号不更，无以称成功，传后世。其议帝号"，遂有"皇帝"的始称。皇帝位至尊至高，"天下之事无小大皆决于上（皇帝）"[1]，这也就是典型的皇权专制。从秦王朝开始，建立起与这种专制制度相适应的官僚机构体系，以后历朝历代，或有不同的具体调整、变革，但皇权至上的根本原则是恒定的，并且是在不断加强和完善。即使有的朝代出现外戚或宦官实际专权的现象，但那也只是特定情况下"皇权"的一种异化形态，并不意味着对

---

[1] 司马迁：《史记》卷六《秦始皇本纪》，中华书局2013年版，第325页。

皇权专制的制度否定，本质上还是要借助皇权。何况，从总体上看，外戚或宦官实际专权的现象也只是暂时的，到头来终会被否定并修复破坏而回到常规。明朝和清前期，是皇权专制达到最强化的时期，且在制度上有着标志性事件，最典型的就是宰相制度的废除。言其废除，自需了解其建立和发展的大致脉络，才可有的放矢。

宰相制度由来已久，或将其起源追溯到商、周之时，认为是由商、周的家臣宰职演变而来，取代世卿，以抑制贵族擅权，这种相职各国称谓不一，诸如"相""令尹""大尹""太宰"之类。及至战国时，随着君主专制中央集权官僚政体的形成，各大国普遍建立宰相制。秦国武王时设置左、右丞相，以右相居首。秦统一后，仍沿袭此设置，"相府"作为丞相的办事机构。丞相有选用百官、执行赏罚、参与军国大政最高决策之权，居于整个官僚机构的枢纽地位，宰相之度较前更为完善。更重要的是，因自秦朝正式建立"皇帝"制度，这样"宰相"制度与之相辅相成，有了特定的依存关系，成为此一框架下朝廷整体制度中的一个分支系统，对于后世漫长的皇帝时期来说，有着"起始"和"确立"的意义。皇权之下的"宰相"制度，废除了以前的"世卿世禄"之制，成为专制主义中央集权制度的重要组成部分。秦以后明以前的各朝各代，一方面，宰相制度的基本性质和作用有其相当程度的共性，显示出同轨上的承传沿袭，具有相对的稳定性；另一方面，在具体样态和状貌方面又多有所异，呈现出动态变化。对此，这里不再具体述说，只是提示其作用上的矛盾和两面性，即对皇权的巩固与削弱。

就对皇权的巩固而言，因为皇权不仅仅是象征性的，而更需要在实际运作的效能中体现。皇帝一人，纵长三头六臂，也无法一手包揽处理全国一切政务，须赖官僚机构系统分理，他居上总统而已。这自然也需要身边人直接辅佐参谋，以期有助于其更妥适高效地施行统治，宰相法定的、合制的职能亦即在此，若实际亦能循此轨道运行，自会强化皇权专制。就削弱皇权专制而言，则是宰相"违制"地与皇帝争权竞势，强化和膨胀自己的权能，使得皇帝无法对其控制，皇权遂趋于弱化。当然，就本质而言，这也只是皇权"份额"上的一种转移，宰相攫夺的毕竟还是皇权（如假设他取代皇帝，也只是皇帝易人而非皇权灭失）。不过，对于"法定"皇帝而言，他是皇权的主体所在，他本身自要维护其"绝对"权力，要别人辅佐但不容别人侵权，而这个意义上的被

"侵权",当然也是特定意义上的皇权削弱。这种削弱和反削弱,是一种"违制"和"守制"之争,就此而言,当然是皇帝一方具有优势,但实际的较量结果,也取决于宰相和皇帝的个人能力和本事。到明朝时候废除宰相,就是强势皇帝的成功运作。

明朝开国皇帝朱元璋,是由下层造反者夺得政权。在夺天下的过程中,锻炼、培养也彰显出其卓异的政治军事能力,又不断增强和积累了其实力,在专权方面,更是具有强烈的欲望和实际操控力。虽说最初他也沿袭元朝体制设立中书省置有丞相,但决不容许侵夺他的皇权,对僭越侵权保持着高度警惕,一旦觉得时机成熟,干脆就借端废除丞相和中书省,从制度层面来个釜底抽薪,不再留有君权、相权之争的任何余地。这是在胡惟庸任左丞相的时候,洪武十三年(1380),朱元璋以其谋反为由立行诛杀,不仅仅对其个人,而是连带兴动一场大规模的杀戮、清除运动,"词所连及坐诛者三万余人"①。对胡惟庸诛杀及其后宣布的罪状情由,夸大甚至捏造成分自不可免,但其人平时专擅侵害皇帝之权的迹象亦当实有,有史籍中这样纪其之事:"惟庸总中书政,专生杀黜陟,以恣威福。内外诸司封事入奏,惟庸先取视之,有病己者,辄匿不闻,由是奔竞之徒趋其门下。"② 即使这不免是按朱元璋定下的口径,但也不能说没有真实踪影。不过,宰相及相关机构撤销后,皇帝失佐而影响施政的情况也随之显露,为行弥补,在朱元璋短时试行过"四辅官"(按季甚至更短时间间隔轮换辅官)办法,证明效果不佳之后,便有"内阁"制的逐步形成。即选择由一些翰林官员之类在宫内殿、阁,做协助皇帝处理政务的秘书类工作,赐其"内阁学士"的衔名。开始,其品级尚较低,后来提高层级和衔名,至"大学士"之称者,官至极品,起着皇帝身边重要辅臣的作用,这历多任皇帝逐步完善。有记载说:"成祖简翰林官直文渊阁,参预机务,有历升至大学者……至仁宗而后,诸大学士历晋尚书、保、傅,品位尊崇,地居近密,而纶言批答,裁决机宜,悉由票拟,阁权之重,俨然汉、唐宰辅,特不居丞相名耳。"③ 可见,内阁高级官员不仅仅是帮助皇帝阅看奏章,还有草拟

---

① 《明史》卷三〇八《奸臣·胡惟庸传》,中华书局1974年版,第7908页。
② 谷应泰:《明史纪事本末》卷十三《胡蓝之狱》,中华书局1977年版,第180页。
③ 《明史》卷一〇九《宰辅年表》,第3305页。

各种批示、诏令等职事，权力俨然旧日宰相。

对于勤于职守的皇帝来说，这当主要是辅佐，而明朝越到后来有诸多皇帝，是懒于政务，甚至长时间不上朝堂的，这就给内阁官员的越俎代庖提供了方便。当然，明朝宦官干政的情况亦颇典型，这样势必与内阁出现抗衡，这会产生一种怎样的"机制"状况？正如有著述中所说："在让内阁'票拟'的同时，皇帝又使用宦官司礼监太监代替自己执笔'批红'，因此内阁虽号辅政，但往往要受宦官的钳制，实际上形成双规辅政机制，首辅权势大，则宦官阿谀首辅；宦官权势大，则首辅奉承权宦，两种机制的实权迭相消长，但有时又紧密勾结和配合。"① 当然，像明末魏忠贤干政之类，那更是极端性事件，不是上述"机制"所能包纳得了的。还需要明确，即使明朝的内阁大学士"俨然汉、唐宰辅"，但也只是比拟之说，既然宰相及其机构法定地撤销而未复设，那么，也就再谈不上有真正的宰相和相府。及至清朝，仍以"相国"为大学士的别称，那也只是一种借指性"雅称"而已，而早已非严格意义上的官称。

清朝在政治制度上基本沿袭明制，但也有自己的特殊之处。譬如，建立全国统一政权后，仍因袭自关外即有的议政王和议政王大臣会议制度，但根据具体情况较前有所变化。议政王由选定的满洲王公大臣担任，参与讨论决策军政重要国务，具有"国议"性质。清朝入关后，议政王大臣会议制度虽在短时间里有进一步完善和强化的苗头，但面对统治范围的扩大、汉族成为国民主体的局面，因袭明朝制度，巩固和加强皇权，理顺原汉族政权传统的机构系统，就更成迫切的需要。这样，议政王大臣会议制度总体趋势上又必是走向削弱乃至最后彻底覆亡的。在议政王和议政王大臣会议制度存在时候，就同时有内阁的设置（顺治末由"内三院"正式改定"内阁"之名），其职官如大学士、协办大学士、学士等级次，还设有繁多具体的办事机构和批量办事人员，规模上颇为可观。内阁是直接为皇帝服务的机构，具有最高官署地位（即使后来实际地位下降，但仍在名义上居首），其职能为"掌议天下之政，宣布丝纶，厘治宪典，总钧衡之任，以赞上理庶务。凡大典礼，则率百寮

---

① 韦庆远、王德宝主编：《中国政治制度史》，高等教育出版社1992年版，第128页。

以将事"①。可谓位尊职重，但到头来终不过"赞上"，即为皇帝服务，不能脱离皇帝自行决策政务，是皇权的附庸机构而已，跟早先王朝的相府类机构大为不同。相府名义上虽也是辅佐皇帝的，但若在强势宰相控制下，或隐然在一定程度上形成与皇帝抗衡之势。这时"内阁"便没有了这种可能。即使如此，皇帝依然进一步采取加强专权的措施，在机构方面随着南书房特别是军机处的设立，内阁的实际职能作用仍在不断下降，最后便只是一个接转题本、承发可公开宣示的谕旨（明发谕旨）的一个例行公事的机构了。

南书房本处所名称，在大内乾清宫西南，由康熙皇帝设立，是与词臣们文事消遣的地方，但渐被利用作商讨政事、谋划机密之处，成了不是衙门的政务要所，由皇帝信得过的心腹之臣入直。当时，南书房、内阁、议政处（议政王大臣机关）并立，有著述中置论："对于这三者的关系，有人曾作如此评述：'章疏票拟，主之内阁；军国机要，主之议政处；若特颁诏旨，由南书房翰林院视草'。玄烨把中枢权力一分为三，它们间既各有分工，又互相牵掣，最后均集中于皇帝，使之能更方便地加以控制和使用。这是清朝统治者在运用和平衡中枢权力时最费心思的事。"② 军机处是雍正年间设立的，与用兵西北的军机秘密运筹有密切关联，事后沿袭下来（唯雍乾之际曾短时撤销），成为清廷最重要的中枢机构，不仅限于军务，亦涉机要政务。军机处设员额不定的军机大臣若干人，由皇帝从大学士、各部院大臣等员中钦选兼任。还设有章京，做"秘书"类具体事务工作。军机处的职能，是"掌书谕旨，综军国之要，以赞上治机务"③。即使如此，但其"充其量不过是皇帝控制下的'秘书'班子，所有军机大臣概由其钦定。直庐又地处宫禁，一切工作都在皇帝严密的监督之下，没有任何决策权"④。军机处的设立和延续存在，是清朝专制皇权高度强化在机构保障方面的标志性事件。而就其皇帝制度的总体来看，也为其皇权的高度强化提供着坚实的支撑。

---

① 《清会典》，中华书局1991年版影印本，第9页。
② 白钢主编：《中国政治制度通史》第十卷"清代"，人民出版社1996年版，第117页。本处引及文字中的单引号内资料，据原注出自《养吉斋丛录》卷4。实际上，其间职能分工，未必绝对如所说那样分明和严格，但分权和互相牵掣的功能是没有疑问的。
③ 《清会典》，第20页。
④ 白钢主编：《中国政治制度通史》第十卷"清代"，第121页。

而从清朝皇帝的主观因素看,没有像明朝有些皇帝那样懒于政务、荒于朝事的情形,可谓以"勤政"著称,尤其是前期诸帝,又多强势有为之君,这也是防止皇权旁落之虞的重要条件。

在帝制王朝的长时期里,专制皇权与中央集权又是相辅相成的。要说,这涉及两组不同的概念。一是皇权导致和施行的专制主义,这既体现在帝位终身制和皇位世袭制,又体现在权力的行使是由皇帝个人专断独裁,汇集国家最高权力于己一身,其决策带有很强的主观随意性,不受制约。这显然是与民主政体相对立的。二是中央集权,它是相对于地方分权而言的,属一种国家管理方式。其特点是地方政府必须严格听命和服从于中央政府,在政治、经济、军事等各方面都没有独立性。就实行皇帝制度的中国封建社会的实际情况看,这两方面结合又是相当紧密和有机的,并且体现出这样一种醒目的规律性:专制主义皇权强固之时,往往也是中央集权高效之时;专制主义皇权疲弱之时,则往往是中央集权不力之时。就中央集权而言,历史地看,自有其显著的积极作用。这主要表现在利于多民族国家的建立、巩固和发展,利于维护国家统一与领土完整,利于各民族间的交流、融合与共同发展,利于国家有效地进行人力、物力、财力资源的统一组织调配,以开展大规模工程建设和社会协济等。从历史上几个著名的"盛世"朝代看,国家统一、社会安定、生产发展、国力强盛、文明提高,是其具有共性的局面,也是中央集权优越性充分发挥的典型反映。当然,皇权专制主义的弊端,也不可避免地对中央集权的健康维持产生负面影响甚至严重戕害。像历史上几个短时分裂时期(如"南北朝""五代十国"时期),其乱局的产生,相关宏观背景、客观条件的制约之外,具体地看,也与相关王朝和皇帝的或暗弱无能,或暴戾无道,或荒淫昏庸有直接关系。

发展到清前期,皇权专制与中央集权的加强更典型地是相辅相成的。上述加强皇权专制的措施,同时对加强中央集权也起着相应作用,不必再说。下面主要看清廷对地方政权控制方面的情形。

先说政区设置。清前期除最初阶段的一些不同,如有江南省而无后来的江苏、安徽之分,有湖广省而无后来的湖南、湖北之分,有陕西省而无陕西、甘肃之分等情形外,大多时间里是内地设置十八行省,即直隶、山东、山西、河南、江苏、安徽、江西、福建、浙江、湖北、湖南、陕西、甘肃、四川、广东、广西、云南、贵州。另外，有不设省的满洲、蒙古、新疆、西藏等特别地区。就省下的政区而言，有持道、府（直隶州、直隶厅）、县（散州、散厅）等级别者，也有将"道"级排除在外的。且看前辈学者王钟翰的论说："清之分守、分巡二道，在乾隆以前，仍沿明旧而未改，洪亮吉所著50卷之《乾隆府厅州县图志》，不列道之一级，自是明清之制如此，无可厚非，迨至乾嘉以后，道员已取消虚衔，定为正四品。所谓'道治民'，'有节制文武之责'（沈葆桢语），是道员成为地方行政实官矣。故依清制，州县的文书先申府，府申道，道转布按再呈督抚而上达中央也。而刊布于1927年之《清史稿》，其《职官志》三于督抚布按之下、府州县之上有《道员》一目，详加叙列，与清季官制正合；而同书卷二十八《地理志》中竟无只字述及道之一级，殊不可解。五十年代正式出版的已故清史专家赵泉澄所撰《清代地理沿革表》一书，于道之一级，亦全未列入，迨仍《清史稿·地理志》之旧，不以道为清季地方行政区划之一级耳。"① 他是在为牛平汉主编《清代政区沿革综表》一书的序中讲这番话的。而该书中，在各省区"文"之部分将"道"述之于后（此点为"王序"称道），而在"图"之部分则并未将其列入。近些年新出的若干相关著述中，是否将"道"正式视为一级政区似仍不一致，看来分歧尚存。无论如何，在清前期"道"基本上不是一级政区当无疑义，往后渐有向政区演化的迹象，但即使在晚清，从相关机构设置和行政机制看，似与前有常规政区仍不无差异。

更关键的在于省级政区及其职官设置方面。清初的总督、巡抚之职，可以说仍处于明末以来由中央派出大员向地方大吏转化的过渡阶段。"明代为削夺地方权力，加强中央集权，在洪武九年（1376），宣布废除行省制度（按：并非废除省级政区），改省一级由承宣布政使司、提刑按察使司、都指挥使司分管行政、司法监察、军事行政，形成'三司'，把一省的事权一分为三，以消除省级官员独揽全省的局面"，"意图是利于加强中央集权，但也随之出现了无人主理全省性大事，对

---

① 牛平汉主编：《清代政区沿革综表》，中国地图出版社1990年版，"王（仲翰）序"第1页。

事务处置不及时，产生延误事机，互相推诿塞责的情况"①。可见，明这时较元代"行省"的改变，主要是在官员设置和中央对它的统辖方式上，而"省"的区划依然存在。并且这种出于防范省级专权的职官改变，同时也导致有碍于省级施政效能的弊端，这当然也不利于朝廷统治，不能不寻求相应的解决办法，这就是总督、巡抚的设置。这时的总督、巡抚并非地方官员，而是中央临时派出督察、巡视并兼负责办理该省区某些要政的大员，后来渐趋"常设"，但似乎未成确定的"地方"大员，呈一种"模糊性"状态。还需要交代的是，自明朝督抚趋于常设的时候，朝廷为对其防范控制，"频繁派出巡按御史，前往各地察吏安民，以牵制督抚"②。及至清初，仍带有明朝沿袭的一些印迹，表现之一就是督抚设置上变动频繁无定，颇显纷乱③。再就是，"也曾实行巡按御史制度"。而"巡按所到之处，与督抚平起平坐，彼此纠劾，互为监督，这对约束地方官员的违法行为，起到了一定作用，但也因此影响地方行政效率。康熙初期，辅政四大臣终于做出决定，停废巡按之差，终清之世未再设立"④。这对督抚地方施政的顺畅及其管控之权的加强自都有利。总之，督抚任职逐渐趋于稳定及对地方管辖实权的少受牵涉，这也就是总督、巡抚在实质上向地方长官转化的演进结果。至于其职责，总督是"厘治军民，综制文武，察举官吏，修饬封疆"；巡抚则是"掌宣布德意，抚安齐民，修明政刑，兴革利弊，考核群吏，会总督以诏废置"⑤。

---

① 韦庆远、王德宝主编：《中国政治制度史》，高等教育出版社1992年版，第151页。
② 白钢主编：《中国政治制度通史》第十卷"清代"，第226页。
③ 不妨以直隶为例看一下这方面的具体变化情况：像顺、康两朝中，直隶或设巡抚，或设总督，且或都不是一位，乃至同时多位（如曾同设顺天、保定、宣府三巡抚；总督天津军务、宣大山西总督等），亦有督抚相兼的情况；职事上或只涉直隶省内，或系联省（如宣大山西总督，直隶、山东、河南三省总督）。及至雍正二年（1724），开始固定设置一直隶总督，其衙署建在保定，这里遂成为直隶的政治中心，历时多年。志书中则有这样一个相对简明的梳理："顺治五年设直隶、山东、河南总督一人，驻大名府。十六年改三省总督为直隶巡抚，仍驻大名。十七年巡抚移驻正定。十八年复设直隶总督于大名。康熙四年裁直隶总督，仍设三省总督，驻大名府。八年裁三省总督，巡抚自正定移驻保定府。五十四年直隶总督加巡抚衔，仍管巡抚事。雍正二年升直隶巡抚为总督，仍驻保定府，巡抚不复设矣。乾隆二十八年令兼巡抚事。"（《畿辅通志》第四册，河北人民出版社1989年版，第565页）总之，清初一段时间过后，直隶最高官员乃总督。尤其是直隶在不另设巡抚的情况下，总督所管自然是全面政务。
④ 白钢主编：《中国政治制度通史》第十卷"清代"，第226—227页。
⑤ 《清史稿》（缩印本）第一册，第896页。

督抚的设置，除个别一省（如直隶、四川）即专设总督外，大多则为两省或三省设一总督。在这种情况下，其辖区各省一般还要设一巡抚（有的衙署与总督同城）。也有只设巡抚的省份，而不属总督的兼辖之区。至于督、抚的实际职能上，越到后来差异越不如先前明显。特别需要注意的是，尽管巡抚级别略低于总督，但在督抚兼设的省区，巡抚亦非总督属官，他们都直接对皇帝负责，这可以起到其间互相监督、牵涉的作用，正是基于皇帝能借以防范、控制他们的需要而设计。清朝总督、巡抚向省区主官的实质性转化，利于省区施政的效能，而从清前期的情况看，也并未造成地方势力尾大不掉而影响中央集权的情况，甚至可以说起到了加强和巩固中央集权的作用（地方治理是基础）。其中关键在于，皇帝能够有效地掌控督抚，同时中央也可一手控制财政（地方上尤其越趋基层无独立财政）、各级官员任免、法律和重大刑狱案事等事权，特别是严格掌控军权，统一调配全国军队。

钱穆先生对督、抚地位的演变和权力状况曾有这样一番论述："在明代，布政使是最高地方首长。总督、巡抚非常设，有事派出，事完撤销。清代在布政使上面又常设有总督与巡抚，布政使成为其下属，总督、巡抚就变成正式的地方行政首长了。这种制度，还是一种军事统制。如是则地方行政从县到府，而道，而省，已经四级。从知县到知府，到道员，到布政使，上面还有总督、巡抚，就变成为五级。可是真到军事时期，总督、巡抚仍不能做主，还要由中央另派人，如经略大臣、参赞大臣之类，这是皇帝特简的官。总督、巡抚仍不过承转命令。总之，清代不许地方官有真正的权柄。"[①] 其中将"道"认作一级政区，自是一种看法，而认定总督、巡抚在清代"变成正式的地方行政首长了"，除清初短时而外，确实如此，至于说"清代不许地方官有真正的权柄"，对于督抚而言，在清前期与实际情况也可谓大致相符。

上述情况，反映典型的专制主义中央集权的样态。它在当时对国家既有着积极意义和作用，但同时也不可避免地具有弊端，特别是极易形成暴政和腐败现象，严重钳制和禁锢人们的思想。

[①] 钱穆：《中国历代政治得失》，生活·读书·新知三联书店 2001 年版，第 155 页。

二 清前期的满汉关系及其对任官、军队建置的影响

满汉关系对于整个清朝时段来说都是重要而凸显的问题，而及至晚清时期变化较大，为便于对其情况的了解，先概述清前期的相关情形。

清朝入关建立政权，是以武力征服者的姿态出现的。满洲贵族居高临下，以暴力和强权凌虐汉民。为了满足满洲贵族的利益需要，清最高统治集团采取了一系列强制措施。譬如，颁布圈地令，名义上是针对"无主田地"，实际是大规模暴力圈占畿辅乃至以外诸多地方的汉人土地。圈占者携绳骑马，任意为之。所圈土地皇室占有之外，分配给旗籍贵族、官员乃至兵丁。而失地的汉人，许多流离失所，生计无着，有许多沦为旗籍贵族的奴仆、丁役、佃户，状况悲惨。有说"近畿土地皆为八旗勋旧所圈，民无恒产，皆赖租种旗地为生，而旗人自恃势要，增租直，屡更佃户，使民无以聊生"[1]。甚至出现这样的流民惨状："流民南窜，有父母夫妻同缢死者；有先投儿女于河而后自投者；有得钱数百，卖其子者；有刮树皮抉草根而食者；至于僵仆路旁，为乌鸢豺狼食者，又不知其几何矣。"[2] 当时被圈占的土地起码有16万多顷，甚至更多，显然是个很大的数字。圈地之外，还有为安置旗人，而强迫原京城居民外迁出城的强制性做法，规模巨大，势必给动迁者造成很大麻烦，甚至逼入绝境。又如，颁布剃发令，强行改变汉民族传统发式，像满人那样剃发蓄辫，这就不只是习惯问题，更是强加的一种政治符号，从者表示向满洲征服者的归顺，否则，就是不服乃至反叛，则遭严酷镇压。多尔衮即有令"各处文武军民尽令薙发，倘有不从，以军法从事"[3]，甚至出现违令者被送至军门，"朝至朝斩，夕至夕斩"[4] 的屠戮之酷，真是到了"留头不留发，留发不留头"的地步了。如此等等，不一而足。所谓"诛戮汉人，抚养满洲"[5]，可谓清太祖努尔哈赤的遗训，从入关

---

[1] 昭梿：《啸亭杂录》，中华书局1980年版，第189页。
[2] 魏裔介：《流民急宜拯救并请发赈疏》，《魏文毅公奏议》卷一，商务印书馆1936年版。
[3] 王先谦：《东华录》（与《东华续录》合刊）第一册，上海古籍出版社2008年版，第240页。
[4] 《陈确集》上册，中华书局1979年版，第310页。
[5] 王先谦：《东华录》（与《东华续录》合刊）第一册，第188页。

后满洲权贵层的行为看,从经济到政治等方面,都在为"抚养满洲"和建立满洲贵族征服者的特权地位,而对汉人无所不用其极,甚至有"扬州十日""嘉定三屠"的惨剧发生。

当然,清朝毕竟是要建立和巩固全国统一政权,人口占绝大多数的汉族民众毕竟是它统治的主体,一味靠高压政策和强暴手段是不行的,也须有"抚绥"的手段。特别是在经历最初的显性对抗阶段之后,满洲贵族统治者立足于长远,在政策上向常规化调整。譬如,注意对汉族官员和文人的收纳和利用,对满汉官员的安置任用制度化,使汉族官员也能有一定位置,就此而言可谓建立起"满汉联合"的政治统治。科举制度的沿袭推行,使汉族文人继续有着最常规晋身之路,而"正途"的后备官员队伍也就有基本保障。这也连带着对汉族文化传统的认同,肯定和弘扬儒学"圣道"。再就是一系列的"安民"政策、措施也在推行。清朝"盛世"的出现并非完全虚假表象,它是以统一局面下有着社会秩序的起码保障,生产发展,国家相对强盛为现实表现的。在这中间,满汉矛盾的相对缓和也是必要因素。不过,满洲贵族居高临下的特权地位还是"法定"地保留着,民族歧视也并没有消除,满汉矛盾并没有解决。下面,主要从任官制度的满汉官缺和军队的旗、绿分营构成方面来看其大概。

在任官制度的满汉官缺方面,体现出明显的满汉不平等状况。所谓"官缺",是指职别的岗位设置数额和类别,清朝主要分为满官缺、蒙古官缺、汉军官缺、汉官缺等类,对于有些职别来说,人员类别上有特定限制。满、蒙、汉军旗又可都算在旗人之列,当然,以满旗为最贵,蒙旗因民族关系与满旗联系也比较紧密。汉军旗则是原本汉族者,随附满洲被编入旗籍,这就不同于一般汉人,地位较高,享受旗人的一些特权,但又因汉族的本原因素而不能等同于满旗甚至蒙旗。这样一种微妙状况,以致使得其"族属"在满、汉不同民族眼中都有一定的"非认同"情状,但还是应侧重看其旗人身份,不应与一般汉人视同。就人口数量而言,汉族占绝对主体地位,满、蒙仅为少数,但在官缺的占有比例上,与人口比例差异悬殊,即使满汉并设的官缺,实际地位也难等同,何况有些官缺,只限或主要限于满族,几与汉人无缘。满族官员有谓,"我朝入关之初,分疆划界,原非偏重满人,只以佐命之裔,从龙之胄,不得不遵古圣亲亲仁民爱物之次第,从满人推行,则官缺兵制,遂积成满人之所独，而界限以分"①。所谓"原非偏重满人"云云，自是虚饰之语，而"积成满人之所独，而界限以分"之说，则是实在情形。

有的论者述及："在与皇帝、皇族及少数民族事务有关的衙署中，满汉官缺的差异更为明显，其用意亦更为深远。与汉缺相比，宗室缺、满洲缺、蒙古缺、汉军缺在这些衙门官缺总数中占有很大的比例。如宗人府的72个官缺中，只有3个为汉缺；内务府则俱为内务府包衣缺，无汉缺；銮仪卫131个员缺中，仅有一个汉缺，其余均为满洲和汉军缺；理藩院163个员缺中，仅有7个汉军缺，无汉缺。"②可见旗籍特别是满洲缺所占比例之大，有的衙门甚至完全是排除汉缺的。有些衙门的主要官员满汉等缺兼用，但汉缺占比颇小。譬如，"嘉庆朝内阁各官职共设额缺246个，其中满洲缺163个，蒙古缺28个，汉军缺12个，汉缺43个"③。这样算来，汉缺为满洲缺的约26%，为旗籍缺的约21%，为总数的约17%（满洲缺占总数的约66%）。六部堂官（包括分别为正副职的尚书、侍郎），尚书最初只有满缺，随后满汉各一，侍郎初无定制，随后满汉各二（左右侍郎各一），但这也只是原则规定，实际任用上重满轻汉，特别是要职之部（如吏部），多用满旗之员的情况并不少见，即使人数等量，但实际权力和地位也难齐平。最为"实权"的部门军机处，军机大臣虽无定员和专门缺类规定，但通常也是满官居多。譬如，有统计，"乾隆朝共有53位"，"其中满洲36人，汉17人"；"嘉庆朝共有17位"，"其中满洲10人，汉7人"④。也有以汉官人数为主的机构，像翰林院、詹士府、太医院、钦天监等文化教育类者，因为毕竟汉人的文化、技术水平比满人高，这类部门需要其发挥特长，且又不属直接的政务机要部门。

地方上督抚之设最为重要和具有典型意义。一般来说，该职对由满

---

① 故宫博物院明清档案部编：《清末筹备立宪档案史料》下册，中华书局1979年版，第921页。下引省略编者及出版项。
② 徐雪梅：《清朝职官制中的满汉差异问题研究》（南开大学2009年博士论文），"中国知网"电子版，第76页。
③ 徐雪梅：《清朝职官制中的满汉差异问题研究》（南开大学2009年博士论文），"中国知网"电子版，第75页。
④ 徐雪梅：《清朝职官制中的满汉差异问题研究》（南开大学2009年博士论文），"中国知网"电子版，第23—24页。

汉或旗汉人员的任用，本无定例，但重满、旗而轻汉官的情形，在相当长时间里颇为醒目，甚至导致一些不成文的惯例出现。有研究者论及，满洲贵族"入主中原，为巩固政权、保障满人权力起见，种种措施皆偏袒旗籍"，"就督抚之任用而论，清初冲要地区，如山陕督抚专用满员，至雍正年间，始参用汉人"。其他督抚，对汉员使用的限制总体看也有渐趋放松之势，不过，直到嘉庆年间，据相关统计，共 52 人次总督中，旗人 31 人，占 59.6%，汉人 21 人，占 40.4%；共 114 人次巡抚中，旗人 48 人，占 41.2%，汉人 66 人，占 57.9%[1]。旗人总督中明显多过汉人，巡抚中则汉人略多，但若从民族人口规模看来，旗人占比显然也是颇高的，而旗人中自以满旗者为多数。

军队是国家机器的最重要构成部分，清朝最高统治集团当然特别重视。其能入关建立政权取代明朝，当然主要是靠其八旗劲旅，而其后为镇压反抗者和巩固其统治，更进一步扩大武装力量。除八旗兵之外，又有以汉族人员为主体的"绿营"的设立。这两者都是国家经制军，即正式在编的正规军。从规模看，八旗兵 20 多万人，而绿营兵 60 多万人，总共近 90 万人。八旗兵原则上由八旗都统衙门统管，它分为守卫京师的"京营八旗"和择驻地方要区的"驻防八旗"两大部分。"京营八旗"是保卫皇家和京城的"禁卫军"，其又具体分为若干营类。"驻防八旗"主要分布在东北、蒙古、新疆和内地的直隶、山西、甘肃、陕西、湖北、四川、广东、福建、江苏、浙江等省区的一些地方，设有将军、都统、副都统等职别来管领。绿营兵在京师者为隶属步军统领的巡捕营，主要还是在各省者，由总督、巡抚和专职武官来管领，专制武官从高到低依次为提督、总兵、副将、参将、都司、守备、千总、把总等职级。

从驻防情况看，一是"内外轻重"有别，八旗兵特别着重驻守京城和各省区要地，绿营兵驻区则相对次要；二是穿插交错，在以利配合的同时，也更以利八旗对绿营的监视和控制。从待遇上看，八旗兵与绿营兵也是厚薄不等的。有研究者述及，同驻京师者，"（八旗）马兵月饷为 3 两；绿营马兵月饷为 2 两，八旗比绿营高出三分之一。八旗步兵月

---

[1] 魏秀梅：《从量的观察探讨清季督抚的人事嬗递》，台湾"中央研究院"近代史研究所集刊第四期，上册。

米岁支24斛（12石），绿营兵丁的月米岁支仅3.6石，八旗比绿营高出三倍多。八旗马兵的月米岁支更高达46斛（23石），比绿营兵丁高出七倍多。而且在这基础之上，八旗兵还有计丁授田和兵丁名粮等特殊待遇，入项颇多，绿营兵则在月饷月米之外无所得"[①]。这是说平时，就战时待遇而言，差别也很大，仅以出征行装银来看，八旗马兵为20两，步兵为15两；绿营马兵为10两，步兵为6两[②]。在恤银和赏格方面，总体看来也几有一半之差。绿营兵与八旗兵虽然一同作为清朝国家的经制兵，但由于绿营主要是由汉人组成，其地位和待遇则远不抵八旗兵，满汉畛域于此亦明显可见。

第二节 湘、淮集团崛起与"内轻外重"的成局

一 "内重外轻"变局形成的宏观时势条件

从前面已概要揭示的相关情况可见，前近代长时间里是以"内重外轻"为典型样态的。而及至晚清，则出现"内重外轻"的变局。当然，若从明显的成局现象来看，是从咸同年间湘、淮集团崛起后出现的，湘、淮集团崛起对这一变局的出现无疑起着最为直接和关键的作用，这拟在下边目中专论。除此之外，还有更为宏观的时势条件和广阔"舞台"。首先需要着眼的，当然是西方强国通过鸦片战争以武力撬开中国国门的变端，这也是中国进入近代的标志。

清朝自鸦片战争失败，签订以《南京条约》为滥觞的丧权辱国的第一批中外不平等条约，国家陷入半殖民地。清朝割地、赔款、开埠、与外国协定关税、外国得享片面最惠国待遇、领事裁判权等，奠定了中国近代中外不平等条约内容要项的基础，使得中国主权被严重侵害。及经第二次鸦片战争，中国主权的受损进一步扩大化，情况越发严重。正如有西方论者所说，及此"中国主权的每一踪迹，在各项条约规定限度之内，都被一扫而光"；"以前中国是处于命令的地位去决定国际关系的各种条件，而现在则是西方各国强把他们的意图加在中国身上的时候

---

① 陈锋：《清代军费研究》，武汉大学出版社1992年版，第144页。
② 陈锋：《清代军费研究》，第145页。

了"①。就外力对清廷的直接打击以及它所受刺激而言，两次鸦片战争也是一个程度上逐步加重的过程。相比之下，首次战争对清廷的直接打击似乎还不足以使它痛彻心扉，其虚骄表现还留有些许余地，直到第二次鸦片战争正式爆发前夕的"修约"交涉中，其相关言论仍有所表现，即还不愿放下"天朝上国"的架子，幻想以搪塞、敷衍的态度来了事，虚骄中更显由于缺乏近代外交意识而表现出的颟顸。而战争终于爆发后，战事停停起起，越发变本加厉，一步步逼使清廷就范。咸丰八年（1858），英国公使普鲁斯在给其政府的报告中，扬扬得意地说："我们不得不在天津给予中国政府另一次教训……我一定要使清朝皇帝及其大臣相信：一旦我提出要求，就定要把它索取到手，如不顺从我的要求，我已准备凭借武力威胁来索取。"② 结果，不断扩大的战争到最后使北京直接陷于莫大的兵燹，皇帝出逃热河，圆明园惨遭焚毁，清朝统治遭受外敌如此重创是前所未有的，这给最高统治者心理上造成的政治创伤自然也是非常严重的。在《北京条约》签订，外敌退出北京，臣工们奏请咸丰帝"回銮"的时候，这位皇帝余悸难消，说"设使朕率意回銮，夷人又来挟制，朕必将去而复返。频数往来，于事体诸多不协"③。迁延之下，终未能回到北京，而在热河结束了其"苦命"的一生。

不仅是咸丰皇帝个人的事情，所谓"天朝体制"随着这位皇帝的死去也告终结。以"天朝"自视，是清前期长时间里朝廷在对外交往（实际最主要的是与"藩属"国的交往）中的典型表现，而起码从乾隆朝开始，还明确有了"天朝体制"用语，这在皇帝敕谕中屡见不鲜。有的研究者据《清实录》统计到，带有"天朝体制"的术语40篇，乾隆帝有23篇，嘉庆帝有2篇，道光帝有11篇，咸丰帝有4篇，篇数的差异之外，并且发现这样一种可谓"质"的变化：道光帝时用这一术语已无乾隆帝的对外强硬，而是谨慎对外防范；咸丰帝作为使用这一术语的最后一位君主，他用之都是强调非朝贡国家使节不能进京，而他要坚持的这种"天朝体制"，不久就为《北京条约》所终止，该术语在咸

---

① [美] 马士：《中华帝国对外关系史》第一卷，上海书店出版社2000年版，第696页。
② 丁名楠等：《帝国主义侵华史》第一卷，人民出版社1961年版、1973年第3次印刷本，第148页。
③ 《筹办夷务始末》（咸丰朝）第七册，第2584页。

丰十年（1860）以后就从清朝皇帝的敕谕中消失①。这也能反映，列强入侵后清朝在对外关系方面"势能"逐步削减的客观态势，以及清廷主观体认上的变化，即在无法抵御的"西力"之下，从内心里不得不逐渐地"认弱"。这样，意味着"虚骄"弱化而"理性"相对增强，同时怯敌妥协的政治阴影也难免投射得越来越浓重。

总之，外敌入侵对于清朝政权来说，首当其冲的自然是皇权和中央政权，它再也不能像以前那样对国家所有政务包揽把持了，特别是以国家为主体行使的外交，更是失去了自主的权力而受制于列强。

以上是外患所导致的中国国家主权被侵害而连带使清廷权力削弱的情况。而对清廷来说，直接影响其权威和把控能力的还有"内乱"，最主要的就是像太平天国、捻军等大规模反清起义的爆发。太平天国金田起义后，清方前敌大员们惊恐地奏报"广西贼势披猖"，"洪秀全等擅贴伪号伪示，召集游匪万余，肆行不法"，"水陆鸱张，实为群盗之尤"，急切请求清廷"简调提镇大员领兵分剿"②。虽说当时他们还难以预见到日后发展势态的具体情况，但不易应对、大乱难抑的感觉显然已沉重地袭上心头。当然，他们的最初镇压筹措并未能见效，起义力量不但滚雪球般越发扩大，很快搅动大半个中国，而且有过与清朝对峙十余年的形态完备的政权存在。及至最终由曾国藩辈才将太平天国都城天京（金陵）攻破之后，他们向清廷的奏报中言及："臣等伏查洪逆倡乱粤西，于今十有五年，窃踞金陵亦十二年，流毒海内，神人共愤。我朝武功之盛超越前古，屡次削平大难，焜耀史编。然如嘉庆川楚之役，蹂躏仅及四省，沦陷不过十余城。康熙三藩之役，蹂躏尚止十二省，沦陷亦第三百余城。今粤匪之变，蹂躏竟及十六省，沦陷至六百余城之多"③。可以想见，此间清朝政权丧失了多大的控制地域，其"权威"更连带地受到多大的重创！这在清朝统治集团心目中，甚至是远比外患更为要

---

① 参见陈尚胜《〈清实录〉中的"天朝体制"考论》，《暨南史学》第九辑，广西师范大学出版社 2014 年版。

② 中国第一历史档案馆编：《清政府镇压太平天国档案史料》第一册，社会科学文献出版社 1992 年版，第 131—133 页。

③ 《奏报攻克金陵尽歼全股悍贼并生俘逆酋李秀成洪仁达折》，《曾国藩全集》奏稿之七，第 299—300 页。顺便说明，此"报捷"为要要之折，曾国藩让湖广总督官文领奏，显然是表示谦让而不争功的一种姿态，薛福成曾就有"曾公金陵报捷也，推使相官文恭公居首，而己次之，海内称其让德"（丁凤麟、王欣之编《薛福成选集》，第 251 页）之说。

命的事情。奕䜣等人就曾有这样的说法："就今日之势论之，发捻交乘，心腹之害也；俄国壤地相接，有蚕食上国之志，肘腋之忧也；英国志在通商，暴虐无人理，不为限制则无以自立，肢体之患也。故灭发捻为先，治俄次之，治英又次之。"① 以所认外患的"肘腋之忧""肢体之患"与内忧的"心腹之害"相比而言，轻重缓急截然可判。

二　湘、淮集团崛起乃变局发生的内在关键因素

首先需注意到，正因为清朝是把对内镇压作为其最亟要之务，这也就为湘、淮集团提供了崛起的关键契机。其间肯綮最直接地在于军务、战事。前边曾提及，清廷先后任命过多位钦差大臣，他们或相继或同时膺任，但都无济于事。湘军出现前清朝军事上的窳败以及在太平天国方面打击下的残破情形，作为曾国藩"四大弟子"之一的薛福成，曾有这样一番要言不烦的概述：

> 昔我文宗显皇帝初嗣服，廷臣黼黻右文，鲜遑远略，各行省大府迨郡县吏，瞢于利弊，恪守文法，以就模式，不爽铢寸。泰极否生，兆于承平。时则群盗洪秀全等反于粤西，恃桀骋狂，窥似非常。疆臣致讨，匪岁益横。天子乃简元辅为经略大臣，授钺南征。当是时，颁内府金给馈饷，无虑千万，征集缘边诸宿将，满汉各营劲旅，暨东三省铁骑，隶戏下，兵众饷饶，剪凶竖宜若反手。然而贼以死党数千驰踞边城，陆梁睢盱，忽伏忽突，瞷瑕蹈便，宵军我军，天不佑顺，良将劲卒，损折过半。贼始收吾军实，围我桂林，迫我长沙，残我武昌，徇我九江，鼓胁徒众，舳舻蔽江东下，未浃月而金陵又告陷矣。自贼起孤寇，遌王师，一岁间焱驰行省六，轠名城数百；戕贼显官，众暴至数十百万，民以大困。夫岂贼始谋及是哉？毋亦当事二三大臣，为谋不臧，酿激退避以至是也。贼既覆金陵，据为伪都，侵下旁郡邑，别遣贼数万渡淮，北瞰中原，犯畿甸。一军沂江西上，复收安庆、九江，再扰湖南北，由是海宇几无

---

① 《筹办夷务始末》（咸丰朝）第八册，第2675页。原文中英国之"英"左加"口"字旁。

完土。①

在这种情况下，清朝统治者自然是忧急无奈而渴望有救星出现的。在籍丁母忧的曾国藩受命办湖南团练而移花接木地编练起"湘军"，起初尽管清廷对他不无疑忌，但到头来事实证明，他对深陷危机的清王朝俨然救星。同时，也表现出他善抓机遇、发挥能力的出类拔萃。知情者薛福成后有忆述，说在众多团练大臣中，唯曾国藩"始不过奉命帮办团防，后乃改为就地捐饷，募勇自练，数战之后，声威既著，于是有本省之捐饷，有邻省之协饷，饷源广而募勇渐多"，这样"以团练始，不以团练终，且幸其改图之速，所以能成殄寇之奇功，扩勇营之规制也"②。其人这一暗中"转型"成功之后，所部湘军的发展在最初一些年里虽仍有艰难曲折，但整体湘军的扩张之势难抑，及至曾国藩获疆吏权柄之后，局面更是很快宏阔大开。淮军和淮系集团也乘机衍生，湘淮配合，相得益彰，在合手镇压太平天国和捻军的拼搏中，有了充分的"亮相"舞台。自曾国藩组建"义旅讨贼"，到主要靠湘淮军将太平天国、捻军镇压下去，乃至得胜"西征"，赢得清朝"中兴"之局，对此全过程，薛福成也有撮述：

> 曾公（按：指曾国藩）以侍郎居忧在里，奉诏衷义旅讨贼，连战皆大捷。收夺荆山以南失土，乘胜席卷而东，与贼相持江浒。朝廷亦命科尔沁忠亲王讨贼之北犯者，围而歼诸山东境，贼焰少熄。然当此之时，贼犹控据长江，横溢四出，覆城杀将无虚日。环寇之师且十万，递胜递负，无寸尺功，相拒守阆八年之久，日以偷玩。贼因诡道捣我杭郡，俾我精锐南趋，乘间袭吾戎垒，师熸帅殉，列城崩溃，乘势胁略，尽收吴浙膏腴地。孑黎孤城，喁喁北望。于是曾公始受东征之命。当是时，自皖江以西属之潜霍，北跨淮淝，东并江入海，南逾浙水及括苍，皆粤贼。剑阁以南讫于滇、黔，土寇错起如猬。苗、回诸贼，啸踞蛮洞；中原西自陕洛，南带淮泗，北距河，东苞汶、济傅于海，捻寇跳踉其中，与粤贼相表里。而西洋

---

① 薛福成：《中兴叙略》上，《薛福成选集》，第33页。
② 薛福成：《叙团练大臣》，《薛福成选集》，第308页。

岛族，乘衅骋变，更相与合从内向，震我京师。天子北幸于滦之阳，全局岌岌，天下震骇。然而曾公以部卒万人，渡江驰入祁门，堑濠扼险，且守且战，群孽望风授馘，丧胆宵遁，遂收我皖南地，进拔安庆而建节焉。文宗显皇帝（按：指咸丰帝）崩，今天子即位，旋跸京师，两宫皇太后垂帘训政，勤勤求治，靡有倦意。内诛僭竖，外僇戎帅之不职及跳奔者，乃益倚任曾公，授之相位，东南军事，咸命节制。当是时，朝廷大事，及天下有大黜陟，必以谘曾公。曾公竭诚靡隐，算无遗策，爰荐李公（按：指李鸿章）帅吴，左公帅浙，分兵馈饷，授以节度。俾介弟中丞公（按：指曾国荃）躬统雄师，长驱东迈，连拔沿江坚城名关数十，旬月间收地千余里，径造金陵城下。贼震栗失措，连嗾吴、浙之贼，大举奔援，死咋不能齮吾垒。李公、左公则以其间恢吴、浙地。贼既丧吴、浙，势益孤，食益乏。曾公复自上游分遣水陆之师，数道并进，遂合金陵之围，苦攻不解，卒摧崇墉，枭元恶，分军四出，荡灭遗烬，自是南戒无事矣。乃悉移其甲兵财赋以北逐捻寇，尽殪其魁，中原绥谧。西洋之人，亦且詟栗弭伏，不敢败和议，俾我得以专力西征。则苗、回之平，可企足待也。夫以一二桀猾之徒，煽邪诱蒙，以干天常，倾天下全力未能胜，挫衄甚矣。及夫狂氛益张，外讧内忧，相挺而作，顾乃抚创残之地，召未训之士，鼓行前进，扫除数百万猘狺之豺虎而灭其景迹，数年之间，区宇奠定如故，独非人事邪。《传》曰："得人者昌"。岂不信哉！①

这简直可作为站在清朝立场上写的其"中兴战史"一目"词条"来读，虽说有七八百言，但其提炼概括的功夫还是很到家的，既有过程的连贯线索，又将一些"节点"凸显出来，给人一个提纲挈领的提示。尽管文中充溢着对湘、淮要员特别是曾国藩的夸饰和谀颂，但还是能让人领略他们这些人物为清王朝力挽狂澜的实际作用。

当然，这中间"军政结合"至为关键，实力不断强化的相关督抚在很大程度上左右局面，清廷的控制能力相对则大大降低，情况较前发生醒目变化。薛福成即有这样的揭示："国家承平余二百年，凡有大寇患，

---

① 薛福成：《中兴叙略》上，《薛福成选集》，第33—35页。

兴大兵役,必特简经略大臣及参赞大臣,驰往督办。继乃有佩钦差大臣关防,及号为会办、帮办者,皆王公亲要之臣,勋绩久著,呼应素灵。吏部助之用人,户部为拨巨饷,萃天下全力以经营之。总督、巡抚,不过承号令,备策应而已。其去一督抚,犹拉枯朽也。故督抚皆奉命维谨,罔敢违异。道光季年,海疆事起,经略大臣才望稍不如前,权力亦稍减焉,已与各行省大吏有互为胜负之势。咸丰之世,粤寇势张,首相赛尚阿与总督徐广缙,相继奉命督师剿贼,皆无远略以偿厥事。自时厥后,或用尚书侍郎及将军提督为钦差大臣,或用各行省督抚兼任兵事,而能有成功者,则在督抚为多。曾文正公以侍郎剿贼,不能大行其志;及总督两江而大功告成,以其有土地、人民之柄,无所需于人也。是故督抚建树之基,在得一行省为之用;而其绩效所就之大小,尤视所凭之地以为准焉。"① 这也是一种变局,一种非常重要的变局:过去"大兵役"中由朝廷特派大员主持,而总督、巡抚"不过承号令,备策应",此时相关督抚变成"有土地、人民之柄"的实力派巨头,朝廷不得不依赖于他们。其间的最要肯綮,应该说就是"督抚兼任兵事"。这为前面作为湘淮集团势力构成要素之一揭示的"军政结合",可以说又提供了一个很好的注脚。还应该注意到,这种显著的变化是体现在湘淮集团督抚要员群体形成之时,但也绝非突兀和偶然,前面已有隐然的铺垫,按薛福成的觉察,自"道光季年,海疆事起",就开始发生变端。这与我们现在说的"近代"起始时间,正好吻合。由此来看,自更可认定为"时代性"变化。这也就是曾国藩辈"因势而为"而使变局彰明较著的客观条件。

说"曾国藩辈",是指湘、淮集团志同道合的要员群体,也就是批量的所谓"中兴之才"。薛福成在写于同治七年(1868)的《中兴叙略》文中,就勾勒过这类人才的一个谱系。曾国藩自然是其"始祖"和旗帜,说"若夫鼓召俊雄,参会智能,以光辅中兴之业,则惟今相国曾公实倡于始,实挈其成。公之初起,兵不满万,进与贼遌,丰采隐然动天下,而尤以知人名。当是时,朝廷用人,及天下所属望,皆以曾公一言为重。凡天下骛异闳骏非常之才,云合而景附,其所举至建牙开府者,踵相接以起"。接下来列举的是"以不世出之姿,而曾公致之大

---

① 薛福成:《叙疆臣建树之基》,《薛福成选集》,第290页。

用，始终相倚如左右手，功最高，用才亦最广"的"三公"，即胡林翼、曾国荃、李鸿章。说胡林翼"训兵积粟，雄峙上游，扶赞贤杰，布之海内，身处一州之任，而系天下之重"；曾国荃"循江长驱，收地千里，批亢抵巇，逝薄伪都，麕百万之寇而无挠志，竟以灭贼而斡全局"；李鸿章则"运谋设奇，幽契鬼神，驱驾豪彦，尽其力能，用能累殿方州，迭馘凶渠，以蒇曾公之绪"。再加下来分类列举的，有"分当一面，掎角凶侏，战攻并庸，水涌陆骧，或筹略冠时，或英鸷迈伦，芟夷廓清之功，亦前代所罕睹"的左宗棠、杨岳斌、彭玉麟、多隆阿、鲍超；有"忠诚奋发，累建奇勋，部曲精良，异材辈出，不幸赍志以没，而灏气伟节，亦常与三光同明"的江忠源、塔齐布、罗泽南、李续宾、李续宜、王鑫。当然，他这也是举其心目中最有代表性者，而"其他建立稍微，而皆已大显于时，及才宜大显而先没者，又未易以一二数也"，是说还有很多，不好尽数。在薛福成看来，"夫古今盛衰之运，以才为升降久矣"，意思是强调人才的关键性，并以湘军攻下安庆（事在咸丰十一年秋）那天的天象为由头，感叹由曾国藩倡导起来的"楚才"之盛："是日也，五星聚张翼之间，占者以为楚地有贤才佐致治平之兆。迄今数中兴文武之佐，其什七八皆楚才也。夫岂天之生才，予楚独厚哉？以有倡之者也。语曰'一人善射，百夫决拾'。而况名世之兴乎！"①薛氏显然是以天象为湘系集团并特别是为曾国藩张本的，但这并不影响作为说明湘淮集团要员层群体崛起的一个参照。其要员层对于湘淮系集团的整体崛起，自然起着至关重要的决定性作用，而湘淮集团崛起，又是"内轻外重"变局发生的关键内在因素。

三 "内轻外重"的成局表现

由湘、淮集团崛起所造成的"内轻外重"显著变局，起码从下述一些方面可以典型地体现出来。

一是湘、淮军及其影响之于清朝武装力量的特殊重要性。

原清朝国家经制兵（八旗兵与绿营兵）的通常规模上已述及，当然，实有具体人数上的一定伸缩度是存在的，但特定兵制下限定其有相对恒定的员额，不可能暴缩暴涨。而湘淮军所属"勇营"，就不受这种

---

① 薛福成：《中兴叙略》下，《薛福成选集》，第36—37页。

限制，可根据军事需要随时裁、扩，而在"军兴"时期，其总体上的迅速扩大是常规态势。以最高额时的湘淮军总人数而言，起码当在40多万人，合为八旗、绿营总额的近半了。何况，战斗力的强弱并不仅仅取决于兵员的数量，还更在于质量，湘淮军之所以能够兴起和蓬勃发展，是因为原清朝国家经制军的窳败而不能有效抵御太平军和捻军等反清武装力量，而是由湘淮军充当了当时对内镇压的有效主力，这种情况前亦论及。由此自可作为说明湘、淮军在清朝武装力量中有着特殊重要性的证明。除此之外还有另一重要方面，即由湘、淮军直接导致晚清军制变革中"练军"和"防军"的出现。下面对此予以具体论述。

所谓"练军"，即在原绿营兵中挑选精壮，仿照湘、淮勇营（特别是"湘勇"）制度进行编练而成的营伍，形成一个新的军队种类，实质上即以湘、淮军为样板对绿营的部分改造。练军由湘系大员刘长佑任直隶总督期间在辖区创始，此后在其他若干地方渐次推广和发展开来，形成规模。

刘长佑被授职直隶总督是在同治元年（1862）年末（到职是在次年春），乃替代遭革职遣戍处分的文煜，成为湘系集团人物中最先担任直隶总督者。刘氏可以说也是湘军的"元老级"人物之一。他于咸丰十年（1860）闰三月被授职广西巡抚，成为湘系人物中继江忠源、胡林翼之后又一位被授任疆吏者，比曾国藩出任两江总督的时间还要略早一点，可见，也属湘系人物中在职事上得以"军政结合"的最早一批人员之一。清廷让他取代文煜担任直隶总督，自然是要利用他镇压反清起义者，解威胁京畿的燃眉之急。其北上膺任，急务自在军事。他倒是将张锡珠一股起义军镇压了下去，但彼伏此起，曾降清的宋景诗在同治二年（1863）亦复举义旗，刘长佑率部在山东境内与之作战，竟至"伤亡甚众"，受到降三级留任的处分。随后，他配合僧格林沁将宋景诗义军镇压下去，又参与镇压捻军的军务。同治六年（1867），青县、沧州一带盐民起事，马、步队合计达千余之众，活动于任邱、雄县、容城、霸州、东安等处，甚至进至京西南涿州。因剿办不力，刘长佑先是被革职留任，终在这年十一月去职。其人在任直隶总督的数年间，较常规军务、政务之外，最值特别关注的，就是"练军"由他这里正式创始。尽管直隶"练军"自刘长佑之后又经过他人之手续办才日趋定型，但无论如何刘长佑是直隶练军的正式开办之人。

刘长佑的直隶"练军",与时任礼部左侍郎、总理衙门大臣的薛焕提出的练兵建议有一定关联。薛焕于同治二年(1863)夏奏请在直隶设立"四镇",每镇练兵一万人,并将神机营兵丁酌添二万人,亦分四处教练,"以振兵威而固根本",所用饷需作为"固本军饷",责成各省"通力合筹"。① 户部议奏原则上同意,清廷批准。但在让各省督抚筹划落实的过程中,却遭到了有些大员以种种理由的搪塞乃至阻挠,有的则置之不理。而在与薛焕上奏差不多时候,刘长佑也上奏,提出拟仿湘军营制选练兵勇,清廷谕其"即就南省营制量为变通,赶紧办理"② 后,又让他参酌薛焕之奏以及持有异议的有关人员的奏疏"通盘筹画,谋出万全",以求"务使行之久远,永无流弊"③。刘长佑"通盘筹画"的结果,反映在这年十月(11月)的相关奏议中,大旨为:仿照湘军营制,在直隶精练七军,共2万人。即从直隶4万绿营兵中,拣选精壮步兵12500人,马兵2500人。以500人为一营,五营为一军,每军配以马队500人,合为3000人。共为前、后、左、右、中五军。再增练马队精勇1000人,步队4000人,共5000人,分为两军。这共计7军分扎保定、河间、正定、大名、威县、宣化、天津7处④。关于饷事,认为责成各省,"不独疮痍省份自顾不遑,即完善之区亦各日形支绌,与其多派而徒有其名,不如少派以期覈实",具体建议于广东厘捐项下每月提银1万两,江苏、江西、福建、湖北、湖南、山东、山西、四川、河南诸省,每月提银各5000两,"其余各省应免筹济"⑤。

刘长佑的这一方案与显然与薛焕者有较大差异。不但筹饷不再是各省全面开花,而是择取部分省份,而且从计划的驻地看,更大有其异,所拟分驻的七处,偏重西南而略于东北,防现实"内寇"的目的明显。再就是强调"以南省营制教练北省之兵","本省挑选"之外,甚至提出"可募楚军"⑥,袭其"私属性"特征而便于自己控制的用意显在其

---

① 中国第一历史档案馆编:《咸丰同治两朝上谕档》第十三册,广西师范大学出版社1998年版,第254页。所引该书系全套同出,下引各册皆省编者和出版项。

② 《清实录》第46册,第320页。

③ 《清实录》第46册,第541页。

④ 刘长佑:《统筹直隶练兵募勇以重畿辅疏》,陈书良等校点《刘长佑集》第一册,岳麓书社2011年版,第243页。

⑤ 《咸丰同治两朝上谕档》第十三册,第516页。

⑥ 据樊百川《清季的洋务新政》第二卷,上海书店出版社2003年版,第881页。

中。这一方案虽说得到清廷的批准，但即使像奕䜣这样的中央高层官员也大有疑虑和异议，再加上相关省份督抚在协饷方面的消极应对，所以历经数年，其练军实效难著。鉴此，奕䜣于同治五年（1866）七月提出改造方案：改练 6 军，每军步队 2000 人，马队 500 人，共合 15000人，分驻遵化、易州、天津、河间、古北口、宣化 6 处。显然，是从"重京师而严拱卫"①着想，与前刘长佑的练军驻防计划大异其趣。同时，强调相关省份须按时照额解饷，以保饷需。而在天津设立机器局以解决军火供应的事情，也直接提上议事日程。清廷批准了这一方案，仍责成刘长佑具体主持。尽管这对刘长佑原拟方案在一些地方有所改变，但主旨基本未变，特别是主持办理之权未夺，他当然愿意接受此事，遂拟订出具体的营制章程，大体仿照湘军营制，分营、哨、队的建制。每营 500 人（实步兵 400，马兵 500），每营 5 哨，每哨 100 人，哨分 4队，每队 25 人（湘军一般是每队 10 人）。但他还没有来得及有充分时间进行这项建设的时候，便因镇压盐民起事不力而被革职②。

及至曾国藩任直隶总督（同治八年至九年在任）期间，他对直隶练军事宜续有进一步操持和完善。同治八年（1869）五月下旬，为"遵旨筹议练军事宜"，曾国藩有专折奏陈，说"养勇虽非长策，而东南募勇多年，其中亦尽有良法美意为此间练军所当参用者"，提出"文法宜简""事权宜专""（官兵）情意宜洽"等数端要则，还就"须酌改"的具体事项提出建议③。三个月后，他又为"遵旨续议直隶试办练军事宜"上折，其中有谓："直隶练军，询诸众论，不外二法：一曰就本管之镇将练本管之弁兵，一曰调南人之战将练北人之新兵而已。访闻前此六军，用本管镇将为统领者，其情易通，而苦于阖营无振作之气。用南人战将为统领者，其气稍盛而苦于上下无联络之情。将欲救二者之弊，气之不振，本管官或不胜统率之任，当察其懈弛择人而换之；情之不联，南将或不知士卒之艰，当令其久处积诚以感之。"④他在实践中就是根据具体情况，"两法"兼而用之，扬其长而避其短，兴其利而除其

---

① 《筹办夷务始末》（同治朝）第五册，第 1082 页。
② 此处刘长佑在直隶创始练军的内容，参见董丛林、徐建平等著的《清季北洋势力崛起与社会变动》（科学出版社 2011 年版）中由董丛林撰写的相关内容。
③ 《遵旨筹议直隶练军事宜折》，《曾国藩全集》奏稿之十，第 436—439 页。
④ 《曾国藩全集》奏稿之十一，第 70 页。

弊。同治九年（1870）四月中旬，曾国藩上折报告其"试办练军略有端绪，酌定营制次第举行"①，而从其所附直隶练军步队、马队章程看，仿照湘军而适当变通的特点分明。而各地练军的相继推开，也基本上是沿用着这一路数。由此可见，湘淮"勇营"的影响是直接落定在"军制"的变革上。

而所谓"防军"，更是将湘淮勇营直接充当国防军，这更具在一定程度上由"非经制性"向"经制性"转化的性质。《清史稿》中记曰："咸丰二年，命曾国藩治湖南练勇，定湘军营哨之制，为防军营制所防。殆国藩奉命东征，湘勇外益以淮勇，多至二百营。左宗棠平西陲，所部楚军亦百数十营。军事甫定，各省险要，悉以勇营留防，旧日绿营，遂同虚设。绿营兵月饷不及防勇四分之一，升擢壅滞，咸辞兵就勇。粤、捻既平，左宗棠诸臣建议，防营诚为劲旅，有事则并不如勇，无事则分汛巡守，宜以制兵为练兵，而于直隶、江、淮南北扼要之处，留勇营屯驻，遂有防军之称。"②这样的"防军"，尽管并非纯由湘淮勇营构成，但它是基于湘淮勇营并以之为绝对主体，当是没有问题的。防军虽说也非定额制军队，无全国性的严格而统一的编制，但其最基本的营制是沿用于湘淮勇营也无问题。从总体规模上看，随时或有增减变动，按有的著述中所说，"中法战争和中日战争时期是它的两个高峰。据1898年户、兵两部的统计，全国共有防军271212名。其中直隶63400名、吉林8598名、河南9190名、甘肃12500名、陕西10250名、新疆27845名、四川15698名、广东11800名、广西16940名、湖南11000名、湖北12690名、江西9363名、安徽12326名、江苏23790名、浙江21300名、山东13950名、福建10540名、塔尔巴哈台2432名"③。不但规模可观，而且在当时的清军中也算较好者，"防军是军事自强运动时期中国陆军中战斗力最强的部队，是这一时期支撑中国国防的主要武装力

---

① 《酌定营制办理练军事宜折》，《曾国藩全集》奏稿之十一，第395页。
② 《清史稿》（缩印本）第二册，第1046页。
③ 徐泰来主编：《中国近代史记》中卷，湖南人民出版社1989年版，第422—423页。在"全国共有防军271212名"后原有注云："据《清史稿》志一○七、兵三，第3930—3931页（按：所据为'常规本'）。其时的统计往往把防军和练军混在一起，引者根据其他材料对其中部分数字进行了修订。"

量，清政府对它有很强的依赖性"①。

二是财政控制上相对内弱外强局面的出现。

原本高度集权下的清朝中央政府，对全国具有财政上的一统控制权，地方上没有独立的财政。田赋作为传统财政收入的最大宗，虽由地方乃至最基层政权机构组织实施征收，但性质上是属严格的国家税种，直接由户部控制，地方上并无权支配。其他更便于把控的税种更可想而知。地方上的财政开支是由中央划定，且有严格的报销制度和程序。军费更是全由中央把控，将帅没有自主之权。及至镇压太平天国期间，情况开始发生明显变化。一是财政开支特别是军费开支所需数额巨大，而国库匮乏，中央财政按常规制度和方式已远无法供支，必须靠地方渠道弥补；二是随着湘淮系大员越来越多地出任督抚，其军政结合，实力强大，具有远超以往督抚的支配和把控能力，借军饷所需，以筹饷为突破口，财权不断扩充和加强，并促使财政制度上发生变化。当然，除此之外，中国半殖民地程度的不断加深，中央政府权威弱化，其财政主权也被直接侵害（最突显于关税权方面），这也是宏观背景方面非常重要的制约和影响因素。这里还是主要从与湘淮大员直接相关的方面来说。

于此，有一个人特别需要注意，就是在湘淮大员中最早实际开府并成功理政多年的湖北巡抚胡林翼。为了供养其麾下巨额军队，支应为数浩繁的军费开支，他采取了"改漕""办厘""整盐务""诱捐纳"等一系列行之有效的财政增收措施②。特别是有粮台总局（亦称"总粮台"）的设立，其有着"出款之总汇"的职能。后来亦任湖北巡抚的曾国荃，在上奏中即有这样的陈说："查鄂省入款之丰盈，莫如厘税；出款之总汇，皆由粮台。先是省城初复，前抚臣胡林翼设立通省牙厘总局并湖北总粮台。无论何项进款，皆归粮台弹收；无论何项开支，多饬粮台批发。即各厘局所收银钱，均交粮台，总厘金局不过照验清册而已。"③ 由此可见粮台机构的财政权力之大。当然，实际最终还是体现胡林翼的财政权力之大，因为总粮台是由他委任亲信干才负责，自己可

---

① 徐泰来主编：《中国近代史记》中卷，第425页。

② 参见拙文《胡林翼与湘系势力的崛起》（《近代史研究》1987年第4期）相关部分的内容。

③ 《整顿军需局片》，《曾国荃全集》第一册，岳麓书社2006年版，第43页。按：所引该书系全套同出，下因各册皆从略出版项。

直接控制。由胡林翼在湖北发其端，相继为主政关涉军务的其他省区或在一方统兵的大员（自然主要为湘淮系大员）效仿，成为惯例乃至潜在地影响制度性演变。对此，两江总督曾国藩在同治三年（1864）春间就有这样的奏语："前代之制，一州岁入之款，置转运使主之，疆吏不得专擅。我朝之制，一省岁入之款，报明听候部拨，疆吏亦不得专擅。自军兴以来，各省丁、漕等款，纷纷奏留供本省军需，于是，户部之权日轻，疆吏之权日重。"① 湘系大员郭嵩焘则有过这样的分析："军务初起，朝廷颁发帑金，动辄数百万，或由户部运解，或由邻省协拨，军营安坐以待支放。师久而财日匮，东南各省，蹂躏无遗。户部之解款，领省之协饷，力皆不能自顾。偶一办理防堵捕剿土匪，左支右绌，无可为计。其势又不能坐听其决裂。艰窘如广西、贵州，亦须经营筹划，自求生理。湖南经理得宜，则竟以一省之力，支拄数省，此又筹饷之一变局也。"② 这中间，不论是朝廷还是地方大员，似乎皆有其"不得已"，说到底，时势使然也。当然，这中间的人为机杼也不能忽视。像对自镇压太平天国以来的军费饷需情况，有人作有这样的言说：

> 每遇征伐，帅臣兵饷兼操，内而户部，外而藩司，支数可稽，用数无考。而军中大小将吏得以多立目，肆为侵冒，皆恃部费为护符，负狡成风，真堪痛恨！然犹全用旗、绿官兵，调发若干，死亡若干，人数尚有可核，而浮冒侵渔弊已如是。若此次广西发逆倡乱，捻匪继之，岛夷又继之，回匪又继之，越时至十四年，行师至十余省，召募之勇十居七八，经制之兵十才一二。某路某帅召募若干，撤换若干，某路某战伤亡若干，更补若干，其立营补额，均未随时奏咨备案。其随营执事文武员弁，倏入倏出，亦不能报部存查。为薪为粮，扣旷扣建，纷纭鞧辘，无从清厘。各路统兵大臣肆意专擅，非不知事后报销，无凭核算，必成不了之局，亦惟赖别筹部费耳。③

---

① 《沈葆桢截留江西牙厘不当仍请由臣照旧经收充饷折》，《曾国藩全集》奏稿之七，第84—85页。

② 《各省抽厘济饷历著成效仅就管见所及备溯源流熟筹利弊疏》，《郭嵩焘奏稿》，第126页。

③ 吴庆坻：《蕉廊脞录》，中华书局1990年版，第38—39页。

第五章　从"内重外轻"到"内轻外重"变局的形成　229

对纷乱"无从清厘"之下，户部不得已奏请放弃原来严格要求的造清册报销程式，相关人员的做局细节，也有具体记述：

> 当癸亥、甲子之交，江南官军严围复合，百道环攻，收复之机端倪可睹。户部书吏知复城之不远也，报销之难缓也，约同兵、工两部蠹吏，密遣亲信分赴发逆被扰各省城，潜与各该省佐杂微员中狙诈狡黠、向与部书串通又能为莞库大吏关说者，商议报销部费，某省每百几厘几毫，粗有成约，一面遣派工写算之清书，携带册式，就地坐办。盖各省藩、粮、盐、关四库款目，及捐输、厘金等项，存库旧籍，报部清册，其名目省各不同，不得不就地查核，以求符合。此辈资斧纸笔，皆由部书垫给，统归分年准销部费内增扣归款，合计所垫在数万金。而其时王夔石（按：即王文韶）中丞方官户部郎中，灼知将来报销万无了局，因创请免册报私议，堂司同僚中多有闻而善之者。至是江南报捷，中丞适以京察授湖北安襄郧荆道，将出都矣。倭大司农约同堂上官，密取中丞议稿，参阅酌定。七月十二日，齐赴户部内署，召司员中工楷书者数人，扃内堂门，某录稿，某用印，某缮折，至漏三下办毕，乃偕各堂官随议政王恭亲王诣宫门递折。两宫皇太后召问称善，命颁谕宣示中外。诏书既降，都人士欢声如雷，各部书吏闻而大骇，有相向泣者。①

需要注意，记述者吴庆坻虽非直接涉局之人，但他特别说明："兹事详见李黼堂中丞《宝韦斋类稿》。此同治朝旷典也，不可以无纪。"② 这个李黼堂，即湖南湘阴人李桓，是官至总督的李星沅的儿子，他本人做过江西布政使兼署巡抚（因有"中丞"之称），经理过相关军饷、军务事宜，属曾国藩等大员的下属，自当为知情者。

财政控制上这种相对"内弱外强"的局面，从下引之说也可提供一个参照："及至咸丰年间，各省大都有军事，一切收入，都被截留，户部年年不敷，甚至铸当十铜币，强迫通行，而犹不足，咸丰常拨宫中内

---

① 吴庆坻：《蕉廊脞录》，第39—40页。
② 吴庆坻：《蕉廊脞录》，第40页。

帑以资弥补"；而"自光绪甲申恭王罢斥，醇王柄国，海军衙门成立之后，整个北京政府之收入，不及海军衙门及直隶总督北洋大臣两个衙门收入之多。北京政府收入之机关，只有一个户部，户部之直接收入，只有北京崇文门税关及各省所运之粮米，其余则全恃各省每年所解之京饷"①。可见，财政控制上的"内弱外强"，并非只存在于"军兴"之际，相对"承平"的时候也依然沿袭下来，只不过或有相应的某些形式变通而已，如相关机构名称上的改换之类，实质上还是换汤不换药。及至清末"新政"方兴未艾的宣统年间，清廷意在加强集权，度支部提出各省财政统归藩司（布政使）综核的建议，就是想如旧制那样通过中央部门对布政使的控制，限制督抚的财政大权，其奏中称："国初定制，各省布政使司掌一省钱谷之出纳，以达于户部，执掌本自分明。自咸丰军兴以来，筹捐筹饷，事属创行，于是厘金、军需、善后、支应、报销等类，皆另行设局，派员管理。迨举办行政，名目益繁，始但取便一时，积久遂成为故事。"② 这种"故事"，就是从最早一批湘、淮督抚大员那时发端的。由此发展下去，遂成这样一种情势："各省督抚，任意赋课于民，别设善后局听其调度，督抚意欲如何，则指挥如意，（中央）政府不得难之，且或不得预闻也。"③ 如此，则财政控制上的"内弱外强"可谓昭然若揭矣。

需要指出，"军需"是这种局面开启和延续的肯綮，除此之外，还有其他诸多方面，如洋务经费的数额也是巨大而主要由地方实力派大员把控的。而洋务派的先驱以湘、淮要员为主，特别是李鸿章更是多年间洋务运动的"旗帜"性人物，这方面影响尤大。

三是地方人事权方面督抚的"自主性"强化。

按清代原本定制，官员的简选形式"有请旨、拣选、选授等种。此外还有特授，就是由皇帝亲自选点"，这主要是在高级别的京官、外官和特殊职别的任命当中，任命人员"可不受原来资格和其他有关条规的

---

① 刘厚生：《张謇传记》，第56页。
② 《度支部奏各省财政统归藩司综核折》，《政治官报》第二十册，线装书局2006年影印本，第565号。
③ 康有为：《废省议》，《康南海文集》，台湾文海出版社"近代中国史料丛刊"1972年影印本，第349页。

限制"①。官员简选的具体程式和规则上颇为复杂，一般来说，大部分官员是要由中央相关职能部门（主要是军机处、吏部）简选题名，最后由皇帝批准简放，总之决定权绝对是在朝廷。对于地方上来说，尽管督抚对辖区的道府以下官员有提调、保荐的一定权利，但最终任命也还是要取决于朝廷。而自镇压太平天国湘淮督抚大员崛起以后，辖区官员的任命由督抚奏定的因素明显加强了，尽管还要走朝廷批准的程序，但实质性显著弱化，连布政使、按察使、对于总督来说乃至辖区巡抚这类高官的选任，相关督抚的意见通常都起很大作用（像前揭曾国藩在李鸿章出任江苏巡抚之局中的作用，就不失为典型一例），甚至邻省督抚的任命，有时朝廷也要征求相关强势督抚的意见。这起码说明在操作层面，督抚在人事方面的权能得以实质性加强。

值得注意，湘、淮系督抚大员大多是以识才、荐才和善于用才著称的，这实际上也反映他们在人事上的优势和强势。像胡林翼就非常典型。这也是胡林翼吏治当中，乃至整个施政机制当中一个至为紧要的关节点。在当时的环境条件下存在这样一种特殊情况，即官吏新选员额可以不受常规离任员额的对应限制。一方面，有些地方政权机构被太平军摧垮，不少官吏逃亡或被杀；另一方面，为适应军事上的需要，新建了一些机构，如粮台、厘局等，需要增添大批人手（当然不见得皆"朝廷命官"），这在客观上也给胡林翼提供了展示其人事权能的有利舞台。胡林翼在人事上有一个很突出的特点就是不拘囿于常规旧例，敢于破格，追求兴利除弊。他曾这样淋漓尽致地揭露所谓"循例"的内幕：

> 林翼昔年从政，见天下之督抚藩臬一差一缺，无不照例而行，即无一不挟私以徇，且瘠苦烦难，人之所弃者，尚有轮补轮委之人，而肥美滑甘，则皆捷足者所得。悬一例而预谋于例先，更变一说以圆通于例外，例实足以快其私，而不足以杜一切之弊也。盖轮补酌补，轮委酌委，本有两端之可趋可避，而颠倒之心，上下之手，则仍在督抚藩臬耳。昔在黔湘见藩臬某某，开口便言例，如某公在湖南，无一事不照例，实则无一事真照例。凡京官有所嘱托，或吏有所赇求，如鼓答桴，其应如响。京信朝至，司牌夕悬。苞苴

---

① 白钢主编：《中国政治制度通史》第十卷，第 536 页。

夜行，委札晨发。甚有不出省门而获盗十名或数十名，专意请托而记功十次且数十次者矣。故曰：循例乃适足以快其私。①

这可谓他人事上不循旧例而大胆"破格"的思想基础也是"过硬"理由。应该说这并非虚饰，而是其真实看法。胡林翼对吏治腐败的现实是由衷忧愤并要力行挽救的。他"每念治理之要，贤才为本"，"余皆枝节耳，鳞爪耳"②。其荐拔、延揽和使用"人才"所持原则，如讲究才品兼优，以品为先，量才而用；又强调不论亲疏，唯"贤"是举，广博延揽。说是使用人才必须"循核名实"，"苟其才也，虽疏必举；苟其非人，虽亲必斥"③。曾国藩曾说胡氏整饬吏治全在"破除情面，著诚去伪"④八字，并非虚夸。他又赞胡林翼"办事不主故常，而求贤甚殷，耳目甚长"⑤，揭示出其在人事方面的一大特点。

对于湘系督抚大员们来说，自然是要利用人事权能集结同党，扩充实力，体现着明显的派系利益因素，但同时又确有出于"公忠体国"而荐贤用贤的立意，两者基本能够统一。尝谓自己"爱材如命"的胡林翼，其视"国之求才，如鱼之求水，鸟之求木，人之求气，腹之求食"，大声疾呼，"得人者昌，失人者亡"⑥！就是站在"国"之立场上考虑，显其"公忠"精神，又与其集团人才自强的立意合辙。这对于湘系集团的领袖人物来说，应该说具有相当代表性。而湘系大员除可自行辟置的非"朝廷命官"外，即使向朝廷推荐提名、拟行安置而需朝廷任命的官员，除非极个别情况，上边一般都是照单全收，鲜有不准者。有时甚至是"大面积"的，如辖境内新收复区域的各级官员，批量选置的情形即颇典型。像曾国藩任两江总督后，鉴于辖区内安徽"自咸丰三年以来，遍地逆氛，吏治久弛"，奏明"现任州县有不称职者，拣员委署。若无安省合例之员，随时奏办"，得到朝廷认可。根据该省虽然"江南北渐就肃清"，但"糜烂已久，仕宦视为畏途。实缺人员固

---

① 《致两司》，《胡林翼集》第二册，第336—337页。引录中标点有改动。
② 胡林翼两函，《胡林翼集》第二册，第226、218页。
③ 《致罗遵殿》，《胡林翼集》第二册，第301页。
④ 《复毛鸿宾》，《曾国藩全集》书信之三，第528页。
⑤ 《复毛鸿宾》，《曾国藩全集》书信之三，第371页。
⑥ 胡林翼两函，《胡林翼集》第二册，第226、202页。

少,即候补者亦属寥寥,各班乏员可委"的情形,曾国藩等"督同司道,于行营随员中通融委用,或于江西、湖北两省咨调来皖,酌量委署",先后相继"委署各缺,已有二十员之多",于同治元年(1862)六月专折上疏,将所委署的府、州、县各缺人员的情况奏报①。尽管名义上还造册咨请吏部核示,但实际在很大程度上已属事后备案性质,生米已做成熟饭。像这种情况,平时在一般督抚治下,自是难能出现的。

还有一种情况值得特别注意,就是湘淮系督抚大员的幕僚入仕甚至超常规成为高官。此前一般情况下,幕僚只是官员私自辟置的辅助办事人员,不在官员之列,且规模有限。而自湘淮大员,因其军政的需要,其幕府不但在规模上巨量扩大,而且成为各类才俊的荟萃之所。一方面,有诸多本即官员者加入;另一方面,有若干本无官职者被保荐为官员,无论如何,其幕府不啻成为历练和造就官员的"大本营"。像李鸿章,原虽系京官,而回籍办团练后并无甚声色,是投身曾国藩幕起家,由未赴任的道员直接跻身巡抚,而他开府之后,其幕府也渐营造成汇聚和成就官员的重要场所。李鸿章之兄李瀚章,也是由曾国藩幕府走出的封疆大吏。湘系人员左宗棠,是在曾国藩手下襄理军务进而出任将帅、成封疆大吏的,此前更是有多年为湖南巡抚幕僚的经历。由湘淮幕僚而跻身督抚的不乏其人,成臬、藩、道、府官员的更多,不用说更基层的官员。

因为湘淮督抚"军政结合"的特点,除辖地政区系统之外,一般还控制有湘淮军乃至其他军队,这样,除了政区系统的文职之外,还有武职官员的选用也是权力所在,以"吾党"亲信之人把控军权,自也为湘淮大员所重。其"勇营"编制系统的官弁全系其自行选置自不待言,经制绿营系统的武官编制也为之染指,从提督、总兵类高官到以下各级皆不乏其有。当然,这类实职员额有定,不能随意扩大,于是保荐各级武职衔名者更是多不胜计。这虽说与实职有别,但毕竟也是体现军功褒奖的一条途径,也可从一个侧面反映湘淮大员的人事权能。

总之,湘淮大员在人事权方面也远非昔日督抚可比,已有着强大的控制性和影响力。清末有京官言及,"督抚一喜怒而百城皆风靡;督抚

---

① 《拣员署理安徽府州县各缺折》,《曾国藩全集》奏稿之四,第340—343页。

一去留而属吏半更新"①,这可借以说明湘淮大员人事权能的影响之大。

四是外交权力的部分"下移"。

"外交"是"国家以和平手段对外行使主权的活动","外交的主体是主权国家"②。当然,这离不开具体的主持和办理者,但他们一定要能代表国家或由国家授权。"外交"也有它的时代性和"主体"性差异,如在晚清,国家主权受到列强的侵害,造成半殖民地形态下国家主权的不完整性,这就决定了其外交整体上的必然屈辱性。在这种条件下,外交办理的权能发挥和实际效果就不免受到限制。并且,也显示出一些特别的现象,如外交权力的部分"下移"就是典型一端。其"下移",主要就是由地方相关机构和大员承担和办理了相当份额的外交事务。而最凸显的,就是就是南、北洋大臣(尤其是北洋大臣)的设立。南洋大臣的前身是五口通商大臣,因《南京条约》签订后开五口与外国通商,办理相关商务、海防和外交活动的需要而设,先是由两广总督兼任,后改由两江总督兼任(个别时候由江苏巡抚兼任)。北洋大臣的前身是三口通商大臣,因《北京条约》签订后北方开三口与外国通商,办理相关商务、海防和外交活动的需要而设,本为专职,自同治九年(1870)李鸿章任直隶总督后改为直隶总督的兼职。光绪朝《清会典》当中,是将南、北洋大臣置于"总理各国事务衙门"目下介绍的,其说"南洋大臣"的职能为:"掌中外交涉之总务,专辖上海入长江以上各口,其闽、粤、浙三省则兼理焉。凡交涉之事,则督所司理之,待其上以裁决。疑难者则咨总理衙门,大事则奏闻。"③北洋大臣的职能是:"掌北洋洋务、海防之政令,凡津海、东海、山海各关政,悉统治焉。凡交涉之务,责成于关道,而总其大纲,以咨决于总署……凡大事则奏陈请旨。"④严格来说,其表述上并不完全准确,如南洋大臣"掌中外交涉之总务",显然其本意也非执掌"全国"的一切"交涉总务",即使实际外交权能上远超"南洋"的北洋大臣,也掌不了"全国"的一切"交涉总务",只是他们分掌了足大份额的国家外交权力而已,这已

---

① 《度支部主事陈兆奎条陈开馆编定法规等六策呈》,《清末筹备立宪档案史料》上册,第267页。
② 《中国大百科全书·政治学》,中国大百科全书出版社1992年版,第366页。
③ 《清会典》,第909页。
④ 《清会典》,第910页。

经是外交权力部分"下移"的很典型表现了。还需注意,尽管《清会典》中将南、北洋大臣置于"总理各国事务衙门"目下介绍,但他们并非该衙门的属官,都是直接对清朝最高统治者负责的,与总理衙门的"工作联系"上是平行用"咨"的关系,甚至在对有些事务处理的实际把控上,还要超乎总理衙门。

从湘淮集团督抚大员的情况看,湘系人物多居两江总督兼南洋大臣之职,而淮系的李鸿章则居直隶总督兼北洋大臣之职最久,前后达28个年头。他们在主理总督辖区内政的同时,也都涉身办理过诸多中外交涉、订约等外交事务。李鸿章在这方面尤其突出,或谓他"坐镇北洋,遥执朝政,凡内政外交,枢府常倚为主"[①];其衙门"几有成为清政府第二朝廷的趋势,李鸿章便是这个朝廷的主脑人物"[②]。当然,在当时办理外交是难免屈辱和尴尬的事情,朝廷"下移"外交之权有它推诿责任、逃避繁难的动机,南、北洋大臣的涉身外交也不能为其增彩反而添耻,但毕竟也是他们在特定条件下的一种承当,也是"权力"增加的一种标志,对清廷来说这是权力"下移",对南、北洋大臣来说,则是相应"上移",密切介入了本属中央的外交权力当中。像有学者说李鸿章"事实上成为一名全国性的官员"[③],这与他直接介入外交之局自然息息相关。

四 湘、淮集团与清廷的微妙关系

湘、淮集团大员的强势与清廷对他们的态度表现密切关联。开始清廷对曾国藩及其湘军在利用的同时也不无疑忌和限制,而镇压反清势力的客观形势需要又迫其不得不对限制放松,湘系及稍后起的淮系集团势力得以迅速发展。在前已论及的这种情况下,清廷利用湘、淮集团各自内部支派以及两集团之间的复杂关系,试图让其相互牵制以尽量削减"尾大不掉"潜在负面因素的暗中运作,虽说始终也没有停止,但主导方面还是越发利用和依靠之。对其偌多大员授以督抚之职本身就是典型

---

① 刘体智:《异辞录》,第84页。
② 李剑农:《中国近百年政治史》,武汉大学出版社2006年版,第98页。
③ 刘广京编:《李鸿章评传——中国现代化的起始》,上海古籍出版社1995年版,第59页。

表现，尽管有其在时势迫使之下的不得已因素，但毕竟是其诉诸决策的实际结果。特别慈禧太后上台之后，重用湘淮大员的政策愈发明朗化。当然，在这以前，清廷就有重汉派力量的存在。有说胡林翼被重用，就与满洲权贵文庆有直接关系。胡林翼中进士后做京官期间，就得文庆欣赏，后任鄂抚更得其鼎助。或谓文庆"尝与胡公语，奇其才略"，后胡林翼"由贵州道员一岁间擢巡抚，湖北所请无不从者，公（按：指文庆）实从中主之"。应该说，文庆与胡林翼的关系，不仅仅是个人间的私谊关系，同时也代表着满洲权贵集团中一种"重汉"的政治倾向。文庆"尝言：'欲办天下事，当重用汉人。彼皆从田间来，知民疾苦，熟谙情伪，岂若吾辈未出国门一步，懵然于大计者乎！'平时建白，常密请破除满汉樊篱，不拘资地以用人"①。即使像以专横著称的肃顺也认为，"满人胡涂不通，不能为国家出力"②，他还有另一满洲权贵文祥，又说"满人暮气深，非重用汉人不能已乱"③，而若辈对曾国藩、胡林翼他们"知之已深，颇能倾心推服"④。这表明，排汉思想观念，即使在满洲权贵阶层中起码也不像早年那样牢不可破，这对朝廷决策必然产生直接影响。如此看来，尽管咸（丰）同（治）间有辛酉政变的发生，"赞襄政务王大臣"和西太后、奕䜣两派为争夺最高统治权，势同水火，你死我活，但在"重汉"问题上似无原则分歧，即使肃顺等人一派胜利，想必也会重用湘、淮大员的。当然，既定事实是慈禧一派在争斗中获胜掌权，实际地发展了重用湘、淮大员的政策。

　　从湘、淮大员与清廷的关系看，需要明确，清廷当然不能说是清朝阵营中的一个派系，而是其总司令部。清朝皇帝，既作为统治阶级大家庭的家长，又首先是满洲贵族集团的嫡亲；清朝皇权，代表和维护的，既是整个统治阶级的利益，又首先是满洲贵族集团的利益。而湘、淮系势力，作为当时清朝阵营内部的派系，首先并且最直接维护和争取的，是它军政集团的利益，但这种派系利益又是基于统治阶级整体利益之上，与君国命运息息相关的。这就决定了湘系集团与清廷之间既统一又

---

① 薛福成：《书长白文文端公相业》，丁凤麟、王欣之编《薛福成选集》，第250页。
② 梁溪坐观老人：《清代野记》（卷下），山西古籍出版社1996年版，第151页。
③ 尚秉和：《辛壬春秋》，民国十三年刻本，第二十六，页四。
④ 薛福成：《肃顺推服楚贤》，《庸庵笔记》，第12页。

斗争的矛盾关系。这种关系，也外化为地方分权与中央集权的矛盾。而包括湘、淮系和满族权贵势力在内的清朝统治阶级的各个阶层、派系，与清朝皇权之间是这样一种"轮体结构关系"：清朝皇权乃"轮毂"，各阶层、派系分别作为"辐条"而辏于其上，而各辐条与轮毂之间的连接力度是不一样的。崛起过程中的湘、淮系势力作为负荷能力不断加强的辐条，它没有并且也不要破坏轮毂，而只是要根据实际"负荷"能力的变化，"调节"辐条与轮毂的连接力度，而这对于避免因"失调"而致使轮毂乃至整个轮体的破坏是必需的。这种调节的实质，即改变满汉官僚势力在清朝政权中的力度比重。又因为调节主要是通过对省区政权的再分配来实现的，而新获得省区政权的大员，多系按"军功"论封于相应省区的地方实力派，这样，省区独立行使的权力较前大大增强，中央集权相对削弱，导致晚清政权结构格局上的突出变化。

一般而言，湘、淮大员的权力、权能与其"权欲"分不开。"权欲"对他们来说是一种积极追求。这固然不能排除"私欲"成分，但同时更是其辈为挽救和维护王朝统治"当仁不让"的"公忠"表现。胡林翼尝言："天下事误于正人怕包揽之名，庸人得推诿其间。"他们在统治阶级内部争权竞势，最终是为了"自可掀挲风云，清夷东海，挈而还之朝廷"①。而对其个人来说，胡林翼就切身感到："官是苦海，不努力不能保全地方，过努力一身一心苦累不可言状。时事日难，作官是难之难者，作好官尤难而又难者。"所以，遗嘱家族子孙"不要想作官"②。湘系中有些人，本心厌于做官，志唯灭"贼"而已。但除了其中彭玉麟历授安徽巡抚、漕运总督、兵部尚书皆辞而未就之类的典型外，其他一些人终究还是接受职任的。对此，胡林翼曾感慨地说："天也，天可逃乎？"③ 即困惑地感受到有一种不以个人意志为转移的神秘力量，这实际上就是"历史法则"的力量④。

总之，湘、淮集团与清朝中央的关系是非常微妙的。曾国藩、胡林翼辈在第二次鸦片战争末期于"北援筹议"之事的表现，则可提供一

---

① 《致曾国藩》《复蒋叔起》，《胡林翼集》第二册，第577、587页。
② 转据胡有猷《胡林翼家书简述》，《益阳师专学报》1984年第4期。
③ 《复曾国荃》，《胡林翼集》第二册，第758页。
④ 此段及上段参照了拙著《胡林翼政迹与人生》中相关内容。

个具体而典型的事例。所谓"北援筹议",是指咸丰十年(1860),因英法联军进犯京畿,清廷谕令从南方调兵北上救援,涉及湘军,相关方面就此进行筹议。尽管因很快便有"议和"成局的出现,湘军"北援"并未付诸实施,但以曾国藩为代表的湘系要员们,为此事的筹议曾颇费心思,典型地反映出他们的态度及应对方策。

咸丰十年(1860)八月二十六日,在皖南祁门营地的曾国藩,接到朝廷的"北援"谕旨。其中言及,胜保奏称,"夷氛逼近阙下,请飞召外援,以资夹击",请饬"于川、楚勇中,共挑选得力者若干名,派员管带,即行起程,克日赴京,以解危急"。朝廷正是采纳其议,遂发布谕旨安排从南方数支军队中调兵,其中包括令曾国藩挑选精勇二三千名,交鲍超管带,"兼程前进,克日赴京,交胜保调遣"。并特诫以"勿得借词延宕,坐视君国之急",说"惟有殷盼大兵云集,迅扫逆氛,同膺懋赏,是为至要"①。这时曾国藩已任两江总督兼领钦差大臣,正驻于皖南祁门;鲍超乃四川人,其时为曾国藩麾下的湘军一大悍将;胜保则是满籍武职人员,在率部与太平军和捻军的作战中屡败,此时因在与英法联军作战中受伤而正在京城疗养。

清廷发布"北援"谕旨之际,英法侵略军在占据天津后正向北京进犯,已至通州以西,离京城近在咫尺。而咸丰皇帝正在向热河出逃途中,留在京城负责与外国方面联络和筹办议和的,是恭亲王奕䜣,他急切奏报,京畿"现在军情万分吃紧"②。而此时南方,正处在以湘军为主力部队与太平军的激烈对抗、拼杀之中,太平天国方面正实施第二次西征的战略行动,虽说其主要征伐目标拟在湖北,但对曾国藩所在的皖南也构成极大威胁。当时湘系集团的另一领袖即胡林翼,他除了操理湖北政务,还与曾国藩配合进行湘军战区的全局性调度、指挥,而其辖境湖北,当时虽依然是湘军的一大后方保障,但也面临着太平天国西征随时可能造成的巨大军事威胁。"北援筹议",就是在这样的客观背景条件下展开的。这中间湘系集团方面的核心角色,当然是曾国藩,因为他是"北援"谕旨的主要承接者,又身膺两江总督兼钦差大臣要职。其

---

① 《咸丰同治两朝上谕档》第十册,第534页。
② 中国近代史资料丛刊《第二次鸦片战争》第五册,上海人民出版社1978年版,第138页。

次是胡林翼,他作为几与曾国藩比肩的当时湘系"双峰"之一,其意见也会有举足轻重的作用。鲍超本为钦命点派的"北援"将领,但在湘系要员关于此事的筹议之局中,他并无实际发言权,听命而已。倒是有的湘籍将领,还有像李鸿章等重要幕僚,参议并拿出了有影响的意见。

曾国藩在接到"北援"谕旨十来天后,才复奏朝廷,表明自己的感触和意见。他说跪读朝廷"北援"谕旨,"神魂震越,痛愤天地","自恨军威不振,甫接皖南防务,旬日之间,两郡(指宁国、徽州)失陷。又值夷氛内犯,凭陵郊甸。东望五越,莫分圣主累岁之忧;北望溧阳,惊闻君父非常之变。且愧且愤,涕零如雨"。至于对鲍超赴京交胜保调遣的谕令,他委婉地予以拒绝,提出当于他曾国藩与胡林翼二人中"饬派一人带兵北上,冀效尺寸之劳,稍雪敷天之愤"。并且,拟出这样的安排方案:若派他曾国藩北上,"则当与左宗棠同行,皖南暂不进兵,只能退守江西境内";若派胡林翼北上,"则当与李续宜同行,皖北暂不进兵,只能退守湖北境内",待北事完结后,"率师南旋,再图恢复皖、吴"①。应该说,这是曾国藩集团"北援筹议"的基本"定策"。此前,必然有过会商;此后一段时间里,则又有进一步的筹议,但大旨亦未出所奏框架。有迹象表明,湘籍要员李续宜的意见与曾国藩本意大致相符。李续宜外,曾国藩还曾广泛征询过多人意见。有时人后来忆述,"集文武参佐各立一议","幕中集有《北援议》一册,参互而观"。并特别举出李鸿章的意见,说他在"多以入卫为主"的群议之下,"独谓夷氛已迫,入卫实属空言,三国连衡,不过金帛议和,断无他变,当按兵请旨,且无稍动。楚军关天下安危,举措得失,切宜慎重"②,得到认可。李鸿章所谓"按兵请旨",是曾国藩实际做了的。不过,并不能因此否定曾国藩辈也同时做有待旨入卫的切实准备。此后,曾国藩在给其他同党人物的信以及家书之中所言相关情况,也都能证明其这种真诚。

因为"北援"对于湘系群体来说是件大事,在曾国藩就此出奏之后,不但筹议没有停息,而且更激波澜。曾氏在九月初十日给胡林翼的

---

① 《奏请带兵北上以靖夷氛折》,《曾国藩全集》奏稿之二,第587—588页。
② 徐宗亮:《归庐谈往录》(与《春晖草堂笔记》合刊),第41页。

信中，述及相关情况，有谓："连日争论北援之事，颇多龂龂，大约侍与公及希、星、任数君，意见当合，余不尽合也。"① 其中，"希"指李续宜（号希庵），"星"指幕僚刘良驹（字星房），"任"指幕僚文希范（字任吾）。曾国藩说与胡氏及他们意见"当合"，其实，即使胡林翼与曾国藩之间，也存在意见不尽相合之处，不过，他们关于"北援"的基本意见还是一致的。

尽管曾国藩集团的"北援筹议"，并不全是对清廷施出的故意拖延、欺饰手段，但也不排除其中有着颇值揣摩的政治策略蕴含。曾国藩、胡林翼辈不放鲍超北去，就是防止该部湘军被胜保攘夺，从而削弱湘军力量。胜保可谓湘系集团最痛恶的政敌。他曾在皖北督军，与湘系人物发生严重摩擦，胡林翼就曾斥其人属所谓"胜不相让，败不相救，轻而不整，贪而无亲"之流，"满腔忌刻，其志欲统天下之人，其才实不能统一人"②。对他奏请获允鲍超北上归其管带之事，湘系领袖更是非常敏感和警惕，不惜以自身请命的办法力阻。胡林翼还曾致信鲍超做稳定他的工作，说自己和曾国藩深知胜保"为人忮刻贪诈，专意磨折好人，收拾良将"，若放你北上，"必为磨死"，而"北援是君父之急难"，又"万不可以他词推诿"，故只得应允自行北援，这是对你的"天地父母之恩"③。作如此之说，自然是为防止鲍超心思游移，不利湘系。甚至胡林翼还有退一步的计议：若是鲍超被命必须北上，宁愿让他隶属别人，也决不归于胜保。时为荆州将军的满洲正白旗人都兴阿，也受命北援，胡林翼在九月初给他的信中说："廷旨饬涤帅拨鲍超入援，交胜君统带，弟（胡林翼自称）意亦当会奏请归兄统带，以连军心而资熟手"④。都兴阿虽然也是满人，但与湘系集团关系较为和谐，甚至当时在很大程度上依附于湘系（如连他的北上路程都由胡林翼为之授意），胡林翼作此计议，可以说是设置杜绝胜保攘夺鲍超的第二道防线。

由曾国藩请旨待命，则有巧为缓兵之计，以观事态变化，防止因操切盲动而造成无谓消耗和紊乱的策略用意。试想，当清廷急饬北援的时

---

① 《复胡林翼》，《曾国藩全集》书信之二，第763页。
② 《致曾国藩》、《致钱萍矼》，《胡林翼集》第二册，第344—345页。
③ 《致鲍超》，《胡林翼集》第二册，第744页。
④ 《致都兴阿》，《胡林翼集》第二册，第697页。

候，英法联军已兵临城下，若进占北京将是很快的事情，军事上不用胶着；而在此等危急关头，清廷则必以妥协来应对，外交上也不容拖延，总之，双方长时间胶着的可能性不大。清廷之所以采纳胜保意见向南方召援，是在极度恐慌窘迫、束手无策的境况下做出的应急反应，缺乏冷静的深思熟虑。在这种情况下，曾国藩辈若由其战区仓促发兵北上，借远途程，很可能军行半路，事局已明，是往是返，尴尬两难，于事无补，徒致紊乱。单就军饷的转运保障而言，即使按照曾国藩与胡林翼比较保守的计议，"带兵不满一万，转饷月不过五万，自用土马队百余，每月至襄阳驮运"①，实际上也足够麻烦了。在这种情况下，对事态发展做出一个大概的估计，据以待时定夺，不失可取之策。曾国藩上奏中所说"安危之几，想不出八九两月之内"，便是很务实的估计。此后他致许多人的函件中，又反复重申这个估测。而请旨待命，从有奏到旨下并传至其驻地期间，已可在形势相对明朗的情况下做拿出可取方案的酝酿。事实证明，这的确免费了轻易行动的周折。当时清廷并不是仅从南方调援，北方也涉及多处，可以说是一次全国规模的拟调，而自较远地方付诸行动的基本都半途而废。就南方而言，更早接到相关谕令的都兴阿，经过必需的准备后最终起程，但只行抵安徽寿州，"和议成，命赴扬州督办江北军务"②，亦徒废一番折腾。

  曾国藩集团的"北援筹议"，也体现了主持者关于在必要时南北兼顾，但尽可能不抽队北上而免于掣动南方军事布局的立意。曾国藩致胡林翼的信中有这样一番论说："大抵天下有理、有势。北援，理也；保江西、两湖三省，势也。吾辈就目前之职位，求不违乎势，而亦不甚悖于理，此外出位之思，非常之策，吾辈尚可不必遽议。"③ 他又说，"北行不过明臣子之义"，"南服两湖、三江战守各事，仍不可不竭力支持"，入卫"所带北兵均不必多，免致掣动（长江）南北两岸之全局"④。湘系要员们把"卫畿、保江西、规皖吴"，看作应该"统筹合计"⑤ 的要端，并做切实筹商，而一直把他们南方战区的既定部署，视

---

① 《复胡林翼》，《曾国藩全集》书信之二，第 776 页。
② 《清史稿》（缩印本）第四册，第 3102 页。
③ 《复胡林翼》，《曾国藩全集》书信之二，第 766 页。
④ 《复胡林翼》，《曾国藩全集》书信之二，第 787 页。
⑤ 《复左宗棠》，《曾国藩全集》书信之二，第 778 页。

为绝不可轻易变更和松懈的事情。

至于由"北援筹议"所反映出的湘系要员对清廷的基本态度,就是忧君国之危,尽臣子之义,准备在朝廷果若谕令不管是曾国藩还是胡林翼带兵入卫时便真出行,说"明知无益于北,有损于南,而君父之难,义不反顾"①。像这类话,曾国藩不但向非湘系的军政大员说,而且也反复向同党之辈说,还向家人说。譬如,与同党人物一再申明,"北援专明臣子之义,不问事之济否"②。他在致弟信中,则既是自我剖白心迹,也是施行教谕,说"分兵北援以应诏,此乃臣子必尽之分","不忘君,谓之忠","今銮舆播迁,而臣子付之不闻不问,可谓忠乎"?可见,曾国藩集团的北援筹议绝非纯然虚与委蛇。湘系要员们作为当时清朝军政势力中的一个重要地方派系,与其他派系之间当然有矛盾和争竞,即使与朝廷之间在某些时候、某些事情上也互有猜忌和抵牾,乃至有限制和反限制。但总体上说,他们之于朝廷,不只是能臣,同时也是荩臣,是抱效忠心志的。在他们心目中,南方军务固然为其首重,但若真的朝廷被灭,即所谓"本根倘拔",那么,正像曾国藩所深知的,"则南服如江西、两湖三省又岂能支持不败"③?也就是常言所谓,"皮之不存,毛将焉附"?那种断言曾国藩辈请旨自行"北援"完全是要"花招",实际是"拒不北援"的看法,似乎未免有点绝对化和简单化了。

当然,事实上正如曾国藩所估计的,京畿形势很快发生了变化,由于"议和"告成,再没必要让湘系首领率兵北上了,可以让其继续全力以赴地在南方战场对付"粤匪"。这当然是曾国藩集团所切盼的。曾氏于十月初四日首先接到清廷关于"鲍超一军,着毋庸前来"的谕旨,三天之后,即十月七日,又接到"曾国藩、胡林翼均着毋庸来京"之谕。就湘军"北援"未得真正实施而言,"北援筹议"可谓一场"虚议"。尽管如此,但还是可借以凸显出清朝统治集团内部关系的复杂性,以及湘系要员在处理这种关系上秉持的原则和方略。他们对胜保之类的"政敌",保持着高度的警惕和防范之心,对其借机想攘夺和染指湘军

---

① 《致官文》,《曾国藩全集》书信之二,第 760 页。
② 《复左宗棠》,《曾国藩全集》书信之二,第 793 页(给胡林翼等人信中也有类似语)。
③ 《致沅弟》,《曾国藩全集》家书之一,第 520 页。

的行为坚决而又策略地进行抵制，终未使之图谋得逞。对系外相关大员（如官文、毓科、张苪等人），则及时通报情况，解释筹议方案，以争取他们的理解和支持，减少和化解来自外围的不利舆论及障碍。对朝廷则表示了他们的忧危排难之诚，这不是不问青红皂白言听计从的"愚忠"，而是审时度势、以利大局的"精忠"，与保存自己派系的实力、顾全南方大局，巧妙地结合起来。总之，体现出湘系要员在处理清朝统治集团内部关系特别是与清廷关系方面的较高策略水平[1]。

---

[1] 本目内容参用了拙文《曾国藩集团的北援筹议述论》(《晋阳学刊》2009 年第 5 期) 以及拙著《曾国藩传》中相关部分文字。

第六章　清末十年变局中的多重审视

"庚辛之变"对中国来说是莫大的灾难，在此局中湘、淮、袁集团的代表人物都是应变的要角，在"东南互保"之局中尤为凸显。而袁世凯入主直隶和北洋后，借势"新政"发展集团实力，与清朝权力"内轻外重"格局的变化自紧相牵系。清廷借"新政"则力图加强中央集权，这样与地方形成一种相互的"反制"，使权力格局的面相更形复杂化，需做"名""实"之辨。从宏观局势看，表面上、形式上中央集权似有明显加强，而实际地方强势督抚的实力相对不消反长，特别是袁世凯跻身中央枢府，虽说有起跌的曲折，但终能控制清廷，左右朝局，但也隐伏下日后败亡的导因。

第一节　"庚辛之变"事局中的"湘、淮、袁"

一　在复杂而微妙的"东南互保"之局中

"庚辛之变"是庚子、辛丑之年一系列"事件群"的组合，它包括义和团在京畿和其他若干地方兴盛而达到"运动"高潮；列强借以加强干涉乃至组织联军发动侵华战争；清廷经历从抚用义和团、对外国宣战到"西狩"流亡、妥协"议和"，最后与列强签订《辛丑条约》；以及相关督抚面对时局的应对反映；"清末新政"在极其复杂的背景条件下开局等一系列事情。而"东南互保"，则是相关督抚在特殊关头应对筹措中的重要一环，体现出他们与清廷及外国势力的复杂关系状况。庚子事变是"清末新政"开局的直接刺激源，"东南互保"自然也不失为其中"元素"之一。而"东南互保"本身，也能够从一个"关节"性事件反映其时"内外轻重"的态势，从中见知"湘、淮、袁"的角色状况。

"湘系"自甲午战争以后其集团形态已趋于漫漶，不像先前那样典型，但并不是说它已消亡，而是仍以特定状况延续存在。湘军还有一定规模的兵力，也有要员群体，而其领袖人物当以两江总督刘坤一最为凸显，他自可作为此期"湘系"的代表。"东南互保"的酝酿和议定相关约章，是在清廷对外"宣战"前后，正当北方战事胶着、纷乱不堪之际。刘坤一是筹议"东南互保"的清方主持者之一，另一人则是湖广总督张之洞。是主政沿江中下游省区的他们两人，共同主持与相关列强国家（以在长江流域最具利益优势的英国为主）筹议的①。各方自然是皆有盘算，外国方面当然是为防止战火向南方蔓延危害其既有侵略权益，要其最大化地保持甚至借机扩大；刘坤一、张之洞辈则对清廷抚用义和团直至对外宣战是持反对态度的，认为这必妨害大局，不但不予应和支持，而是设法抵制，保全自己辖区的同时，更是要力挽时局，效忠王朝。因为在各自的目的追求上能有"互利共赢"的契合之点，所以得有成议的基础。至于刘坤一与张之洞联合主持致使议有成局，时人有这样的撮述："鄂督张、江督刘以南省若再有兵事，势必糜烂其民，且西人多疑，设或彼此猜忌，难保不肇事端。时适西人有联合保卫之请，于是一再电商。特派干员某观察，合同江督所派某大员及上海道余观察

---

① 戴玄之20世纪60年代问世的《义和团研究》中，述出关于"首倡"东南互保的"至少四种不同的说法"：一是首倡于李鸿章者，列举此说的例证为李希圣《庚子国变记》、罗惇曧《庚子国变记》中之说；二是首倡于刘坤一者，列举此说的例证为陈捷《义和团运动史》和《清史稿》中之说；三是首倡于张之洞者，列举此说的例证为光绪二十六年六月初六日（1900年7月2日）《申报》上的报道；四是张之洞、刘坤一共同首倡，列举此说的例证为《西巡回銮始末记》卷三"东南保卫记"（按：笔者所见版本为"南省保卫记"）篇中所说。戴玄之持论此四说皆"似是而非"，"细考保护东南章程之发端与定订，是均由于盛宣怀的策划"（戴玄之：《义和团研究》，北京大学出版社2010年版，第88—89页）。需要说明，戴书中所言"首倡"，据其所举各说史料根据及其相关论述，揣摩起来觉得实际并不仅仅局限于"首先提倡"的意义上，或则囊括了事情筹议的过程，即所谓"东南章程之发端与定订"。这样看来，其所谓"首倡"，也就进而有了全局"主持"（当然仅限清方）的意思。若从这个意义上，戴书中的数说应该更有对相关异议的概括性、综合性。不过，是谁主持，尚需酌量。诚然，居职操办洋务且当时正在上海的盛宣怀，在"东南互保"之局中发挥重要谋士和联络作用是不争的事实，即使他是此议的最早提出人之一，也只是出谋划策而已，因政治身份上与作为实力派总督大员的刘坤一、张之洞还无法相比，自然是不能充当实际主持人的，主持者非主政两江和湖广的刘坤一、张之洞莫属。至于他俩在此局中谁主谁次，学界也多有不同说法。笔者觉得，在此事上不太好强分伯仲，注意把握其间商酌定策的过程，注意他们意见上的异同细节及统一归结就是了。若非分不可的话，起码刘坤一不在张之洞之下，《清史稿》中有云："拳匪乱起，坤一偕李鸿章、张之洞创议，会东南疆吏与各国领事订约，互为保护，人心始定。"[《清史稿》（缩印本）第四册，第3091页] 显然是把刘坤一作为首要者

（按：指余联沅）等，与驻沪各领事彼此审明原委，各不相犯，并订立约章，以互相保卫。凡长江及苏杭等通商各口岸，均照约办理，南省遂赖以安。此非两制军之识力坚卓，曷足以臻此。"① 此局当中，作为督办铁路大臣的盛宣怀，的确起到了策议和参与经办的重要作用，还有曾做过张之洞多年幕僚颇受信任而此时居于上海的赵凤昌，当也起到一定的类似作用，他本人后来作有忆述，兼及多人在局中的角色，最终肯定"最要在刘、张两督"②。

清廷对外宣战的前十余天，刘坤一就致电荣禄，谓"事局多艰，外人伺隙而动，英、法各国近借拳匪滋事，亦有派兵舰入江保护之说，防务自亦加严"③。这尽管没有明确涉及"互保"问题，但显然主要是针对英方"派兵舰入江保护"的可能寻求对策。及至清廷对外宣战的当日（五月二十五日），他复电江苏巡抚鹿传霖（当然其复电时当尚不知宣战消息）说："内召拳匪入卫，直错到底，大事不可问矣。目前计惟力任保护，稳住各国，暂保长江，以期北事转机。若再鲁莽从事，各国兵舰转舵南攻，危亡即在旦夕。现与各领事密商，使其互相牵制，免遽决裂。"④ 此时"东南互保"早已在"进行时态"了，并且，是在刘坤一辖区内的上海，主要由其下属官员出面与外国方面酌议。此际，长江巡阅水师大臣李秉衡属主战派人物，是"东南互保"之议的绊脚石，

---

① 八咏楼主人编：《西巡回銮始末记》，台湾文海出版社"近代中国史料丛刊"1972年影印本，第110—111页。

② 惜阴（赵凤昌）：《庚子拳祸东南互保之纪实》，《人文月刊》1931年第2卷第7期。该文中作者将自己明确说为东南互保的"发议之人，更从事其间，迄于事平"，并详细叙述了"发议"经过和致有结果的"最要"之人："其时南北消息顿阻，各省之纷乱已日甚，各国兵舰连樯浦江，即分驶沿江各口岸，保护侨商，英水师提督西摩拟入长江，倘外舰到后，与各地方一有冲突，大局瓦解，立召瓜分之祸，忧思至再，即访问梅生（按：即何嗣焜）老友商之云：'事已如此，若为身家计，亦无地可避，吾辈不能不为较明白之人，岂可一筹莫展，亦坐听糜烂。'其时各省无一建言者，予意欲与西摩商，各国兵舰勿入长江内地，在各省各埠之侨商教士，由各省督抚联合立约，负责保护，上海租界保护，外人任之，华界保护，华官任之；总之以租界内无一华兵，租界外无一外兵，力杜冲突，虽各担责任，而仍互相保护，东商（按：'商'疑当为'南'字）各省一律合订中外互保之约。梅生极许可，惟须有任枢纽之人，盛杏生（按：即盛宣怀）地位最宜，谓即往言之，并云此公必须有外人先与言，更易取信，当约一美国人同去，旋杏生约予往晤，尚虑端（按：指端王载漪）、刚（按：指刚毅）用事，已无中枢，今特与外人订此约，何以为继？予谓此层亦有办法，可由各省督抚派候补道员来沪，随州道经与各国驻沪领事订约签字，公不过暂为枢纽，非负责之人，身已凌空，后来自免关系。即定议由其分电沿江海各督抚，最要在刘、张两督。"

③ 《刘坤一遗集》第六册，第2561页。

④ 《刘坤一遗集》第六册，第2564页。

刘坤一采取先尝试拉拢不成则设法排除的计策，就此向张之洞通报说："力任保护，稳住各国，实委曲求全、保东南至计。而鉴帅（按：李秉衡字鉴堂）意见未融……敝处电约其来宁面商……如能水乳最善；若竟固执，不得不另作计议。查鉴帅巡江旨内，并无督办防务之语。沿江地方是两江、两湖之责，拟会公电奏请饬李毋得干预防务，以一事权而免贻误。时事至此，身何足惜，保守东南，实顾全局，一涉孟浪，祸在眉睫。"① 李秉衡果然未能阻扰"东南互保"，他虽未依顺刘、张两督，但很快被调援北方，兵败自杀。而此前五月六月之交时间，"东南互保"议成，订有《东南保护约款》（凡九款）和《保护上海城厢内外章程》（共十条）②，主旨是："上海租界归各国公同保护，长江及苏、杭内地归各省督抚保护，两不相扰，以保中外商民人民为主。"③

对清廷的宣战诏书，认同"东南互保"的大员们是拒绝认可的，以"矫诏""乱命"视之，并利用乱局之下清廷诏旨纷乱多变、口径不一的情形，择取能当作其自主行事理据者，来为"东南互保"张本。譬如，五月三十日刘坤一致电张之洞，通报"东南互保"议商情况时，就特别转述了"廿四廷寄"："近日京城内外拳民仇教，与洋人为敌，教堂、教民连日焚杀，蔓延太甚，剿抚两难。洋兵麇集津沽，中外衅端已成，将来如何收拾，殊难逆料。各督抚受国厚恩，谊同休戚，事局至此，当无不竭力图报者。应各就本省情形，统盘筹划……互相劝勉，联络一气，共挽危局。事势紧迫，期盼之至"云云④。清廷在窘急万分、束手无策之下，简直是向督抚乞求挽救了。既然让他们"各就本省情形，统盘筹划"，那么，其自主行事的余地可就很大了，"东南互保"

---

① 《刘坤一遗集》第六册，第2565—2566页。
② 参见王铁崖编《中外旧约章汇编》第一册，生活·读书·新知三联书店1957年版，第968—970页。约章名称在其他文献中字眼上或不尽相同。此约章订立时间该书之件署为"光绪二十六年六月"。论著中通常谓之订立于五月三十日（6月26日），查当日刘坤一给张之洞的电报，知此日下午尚在议谈之中。到六月初三日刘坤一复江西巡抚松寿的电报中，说"连日与香帅会饬沪道与各领事会议，我力任保护，彼亦不得派兵入江，渐有眉目"（《刘坤一遗集》第六册，第2570页），显然尚无已经议毕签订的意思。并且，意向上中外双方基本认可（在个别款项内容上仍有争议）并执行的此约章，不但外国政府始终没有正式批准，连现场主议者的"签订"实也未有，充其量算"原则性议定"而已。
③ 王铁崖：《中外旧约章汇编》第一册，第968页。
④ 《刘坤一遗集》第六册，第2567—2568页。

岂不正是救急要着？不但不违旨抗命，而且是按真旨筹策行事——这正是刘坤一辈寻求的"冠冕堂皇"的理由。

两江、湖广之外，"东南互保"还得到其他一些督抚的参与和支持。多年间的淮系领袖李鸿章，在经历甲午之后的离职北洋、挂"闲职"数年之后，"东南互保"酝酿这时，他正在两广总督任上，先奉内召之旨①，很快又接到改任直隶总督兼北洋大臣的谕令②，回归前此多年要职，当然此番其最亟要之务是与外国议和，而在改职北上之前他也直接牵系"东南互保"之局。赞同和支持"东南互保"当然首先是要主剿义和团和反对与外国开战，李鸿章即坚决如此。五月十四日，他接到英国人赫德关于"京城局势危险已极"的告急电报，当天即火速电寄总理衙门，说"中国危亡即在旦夕"，"务须将各使馆保护完全，并宣明凡有臣工仇视洋人之条陈，朝廷必不为所摇惑"③，求其代奏此意。此际，他并与刘坤一、盛宣怀以及安徽巡抚王之春、广西巡抚黄槐森、山东巡抚袁世凯等大员密切联络，沟通信息，筹议应对。他甚至直接从外交渠道，与清朝驻外公使直接电报联系，要其探询所驻国政府意向，从中斡旋，力图避免激化战局。譬如，在五月二十五日（清廷对外宣战之日）电寄驻英、法、德、俄、日本等国公使，就作如此策议，并告"如可商量停兵，即日北上，面奏先靖内乱，再议善后"④。当他获知宣战诏书后，则拒不承认其合法性，坚决地表示："二十五矫诏，粤断不奉，所谓乱命也。"⑤ 他的这种表态，对共谋"东南互保"的大员们来说是有很强的带动性和代表性的，也等于定了一种基调，成为相关各省拒不奉诏联合行动的口径统一的理由。

至于在"东南互保"的事局上，也有系由李鸿章领衔主持之说："决划保东南之策，鸿章领衔，偕江督刘坤一、鄂督张之洞、川督奎俊、闽督许应骙、福州将军善联、巡视长江李秉衡、苏抚鹿传霖、皖抚王之

---

① 相关密旨发自光绪二十六年五月十九日，见《光绪宣统两朝上谕档》第二十六册，第132页。
② 调任廷旨发布于六月十二日，见《光绪宣统两朝上谕档》第二十六册，第179页。
③ 《速寄译署》，《李鸿章全集》第27册，第48页。
④ 《寄英法德俄日本五使》，《李鸿章全集》第27册，第60页。
⑤ 《寄盛京堂》，《李鸿章全集》第27册，第75页。按：同一电报在盛宣怀的《愚斋存稿》中相关文字则为："二十五诏，粤断不奉，所谓矫诏也。"（见该书卷三十六，页八，台湾文海出版社"近代中国史料丛刊续辑"1974年影印本，第845页）

春，鄂抚于荫霖，湘抚俞廉三，粤抚德寿，合奏言乱民不可用，邪术不可信，兵衅不可开，言之痛切。"① 此局中，因地缘关系主导者为刘坤一、张之洞而非李鸿章当无疑义，不过李鸿章的赞同附和和鼎力支持也至关紧要，其角色的重要性也是他人无法替代的。五月三十日，李鸿章收到刘坤一的致电："北直已经糜烂，南方必须图全，所有长江一带地方，坤与香帅力任，严办匪徒，保护商、教，并饬上海余道与各领事妥筹保护租界之法，立约为凭，以期彼此相安。尊处情形相同，计已布置周密，此外有无方略，尚祈电示为荷。"② 他遂当即回电："长江一带，公与香帅必须严办匪徒，保护商、教，庶免外人攫夺。鸿在粤当力任保护疆土。群匪觊觎，窃发一动即危矣。"③ 对"互保"的认同、支持及合作力行的态度是何等坚决，角色自也重要。以至到八月初，李鸿章卸任粤督北上暂留上海之际，还有以门徒身份劝其在南省继续致力于"东南互保"之局者："师一身系天下安危，而在沪则无地无权"，"当与岘帅同心合力，大兴淮楚之师，固守吴楚，保全浙江、湖广，完善财富，以图中兴"④。值得注意，所谓"大兴淮楚之师"，自然是说靠加强湘淮军来图事了，这自然是鉴于李鸿章、刘坤一的"淮""湘"领袖地位。

再看袁世凯。他在"东南互保"之际，刚任山东巡抚数月。出任东抚，是他跻身疆吏的开端，是其军政生涯中一大节点，是其成为"军政结合"的实力派大员的界标。而当时的乱局，又给他提供了展示应对本事、显示重要角色的舞台。他任巡抚的山东，本非"东南"区域所属，而在毗邻直隶的北方，在清廷倾向并最终宣布对外开战之际，该省区的动向如何，至关重要。若应和，则战区自会向南延展扩大；若抵制，则会起到重要限制和屏蔽作用，使北方战区与东南省区之间形成隔离带，甚至直接成为东南区域的北延"盟区"。并且，袁世凯本人还有一重非常重要的角色，就是在当时乱局之下通信受阻、与南方省区联络不畅的条件下，居于鲁地的他起到了中转联络的"枢纽"作用。朝中的相关谕旨，相关督抚和其他局中要员给清廷的奏议（多为电奏），很多由其中转，许多奏件

---

① 罗惇曧：《庚子国变记》，上海书店1982年版，第8页。
② 《附江督刘来电》，《李鸿章全集》第27册，第77页。
③ 《复南洋刘岘帅》，《李鸿章全集》第27册，第78页。
④ 《附丁镇来电》，《李鸿章全集》第27册，第226页。

更是由其受托直接拟稿。在这中间，他就有了很大的操作余地，尤其是对朝中的指令，转达上或及时或故意延后甚至隐瞒，或有的放矢地做信息筛选甚至巧妙改易的余地皆存，其更有可择机、酌情行事，与相关督抚要员商酌、筹谋的便利。除此之外，在因京畿乱局消息梗阻的情况下，袁世凯利用山东距之较近的地理便利，直接遣派侦探去探察情况，获取信息，通报相关督抚大员，这也是重要信息沟通渠道。清廷对外宣战之际，袁世凯就曾致电两广总督李鸿章说："东至津各路梗阻，遣探多名，俟有报即达。"① 这条渠道也确实发挥了他途无法替代的作用。

从"东南互保"事局中的具体情况看，在清廷与六月二十五日发布宣战诏书后，第二天袁世凯致电李鸿章，"择要"转达的则是二十四日廷旨："顷奉二十四日旨，以拳民剿抚两难，衅端已成，将来收拾难逆料，饬各省筹划保守疆土，接济京师，各督抚互相劝勉，联络一气，共挽危局，等因。谨择要先电达。"② 这一电旨，即使在获知清廷的宣战诏书后，涉局"东南互保"的督抚和其他要员们，依然是认可并据以否定宣战谕旨的依凭，也是要挟清廷罢战的借口。像盛宣怀在让袁世凯的代奏电中就置言："倘宣战，东南难保，何能接济？"③ 这显然是就谕旨中的话语而言。至于该旨中的"各省筹划保守疆土"，自然就更给"东南互保"提供了直接的"合法根据"，是相关督抚要员们屡屡强调和执持的。像张之洞在获知有宣战诏书后，就致电同道大员们宣示："时势奇变，敝处惟有谨遵保守疆土、联络一气之旨。"④ 这道出并代表了若辈共同执持的底线性原则，是绝不应和对外开战的。在这中间，袁世凯与相关督抚要员密切呼应，也是信息沟通的轴心。并且，这是军政结合为一方诸侯的他，在实力上也为"东南互保"局中要员们所看重，像盛宣怀当时就有"督抚中惟公（按：指袁世凯）军力独盛"⑤ 之言。

正因为其有军事实力，当然也为清廷倚重，曾向他急迫调援。就此的应对上，他也表现得圆滑而又得体，既不生硬地违命对抗，又绝不真诚应命支持战局，而是一方面以山东防守紧要为由堵住自己离省北上或

---

① 《致两广总督李鸿章电》，《袁世凯全集》第 5 卷，第 494 页。
② 《致两广总督李鸿章电》（与上注为另一电），《袁世凯全集》第 5 卷，第 494 页。
③ 《袁世凯全集》第 5 卷，第 495 页附录之件。
④ 《袁世凯全集》第 5 卷，第 496 页附录之件。
⑤ 《袁世凯全集》第 5 卷，第 521 页附录之件。

大规模调援之路，另一方面遣将带小支部队消极做出援应付，使得清廷瞻前顾后举棋不定，先是收回成命，改发"该抚着毋庸北上，并毋庸派将弁带队来京"①的谕令，继而在战局危迫之下又复催援，袁世凯便又改派另小支部队应付②。这样反反复复，曲折迁延，到头来其援军在战局中发挥作用有限。还有对清廷关于"迅速召集义和团勇，筹给饷械，星夜兼程北上"③的谕令，袁世凯先是表示"遵旨"而虚与委蛇，随后又以"皆系老弱，不堪驱策，或迫农事，不愿远征"，且"伏莽素多，游勇、会匪、盐枭、马贼，所在充斥，平日专以剽掠为事，近多冒充义民，借避捕治。若于此时一概招集，势将人人应募，真伪不分，各挟一投效之名，无从定去取之准"，故拟"酌量变通办理"，"另募义勇"④，以此来偷梁换柱。此"义勇"与清廷要的"义和团勇"，显然不是一码事了。他不仅不信任和利用义和团，而且对其是切齿仇恨、巴不得一朝灭绝净尽的。

袁世凯对朝廷一度纵容和利用义和团之举，实际是坚决反对和非难的，在同道之间直言不讳，有谓"东抚袁世凯亦极言朝廷纵乱，至举国以听之，譬若奉骄子祸不忍言矣，皆不省"⑤。反对纵容义和团和对外开战，这是搞"东南互保"的前提，也可以说是事情的一体两面、有机统一。所以，袁世凯能实心着力地支持、参与和维护"东南互保"事局，并且，根据东省的具体情况而相应有特定布置，袁世凯在六月十一日致盛宣怀电中这样说："现饬烟道与各领事商，并在烟仿照南各省出示派兵保护口岸，至内地各洋人，均派兵妥护送烟，暂避教堂，仍饬属保护，并言明倘有猝不及防，照数认赔。东省办法如此。倘在南洋不便商，可作罢论。"⑥可见，东省办法保护外国方面的力度，较之东南省份者，有过之而无不及，袁世凯隐然有意让南省向他这里看齐的。

无论如何，在"东南互保"事局中，袁世凯和李鸿章都不仅是支持而且是直接入局者，他们有力配合了在核心地带的主持者刘坤一、张之

---

① 《遵旨调回北上各营折》，《袁世凯全集》第5卷，第501页。
② 《饬总兵夏辛酉带兵兼程援津折》，《袁世凯全集》第5卷，第547—548页。
③ 《遵旨招募义和团勇北上片》，《袁世凯全集》第5卷，第548页。
④ 《招募义勇编伍北上片》，《袁世凯全集》第5卷，第576页。
⑤ 罗惇曧：《庚子国变记》，第8页。
⑥ 《致督办铁路大臣盛宣怀电》，《袁世凯全集》第5卷，第552页。

洞。"东南互保"并不局限于"东南",范围以两江、湖广为核心,并扩及两广、山东,除此之外,还有闽浙(总督许应骙)甚至西部四川、陕西的主政者(川督奎俊,陕抚魏光焘),也表示赞同。可以说,它在诸多省区成为抗衡清廷抚用义和团、对外开战的一种应对时局的模式。主持者联络外国实施此策,又着力要业已对外宣战的清廷认可而对外息战,其说辞最典型地体现于六月初一日的奏折。此折是由刘坤一联同张之洞拟稿,于五月三十日电传袁世凯,由他"代为具折,交驿六百里加紧驰递"①。该折中直言无隐地说,"此次大患,在与各强国一齐开衅","以京师之重地,作孤注之一掷,危迫甚矣。论兵力,一国焉能抵各国,不败不止。论大势,各国焉有肯让一国,不胜不止";"拳会"绝无法制胜,而"一旦兵败拳散,各国大队直入京城,宗社乘舆,何堪设想"!表示"此臣等痛哭流涕,不忍言而不敢不言,不得不冒叩以请朝廷亟思变计者也"。接下来就为"东南互保"的当行张本,有谓:"但就目前计,北方已决裂至此,东南各省如再遭蹂躏,无一片干净之土,饷源断绝,全局瓦解,不可收拾矣。惟有稳住各国,或有保全疆土。"并陈述了与外国方面商谈的情形,分析了"羁縻"的可行,说"此实委曲求全之策。现在尚属安靖,自可暂与周旋"。并建言:"出使各国大臣,此时请勿遽行召回,若使臣下旗回国,即是明示决裂,自认攻毁各国人命物产,以后更难转圜,似仍令暂住各国为要。在京各国使臣,亦宜设法挽留,勿遽听出。"② 总之是争取和局。在此折中,用语可谓"软硬兼施",既有铺陈战祸对清廷的威胁、警告,也极言"稳住各国","保全疆土"的出路,并表示一副出披肝沥胆、痛切上言"荩臣"姿态。

在此之后,刘坤一辈续有分析形势、出谋划策、为"东南互保"张本的上奏。虽说战端既开,难以立马刹车,但战局形势发展确如刘坤一辈所言,清方很快难以支撑,而以慈禧太后为首的原"主战派"也就难以"强硬"得下来。这从六月二十八日的一道上谕中,就能见一斑,谓"刘坤一等奏,相机审势,妥筹办法一折(按:此折在六月二十五日)。朝廷

---

① 《附录 两江总督刘坤一湖广总督张之洞清代寄会衔电奏》,《袁世凯全集》第5卷,第511页。
② 故宫博物院明清档案部编:《义和团档案史料》上册,中华书局1959年版、1979年第2次印刷本,第194—195页。

本意，原不欲轻开边衅，故曾致书各国并电谕各疆臣，及屡次明降谕旨，总以保护使臣及各口岸商民，为尽其在我之实，与该督等意见正复相同"①。这较宣战时是显然转变态度以及明确认可"东南互保"所体现的原则了。随后联军攻进北京，两宫西逃，一度被以"忠义"褒奖的义和团民，成为清廷发狠要"务绝根株"的"拳匪"，刘坤一辈的"东南互保"，不但没有被追究"背离朝廷"的罪责，而且更成"有功"之举了。

实事求是地看，尽管"东南互保"不免有同时维护外国侵华既得利益的一面，但在当时特定情势下，也是尽量维持平时现状，避免战乱局势扩大和进一步恶化，免使国家陷于无可收拾地步的一种选择，起码比清廷的盲目对外宣战理性而可取。数年后尚有论者以此事为例，证明督抚"分权之益"，有谓："其时东南各督抚，力拒伪诏，立互保之约，以待时机，虽难语于勤王之谊，要犹著于保境之功，则各省有分权之益也。假使其时各省疆吏无丝毫之权，事事须听命政府，除束手受制，唯诺惟命外，不能为一事，则虽谓至今无中国可也。"②

"东南互保"之外，在"庚辛事变"全局的其他环节和事情上，李鸿章、刘坤一、袁世凯辈也发挥着举足轻重的重要作用。

在清廷对外宣战后很快陷入焦头烂额境况的时候，在心目中以"和戎"本领著称的李鸿章，便不啻复又成为"救星"般人物。他获调任直隶、北洋之旨北上一度滞留上海（六月二十一日自粤启行，五天后抵达上海，及至八月二十一日才自沪北上），接着有被授"全权大臣"③，与各国联络议谈。而此际已有酝酿"两宫西幸"的传言，七月十九日，李鸿章致电"同志诸帅"急告："闻有人请两宫西幸，拳匪拥护，洋兵已备截击，催、汜之祸即见。鸿等竭诚会奏，诸帅公忠，应请列明名，立刻电复。事机万紧，勿迟片刻。"很快，收到江苏巡抚聂缉椝，成都将军绰哈布、四川总督奎俊，福州将军善联，安徽巡抚王之春，陕西护理巡抚端方，浙江巡抚刘树堂等回电同意列名。不知为何，李鸿章的征询电中漏了刘坤一的名字（后张之洞复电中提醒"补电"），但电文中有"奏稿与岘帅（指刘坤一）、香帅（指张之洞）商妥续呈"语，莫非

---

① 《合词相机审势妥筹办理折》，《袁世凯全集》第5卷，第650页。
② 《论中央集权之流弊》，《东方杂志》光绪三十年第七期"社说"栏转载《中外日报》文。
③ 授其"全权大臣"的电旨发自七月十三日，见《李鸿章全集》第27册，第181页。

是觉得在"共谋"之列知根知底不必再行征询？反正刘坤一也有电明确表示"坤愿列衔"，是赞同和支持的①。连征询电列名未及的署两广总督德寿，得知后也致电李鸿章云"伏乞列衔为祷"②。但亦在其征询之列的张之洞，持有异议，表态"若言西幸，不宜拳匪扈卫，则正合鄙见，洞愿列名。若阻西幸，则洞不列名"；"西幸洞不谏阻，拳匪护送，则洞必谏阻"③。还有闽浙总督许应骙，也表示"未便列衔"，理由是此议"似非外臣所应言"。再就是被托代为出奏的袁世凯，按照李鸿章的拟稿"照缮"，于二十一日"酉刻六紧发"，但他因前"曾主西议，今不便翻覆，未附名"④。可见，尽管在相关大员中意见不无分歧，但大多还是赞同与应和了李鸿章的意见，并得以出奏。虽说这对"西幸"之局并未能起到实际阻止作用，在出奏之时"西幸"业已成行，但可见李鸿章在这次奏谏中的领导和主持角色。

李鸿章这时为清廷所特别倚赖，时局条件之外，与相关督抚、将军大员的推重也密不可分。像李被授"全权"之前，刘坤一领衔合同张之洞、袁世凯等十来位督抚、将军大员，就曾上奏要求，对李鸿章"授以全权，示以机宜，饬令就近在上海与各国电商，藉探消息，察其意向，缓其进兵"⑤。正是在他们的催迫下，遂有授命电旨。获命后李鸿章有这样的电复："昨奉恩旨授为全权大臣，与各国外部商办一切，伏读之下，惶悚莫名。当群雄纷争之会，作孤注一掷之思，今欲排难解纷，挽回危局，送使、剿匪两层均未实力办到，虽百喙难以自明，断非区区绵力所能胜任。容俟各国派有全权开议时，再吁请钦派亲信晓事之王大臣会同筹议。"⑥只有"惶悚莫名"而无"感激涕零"，态度可谓不阴不阳，自是深知此中艰窘，也不无对清廷"拿一把"迫其进一步"就范"的意味。无论如何，对反战主和的相关大员们来说，特别是以刘坤一为代表，这时是奉李鸿章

---

① 上述各人相关电文见《李鸿章全集》第 27 册，第 186—188 页附多电。
② 《附 粤署督来电》，《李鸿章全集》第 27 册，第 190 页。
③ 《附 鄂督张来电》《附 鄂督张又电》，《李鸿章全集》第 27 册，第 190 页。
④ 《附 闽督许来电》《附 东抚复电》，《李鸿章全集》第 27 册，第 194 页。
⑤ 《刘坤一遗集》第三册，第 1223 页；鄂版《张之洞全集》第四册，第 485 页。"刘集"中件题为《兵事方殷合陈管见折》，署为七月初二日，"由驿六百里驰陈"；"张集"中件题为《请授李鸿章以全权在上海与各国电商解纷会衔电奏》，署"七月初一日寅刻发"，末尾并有各人列名。除首尾少量"格式化"文字有异外，其余主体文字两件相同。
⑥ 《寄东抚飞递军机处译署并寄江鄂督》，《李鸿章全集》第 27 册，第 184 页。

为领袖,甚至有密推其暂"主国政"之说:

> 庚子,联军入京之初,南中得京师已陷、两宫不知下落之讯,甚有谣传已遇害者,人心为之皇皇。江督刘坤一,乃发起推李鸿章以类似伯里玺天德(按:英文总统 President 音译)之名义,主国政,俾暂维大局,应付外交。鄂督张之洞等赞成之。时李已奉诏还任直督,迭促赴京,以西党尚无觉悟,恐入都徒被牺牲,故勾留沪上,静观变化,为将来补救之地。迨刘以公推之说密告,李慨然曰:"众既以此见推,吾亦知他人亦断不肯任此挨骂之事,苟利国家,吾不敢辞。日内如两宫仍无消息,当勉从众议。惟一俟探得两宫安讯,即日奉还大政,守我臣节。"会翌日即得两宫行至某处之报,此议遂寝。其事甚秘,当时知者甚罕。近闻人述其崖略,揆诸刘之能断大事,李之肯负责任,似非虚诬也。①

这是事后以笔记文体的追记,若穿凿细节肯定有其不确之处,但就大旨而言,说刘坤一他们在"两宫"无确切消息,局面纷乱不堪,群龙无首的情势下,推李鸿章暂时主持政局,与基本事实不悖。李鸿章的自承担当也与其敢于承当的性格相符,他自粤启程北上时的这样一幕亦可有助佐证:"鸿章乘招商局平安轮北上,潮大,泊港中,南海知县裴景福来谒,道及新命(按:指调任直隶总督兼北洋大臣)。鸿章谓:'舍我其谁'。"②岂不也是一副当仁不让的架势。当然,他绝非要乘机夺权代清,而是要为皇朝力当其难,扶危济困。有说,他滞留上海期间,张元济谒见请其"勿再为清廷效力",他回答:"你们小孩子懂什么,我这条老命还拼得过"③。总之,是绝不会当叛逆而是要做荩臣的。他乱局中当仁不让与支持和参与"东南互保"意旨相同。这时,同道大员们都把李鸿章视为无可替代的主持局面之人,刘坤一就有"大清存亡,惟公是赖"④ 之言,这很有代表性。至于随后他到津、到京后的与列强协调议和所担当的实际第

---

① 徐凌霄、徐一士:《凌霄一士随笔》第一册,山西古籍出版社 1997 年版,第 10 页。
② 窦宗一:《李鸿章年(日)谱》,第 5178 页。
③ 窦宗一:《李鸿章年(日)谱》,第 5179 页。
④ 《附 江督刘来电》,《李鸿章全集》第 27 册,第 205 页。

一主角，不待多言。有人说，"辛丑之约，丧失国家权力甚巨"，"李固无功可言，然其时能与外人周旋坛坫者，舍李竟无其人。则李氏实非无关系者，若与李同事之奕劻，固仅尸其名耳"①。

对这时的湘系领袖刘坤一而言，与淮系领袖李鸿章的关系密切、配合妥适由上述情形可见一斑。刘坤一作为"老资格"的大员，在当时应对时局的棋盘上，自然也是一颗很有分量的棋子，特别是在南省相关大员的群体呼吁和行动中，起着组织、倡导和领头作用，在这方面甚至比张之洞更为突出。他和张之洞，还同被赋予为协同议和的使命，虽身在地方而"随时函电会商"②，遥参机要。至于袁世凯，作为地方实力派大员群体中的新秀，在前面述及的"东南互保"事局里，他在朝廷与地方大员（尤南方者）间的居中联络，其辖区所起的屏隔南北的作用，事实上绝不只限于"东南互保"，类似作用扩及更长时间和更广泛的事体，特别是"居中联络"的作用，直到"两宫"逃至西安落脚后，依然持续，上传下达政务信息，他这里成为一个典型的"中转站"。在"庚辛之变"事局中，他的角色重要性简直可以和李鸿章、刘坤一、张之洞等列视之，他个人也有此自认，曾向人这样夸耀："此次变乱，各督抚中如无我辈四人揩注，国事尚可问乎？"③ 所谓"我辈四人"，即指李、刘、张和他自己。这岂不正是体现了实力派督抚在其时的特殊地位和权力的强势，是"内轻外重"的典型表现。

二 刘坤一与张之洞的"新政"筹议

"庚辛之变"直接刺激和促迫清末新政的开局。流亡朝廷于光绪庚子年十二月初十日（1901年1月29日），在西安行在发布"新政诏"，这可视为开始筹议"新政"的正式宣布。该诏中要求朝内外相关大员"各就现在情形，参酌中西要政，举凡朝章国故，吏治民生，学校科举，军政财政，当因当革，当省当并，或取诸人，或求诸己，如何而国势之兴，如何而人才始出，如何而度支之裕，如何而武备使修，各举所知，

---

① 徐凌霄、徐一士：《凌霄一士随笔》第1册，第10—11页。
② 中国办学会主编：《义和团》第4册，上海人民出版社、上海书店出版社1957年版，第49页。
③ 沈祖宪、吴闿生：《庸庵弟子记》，《北洋军阀》第5册，第48页。

各抒所见,通限两个月详悉条议以闻"①。及至辛丑年(1901)三月初,成立"督办政务处",派奕劻、李鸿章、荣禄、昆冈、王文韶、鹿传霖,随后又增瞿鸿禨,为督办政务大臣,以刘坤一、张之洞(后又增袁世凯),在外遥为参预,具体负责新政的酝酿和实施。这些人中,有的对"新政"并不内行,挂名而已。李鸿章当然是"行家里手",但主要为"议和"之事缠身,并且在《辛丑条约》签订后便很快去世,没有来得及在这场新政中大显身手。倒是刘坤一、张之洞、袁世凯辈,在此间起到了更明显的作用。

刘坤一也去世较早,是在光绪二十八年(1902)秋间,比李鸿章只晚大约一年,但有由他领衔与张之洞于光绪二十七年(1901)五月至六月合上的著名"江楚会奏变法三折",成为早期新政阶段的系统设计蓝图,也不啻力图付诸实施的圭臬。这"三折"为《变通政治人才为先遵旨筹议折》《遵旨筹议变法谨拟整顿中法十二条折》《遵旨筹议变法谨拟采用西法十一条折》,若是还将《请筹巨款举行要政片》(最后一折的附片)算入,这样就是"三折一片"②,凡约四万言。其第一折"参考古今,会通文武",具体提出设立文武学堂、酌改文科、停罢武试、奖劝游学四条方案;第二折提出"中法"方面"必应整顿变通"的十二条,具体包括崇节俭、破常格、停捐纳、课官重禄、去书吏、去差役、恤刑狱、改选法、筹八旗生计、裁屯卫、裁绿营、简文法等;第三折提出"切要易行"的十一条"西法",具体包括广派游历、练外国操、广军实、修农政、劝工艺、定矿律路律商律交涉刑律、用银元、行印花税、推行邮政、官收洋药、多译东西各国书等。结合其更为具体、细致的陈说,总体看来,可以说涉及的内容方面比较广泛,变法"新"度实际确不是很强,程度也说不上激进,而是比较稳慎的。从张之洞给荣禄信中的这番话便有助体察:"晚识短才疏,岂知大计,昨会岘帅复奏变法三折一片,大率皆书生文章,俗吏经济,作按部就班之事,期铢积寸累之功,撮壤涓流,深愧无裨山海。"③ 这并非只是谦虚之说,他

---

① 《光绪宣统两朝上谕档》第26册,第461页。
② 此"三折一片",载《张之洞全集》第4册,武汉出版社2009年版,第7—37页。以下本版本简称"鄂版"。
③ 郑逸梅、陈左高主编:《中国近代文学大系·书信日记集》第1册,上海书店出版社1992年版,第63页。

给时任军机大臣亦其姐夫鹿传霖的信中亦做如此交底①。

此三折一片的出台实际绝非轻易，它是作为对上面述及的"新政诏"要求相关大员"条议以闻"的回应，但时间上已远超"两个月"的期限。这中间，刘坤一、张之洞他们窥测内意和朝中情势，密切关注相关动向，与诸多督抚大员联络沟通，也让若干僚属人员参议、起草，并且在有谁主稿事情上刘、张二人反复推让，最后是由张之洞主稿，而随时听取刘坤一意见，"可以说是刘坤一定下了江楚会奏的基调"。对此，李细珠撰文作有详细考论②，于此不再细述。只想强调，既然"三折一片"是由刘坤一定下基调并领衔会奏，那么将他视为台面上的"第一要角"可谓名正言顺。其人不但是此次会奏的领衔者，而且具有参与督办全国新政的法定资格，只是因为旋即去世而此中经历为时较短，不过，由"江楚会奏"之局，也可一窥他的"新政"态度和主导思想。

据李细珠文揭示，"在与各省督抚商议联衔会奏的过程中，当张之洞向刘坤一、袁世凯等8位督抚大臣提出'仿行'西方议院主张时，刘坤一公开表示反对意见，他说：'议院意美法良，但恐事多阻格，未能照行'"。那为何会出现这种情况？纯然是两人的思想高度的差异，还是也有别的什么原委，需进而细察。先看张之洞关于"议院主张"的相关电文：

> 其实变法有一紧要事实，为诸法之根，言之骇人耳。西法最善者，上下议院互相维持之法也。中国民智未开，外国大局茫然，中国全局、本省政事亦茫然，下议院此时断不可设，若上议院则可仿行。考宋磨勘转官之法，必有荐主十人，明廷推之法，则大臣皆与，似可略仿之。督抚由司道府县公举，司道由府县公举，府由州县举，州县由通省绅民公举。但不能指定一缺，举员多者用之。京官除枢垣不敢轻议外，部院堂官由小九卿、翰詹、科道、部属公举，科道由翰詹、部属公举，司员掌印补缺，由本部候补者公举。每一缺举二三员，候

---

① 参见李细珠《张之洞与〈江楚会奏变法三折〉》（《历史研究》2002年第2期），文中引录中国社会科学院近代史研究所图书馆藏档件。其文句与上录给荣禄信的引文略有不同："弟识短才疏，岂知大计？昨会岘帅复奏变法三折一片，大率皆生文章，俗吏经济，作按部就班之事，期铢积寸累之功，了无惊人之谈，亦无难行之事。自知摧壤消流，未必有裨山海。"

② 参见李细珠《张之洞与〈江楚会奏变法三折〉》，《历史研究》2002年第2期。

钦定,岂不胜于政府数人之心思耳目乎。推之各局,总办亦可由局员工匠公举。惟武将不在内,盖今日营哨官并不知兵,不能举也。流弊亦不能无,总是利多害少。贿赂情面、庸劣尸位之弊,必可绝矣。姑妄言之,请诸公略本此意而思一可行之法,则幸甚。①

张之洞这里所提出的并非全面效法西方议院,明确说"下议院此时断不可设","可仿行"的只是上议院。其实,其谓上议院也非尽然西方者,从他追溯的本国宋、明之例,便可略知,颇有些"西学中源"说的味道。当然,即使如此,这也是张之洞在这次会奏筹议中提及的最高层次的设想,恐也是最"激进"的言论。此电发自二月十六日,而他在数日前与相关大员议商就"新政诏"复奏之事中,尚未涉及此事。那是在二月十二日,他致电刘坤一,并转四川总督奎俊、两广总督陶模、闽浙总督许应骙、署云贵总督丁振铎,以及山东巡抚袁世凯七位巡抚,还有漕运总督张人骏、督办铁路大臣盛宣怀等人,有谓"变法复奏,必宜督抚联衔,方可有益,人多尤善",提出请刘坤一主稿,自己附名。同时申明所抱定的旨意并特作如下阐说:

鄙意以仿西法为主,抱定旨中采西法补中法、浑化中西之见二语作主意。大抵各国谓中国人懒滑无用,而又顽固自大,其无用可欺,其自大尤可恶。于是视中国为一种讨人嫌之异物,不可同类相待,必欲柔践之,制缚之,使不能自立而后已。此时非变西法不能化中国仇视各国之见,非变西法不能化各国仇视中国之见,非变西法不能化各国仇视朝廷之见。必变西法,人才乃能出,武备乃能修,教案乃能止息,商约乃能公平,矿务乃能开辟,内地洋人乃不横行,乱党乃能消散,圣教乃能久存。

接着,根据"应变者多,宜有次第"的考虑,列举了"宜先办者"的九事:"一亲贵游历,二游学各国,三科举改章,四多设学校,五西法练兵,六专官久任,七仿设巡捕,八推广邮政,九专用银元。"说是"此九条最要而不甚难,已足令天下人精神一振,陋习一变,各

---

① 张之洞致多位督抚电,《张之洞全集》第10册,武汉出版社2009年版,第270页。

国稍加青眼"。此外还举及若干待"相机量力从容举办"的效仿"西法"及"整顿中法"的事目①。他借廷旨中的相关话语来发挥，所举事项虽多，但无一是设议院之类效法西方国家政治制度者。刘坤一接此电后作复："中国积习太深，欲求变通，必须从容易下手，循序渐进，坚定不摇，乃有实济，不至中辍。尊拟各条极为精当，曷胜钦佩。"并且力持由张之洞"主稿挈奏"，说"公经济文章一时无两，幸勿多让"②。不日，张之洞再电则有议院之议，刘坤一复电中遂有"但恐事多阻格，未能照行"之说，不过需特别注意，他同时有"议院意美法良"的明确说法，这当非纯然虚辞，恐怕只是觉得设议院被采纳的可能性几希，着重从现实可行性考虑而表异议，似乎并非从心底绝对地厌恶和抵拒议院之制。其实，张之洞到头来又何尝不是如此，他的本来局限性就颇大的议院主张也没有坚持，没有得到大员们呼应的原因之外，他也要从实际可行性考虑的。他与刘坤一之间并没有真的出现原则性分歧和争议，这是会奏事宜能够合同筹议并最终得有成局的重要保障。刘坤一在对张氏议院主张表示异议的这通电牍中还有谓："此次变法为中国治乱兴衰一大转机，关系极巨，香帅博通古今，贯彻始终，经济文章海内推为巨擘，非由香帅主稿，断难折衷至当，万望勿再客气，主持办理。坤如有所见，亦当知无不言，以备采择。"③从中不但可以看出推张之洞"主稿"的真诚，也可见知刘坤一对这次"变法"的看重。既然如此看重，那么自然是非常希望能实际推行。从可行性考虑，不持议院主张，自有其道理，酌商和拟稿操作也得顺利进行。及至三月十四日（月份明确，署系"寒"电，代指十四日），刘坤一给张之洞的又一电牍中有云：

> 鄙见张、汤稿宏深博大，意在一劳永逸。惟积习太深，一时恐难办到。沈稿斟酌损益，补偏救弊，较为切要，其中只科举、学堂分途考试，不废八股，尚须酌改耳，似可用沈稿为底本，再得我公

---

① 张之洞致多位督抚电，鄂版《张之洞全集》第10册，第267—268页（上独段引文在第267页）。
② 《附 刘制台来电》，鄂版《张之洞全集》第10册，第268页。
③ 参见苑书义等主编《张之洞全集》第10册，河北人民出版社1998年版，第8541页。此电在鄂版"全集"中未查见，《刘坤一遗集》中亦未见。

斧正润色，必卓然可观。公前拟九条，皆救时良策，有沈稿所未及者，仍拟添入。江、鄂联衔入奏，最为得体，由鄂、由宁缮发，均无不可。此稿必须偏劳大笔，先将此数条具奏，得能邀准实力举办，耳目为之一新。公次数条，相机续奏，总期能言能行。扶危定倾，皆公之力也。①

引文中"张、汤"，分别是指张謇、汤寿潜，"沈"是指沈曾植。他们是在南京刘坤一处参议和拟稿的，武昌张之洞处则有郑孝胥（苏龛）、劳乃宣（玉初）、梁鼎芬（节庵）、黄绍箕（仲弢）等人②。就张、汤、沈三人而言，政治观上沈较张、汤相对保守，反映在拟稿内容上当也有此差异，而刘坤一意见是选择"用沈稿为底本"，自系取稳妥起见。而在这一点上，张之洞到底亦是如此，这是此次江楚商酌终究完全合拢归一，成就由张之洞"主稿"而刘坤一领衔会奏的妥帖结果。五月下旬上奏之际，刘坤一给张之洞的信中这样说："拜读折片各稿，并译马电、个电，仰见明公文章经济，博大精微，凡古今之得失，与中外之异同，互证参稽，折衷至当。竭两月之力，成此一代典章，崇论宏议之中，犹复字斟句酌，贤劳独任，感佩难名！"③可知，最后阶段，主要是由张之洞处改定成稿。当然，此局全过程中，是由多人参议和捉刀拟稿，反复酌商，百般磋磨，历时数月，方得最后出奏。这背后，隐有多少道"工序"，又有多大的心机付出！这是刘坤一生前与张之洞的又一次成功合作的典型事例。

第二节　"北洋新政"与袁系集团的加强

一　把控军权，稳固北洋军事根基

清末"新政"时期，袁世凯领导袁系集团大刀阔斧地改革，成为清末"新政"的引领要员之一。凡关于军队之训练，巡警之编制，司法之改良，实业之发展，教育之普及，在其手下皆有新气象，中央及

---

① 鄂版《张之洞全集》第10册，第279页。此电《刘坤一遗集》中未见载。
② 见鄂版《张之洞全集》第10册，第268页。
③ 《刘坤一遗集》第5册，第2280页。

各省或转相效仿，产生了颇大影响。袁世凯在辖区的新政，通常称作"北洋新政"（这里也沿用），当然实际主要即在直隶。下面就对袁世凯通过实施相关新政来加强其集团势力的情况，择取数项予以展示和分析。

第一，加强北洋军事力量。北洋军事力量是经过新建陆军、武卫右军、北洋常备军、北洋六镇等几个阶段逐渐发展起来的。其中，新建陆军是起点，武卫右军较前进一步扩充，北洋常备军和北洋六镇则是清末"新政"的产物，也是袁世凯在军事上一家独大的标志。特别是最具典型意义的北洋六镇，用以驻防京畿、拱卫国都。而实际上，它也主要是为袁世凯控制。六镇内除第一镇由满人铁良任统制外，其余五镇均由袁世凯的亲信将领任统制，袁系集团成员占了绝对优势。关于北洋六镇的相关情况见表6-1所示。

表6-1 北洋六镇基本情况

镇名	统率者 官名	统率者 人名	统率者 年月	驻扎地点	成立经过	
近畿陆军第一镇	统制	铁良		京北仰山洼	光绪二十八年十二月上谕：现在八旗挑选兵丁，着先派三千人，交袁世凯认真训练。袁世凯奏：请派内阁学士铁良为京旗练兵翼长。又奏：此项旗兵，拟请名为京旗常备军。二十九年六月，成第一镇	光绪二十九年未改统制以前称翼长。凤山初任京旗第一协营务处处长。时曹锟为协调，其下有两标统：李纯、李奎元
		凤山				
		何宗莲	宣统三年三月			
	第一协统领	曹锟				
		李奎元	宣统三年三月			
	第二协统领	何宗莲				
		朱泮藻	宣统三年三月			
直隶陆军第二镇	统制	王英楷	光绪二十九年	直隶永平府暨附近山海关一带	光绪二十八年正月袁世凯奏：在正定各属挑选土著壮丁六千人分左右两翼，各六营，又炮马队各三营，名新练军。是年五月，袁世凯奏：按照新订营制，创练常备军一镇，俟今秋明春，饷项稍裕，添练一镇，合成一军	此项常备军——新练军，即直隶第一镇。因所练京旗定为第一镇，编为第二镇。所谓添练一镇即直隶第二镇，编为第四镇
		马龙标	宣统三年三月			
		张怀芝				
		王占元	宣统三年十月			
	第三协统领	王占元	宣统三年三月			
	第四协统领	鲍贵卿	宣统三年三月			

第六章　清末十年变局中的多重审视　263

续表

镇名	统率者 官名	统率者 人名	统率者 年月	驻扎地点	成立经过
近畿陆军第三镇	统制	段祺瑞	光绪三十年五月，练兵处军令司正使兼。三十一年正月，调第四镇统制	直隶保定府暨奉天锦州府一带。光绪三十三年三月调驻长春、奉天。宣统三年十月，开回北京	光绪三十三年□月，陆军部奏：陆军第三镇，系于光绪年间当局外中立之时仓促成军，无暇招募土著，因于直隶省而外，在山东、河南、安徽等省选募
		段芝贵	光绪三十一年正月		
		段祺瑞	光绪三十二年正月，由第六镇统制调		
		曹锟	光绪三十二年□月		
	第五协统领	雷震春	调通永镇总兵		
		徐占凤	调江北协统		
		卢永祥	宣统三年三月		
	第六协统领	张永成	调山东第五镇		
		徐万鑫	宣统三年三月		
		陈文运	同年□月		
直隶陆军第四镇	统制	吴长纯	光绪二十年	直隶天津府附近马厂小站一带	光绪三十一年五月，袁世凯奏：现在留京各营，改编陆军第四镇，分驻南苑一带（此军系以抽调各镇营编成，如第三镇马队第一营）
		段祺瑞	光绪三十一年正月由第三镇调		
		吴凤岭	宣统三年三月		
		王迁甲	宣统三年九月		
		陈光远	宣统三年十月		
	第七协统领	杨善德	光绪三十二年□月		
		王迁甲	宣统三年三月		
	第八协统领	陈光远	宣统三年三月		

续表

镇名	统率者 官名	统率者 人名	统率者 年月	驻扎地点	成立经过	
近畿陆军第五镇（武卫右军先锋队）	统制	吴长纯		山东济南府暨潍县一带	光绪二十六年三月，袁世凯奏：查山东省现有各营，先分别裁调二十营，仿照武卫前左各军营制，拟集成新兵二十营，依次编伍，增立一军。谕：着即名为武卫右军先锋队二十营，系袁世凯抚东时编练，拟将该军抽六七成，照新章编练成镇	宣统三年□月山东假独立，贾宾卿以协统为副都督，取消后亡去
		张怀芝				
		张永成	宣统三年三月			
		张树元	宣统三年□月			
	第九协统领	洪自成	宣统三年三月			
		马良				
	第十协统领	贾宾卿	宣统三年三月			
近畿陆军第六镇	统制	王士珍	光绪三十年五月，练兵处军政司正使兼	宿街宫门并南苑海淀一带，后驻保定。辛亥革命，第一协改编二十一混成旅，由李纯率往汉口；吴禄贞率第十二协回石家庄	光绪三十一年，练兵处奏：京畿一带，曾调有武卫右军，分扎巡防，并有该军千人，宿卫宫禁，拟将该军调集南苑屯扎，益以南洋自强军两千数百人，照新章而编一镇。袁世凯奏：查江南自强军马步炮队共十一营，自调防畿辅，经练兵处于上年十二月奏准将该军二千数百人，又以武卫右军七千余人，改编北洋第六镇，已于三十一年二月初一日编定	宣统三年九月，吴在石家庄被刺
		段祺瑞	光绪三十一年八月，由第四镇调			
		赵国贤	光绪三十二年十一月，调潮州镇总兵			
		段祺瑞	宣统元年九月，二年十一月，调江北提督			
		吴禄贞	宣统二年十一月			
		李纯	宣统三年九月			
	第十一协统领	陆建章				
		李纯	宣统三年三月			
	第十二协统领	周符麟	同上			
		吴鸿昌	宣统三年□月			

资料来源：杜春和等编《北洋军阀史料选辑》上册，中国社会科学出版社1981年版，第45—48页。表题原无，为笔者酌加。

当然，北洋六镇的演变过程复杂，远不是表6-1内容完全能够包纳的。但袁世凯通过组建北洋六镇，使其集团的军事地位得到进一步巩固，这没有疑问。首先，北洋六镇的统领中，袁系集团成员占主导地位，这是袁世凯能控制其军的人力保障。虽然满族亲贵铁良曾一度担任统制，但是他人单力薄，与袁世凯阵营不可相比。其次，从北洋六镇的构架看，袁世凯集团原有的军事力量几乎涉足各镇，而南方自强军仅仅是一小部分，无法与袁世凯势力抗衡。最后，从驻守地点看，北洋六镇围绕京师，为清廷"保驾护航"，自然受到倚重，袁世凯也因此提高地位。虽然后来由陆军部名义上收回北洋六镇，但它并不能实际控制。有资料显示，"自陆军部成立，收回北洋军队，部省摩擦日甚。袁督虽出第一、三、五、六四镇，而统制以下各级军官，都是袁旧部武备派旧人，军部拟陆续以士官派更换，自非旧派所能甘服"①，意思是仍愿接受袁世凯控制。

第二，操控练兵处。光绪二十九年（1903），袁世凯奏请清廷设立练兵处，由该机构主持练兵。在练兵处中，庆亲王奕劻为总理大臣，袁世凯为会办大臣，铁良为帮办大臣。下设三司：王士珍为军政司正使，冯国璋为军学司正使，段祺瑞为军令司正使。按原计划，在全国练兵36镇，但最终未达目标，而北洋六镇较早建成。这种格局，不仅使袁世凯增加军队编制的意图得到满足，而且，他的北洋嫡系人物得以在操持练兵这个平台上占据要职，成为袁系集团势力向中央渗透的一个重要环节，其军事集团的影响也逐步扩大。清廷之所以支持设立练兵处，实际上是希望收回各省的兵权。但袁世凯的想法正好相反，他是希望通过打破一省练兵的数额限制，扩大北洋的军事规模。袁世凯在与清廷的较量过程中，把练兵处简直变为了"私属地盘"，这种现象表明他在清末练兵处中所居有的特殊地位。此外，在军饷分配方面，北洋军通过练兵处得到了更加切实的军费保障。奕劻在《练兵处办事简要章程清单》中提出："原拨新练各军饷项暨续筹专饷，均解由臣处（练兵处）饷局收放，所有各项支发，按年由臣处核议奏销，无庸由各部核销，以免纷歧。其续筹各专款，统由臣处督催经理。"② 练兵处的这种集权，在很

---

① 杜春和等编：《北洋军阀史料选辑》上册，第51页。
② 来新夏主编：中国近代史资料丛刊《北洋军阀》第1册，第481页。

大程度上也就是袁世凯在这方面的集权。在用人方面，《练兵处办事简要章程清单》中规定："遇有才具出众、堪资任使各人员，由臣处不拘阶途，奏请破格擢用。所有隶属臣处各武职，均由臣处分别注册，咨行兵部另档立案。"① 这样，袁世凯通过练兵处的人事权积极安插其党羽，培植亲己势力，军官之进退可以说唯袁世凯马首是瞻。袁世凯影响下的练兵处甚至介入各省的财政事务，它与户部及新设立的财政处时常联袂审决有关税厘拨解之类的事项。

这样，袁世凯实际在很大程度上把控了中央军权，而对维系和强化北洋六镇最为着重。咸、同以后督抚专权虽然造成国家权力结构内轻外重的局面，但是像袁世凯这样控制练兵处，挟中央以令各省，兵权、饷权如此程度地操于其一人之手的情况以前没有。随后，河间会操和彰德会操的实战演习进一步证明，袁世凯集团的军事实力已经是在全国居首。总之，"练兵处的设立不但使袁世凯成功地避过了清政府因其兵权过重而产生的猜忌，而且袁利用了这个中央练兵处的设立控制全国新军的编练，从而为北洋势力的进一步发展创造了条件"②。

第三，北洋军事力量向东北扩充。以袁世凯为首的北洋军事力量并未局限在畿辅一带，而是更向外扩张，最主要的是东北三省。徐世昌任东三省总督后，清政府任命唐绍仪为奉天巡抚，朱家宝为吉林巡抚，段芝贵为黑龙江巡抚，上述人员均为袁世凯保荐。其中段芝贵尤其是基于与袁世凯的私人关系，但由于他口碑太差，且被弹劾，黑龙江巡抚之职没有任成。不过，东三省总督徐世昌尤其起到了关键性作用。他调军队前往辖区，名为维护政权，巩固边防，实则也起到扩张北洋势力的作用。当时，"徐世昌奏请将陆军第三镇全队拨赴东省，再于第六镇及二、四、五镇内抽拨步、炮、马各队，立混成两协，令赴东省，填扎外兵撤退地面，均归总督节制调遣，以重边卫"。第三镇统制是曹锟，第五协协统卢永祥、第六协协统陈文运。宣统二年（1910），曹锟丁忧，由卢永祥代理统制。军队出关后主要驻扎吉林省城、长春、昌图等地。可见，北洋军在人员使用和驻地的选择上用心良苦。辛亥革命爆发后，清政府任命袁世凯为内阁总理大臣，这批军队又陆续进关。"事实证明，

---

① 来新夏主编：中国近代史资料丛刊《北洋军阀》第1册，第480页。
② 郭剑林主编：《北洋政府简史》上册，天津古籍出版社2000年版，第45页。

如果巩固边防，则军队布置其重兵在奉天，当驻守安东一带；在吉林，当驻守珲春、延吉一带；在黑龙江，当驻守瑷珲、呼伦贝尔一带。而徐世昌到东后，所调第三镇，分布于长春、昌图、吉林省城，都在奉、吉交通便利之地，只可曰以北洋势力移植于东三省，而与边防无与也。"①从军队的布置，可以洞悉袁世凯军事集团的意向，实际上东三省已经成为北洋的外府。

此外，北洋集团也向南方发展势力，主要是在江苏北部。光绪三十一年（1905）四月，清政府设江北提督，袁系集团重要成员练兵处正使刘永庆任江北提督，北洋新军陆军第十三协驻防江北。"北洋集团向这一地区伸展势力是在1905年，它利用清政府对这一地区进行行政改革的机会，将势力扩展到这一地区。北洋集团控制的区域大大拓宽了。"②宣统二年（1910），段祺瑞被调往江北，任江北提督，使北洋势力在这一地区得到进一步加强。

二 渗透政界，通过地方施政扩大政治资本

随着袁世凯在军界影响的日益扩大，其在政界的声誉也逐渐隆盛。尤其是袁世凯督直期间，通过地方行政体制改革，进一步得到绅民的支持，为其博取政治资本进一步打下了基础，也不断扩大了袁系集团政治版图。这里特别叙述以下两个方面。

（一）改革地方行政管理架构和模式

清末"新政"时，袁世凯通过对地方行政管理架构和模式进行改革，以达到分中央之权，扩大地方治权的目的。这里仅以军事、外交方面为例。军事方面，像直隶军政司的建立不失为地方治权上的一个创举，而在外交上的积极参与并设立相应机构，成为袁系集团承接中央外交职能的重要体现。

庚子之后，大练新军的呼声日益高涨。光绪二十八年（1902）九月，清政府发布编练新军上谕，令各省督抚将原有各营裁汰，精选若干营，分为常备、续备、巡警等军。其实，早在这年五月，为加强北洋地方军队建设，袁世凯在直隶创设军政司，主要是为综营务而饬武备。在

---

① 杜春和等编：《北洋军阀史料选辑》上册，第53页（本段中前段引文也在此页）。
② 张华腾：《北洋集团崛起研究（1895—1911）》，中华书局2009年版，第174页。

袁世凯看来：

> 中国军政废弛，匪伊朝夕，其弊端之尤著者，在于营制不一，操法不齐，器械参差，号令歧异，为将者不习谋略，为兵者半属惰游，平时而心志不相孚，临阵而臂指不相使，聚同乌合，散如瓦解。诚如上年八月政务处来咨所谓种种积弊，不可殚述，非大加厘订，不能使将士皆归实用者也。即就直隶一省言之，有绿营，有练军，有淮军，有新军，名目众多，规制淆杂，零星分布，风气自为。欲考查而散漫难稽，欲训练而扞格莫入。循是弗变，安望振兴。臣忝绾军符，亟思整饬，而才轻任巨，庶务殷繁，势难并力一心，专顾军事。

袁世凯认为统一军事号令，应设一总汇之区，以起提纲挈领之效。于是他在保定成立直隶军政司，下设三处："一曰兵备处，而考功、执法、筹备粮饷、医务等股属焉；一曰参谋处，而谋略、调派、测绘等股属焉；一曰教练处，而学务、校兵等股属焉。"① 军政司设督办，袁世凯兼任。在三个处当中，兵备处职任较重，将军机处记名留直补用道刘永庆委充总办；参谋处次之，将留直补用知府段祺瑞委充总办；教练处又次之，将分省补用知府冯国璋委以总办。直隶军政司创办后，积极招兵买马，整军经武。直隶创设军政司主要是为解决直隶新旧各军规制不一的问题，经过将近两年建设，军政司不仅统一了各军建制，而且编练了新式常备军，其成效是十分显著的。

直隶军政司作为直隶练兵的领导机构，将新练军改编为北洋常备军左镇，同时又将直隶旧军一部进行改编，作为成立右镇的基础。以袁世凯拟定的常备军营制饷章为准则，至光绪三十年（1904）初步建成了北洋常备军左右两翼。同年，练兵处、兵部下令各省新军练及一协以上者，应设督练公所一处，以便选员分任兵备、参谋、教练及考校变革各事。实际上，直隶军政司从一开始，已经具备了督练公所所规定的各项职能，直隶已经远远走在中央军事改革之前。

---

① 《创设军政司拟定试办章程折（附章程）》，《袁世凯全集》第10卷，第296页。上面独段楷体引文亦出此页。

外交方面，袁世凯强调应加强地方外交的办理，以应对可能发生的变故。在直隶，虽然直到宣统二年（1910）才设置交涉使司，但在地方政府参与外交问题上，直隶相较中央改革的做法在当时确实领先了一步。袁世凯认为："近年来举办新政，端绪纷纭，而直隶为首善要区，北洋为交涉重地，庶务之繁，实倍他省。"① 尤其是庚子之后，直隶"华洋杂处，民气浮嚣，内治外交，均须悉心筹画。吏治军政，尤当勉力经营，而筹办各项新政，在在须精神贯注，势不能假手他人"。当时，正是交涉修建津镇铁路之时，"案涉德、英二国，道经南北三省，事权利权，关系綦重，稍有疏忽，旷废职事之咎轻，贻误大局之咎重"②。袁世凯认为幸好他早有准备，危机才得以化解，并认为"约章之有成书，实创始于北洋"。这看似简单的问题，实则非常重要。"外交之有约章，犹内政之有律例。办理交涉者，固当以此为准绳，即士夫学子，亦应案置一编，以为预备因应地步。"③ 因中国海岸线很长，难免会涉及渔业交涉，他提出："因渔业致启交涉，于是特重海权。中国濒海七省，海线长五千余里，恃鱼为生者，无虑数十万人。"④ 这样，若交涉不善，则人将被欺凌。所以，遴选交涉人才，分居内外，内而外部，外而使员，分别任使，内以运筹决策，外以观变审机。而"各国于交涉既悉心措注，于武备尤极意经营，良以武备者立国之命脉，保邦之基干，存亡兴废，胥视乎此"⑤。这说明袁世凯特别注意到对外交涉问题与国家实力、国家主权密切相关，应未雨绸缪。而地方政府将直接面对交涉问题，所以，应给予地方与外方交涉的权力。事实上，袁世凯还签署了一些地区性协议，"例如收回中国对京奉铁路和开平煤矿的控制权，袁世凯在其中都起了主导作用。而且，通过幕僚唐绍仪，袁世凯得以插手几乎所有由外务部处理的谈判"⑥。从中国近代历史的情况看，像这样给地方政府外交的权力，应

---

① 《直隶筹办兵饷情形折》，《袁世凯全集》第 12 卷，第 348 页。
② 《请另简大臣议订铁路合同折》，《袁世凯全集》第 10 卷，第 440 页。
③ 《咨盛京将军赵尔巽文》，《袁世凯全集》第 14 卷，第 59 页。
④ 《会奏拟办渔业公司折（附章程）》，《袁世凯全集》第 13 卷，第 395 页。
⑤ 《密奏请赶紧实行预备立宪谨陈管见十条》，《袁世凯全集》第 16 卷，第 336 页。
⑥ ［美］斯蒂芬·R. 麦金农：《中华帝国晚期的权力与政治：袁世凯在北京与天津 1901—1908》，牛秋实、于红英译，天津人民出版社 2013 年版，第 66 页。

该说是少有先例的。

（二）积极推行地方自治

清末"新政"时，袁世凯积极倡导君主立宪制，主张改革现有机构。在谈到政治改革时，他说："以实心行宪政，期彰信于兆民，则固确为预备立宪之第一要义也。"① 此后，他着力通过加强地方自治推行宪政。袁世凯善于审时度势，得到了立宪派的支持。在考察宪政大臣回国后，袁世凯与他们联衔奏请预备立宪。之所以这样做主要出于两方面考虑：一是寻求立宪派的支持，二是与清朝皇族亲贵争权夺利，为他能进一步影响清廷增加筹码。在践行立宪过程中，袁世凯及其继任者首先在直隶进行地方机构改革，在州县实行地方自治。州县是清朝地方行政管理的主体组织，州县自治是清末行政体制改革中的基础环节，其改革成败直接关系到地方自治的全局。为扩大全省地方自治规模，直隶地方政府首先将天津县自治模式推广到各州县，然后在全省建立起州县级自治网络，并利用这个网络推动"下级自治"，即城镇乡自治。从直隶州县自治发展的过程看，地方官府的督导作用十分明显，同时，绅民的配合也是直隶州县自治得以迅速推行的重要因素。

作为直隶总督兼北洋大臣，袁世凯将天津作为直隶地方自治的典范。从天津地方自治模式看，在政府主导和绅商的推动下，该县成立议事会和董事会。通过这种方式，袁系集团赢得了绅民的支持和拥护。天津地方政府的治理模式也由政府专权到分一部分权力给绅民，即吸纳绅民参与社会治理，这种改革对地方行政体制改革产生了重大影响。袁世凯认为："欧美以自治能力闻天下，日本仿而行之，遂乃众志成城，安如磐石。"为解除人们对地方自治的误解，他这样解释："论者或疑官治与自治两不相容，岂知自治制度俱有法律以为之范围，非以侵官权，正以分官责。凡地方行政，如教育、实业、工程、水利、救恤、卫生、市场、警察等类，利于民者固无不利于官。"所以，"凡是泰西各国，则以自治补官治之不足，深得我成周乡遂之遗意"②。在直隶各州县地方自治由分散走向统一的过程中，直隶地方官府起主导作用：（1）统一各州县自治机关的名称。宣统二年（1910）又根据清廷的规定，将

---

① 《密奏请赶紧实行预备立宪谨陈管见十条》，《袁世凯全集》第 16 卷，第 335 页。
② 《密奏请赶紧实行预备立宪谨陈管见十条》，《袁世凯全集》第 16 卷，第 341 页。

董事会改为参事会，使直隶的自治机构逐渐统一，以便更有利于地方自治的推行。（2）将议事会、董事会（后改为参事会）的权限进一步划分。州县地方自治未划分权限以前，均以"讲求地方公益"相标榜，博得部分人的关注和支持。同时，将议事会与董事会的关系、议事会与官府的关系、董事会与官府的关系进行了明确的规定，使各部门有法可依。当然，直隶地方自治的发展全程，并非都在袁世凯的直隶总督兼北洋大臣任内，但他始终的实际主导作用是无疑的。

清末"新政"时期，直隶地方自治在制度的框架下深入推行。《直隶地方自治草案》规定，议事会应行议决之事主要有："一、本县下级自治团体（如城镇乡各议事会及城镇董事会并乡长等）之设立事宜。二、自治事务（如教育、实业、工程、水利、救恤、消防、卫生、市场、警察费等类）之创设改良，并其方法事。三、地方入款之清厘及筹集事。四、地方经费之预算决算事。五、地方公款公产及利息之存储并动用事。六、董事会副会长会员被人指摘之处分事。"① 董事会的主要职责是："一、议事会开会布置之事。二、议事会议决交办之事。三、依惯例或议事会议决应归管理或监督之事物。四、依议事会议决之预算为收入支出之事。五、地方官以国费委办之事。六、对于其他自治团体商办之事。七、代表自治团体为诉讼之事。"为防止董事会越权办案，《草案》规定："如董事会查有越其权限，或违背法令，或妨碍地方公益者，得说明理由，使之再议。若仍不改，其议决时由省议事会议决之。不服省议事会之议决者，得申诉于本省总督。"②

此外，在直隶州县自治发展过程中，地方政府利用建立自治团体的优势，发挥着提纲挈领的作用。由于天津试办自治较有成效，天津府自治局有了一批具有自治思想的局员和议员，局员阎凤阁、王琴堂、齐树楷等人认为，直隶已经具备将天津自治经验推广到全省的条件，请袁世凯在直隶全省推广自治，他们的倡议很快得到直隶总督袁世凯的批准，于是，地方自治在全省迅速展开。不仅袁世凯任直隶总督时大力提倡在地方推行地方自治，之后继任直隶总督的杨士骧、陈夔龙进一步推动了当地的地方自治运动，袁系集团的势力在清末地方

---

① 《批试办天津县地方自治公决草案》，《袁世凯全集》第16卷，第502页。
② 《批试办天津县地方自治公决草案》，《袁世凯全集》第16卷，第505页。

自治运动中得到进一步加强。此后,袁系集团扩大地方政治体制改革成果,尤其是光绪三十三年(1907),东三省政体改革,袁系集团的徐世昌、唐绍仪、朱家宝等人担任要职,他们在东北大胆进行政体改革,打破满汉双重管理体制,移民实边,巩固了边防,促进了东北地区的社会经济发展。

袁世凯在上述地方政务方面确有可观成效,同时也有效地强化了自己和其集团的政治资本。

三 发展实业,保障北洋经济实力

袁世凯还大力发展实业("实业"通常指工商企业,这里从泛义上将革新的农业也包括一并叙述),在农业、工业、交通等领域大力改革,增加北洋经济实力,并以经济发展为支撑,为袁系集团成为当时最有实力的军政集团奠定了基础。

(一)农业方面

光绪二十八年(1902),袁世凯在保定设立直隶农务局,委任道员黄璟管理局务,聘请日本农学专家帮助直隶考求种植之法。该局附设直隶农务学堂一所,于城西设立农事试验场一所。由于袁世凯注重农业试验,到宣统二年(1910),直隶共成立了32个农业试验场,试验场将农业试验与农业生产相结合,促进了传统农业向近代化转型。

在发展近代农业方面,直隶农务局下辖的直隶农务总会做了大量工作。该会在成立时即制定宗旨和工作原则:"联络官绅,讲求农务,拟先在农务总局开会研究。每届星期,自一点至五点钟,凡愿入会者,均请赴会研究,会中派员接待。"直隶农务总会在开办之初,所办之事主要有:"一、编发《农报》;一、译印《农书》;一、调查陈列试验;一、筹办保定、天津两处森林、蚕桑。"筹办之事主要有:"一、培养树秧、桑秧,预备各属购领;一、仿造农具、肥料,预备民间购用。以上均为开通风气、利便农民起见。"[①] 为扩大直隶农务总会的规模和影响,该会鼓励人们积极参与,对会费没有特别要求,不拘多少。会员或任调查,或任演说,或任编译,或任劝办分会,并蚕桑森林等事。凡于国于民两有裨益,无论如何困难,尤以结团体、化私见为第一要义。凡

---

① 《附录:直隶农务总会实行试办章程》,《袁世凯全集》第16卷,第6页。

农民有询问事件，该会均需详细答复。农民有困难事件，该会均切实维持。

在直隶农务总局的指导下，直隶围绕农业开发大力发展林业、蚕桑业、棉业等，通过种植园进行试验和栽培。袁世凯强调，"栽树造林，尤关紧要"，要求各属"举办种植，应竭力推行"，对直隶的造林起了很大推动作用。蚕丝是直隶传统的出口商品，由于国内外市场对丝茧的需求增大，袁世凯主张通过发展蚕桑生产加大出口比例。知府李映庚还拨银1000两，作为种桑之用。袁世凯对经济作物棉花的生产也很重视，当时，直隶的宜棉区域几乎都有棉花种植。袁世凯倡导植棉改良，通过成立官办苗圃即后来的天津农业试验站，试验长纤维棉花的生产。直隶改良棉花品种以引进美棉为主，对改进本省棉花起到不小的作用。棉花的大量种植与出口也带动了棉籽的出口。清末"新政"时期，"直隶的棉田面积继续扩大，从前种棉不多的热河后府围场、承德、永平所属14州县，也'到处皆种'。直隶口外地亩除寒土外，种棉之地'已居六分之一'"①。直隶大量种植棉花，提高了农业经济效益。

袁世凯还注重兴修水利，他认为："直隶幅员既广，州县较多，向有泉源是否盈涸，经行河道有无变迁，皆须逐一考察。如果土性相宜，民情亦顺，川浍沟渠如何修办，需款若干。如应修河筑堤者，需款又若干，须俟各属禀复到日，通盘筹画，再商办法。"②袁世凯札饬藩臬筹议农田水利办法，并对于设立水利总局给出意见。他提出应将水利总局复行设立，专司其事，以增藩司、陆臬司为总办，运司、天津道为会办，并委窦道延馨为驻局会办。该局开办事宜及应用员司，由该司道会同筹议禀办。所需经费，由赈抚局支用。各属公牍有事关水利者，分禀该局查核。可见，袁世凯对水利的重视程度之高。

清末"新政"时期，各级地方政府在推动各地农业改良和发展中发挥了重要作用，直隶尤其如此。袁世凯督直期间，"对诸多农业改革事项率先提倡，掀起了一场颇具规模的兴农运动。如省设农务局、农会、农事试验场、高级农业学堂都以直隶为最早，并且数量上也居于各省前

---

① 董丛林等：《清末直隶新政研究》，河北人民出版社2002年版，第215页。
② 《咨覆农工商部催议畿辅农田水利情形文》，《袁世凯全集》第16卷，第144页。

列。直隶当时所以被称为新政权舆之地,与农业新政成绩的取得是有一定关系的"①。

(二) 工业方面

袁世凯努力推动新式工业发展,成立直隶工艺总局,创办启新洋灰公司等企业,对民族工业的发展起到了不小的推动作用。他认为:"各国致富之源,胥由商务,而非讲求工艺无以为商务之先驱。况迭奉谕旨,殷殷以整顿工艺为急,朝廷于厚生利用,轸念至深。"②为此,直隶通过一系列措施予以倡导,开风气之先。

一是设考工厂。直隶通过设立考工厂以启发工商智识为宗旨,收采本省、外省、外国各货品,依类陈列,供人观览。分设会计、庶务、皮设、考察、图绘各司主其事,每月演说工商各要理,试验理、化各用法,以广人见闻。每年访求各处工业制品,比赛优劣,以鼓舞奖励之。二是建立教育品陈列馆。通过教育品陈列馆,以浚发学识、教育实验为宗旨。教育陈列馆罗列中外各种教科书籍、仪器、标本、模型、图表,分科陈设,标签贴说,以备各学校管理者考览咨询,并派员分驻外洋,查考最新品物,随时购运回国,以便陈列,乃至仿制。馆中附设藏书室及讲堂,俾各学堂教员、学生休息期内来馆讲习。三是建立实习工场。以传习手艺,提倡各项公司为宗旨。准备高等工业学生之试验场,作为各公司取才之地。经过示范、引导和推动,直隶民族企业迅速发展。"到1911年前,天津民族资本工业厂家数已发展到107家,其中注有资本额的53家,总资本额达6708405元(资本在万元以上的有28家)。这107家近代工业所涉及的门类已有16个,计矿业5,机器10,纺织28,面粉12,榨油4,烛皂12,火柴4,皮革5,制碱3,瓷器1,玻璃1,化妆品2,交通1,垦业1,烟酒7,其他11。"③从光绪二十八年(1902)至宣统三年(1911)直隶新式工业发展迅速,具体开办情况如表6-2所示。

---

① 苑朋欣:《清末农业新政研究》,山东人民出版社2012年版,第225—226页。
② 《胪陈筹办工艺各事情形折》,《袁世凯全集》第13卷,第288页。
③ 中国人民政治协商会议天津市委员会文史资料研究委员会编:《天津文史资料选辑》第41辑,天津人民出版社1987年版,第134页。

表 6-2　　1902—1911 年直隶开办主要新式工业情况统计

时间	地点	企业名称	创办人	资本（千元）	管理方式
1902	天津	南运河轮船公司	贾润才	420	商办
1902	唐山	启新洋灰公司	周学熙	1000	中英合办
1902	天津	北洋烟草厂	黄景	90	官商合办
1903	天津	北河小轮公司			商办
1903	天津	天津济安自来水公司		4200	商办
1904	张家口	怡和产业公司	陈文泉	140	商办
1904	北京	北京电灯有限公司	史履晋等	200	商办
1904	北京	大吉祥机器面粉公司	孙俊卿等		商办
1904	天津	造胰公司	严慈约	50	商办
1905	曲阳	白石沟煤矿	孙进甲	69	商办
1905	天津	天津华尊啤酒公司	张咀英	100	商办
1905	北京	继长永地毯合资公司		12	商办
1905	北京	富华织布公司	杭慎修	14	商办
1905	遵化	华纶纺织厂	赵善培	28	商办
1905	北京	丹凤火柴厂	温祖筠	105	官商合办
1906	深州	滦州官矿有限公司	周学熙	2797	官办
1906	张北	恒升煤矿	李若山	118	商办
1906	天津	天津里奇卷烟公司		80	商办
1906	天津	天津特别区电灯厂			商办
1906	北京	丰顺面粉厂	朱琨	420	商办
1906	天津	涌源面粉厂	刘经绎	42	商办
1906	北京	京师毛织厂	汪世杰	420	商办
1906	天津	万益织呢厂	潘作杰	700	商办
1906	北京	启华织布厂	吴鸿经	14	商办
1906	北京	华宝织布厂	马吉华	14	商办
1906	北京	益华织布厂	韩树滋	10	商办
1906	北京	华盛织布厂	葛毓芝	20	商办
1906	宝坻	宝华织布厂	马吉华	14	商办
1907	天津	盛泰益房屋公司	王熙晖		商办
1907	天津	荣华肥皂厂	张墨林	30	商办

续表

时间	地点	企业名称	创办人	资本（千元）	管理方式
1907	天津	新兴造纸厂	杨宝慧	182	商办
1907	天津	永丰榨油厂	吕善亭	10	商办
1908	磁县	怡立煤矿	杨以德	20	商办
1908	天津	和利地产实业公司	欧阳弁元	700	商办
1908	北京	京师自来水厂	周学熙	3000	商办
1908	天津	华胜烛皂厂	李镇桐	100	商办
1908	天津	天津铁丝铁钉厂	洪怿孙等	420	商办
1908	天津	麟记烟草厂	纪巨汾	80	商办
1908	北京	同昌织布厂	杨来昭	14	商办
1908	天津	华昌火柴厂	陈炳镛等	105	商办
1909	宣化	鸡鸣山煤矿	京张铁路局	700	官办
1909	天津	华兴产业有限公司	曹希麟等	1820	商办
1909	天津	北洋火柴厂	伊廷玺	42	商办
1909	北京	清河溥利呢革有限公司	谭学裴等	840	官商合办
1909	安州	蚨丰纺织工厂		10	商办
1909	清苑	聚和纺织工厂	石春和、李梦魁	10	商办
1909	饶阳	协成元织工厂		60	商办
1909	北京	首善第一女工厂	魏震、绍英	24	官办
1910	宝坻	利生祥		140	商办
1910	北京	贻来牟和记	李有谦	120	商办
1910	北京	广源面粉公司		60	商办
1911	宝坻	大生铁厂合资有限公司		12	商办
1911	天津	直东轮船公司	盛昆山	500	商办

资料来源：苑书义主编、董丛林本卷主编《河北经济史》第三卷，人民出版社2003年版，第255—257页。

在直隶工业发展过程中，除民族企业家创办的商办企业外，也有一部分官办企业，而且"官僚投资占颇大比例，特别是在启新洋灰公司和滦州煤矿这两个大型企业中,表现尤为明显"①。这种现象也说明了直隶地方政府的投资导向和引导作用。

(三)交通方面

交通运输与国防建设有非常重要的关系,直隶是沿海省份,直隶总督兼北洋大臣担负着北洋防务的重任。为此,袁世凯在交通业方面也做了许多工作。他积极收回津榆铁路、关内外铁路,并议定津镇铁路合同,在路权收回方面做出了一定贡献。

为收回津榆铁路,光绪二十八年(1902)三月,袁世凯上《与英商订收回津榆铁路章程折》,提出"津榆铁路应赶紧设法收回,著添派胡燏棻会同办理。先将接收事宜悉心商议,委速筹办"。经过与胡燏棻会晤商讨,并与英使多次磋磨,英国"始克就范"。随后,"英使函致英提督及中英公司,均无异词"②。在袁世凯的节制下,清方及时安排善后工作,委派总办一员,洋务总办一员、总管一员负责接收事宜,并在铁路运营及管理方面进做出详细规定:"自德国总营务处将铁路交给英国武官管理之后,直至交还中国北方铁路督办之时,所有一切账目,应由英国驻天津统带武员并中国铁路督办大臣各派一员查核";"凡本章程画押时,所有之铁路及车栈,若非先行设法预通道路、准备处所以代,不得迁移改动。如改动,应先由督办大臣预先知照英武官总办,转致各国统领核准办理";"所有铁路各电线,亦应同时交还。惟武官可于电杆上安设电线,以便自用"③。为进一步强调中国对津榆铁路拥有完全主权,并防止外国资本介入中国铁路建设,袁世凯又上《会奏续订收回京津榆关铁路章程折》,提出:"自北京以北各支路,并由北京至张家口之铁路,应归中国政府造办,外国人不得干预。只用中国资本,不用外国资本,并永不得以此路并进项作为外国抵押借据。"④ 充分体现了直隶在利权收回方面自办的意识和努力。

对于关内外铁路的收回,袁世凯也十分重视,制订了详细计划,反复强调务必按照中俄两国现订条款,将该铁路交还本国铁路总局自理。

---

① 苑书义主编、董丛林本卷主编:《河北经济史》第三卷,第258页。
② 《与英商订收回津榆铁路章程折(附章程等)》,《袁世凯全集》第10卷,第212页。
③ 《与英商订收回津榆铁路章程折(附章程等)》,《袁世凯全集》第10卷,第214页。
④ 《会奏续订收回京津榆关铁路章程折》,《袁世凯全集》第10卷,第483—484页。

在袁世凯督办下，关内外铁路进款收数畅旺，除一切开支及按月摊还借款本息外，酌提余利储备部拨，甚至北洋军费的一部分也来源于铁路余利。关内外铁路余利，成了北洋集团的重要金库。

关于津镇铁路，袁世凯责成津海关道唐绍仪具体办理，而对于合同的拟定，袁世凯起了关键作用。按照拟议，借英金七百四十万镑，每年纳五厘息，并发行中国津镇铁路五厘息借款股票。"此借款应用以建造官路二道：其一，由天津关内外铁路相连之处，达山东德州济南府至山东南界峄县，此段名为津镇路北段。其一，由峄县至附近长江之瓜州、镇江，此段名为津镇路南段。此次所造之铁路，共长约九百八十二启罗迈，当合中国约一千八百里。"① 实施这项计划不仅使中国的铁路里程大大增加，而且津镇铁路作为中国东部重要的铁路干线，为加强海防起到了重要的作用。

为加强直隶中国北部与内地的联系，袁世凯主张修建京张铁路。京张铁路是袁世凯在清政府排除英国、俄国等西方列强的阻挠后委派詹天佑主持修建的，光绪三十一年（1905）开工修建，宣统元年（1909）建成，全长约200千米，是中国第一条由国人自行设计、施工并投入使用的铁路。在袁世凯指派詹天佑等人逐段查勘京张铁路的过程中，也磨炼出北洋集团一批路政人才，像陈璧、胡燏棻、杨士琦、陈昭常、梁如浩、梁士诒等，这些人或成为清末邮传部的要员，或成为民初交通系的骨干。

此外，清末直隶"新政"期间，在直隶地方政府的督导下，在直隶绅民的配合下，新式社团大量出现，这些社团作为一种新式社会组织成为联系绅民与官府的纽带，成为官、民互动的重要平台。在这些新式社团中，经济社团是数量较多的一类，像天津总商会、天津工商研究总会、天津商业研究所、北洋商学公会、直隶农务总会、直隶实业研究会、筹还国债会、天津维持会等。这些新式经济社团成立后，以新政改革为契机，在推动直隶地方经济改革方面发挥了作用。

直隶地方经济改革，实业发展，增加了袁世凯集团的经济活力，保障了其经济实力。

---

① 《批津海关道唐绍仪等会议津镇铁路详细合同禀》，《袁世凯全集》第12卷，第46页。

四 提倡新式教育，培养新政人才

（一）培养军事人才

为尽快培养近代军事人才，袁世凯督直期间，一方面设立了各类军事学校，另一方面派遣留学生出国学习，同时对军官进行培训，造就了大批军事人才。光绪三十年（1904），练兵处在袁世凯奏议方案的基础上略作变动，制定了《陆军学堂办法》，这一办法囊括陆军小学、陆军中学、陆军军官学堂、陆军大学四个阶段，初步形成了较为完整的各级军事人才培养方案。其主旨上还是基于袁世凯的筹划，特别在直隶者更是由袁世凯直接操办。

建立军事学堂。为培养军事人才，袁世凯早先在新建陆军设随营武备学堂，为其后来创办各类军事学堂奠定了基础。他任直隶总督后，由于编练新军的人才需要，先后开办了几个短训性质的军事学堂，如参谋学堂、武备学堂、行营将弁学堂等。这些学堂周期短，一般几个月至一年。此后，为适应军队扩编的需要，直隶陆续建立了学制较长的各类军事学校。从光绪二十八年至宣统二年（1902—1910），直隶创办的军事学堂数目达十几所，领先全国（见表6-3所示）。

表6-3　　1902—1910年直隶创办的军事学堂情况统计

学校名称	创立时间	地点	主要负责人
保定参谋学堂	1902	保定	总办段祺瑞
保定武备学堂	1902	保定	总办段祺瑞
保定测绘学堂	1902	保定	总办段祺瑞
北洋大学堂	1902	保定	不详
练官营	1902	天津	总办冯国璋，帮办张士钰
北洋行营将弁学堂	1902	保定	总办雷震春，监督蒋雁行
北洋（保定）速成武备学堂	1903	保定	总办冯国璋，后为段祺瑞
经理学堂	1905	保定	总办罗开榜
军械学堂	1905	保定	总办罗开榜
马医学堂	1905	天津	不详
军医学堂	1905	天津	总办徐清华
宪兵学堂	1905	大沽	监督张文元

续表

学校名称	创立时间	地点	主要负责人
北洋（保定）军官学堂	1906	保定	督办段祺瑞，监督赵理泰、曲同丰、毛继成、蒋方震
北洋陆军讲武堂	1906	天津	总办蒋雁行
电信信号学校	1906	小站	不详
北洋陆军速成学堂	1907	保定	督办冯国璋、段祺瑞总办郑汝成
北洋军官学堂	1910	保定	校长曲同丰、蒋方震

资料来源：杨德才《论袁世凯创办的军事学堂》，《历史档案》1993年第3期。

袁世凯创办的军事学堂，地点主要集中于保定和天津，范围涵盖参谋、测绘、警务、军医、马医、电信、军官教育等多个领域。其中，北洋武备速成军事学堂和保定军官学校培养的学生，许多人至民国年间成为军界、政界或学界的重要人物。

重视军事教育制度建设。清廷"新政诏"发布后，时在山东巡抚任上的袁世凯，于光绪二十七年（1901）三月上《遵旨敬抒管见上备甄择折》，在"储武备"条中就"多设武备学堂，广储将才"[①] 提出具体拟议。他任职直隶和北洋期间，主持制定了直隶和北洋军事学堂多个教育法规，如《北洋行营将弁学堂试办章程》《北洋陆军武备学堂暂行试办章程》《北洋陆军讲武堂试办章程》《北洋陆军学兵营试办章程》《北洋军官学堂试办章程》等，使各类军事学堂在改革发展中有章可循。这些军事学堂的教学内容与旧式的学校有着本质的区别，所开设的课程大多都是与西方近代军事学密切相关的自然科学和人文科学，如史鉴、文法、地理、算学、洋文、绘图、格致、军器、测绘、地理、博物、兵学、军器等。袁世凯在直隶共创办军事学堂有20余所，并且为军事学堂制定了教学大纲，使军事教育的发展更有保障。此期直隶不论在军事学堂数量上还是质量上均居于全国前列。

重视培养军官。军官培养是袁系集团军事人才培养的重要内容，袁世凯要求新式军官必须熟习西方兵制，并制定了挑选军官的标准，如要求质敏体健、相貌魁梧、性情忠实，兼能粗通文艺者，始准入选。为培

---

① 《袁世凯全集》第9卷，第148页。

养优秀军官,袁世凯从士兵中选拔培养对象,按照士兵的年龄、体质、文化水平等分别进行选择培养。年幼伶俐,文字较优者,送德文随营武备学堂学习;年力强壮,文字稍次者,选入炮队培养;即使是马队的官弁也要学习测绘、武备等学科,以增强指挥作战能力。另外,还通过提高军官的待遇,吸引人才。袁世凯还注意加强对在职军官的培养,光绪三十二年(1906),在天津韩家墅创办北洋讲武堂,作为带兵者研究武学之所。袁世凯规定,全省带队各官均需分班轮流到堂讲习武备,完成学习任务后回到原部队任职。为保证军官培养质量,袁世凯制定了《新军官制》,明确军官的资格、官阶、考核、晋升等条件,明确要求学生不仅身体素质好,还要有一定的文化基础。大批具有近代专门知识的人员充实到军官队伍,有力地保证了新军指挥体系的科学化、正规化。

重视师资。在小站练兵时,袁世凯就聘请了十多名德国、日本、美国的军事教官进行教学,外籍教习大多讲授国外的军事、法制政体及理科方面的课程,这些课程正是当时中国所欠缺的。同时,在袁世凯的推动下,赴日本学习军事的留学生数量不断增多,据统计,光绪三十年(1904),中国赴日学军事的留学生人数有一百余人,至光绪三十二年(1906),在日本士官学校和其他军事学校的中国留学生多达671人。当然,这不能归为袁世凯的一人之力,但他的推动作用是不应小觑的。这类留学生回国后,许多人担任军事学堂教习,成为引进西方军事文化的传播者。他们传播西方先进的军事理念,为中国培养了批量的优秀军事人才。

从袁系集团对军事人才的培养看,在人力、物力的投入,以及军队思想建设、纪律建设、制度建设等方面下了功夫。袁世凯创建的各种形式的军事学堂,均学习以西法练兵,既重视军事科学、军事技术的教育,又重视军事思想教育,制定有严明的军规军纪。在创设常规军事学堂的同时,袁世凯还采取了常规教育、速成教育和在职培训等不同形式的教育方式,以满足当时军队急速发展的需要。

(二)培养实学人才

上揭袁世凯所上《遵旨敬抒管见上备甄择折》中,就议及"崇实学""增实科",这类识见,对以后他兴办实业教育起到较为重要的作用。光绪二十八年(1902)袁世凯在保定创立农务局,附设直隶农务学堂,光绪三十年(1904)直隶农务学堂改称直隶高等农业学堂,该学堂分为速成、预备科。速成科以教授桑蚕种植及糖酒制造之法为主，课程以一年为限，开设英文、算数、理化、地理、历史、矿学、植物学及各种农学等课程，五年毕业，科目较为完备，是我国最早的一所高等农业学堂。直隶农务学堂所设课程大都是近代农业科学，各科教材基本采用日本的高、初等农业课本，教学方法也是照日本农科学校进行，设农业、蚕桑两个专业。发展成为高等农业学堂后，又添置了林学专业和农业教员讲习科。此外，学堂还聘请了10余名日本教习，该学堂为直隶各地培养了许多农业科学和技术人才。由于袁世凯大力提倡，有不同等级的农学堂相继办起。到光绪三十三年（1907），直隶已有高等农学堂1处，中等1处，初等4处。农学堂的建立，为国外先进的农业科学技术在中国推广搭建了前所未有的平台。

对农业人才的培养是袁世凯重视农业的一个重要方面，他在直隶大学堂、直隶师范学堂等学堂章程中提出，开设"专斋"课程"农学科"，学习"农事大要""农学大要""农业理财论""农事泛论""农事条论"等，还在《直隶小学堂暂行章程》中提出开设"农学"课程。袁世凯认为，高等农业学堂不仅要培养技师，开展农业研究和实验，还要为府县农业学堂输送师资，促进直隶全省农业教育发展。他要求农务局在各地劝办农会，把学生分送各地。为推广先进技术，农会编辑发行《农话报》，还印发《栽桑捷法》《育蚕捷法》等资料，翻译国外农学教科书，举行农产品评审会，设立陈列所，供观摩比较。袁世凯大力提倡向日本学习农业技术，不仅设立农事试作场，而且派员赴日本购办农学器具，现场试验，设学教授，并查考各国农务各新法回直仿行。至宣统二年（1910），直隶成立有32个农业试验场，成绩显著。

还有工业人才培养方面。光绪二十八年（1902），袁世凯莅津后即筹设工艺局，建造工艺学堂，延聘中外教习，厘订课程。初录学生三十名，教以化学、染织及普通各科，三年毕业。光绪二十九年（1903）又续行招考，再取三四十名。视各生年岁情况，分为高等、寻常二级。"其秀颖者，课以精深之理法；庸钝者，授以浅近之技能。派道员周学熙等综理局务，并酌采日本章程，筹办考工厂，搜集各处土产，陈列中外商品，使商人入厂观览，于工之良窳、价之贵贱、货之销滞，皆可一一研究，以资感发。"①袁世凯还委令天津道凌福彭管理工艺学堂，由直隶银元局划拨25000两银作为开办经费。后来，鼓铸铜元余利即拨供工艺局考工厂、工艺学堂、蒙小学堂之需。工艺学堂后改名为北洋工艺学堂，是清末废除科举制度后，官办类型教育中属于实业教育性质影响较大的新式学堂，为20世纪初的天津近代工业培养了批量人才。袁世凯督直期间，直隶近代实业教育得到了较大发展，并且辐射和带动了外省实业教育。

（三）培养师范人才

袁世凯认为教育是兴国之本，学堂是必由之路，而开办新式学堂的当务之急就是解决师资问题，这也是其重视师范教育的主旨所在。早在光绪二十八年（1902），袁世凯于《奏办直隶师范学堂暨小学堂折》中就说道："窃维育才莫先于兴学，兴学莫重于得师。如师道不讲，学术即不免分歧，人才将因以败坏，此各国师范学堂之设，所以为意美法良也"；"中国士子，向囿于章句帖括之习，于各种新学多未讲求，自难膺教习之选。各州、县现虽筹办学堂，而教习无人，课程无定，名为设学，实仍虚应故事，造就师范，诚为刻不容缓"。故准备于保定省会建造师范学堂一区，考选各州县举、贡、生员作为学生。教学上，"先取日本译成西学普通各书，转译中文，颁发肄习，俾其易于通晓，易于成就。其教习等亦可中日参用，并因各处急需教习，拟先通融办理，于堂中分设四斋，第一斋半年毕业，二斋一年，三斋二年，四斋三年。其半年毕业考取领凭者，即可先行派往各处小学堂充当教习一年。再由各斋毕业生依次轮往，各接充教习一年"②。袁世凯在《直隶师范学堂暂行章程》中对于学堂办法、课程、条规、经费等予以详细规定，以期从各个方面促进师范教育的发展。光绪三十一年（1905），袁世凯又在《停科举推广学校妥筹办法折》中列举兴办学堂办法数端，其中一条就是"师范宜速造就"。他说："各省学堂之不多，患不在于无款、无地，而在无师。应请旨切饬各省，多派中学已通之士出洋就学，分习速成师范及完全师范两种，尤以多派举、贡、生员为善，并于各省会多设师范传

---

① 《直隶筹办农工诸政情形折》，《袁世凯全集》第11卷，第474页。
② 《筹设直隶师范学堂小学堂拟订暂行章程折（附章程）》，《袁世凯全集》第10卷，第391页。

习所。师资既富，学自易兴，此为办学入手第一要义，不可稍涉迟缓。"①

袁世凯还积极兴办初级师范学堂，光绪三十一年（1905）八月，袁世凯饬学务处速议普设初级师范学堂及小学师范讲习所章程。他认为："直隶各属前经通饬举办研究所及传习所，大半敷衍塞责，间有创设初级师范学堂者，如宣化、玉田、丰润、灵寿、肥乡等属，寥寥可数。现在津保两地，已设初级师范学堂。各州县虽未能责以必办，各府直隶州有表率之责，应速设初级师范学堂，并照章除完全科及简易科外，添设预备科及小学师范讲习所，暨设置旁听生，以期多获教员，成就寒士。"② 至光绪三十二年（1906），直隶建成的学堂数量已经在全国领先，"优级师范学堂一所，初级师范学堂及传习所八十九所"③。另外，直隶在聘请日本人教习、鼓励派遣学生留学师范等方面都取得了较好的效果。到辛亥革命前，直隶有名的师范学堂有"直隶师范学堂、直隶第一、第二、第三、第四、及东路、西路、北路三厅初级师范……北洋女师范"④ 等，办学成效显著。

光绪三十三年（1907），袁世凯又上《奏陈设立北洋师范学堂大纲折》，提出在天津创建北洋师范学堂，广收直隶、山东、山西、河南、东三省及西北各省、旗学生等，并就当时的情况划分三科：完全科、专修科、简易科。其中，根据中学堂最缺乏的某学科之教员进行特置，如历史地理、博物、手工图画、数学理化、文学教育等，而以心理学、教育学、教授法、管理法、国文、体操为必修科目。学生毕业后回原籍，为初级师范学堂教员。分之则各有专长，合之则便成一校。此外，直隶还设立了简易科，简易科学生学习时间较短，两学期毕业，一定程度上缓解了小学教员缺乏的状况。直隶师范教育的发展，袁世凯功不可没，他不仅重视师范教育，而且积极推动初级师范学堂建设，扩大师范生培养规模，注重师范生培养质量，鼓励留学生学习师范，使直隶的师范教育得到较快发展。

---

① 《会奏立停科举推广学校妥筹办法折》，《袁世凯全集》第 14 卷，第 84 页。
② 《饬学务处速议普设初级师范学堂及小学师范讲习所章程札》，《袁世凯全集》第 14 卷，第 111 页。
③ 《续陈直隶学务情形续行推广折》，《袁世凯全集》第 15 卷，第 131 页。
④ 苑书义主编、董丛林本卷主编：《河北经济史》第 3 卷，第 354 页。

(四) 培养司法人才

袁世凯督直期间十分重视司法人才的培养，一方面加强法政学堂教育，另一方面鼓励留学生学习法律。其中，通过学堂教育培养新式司法人才是最主要的方式。袁世凯认为："律例会典，成案约章，为入仕者所必知，尤须注重。其他民刑等诸法，与夫宪法、经济等诸学，皆当采东西之长，以收甄采之效。"[1] 光绪三十二年（1906）六月，袁世凯上奏清廷，提出建立法政学堂，就办学目的、学额、课程、管理和经费等问题予以详细陈述，提出学堂的设立"以改良直隶全省吏治，培养佐理新政人才为宗旨"。他认为法政学堂既为培养吏才之地，"自当研究各种政法学理，而于本国律例、约章，尤宜预为讲求，以期适于实用"[2]。开设课程有大清律例、大清会典、交涉约章、政治学、宪法、行政法、刑法、民法、商法、国际公法、国际私法、刑事诉讼法、民事诉讼法、裁判所构成法、应用经济、财政学、警察学、监狱学、统计学、中外通商史、东文东语、演习裁判等。鉴于中国当时精通法政的专门教员较少，为保证教学质量，直隶法政学堂特聘请一部分日本教员教授法政专业课程。直隶法律教育在实践中得到不断发展，逐渐重视专业化课程的设置。

同时，根据学生将来的工作需要，课程设置还有所侧重。如直隶司法警察学堂所设课程主要有宪法大意、行政法大意、裁判法大意、司法警察原理、警察实务、国际警察要论、刑法原论、形式诉讼法、民法概要、商法概要、民事诉讼法、监狱学概要、户籍法概要、大清律例、侦探学、操法等。可以说，这些新式法律学堂成立后，不仅课程进一步系统化，而且在课程设计上，逐渐体现出了其价值趋向。为加强学生的实际工作能力，直隶司法警察学堂还规定，学生学习期间实行练习会，按照所学功课实地讨论、练习，并在毕业前三个月每天到发审局轮流旁听，养成判断知识，并限一个月时间由教习带往天津审判厅参观审判办法，以增强学生的实践能力。

进入 20 世纪以后，直隶选派出国留学者日渐增多，尤其是派往日本的留学生数目非常可观。有研究揭示：

---

[1] 《拟订法政学堂章程条规折（附清单）》，《袁世凯全集》第 15 卷，第 212 页。
[2] 《拟订法政学堂章程条规折（附清单）》，《袁世凯全集》第 15 卷，第 213 页。

直隶毕业于早稻田大学法科、东京帝国大学法科、明治大学法科、法政大学及该大学速成班有名可查的有：金邦平、邢之襄、单豫升、何基鸿、沈秉诚、宫毅、张芪臣、苏芝林、祝瑞霖、于振宗、张开运、张宗芙、元寿恺、张仁锐、侯荫昌、刘恩培、刘炯、刘照、吴元善、李廷斌、康镜蓉、李毓棠、朱纶、梁同恩、刘汝培、赵翰纶、孙松龄、王绍曾、吴德镇、谷芝瑞、陈培锟、郝继贞、张诒、李景纲、李湛田、李桀、阎凤阁、梁建章、齐树楷、张志嘉、李维汉、陈树楷、张锡光、刘绍曾、李维弟、张俊英、高振筠、梅心田、方大然、王仁铎、周忠绩、姚和羹、贺德深、董毓昆、边守靖、修浦田、岳世梁、谷钟秀、仇翰垣、陆维、韩树等。短期学习过法律的人数则就更多了。至于总数现在已无从考证。①

有学者对光绪二十五年至光绪三十四年（1899—1908），清末直隶省留学日本法政科学生情况，做了十分详细的统计和分类，表明到清朝灭亡前，"直隶留学日本法政科者，约有120人"②。王宠惠、张熠全等人作为北洋大学堂官费生到美国耶鲁大学学习法律，他们回国后除担任法政学堂教员和管理者外，有的在政府任职，有的创办法政学堂，有的组织成立法政研究机构，在法律界发挥了极大的作用。直隶派遣留学生的工作取得了可喜的成绩，留学生回国后，纷纷参与直隶的法政建设，传播西方法政理念，并进行法政教育改革，"课程编排、讲授内容、授课进度、教科用书，均与美国东方最著名的哈佛、耶鲁相同"③。直隶对于留学的法政人才优先录用，对于曾经入溅法研究所学习律例者也委以重任，这些改革措施造就了一批新式司法人才，为直隶基层司法新政打下了良好的基础，也使清末直隶的法政教育走在了全国的前列。

通过上述多个方面的举措，使得北洋新政与袁系集团的加强自有十分密切的直接关联。

---

① 侯欣一：《清末法制变革中的日本影响——以直隶为中心的考察》，《法制与社会发展》2004年第5期。
② 程燎原：《清末法政人的世界》，法律出版社2003年版，第44页。
③ 王健：《中国近代的法律教育》，中国政法大学出版社2001年版，第158页。

第三节　多重影响下权力格局面相的复杂化

一　"北洋"与"南洋"之间

袁世凯主持实施"北洋新政"促使其集团加强的概况在上节已有专门论述，此目中专看袁世凯主政下的"北洋"与他人主政下的"南洋"（兼及湖广）间的关系演变状况。

自湘、淮、袁集团相继崛起并成为相对稳固的势力后，在较长的时间里，从其首领级人物的主政地域同时也是其集团最重要基地的区位看，湘踞"南洋"，淮、袁相继踞"北洋"，成为一种基本格局和模式。这种"区位"，并不纯系地理概念，更是政区执掌。"南洋"，因为两江总督例兼南洋大臣后而成为其习惯性代称；"北洋"，则因为直隶总督例兼北洋大臣后而成为其习惯性代称。湘系最早的首席领袖曾国藩任两江总督当初，尚无兼南洋大臣的定例，是在不数年后形成。而直隶总督兼任北洋大臣，是自李鸿章任直督后很快就成先例而沿袭下来的。

先分别看"南洋"和"北洋"的情况。"南洋"，自曾国藩出任两江总督后，其辖区遂成为湘系集团的重要基地，他虽然也有短时离任他移（如挂帅剿捻和北移直督）的时候，但还是以在两江为时最长、立基最牢，并终老于此。其后任两江总督兼南洋大臣者，虽说也间有非湘系之人，但为时较短且不居主要，而湘系大员李宗羲、刘坤一、沈葆桢（非湘籍者）、左宗棠、曾国荃、魏光焘、李兴锐等人，都接连任过此职。特别是像左宗棠，任期虽年头不多，但其人"分量"颇重，曾国荃、刘坤一不但"分量"亦重，且任期也长。总体看来，说"南洋"是湘系的"常规领地"自无问题。"北洋"，李鸿章作为淮系的开基立业者，任直隶总督兼北洋时间最久为人熟知，中法战争期间因丁忧一度离职，代之的张树声也是淮系大员。甲午战后他离开此任，其后数年此职不在淮系人员之手（有王文韶、荣禄、裕禄等任），及至庚子年中李鸿章自两广总督任上返回，重主直隶兼北洋之政（当然，实际职事以与外国"议和"为主），直到去世。其继任者是袁世凯，虽说李鸿章临终是否推荐过袁世凯代己问题存有争议，但袁世凯的"淮系出身"板上钉钉，淮系与袁系集团的渊源关系密切。袁世凯以直隶和北洋为基地有效地强化集团势力，并便捷参与中央政务（如在练兵处任职），最后进入枢府，居职中央而仍把控"北洋"。故而，总体上说"北洋"属淮、袁集团的"常规领地"，亦不当有疑。对"北洋"权能从李鸿章至袁世凯主政时的演化过程，清末报刊有这样一个概要性梳理：

> 昔李文忠之在北洋也，不啻隐然为各督抚之领袖，而即合督抚，在天津构成第二之政府。各省之大政，除内治外，北洋大臣无不可干涉之。自文忠去位，仁和相国（按：指王文韶）继之，相国素执退让主义，故其时北洋大臣之局面，为之顿缩。仁和去后，荣文忠（按：指荣禄）来。荣文忠绝世之雄，固不难复李文忠之旧观，而荣文忠之方针，则别有所在，绝不注此，故此时北洋局面，与仁和时无少异。荣文忠去，裕禄来，则土鸡瓦狗，备陈设、供儿戏而已，非能于政界有所变动也。所以北洋大臣之权力，自李文忠后堕地者且十年。至今襄城制府（按：指袁世凯，"襄城"似当为"项城"）始奋起，而欲恢复之。①

那么，南、北洋之间的关系如何呢？当然是成动态演变态势的。因为"淮由湘出"，李鸿章也是由"南洋"起家，他是在同治九年（1870）的天津教案期间入主直隶，随后开始在北洋立基的。曾国藩回到两江总督本任年余即去世（在同治十一年春），以后多年仍是以湘系要员为主充任两江及南洋领袖。在"北淮南湘"的基本格局之下，因不同时候、不同主政之人，南北洋的具体关系样态也有所异。总体看来，既因各自的利益冲突不免会导致矛盾和争竞，也不能不从大局考虑有所妥协，维持一种相对协调的关系，而终因北洋方面李鸿章的强势而占优势。像在南北洋海军建设和发展问题上就是明显的例子。

同（治）末光（绪）初之际，清朝统治集团内部就国防问题展开一场大讨论并产生明显争议，通常称为"海防塞防之争"。结果，清廷定策海、塞兼顾。就海防而言，清廷于光绪元年（1875）四月二十六日的谕旨中说，"海防关系紧要，既为目前当务之急，又属国家久远之

---

① 《论江督易人之故》，《东方杂志》光绪三十年第九期转载《中外日报》同年七月二十七日文。

图","着派李鸿章督办北洋海防事宜，沈葆桢督办南洋海防事宜。所有分洋分任练军设局及招致海岛华人诸议，统归该大臣等择要筹办"①。当时沈葆桢方由福建船政大臣授两江总督，主持南洋，又兼办理台湾等处海防大臣，与李鸿章分立南北，同是清廷海防布局中重量级棋子。

经费是办理海防的重中之重。在当时清朝财政十分困难的情况下，经总理衙门统筹协调，拟多方凑集，依海防经费的安排计划，关税中"每年约得银二百数十万两，加以酌拨各省厘金银二百万两"②，这样总算起来，每年达四百数十万两，为数已不算小。不过，真正落实起来则难，缺额颇大，造成这种状况的原因，有研究者指出："除了说明各地财政拮据外，也反映出朝廷指令失范，不能化作各地的具体行动。这是晚清地方军阀势力兴起，外重内轻局面形成后的一个重要特点。"③ 越是在这种情况下，争得尽多的经费就越显重要。本来，经费是计划南、北洋分用，但实际上是为北洋包揽绝多。李鸿章的争取是非常积极甚至可以说是咄咄逼人的，他在光绪元年（1875）八月中旬曾致信时任江西巡抚刘秉璋说："海防拨款现未解到分毫，各省关情形略知，每岁恐不能得半，分解两处（按：指南北洋）不过各数十万，于事奚裨"，"拨款先解北洋，前已咨缄幼帅（按：指沈葆桢，字幼丹），谅无畛域之见"④。沈葆桢的确颇显大度，在给李鸿章的复信中说："总署所筹巨款，本有分解南北洋之说。窃思此举为创立外海水师而起，分之则为数愈少，必两无所成。不如肇基于北洋，将来得有续款，故不难于推广。"⑤ 其"不分畛域"的公忠之外，是否也有慑服李鸿章权势的因素？无论如何，反正在清廷所筹海防经费上，李鸿章的攫取是占了绝对优势。开始对购铁甲舰似乎并不积极的他，到头来还是最先购得两艘铁甲舰，使北洋舰队正式成军，后来居上，将原有一定基础的南洋远远甩在后面。这中间，李鸿章可谓用尽心机，使绝手腕。以致接沈葆桢任两江

---

① 《光绪宣统两朝上谕档》第 1 册，第 107—108 页。
② 《奕䜣等奏请由洋税厘金项下拨南北洋海防经费折》，张侠等编《清末海军史料》，第617 页。
③ 姜鸣：《龙旗飘扬的舰队》，生活·读书·新知三联书店 2002 年版、2003 年 8 月第 3 次印刷本，第 132 页。
④ 《李鸿章全集》第 31 册，第 311 页。
⑤ 沈葆桢：《沈文肃公牍》，第 245 页。

总督的刘坤一,在光绪六年(1880)七月在给刘长佑的信中颇有怨言:

> 合肥平日尽天下之财力,此时仅以津沽一路责之(按:指因当时中俄关系紧张筹办防御),大属便宜。昨复单衔奏请订购铁甲船四号,业经运行。纵使可靠,其到华在四五年后,缓不济急;而东南巨款,悉数搜罗以掷外洋,筹防弥形束手,为之奈何?前此合肥购买蚊子轮船多号,靡费近二百万,尚欲闽、粤续办;当经坤一会同裕泽帅(按:指安徽巡抚裕禄)奏驳,朝廷深以为然,而不免迁就。此次道出天津,与合肥议论铁甲船不合,似此情状,南、北洋何能和衷?①

可见,刘坤一不似前任沈葆桢那样忍让、迁就,与李鸿章的相争稍显硬气,但到头来,还是觉得奈何不得,徒心中生忿而已。在铁甲船之事上,尽管数年后实际买来装备其北洋海军的非四艘而只两艘,这在晚清海军建设上也是破天荒的事情,独在北洋海军中具有,也是其成为名副其实的近代海军的重要标志。而北洋海军的建成,成为淮系集团势力的又一重要军事支柱。由此例,可见李鸿章其强势与优势之一斑。

还需要注意到,李鸿章是洋务领袖,他这方面的权能绝不仅限于"北洋"地区,而是全国性的。就拿洋务厂矿企业来说,像远在边地的黑龙江漠河金矿,很大程度上就由李鸿章经管。而"南洋",作为李鸿章的起家之地和洋务兴盛之区,身居北洋的李鸿章与这里更是有着千丝万缕的联系。早先在该区建立的洋务厂家,他"主人"身份的印迹难消,如江南制造局,即有说其建设,"本属于北洋、南洋两大臣权下,局虽设于南洋,而北洋大臣对该局之权限尤高"②。李鸿章主政北洋期间仍然参与乃至主持在南洋建立洋务企业,像轮船招商局、上海机器织布局等都是典型例子。李鸿章手下大批洋务健将,也是以"南洋"为主要营地。此外还有其他诸多方面,不一一列举。总之,长久居职北洋的李鸿章,与南洋的牵系一直是很紧密的,提示着他特殊势力、权能的

---

① 《刘坤一遗集》第4册,第1890页。
② 《论江督易人之故》,《东方杂志》光绪三十年第九期转载《中外日报》同年七月二十七日文。

明暗触角在该区的深入。

袁世凯主政直隶和"北洋"之后，他与前任李鸿章在与南洋关系的根基上不能同日而语，背景条件上也大不相同，呈现新的局面特点。袁世凯这时主要是"借势"，即借清廷力图削弱督抚权力而加强中央集权之"势"。要说，袁氏也在督抚之列，但他同时又有直接参与中央新政谋划和操办的权力，特别是在练兵处作为"会办大臣"具有举足轻重的实际地位和权能（"总理大臣"奕劻只是挂名的，很大程度上受袁世凯操纵）。这是他能成功"借势"的关键条件。他不但善于"借势"，同时也善于"借人"。譬如，借助于作为练兵处襄办的少壮派满洲权贵人物铁良，其人是中央集权的死力支持和谋求者，也是敢说敢干的人物，虽说随后他成为袁世凯的"政敌"，即使这时也非刻意助袁而是力谋满洲权贵层利益诉求的，但起码在事实上与袁世凯有过"合拍"，是被袁氏"妙用"而有助于他的，如在"铁良南下"事件上表现即颇典型。

光绪三十年（1904）六月初六日（癸丑），清廷发布谕旨："前据张之洞等奏，江南制造局移建新厂一折，制造局厂关系紧要，究竟应否移建，地方是否合宜，枪炮诸制若何尽利，着派铁良前往各该处，详细考求，统盘筹划，据实复奏。并着顺道将各该省进出款项，及各司库局所利弊，逐一查明，并行具奏。"① 七月初七日（癸未）复有旨："前派铁良前往江苏等省，查勘移建制造局厂事宜，并查各省进出款项。现在武备关系紧要，屡经降旨饬令各省切实整顿，痛除积习，着铁良于经过省份，不动声色，将营队酌量抽查，兵额是否核实，操法能否合宜，一切情形，据实具奏。"② 铁良这次奉命南行，通常即被称为"铁良南下"。在此事伊始，舆论即颇敏感，有报刊载文一针见血地指出："近日乃有派铁良南下之事，窥其意，无非欲吸聚各省之财权归于政府而已，无非欲收集各省之兵权属诸政府而已。而考其意之所由来，则一言以蔽之曰中央集权而已。"③ 确实如此。所谓"欲收集各省之兵权"，通过对省区制械、练兵的直接干预、严格监察和力求掌控体现出来；所谓

---

① 《光绪朝东华录》第 5 册，中华书局 1958 年版、1984 年第 2 次印刷本，总 5200 页。
② 《光绪朝东华录》第 5 册，总 5207 页。
③ 《论中央集权之流弊》，《东方杂志》光绪三十年第七期，"社说"栏转载《中外日报》文。

"吸聚各省之财权",是体现于对省区"进出款项"的清查摸底并借机提集巨额军事经费,作为通盘"集中财权"的重要一途。

具体到巡查筹办事宜上,江南制造局迁址的考虑和动议并非此时开始,可以说由来已久,涉及从当年的李鸿章到现职相关督抚像张之洞、袁世凯、刘坤一、魏光焘还有其他诸多人员,一般主要都是着眼于其地处沿海口岸城市的安全性隐患,认为移至内陆适当的地方更妥。授命铁良南下巡查前夕,两江总督魏光焘与湖广总督张之洞还有专折会奏此事①,该折中在原已有议"建新留旧"的基础上,提出"筹款""择地""购机""核用""用人""定枪炮式""储备厂才""整顿旧局"等八项议案,特别值得注意,经实际勘查和调研,将新厂选址("择地"项中述),由原拟的安徽省"宣城县属湾沚镇之启发山",改为江西"萍乡县属之湘东地方"。而铁良南下考察后的复奏当中,做了两个方案的建议:一是所谓"统筹全局办法",大旨是"南、北、中三厂"并举,以萍乡新厂为南厂,"于直、豫等省择其与山西煤铁相近便者"一处作为北厂,而以原有的"鄂厂"进一步建设"贯乎其中,以辅南北厂之所不及";二是所谓"变通办法",说"湘东厂基大致可用,惟于东北诸省相距稍远耳。如南北两厂一时难以并举,只能先务其急","则惟有将该处(按:指'南厂')暂行缓办"而专重北厂②。这第二方案,即使不无从地理布局上综合考虑的合适之处,但其增设和专重"北厂",起码在客观上会便于中央甚至是北洋对它的直接控制,而对"南洋"则不啻变相剥夺。当然,江南制造局的迁址设想最终并没有落实,基本是流于"空议"而已。不过,也能够从中嗅出"夺南益北"的味道。此局中,铁良在前台,后台袁世凯的操纵身影则亦依稀可见。在铁良南下自上海考察了江南制造局转至苏州的时候,张之洞在八月初七日致电江苏巡抚端方,打探消息并表达看法,有谓:

> 铁使意,江南制造局究拟移设何处。传闻袁慰帅意欲移至河

---

① 该折见《洋务运动》第4册,上海人民出版社、上海书店出版社2000年版,第100—111页。

② 《铁良奏遵旨查明江南制造局应否移建各情形折》,本书编委会编《中国近代兵器工业档案史料》第一册,兵器工业出版社1993年版,第305—306页。

南，此非计也。北洋制造诚是要事，然江南移萍乡之局，岁止实款七十万，此外尚需另筹或另借，五年之后方能办成。北洋权力恢宏，即专借洋款数百万，目前即可购机设局，迅速赶办，两年可出枪矣。其款陆续筹还，岂不简易迅速，而又无损江南之局哉。江南所制军械，长江下游沿海五六省皆将于此局取给，岂能废而不设。无沿江沿海诸省，北洋能安枕乎。望相机婉言之，至幸。①

这中间即揭明袁世凯欲借机将厂局移至其籍贯河南省的"传闻"信息。若是这样，利于其把控的意图必有无疑。张之洞则是着意于江南，不以移厂河南为是，而巴不得让"权力恢宏"的北洋与南方合力，将南厂快速建好。总之，在此筹议上，南北之争显而易见。如果说因改建方案终未能付诸实施这还主要是流于"争议"的话，那么更实际的争竞是在军费筹措和军队建设问题上，这更直接地涉及现实的财权和兵权之争。

自练兵处设立（光绪二十九年十月，1903年12月）伊始，筹饷就是其一大亟要之务，无饷何谈练兵。问题是，借筹饷之名，很大程度上是欲暗行剥夺地方财权之实，而特别着意于两江连带湖广地区。铁良南下，清查相关地方财务状况，掌握底数，发掘未经报部的隐匿款项而分派、提取归于中央。如仅在江南制造局，就清查出余款80多万两。两淮盐款更巨。除直接提取的款项，经清查之后，致使地方向中央财政的报银数额也大幅度增长，仅两淮盐款，"计（光绪）二十九年，共报银一千二百余万，以视两淮历年之自行奏报仅得银五百余万者，已为倍之"②。以两江清查为契机，练兵处进一步加紧军费筹集，户部也配合制定"统筹除弊节流"方案，不无成效，光绪三十一年（1905）春该部奏报，相关督抚"先后奏报，认筹常年各数，通计约六百万两"③。

直接巡阅军队也是铁良南下的要项之一，即所谓"抽查"营队。于光绪三十一年正月，铁良即专就此事就上了一个一万三四千言的长

---

① 鄂版《张之洞全集》第11册，第154页。
② 《户部议复整顿两淮盐务事宜疏》，《东方杂志》光绪三十一年第十期。
③ 《光绪朝东华录》第5册，总5316页。

奏①，汇报了详细情形。照其奏报的情况，清廷嘉奖了湖广总督张之洞所练之军；对两江属地军队，说只有部分营伍"粗有可观"，而其"苏州、安徽之续备各军，江南之护军四旗、新湘五旗，废弛最甚"，而"其余各营操法亦多平常"。对所谓"废弛"之军的"各营统领"等偌多直接责任人，给予革职甚至革职永不叙用的处分，甚而有"实堪痛恨"的责骂之词，并对各相关督抚"均着严行申饬"②。这时两江总督兼南洋大臣已是淮系人物周馥，而在铁良巡查期间，已先后有过湘系要员魏光焘和李兴锐充任此职，即他俩从两江总督和闽浙总督任上对调，个中隐情也引发外界关注和推测，从中也有助于进一步见知南北之争之局。

魏光焘和李兴锐都是湘系要员，也可以说是湘系在两江乃至整个湘系的终局大员。魏光焘，湖南邵阳人（其家乡今属隆回县），咸丰六年（1856）入湘军，先在曾国荃部，后隶左宗棠军，随赴西北。光绪二十一年（1895）跻身疆吏（云南巡抚改陕西巡抚），后任陕甘总督、云贵总督，光绪二十八年（1902）为两江总督（次年抵任）。李兴锐，湖南浏阳人，亦湘军将领出身，历官多处，光绪二十六年（1900）擢江西巡抚，后为广东巡抚，光绪二十九年（1903）署闽浙总督。魏、李对调的人事变动正值铁良南下查勘江南制造局期间，这是个很敏感的节骨眼，其对调当时被视为"近日政治上之绝大变化"，有报刊发专文论析：

> 天下之事，因果相生，无无故而然者。而况两江、闽浙二督之对调，此为近日政治上之绝大变化，岂无蛛丝马迹之故在乎其间，大可以供世人之研究者。而论者不察，最下乘者，乃较量与魏、李二公之优劣，一一较其将来政界上之同异如何，此真不通朝局，去题万里之说也。何以言之？案此次魏、李对调，以湖南人易湖南人，即知其与湖南人之社会绝无更变，而其二人之对调，皆于其个人有关系，而于吏治无关系矣。至关系何在，亦可推而得之。夫对调之命，何以不下于铁良未至之时，不下于铁良已去之日，而适下

---

① 参见《光绪朝东华录》第5册，总5289—5306页。
② 上谕，《光绪朝东华录》第5册，总5306页。

于铁良正在查办制局时,可知其关系不出乎制造局也。如此即测得两大定点,一为必个人之事,一为必个人而与制局相关之事。得此两点,而于推论此事之前因后果,乃稍有把握焉。①

其中所谓"与湖南人之社会绝无更变"云云,用我们的话语来说,意思当为不是因湘系内部自争而生变的事情,也与魏、李的个人优劣无关。其所最切要强调的,是"与制局相关之事"。并且,其下文中揭明,就是北洋袁世凯争夺制造局,有谓:"南洋大臣对制局总须北洋大臣共之,而不能与两湖总督共之,则事理之皭然,而至易明者也。乃午帅耄昏,默然不觉,至形现势拙,始欲支吾敷衍,为自救之策,亦复何及。以今日之势观之,制局之归北方,已毫无疑义。惟浏阳之至,恐其于南皮,亦必有极大之关系,而必非能如鸟之相忘于山林,鱼之相忘于江湖也。"所说"午帅",就是指魏光焘,其人号"午庄","浏阳"即指李兴锐。在言者看来,魏光焘"耄昏",未能察觉背后真情,应对不妥,以致被动难堪。其实也未必完全如此,魏光焘作为局中之人,对铁良背后袁世凯的用意岂能不明,且不无抵制的表现,只是势能上他此时已非北洋的对手,故被逐出南洋落败而已。换一个同是湘人的李兴锐来,既能掩北、南洋派系之争的真相,又不至有新的阻力(李氏新来乍到何可立马有所作为),袁世凯作为一代权奸,此般心思岂非小菜一碟?

有研究者论及:魏光焘被调离江督的最深层原因,"在于他与清廷及袁世凯在军费、营制问题上的尖锐矛盾。张之洞已经提醒魏光焘此次'非力筹巨款断难了局',而魏光焘不但未筹款项应付铁良之提取,相反却授意各省藩司于铁良到来之前迅速假造清册,弥补亏空,以为敷衍之计。此事腾播于报章之上,遂人所共知,清廷对魏光焘之恶感由是更深",再就是,"湘军已为勇营制度的象征,而湘系首领魏光焘则成为勇营制度的主要维护者和'划一营制'的主要障碍。清廷要想完成军事集权,首先必须打破湘系势力对江南的盘踞,改变湘系独树一帜,'不受领导'的局面,由此可见,在魏光焘身上,集中体现了清廷、袁世凯与东南督抚在中央集权问题上的诸种矛盾,魏光焘也因而成了中央

---

① 《论江督易人之故》,《东方杂志》光绪三十年第九期,转载《中外日报》同年七月二十七日文。

集权政策的第一个牺牲品"①。不管他是否"第一个"牺牲品，反正这次将他调开两江，是贬抑和排斥无疑。调职谕旨是这年七月初二十二日（戊戌）发布的②，值得注意，此前四天的十八日（甲午），有谕旨云："有人奏，江南吏治污浊，诸务废弛，督臣魏光焘竭蹶因循，难胜重要，请饬查办一折，着铁良按照所参各节，确切查明，据实具奏，毋稍徇隐。"③恰在铁良南下之时有人奏参，又是让铁良就地查究，不数日便有调任谕旨，如此"巧合"而又急急匆匆，岂不疑似一个布局？而魏光焘调至闽浙后不久就被解职回籍，结束了政治生涯。而调来两江的李兴锐，则很快也就离世。或说这时"袁世凯即运动清廷乘湘系已去，两江空虚之际，将姻亲周馥以巡抚之位调署两江，使两江之地也成了北洋势力（范围）"④。

由此看来，可以说，铁良南下，是清末新政期间清廷图谋和推行中央集权、削弱督抚势力的正式启动场次，袁世凯背后借机乘势，与南洋连带湖广争竞取得优胜，特别是对湘系来说至此可谓已至"陨灭"境地，湖广张之洞势力相对也隐然趋衰，北洋袁世凯则势焰大长。上揭文章持论，"对于清廷来说，派铁良南下，是为了改变咸、同以来，尤其是'东南互保'以后东南督抚所表现出来的明显的自重倾向，以恢复昔日中央政府的权威，重建中央集权的政治体制"，但"铁良南下的最大受益者不是清廷，而是直隶总督袁世凯"，其例证是，制造局归于北洋控制之下，练兵经费大半为袁世凯所得，两江之地也被其攫夺控制。大面看来，诚然如此。可以说，这时的袁世凯是立基北洋，借势中央，巧妙而有效地发展了自己的集团势力，同时，也成为其将权力触角直接向中央延伸的重要环节。

二 袁世凯的内召、被罢及复起

"新政"在继续，袁世凯作为其全程经历者（因一度被罢而明面上离局，暗中实际依然在局），下面主要就其内召、被罢及复起环节予以

---

① 宫玉振：《铁良南下与清末中央集权》，《江海学刊》1994 年第 1 期。
② 《清实录》第 59 册，第 106 页。
③ 《清实录》第 59 册，第 104 页。
④ 宫玉振：《铁良南下与清末中央集权》，《江海学刊》1994 年第 1 期。

审视，以察其人由畿辅疆吏而跻身中央枢府的身份变化，以及在朝局中角色的微妙和重要。

袁世凯被"内召"是在光绪三十三年七月下旬（1907年9月上旬），由直隶总督兼北洋大臣调任外务部尚书、军机大臣。前此他已经居职直隶、北洋六七年时间，不但主政地方，其间而且兼任中央督办政务处的参与政务大臣（自光绪二十七年十二月，1902年1月）、练兵处会办练兵大臣，以及兼充督办关内外铁路大臣、督办商务大臣、督办电政大臣等多种职务，可以说，凭借地方实力的资本，权力触角已经深层介入中央政权。并且很值得注意，在他内召的前夕，他和奕劻为首的一派（知情者言其间"交谊深固，奕劻甘为傀儡，世凯利用之"[①]），刚刚获取在"丁未政朝"争逐中的最后胜利（起码在明面上是如此）。"丁未政朝"可谓清朝统治集团高层相关人员之间，一场激烈诡谲、惊心动魄而又微妙异常的政争。与袁世凯、奕劻一方对阵的政敌，以瞿鸿禨、岑春煊为首。瞿氏当时任外务部尚书、军机大臣；岑氏原任两广总督后被调他区未赴而自行入京，在慈禧面前表示"意欲留在都中为皇太后、皇上作一看家恶犬"[②]，被授邮传部尚书。瞿、岑一派利用江春霖、赵炳麟、赵启霖（人称"乌台三霖"，或称"三菱公司"）等言官兴动弹劾对方的舆论为助。满洲贵族少壮派官员载沣、载泽、铁良、善耆、良弼等亦是反袁力量，但缺乏政治经验，褊狭种族情绪浓重，难孚众望，成事不足。对阵双方都明里暗里地拉拢集结势力，缠斗不已。而无论各方，最终的胜负自要取决于慈禧太后的"裁判"。当然，这种"裁判"难说真有公正规则，个人好恶之外自也受牵制于客观实力局势。就局中最富有"戏剧"性的场次而言，就是为人熟知的"杨翠喜案"，这直接牵联着袁世凯集团在东北地区人事谋图的事情。

东北设省后在该区的人事安排上，袁世凯是费尽心机运作的，作为扩充其集团势力的重要环节，结果安置的都是其集团的党人：徐世昌为东三省总督，唐绍仪为奉天巡抚，朱家宝署理吉林巡抚，道员段芝贵赏布政使衔署理黑龙江巡抚。这使得舆论哗然，尤其是段芝贵以道员署理巡抚，更是反常的罕有之事，给人留下了"猜谜"的空间，也确实有

[①] 杜春和等编：《北洋军阀史料选辑》上册，第57页。
[②] 岑春煊：《乐斋漫笔》（与《崇陵传信录》等合刊），中华书局2007年版，第31页。

把柄可抓。政敌方由御史赵启霖出面上奏,揭露段氏以巨额金钱和歌妓杨翠喜贿赂奕劻父子之事。尽管由于被揭发方的"弥缝"到位(主要靠袁世凯暗中运作),最后未能真相大白而掩饰过去,但段芝贵在赴任途中又被罢免,使得袁世凯的东北人事策划在一定程度上受挫,未能完满如愿。而涉案的奕劻之子载振,则不得不辞去农工商部大臣及一切差使。奏参者赵启霖,则以所谓"任意污蔑"受到处分。奕劻、袁世凯方面则乘机反扑,策动党羽先参劾瞿鸿机,使其去职,又使出手段将岑春煊挤出北京,随后又进一步构陷使之开缺。而随后,便有袁世凯内召任外务部尚书、军机大臣的朝命。① 从这种时局背景看,应该是对袁世凯的"提拔"重用,不怎么像是通常所说"明升暗降",力图抑制。实际上,这也是袁世凯揆情度势的追求,是其意愿的得遂。

这从更广方面的联系和相关具体材料可得佐证。自"丁未政朝"前一年(光绪三十二年,1906)就开始的官制改革当中,已影响到袁世凯的权力。当时清廷宣布筹备立宪,并认定筹备立宪"必从官制入手,亟应先将官制分别议定",进行官制改革。袁世凯本人就是官制改革方案"编纂"的局内人员之一(另有载泽、世续、那桐、荣庆、戴振、奎俊、铁良、张百熙、戴鸿慈、葛宝华、徐世昌、陆润庠、寿耆等被指派为编纂人,由奕劻、孙家鼐、戴鸿慈"总司核定")②。袁世凯当时倡导"立宪"的调门很高,就是想借机进一步加强自己的权力,而官制改革则视为切实的可乘之机。按照授命,他只是官制改革方案的"编纂"人之一,但一开始便成为实际上的控制者,作为方案具体编纂机构的编制馆,其"提调孙宝琦、杨士琦,起草员张一麐、金邦平等人都是袁世凯安插进去的,他们掌握着起草工作,一切建议方案都要经过他们阅定"③。结果按照袁世凯辈的意图,形成涉及内阁、各部和其他若干机构的系列"草案"。其中最关键的,当属将原来的"内阁、军机处改并"④ 成立新的内阁,即责任内阁,它"综集群卿(按:指各部大臣),

---

① 相关朝命,岑春煊开缺者是在七月初四日,袁世凯内调者是在七月二十七日。见《光绪宣统两朝上谕档》第33册,第135、176页。

② 三十二年七月十三日、十四日上谕,《宪政初纲》,光绪三十二年十二月版,"诏令"第2页。

③ 侯宜杰:《袁世凯传》,第146页。

④ 《宪政初纲》,"阁部院官制草案",第4页。

协商要政"①。单就机构本身的表面形式而言，这倒是与立宪体制下的要求尚算较为靠近，而前旧"内阁"和军机处确实是与之格格不入的。问题是，袁世凯的真正立意只是欲借新内阁达到他操权的目的。亲历那个时代并且获得知情者所告相关情况的人，对此事有这样的叙述：

> 他（按：指袁世凯）想借改革官制的机会，把军机处裁撤，按照立宪国的责任内阁制由首相组织内阁。再拥护庆王（按：指奕劻）做国务总理大臣，自己做副总理大臣。至于各部的大臣，则由首相推荐，称为中央政府。等中央政府成立之后，再议改革各省官制。如此，则一切用人之权，都操在庆王之手，说穿了，就是在世凯之手。世凯的权欲，本来旺盛，是一个盲进不已的人。但此番的主张另有一个不可告人的隐衷，他见那拉氏年过七十，气体渐衰，深恐那拉氏忽然死了，他所出卖的光绪一旦恢复政权，东窗案发，他的首级难保。他想必须早早预备办法，必须身在北京方能预先布置，方能临机对付。现在军警势力，都已集中在一人之手，世凯本身无论在北京在天津，都能控制。假如他到北京，做了副总理大臣之后，他更可以控制宫廷惟所欲为。②

这种说法应该是合理而且可信的。并且，有更直接的材料可供进一步探察解析。当时身在南方的盛宣怀，为了随时掌握朝中情况，指使亲信陶湘在京城刺探官场乃至内廷内幕情报（官员在京城和其他地方安排侦探者并非罕见），陶湘则用"齐东野语"的隐秘函件向盛宣怀报告。其中光绪三十二年十月初七日的一件密报中说，"立宪之举，时而恢张，继无消息，终成敷衍。当时传啄（诼），莫衷一是。内廷秘密之甚，亦无从而知其底蕴。现在事已揭晓。谨将所闻明确者，逐一条列于后"。其中一条中云：

> 向来疑难之事多取决于本初，（就立宪之议）荣、铁先期发电，请本初平议，讵意本初尚新更甚，两宫更无主意。当七月初以前，

---

① 《宪政初纲》，"阁部院官制草案"，第1页。
② 刘厚生：《张謇传记》，第135—136页。

> 京津密使往来甚繁，本初向来大权独揽，所发莫不中的。今"立宪"二字，上既动摇，以为此种好机会，略一布置，即可成功。在津即预计到京后如何入手，如何改官制。官制改，则事权亦更，数百年之密网，一旦可以廓除。意中自许如此，手下人等莫不相许如此，枢府亦料彼必如此，领袖更随声附和，报纸又竭力怂恿，惟恐彼不如此。不过报纸之意见与彼之心迹向背耳。到京后连召四次，有"若不及早图维，国事不堪设想"之语。退食后，且有"官可不做，法不可不改"。又云，"有如此贤主在前，乃国家之福"。又云，"当以死力相争"。一时气焰可想而知矣。①

文中"本初"即指袁世凯（"荣""铁"分别指荣庆、铁良，"领袖"，指奕劻），其气焰如此之大，自然让人侧目，由表及里，对他的心机、企图，政敌方面也不会揣测不出。明里攻击、暗中诋毁者皆不乏其人，皇族权贵中也多有对他仇恨之极者。"据传，在一次会议上，载沣从腰中把出手枪，直抵袁世凯胸前，大声说：'尔如此跋扈，我为主子除尔奸臣！'幸亏奕劻适时赶来，出面排解，载沣方始息怒。"② 载沣是光绪帝的弟弟，后来宣统帝的父亲，并为"摄政王"（下文中对此人还会多有涉及），他对袁世凯的怀恨是无疑的，不过，从他的性格看，优柔寡断而乏果决刚猛，能否做出临场拔枪怒斥的事情实亦未可知，若是，那真是激愤之极、忍无可忍了。无论如何，袁世凯的乘官制改革之机欲进一步揽中央之权的谋图，一开始并未能顺利落实。九月二十日，慈禧太后发布懿旨，说军机处多年相承，"至今尚无流弊"，"内阁、军机处一切现制，着照旧行"③。袁世凯在企图落空、饱受攻击的情势之下，为做出"退让"姿态而自保计，于十月初三日上奏"恳恩"辞去各项兼职：

---

① 陈旭麓、顾廷龙、汪熙主编：《盛宣怀档案资料选辑之一：辛亥革命前后》，上海人民出版社 1979 年版，第 28—29 页。

② 侯宜杰：《袁世凯传》，第 150 页。注载沣语出处据"《时报》，1906 年 10 月 7 日"。查该日（光绪三十二年八月二十日）《时报》是在第 2 版要闻栏中述有载沣愤而以枪威胁袁氏的事情。

③ 《宪政初纲》，"诏令"第 3 页。

"臣所兼各差，如参与政务，为新定各部尚书之职衔，与各国之国务大臣居中任事者相类，臣忝为外僚，未宜兼任。如会办练兵事务及办理京旗练兵等差，现在陆军部业经设立，以练兵处并入，军政所汇，责有攸归，臣可无庸分任。如督办电政、督办山海关内外铁路、督办京汉铁路各差，现在邮传部亦经建设，电务、路务均应隶属该部，自无须臣督帅经理。如会议商约一差，现在英、美、日本等国商约均已议定，嗣后有辙可循，亦无须臣再参末议。以上臣兼差八项，拟请旨一并开去。"不日即有朱批："现在改定官制，各专责成，着照所请，开去各项兼差。"①

的确，此番官制改革，尽管原内阁、军机处照旧，但部院有所添裁调改，袁世凯此奏中即言及部分机构的情况，这也确实使顺水推舟地开去袁世凯各项兼差有了理由。不止于此，袁世凯同时还不得不对由他督练成军的北洋六镇新军，做了分辖的奏请：

陆军第一镇，系臣会同尚书臣铁良督率训练。第二、第三、第四、第五、第六等镇，系专由臣督练。现铁良已补授陆军部尚书。第一镇本系京旗兵丁，应归部臣专管。第三镇驻扎保定府暨奉天、锦州府一带，第五镇驻扎山东济南府暨潍县一带，第六镇宿卫官门并驻扎南苑、海淀一带，现在未设军统，各该镇均拟请归陆军部直接管辖，无庸有臣督练。第二镇驻扎永平府暨附近山海关一带，第四镇驻扎天津府附近之马厂、小站一带。值此客军尚未尽撤，大局尚未全定，直境幅员辽阔，控制弹压，须赖重兵，所有第二、第四两镇，拟请仍归臣统辖督练，以自策应。②

朱批同样顺水推舟地核准。这样，袁世凯的权力，无论是军权还是其他多方面原有之法定权力，是明显削弱了。这对他来说是极不甘心而又迫不得已的。"齐东野语"有云：

---

① 《袁世凯全集》第 15 卷，第 436 页。
② 《袁世凯全集》第 15 卷，第 437 页。

本初此番入都，颇露跋扈痕迹，内廷颇有疑心。迨官改制揭晓，练兵及铁路、电政均设专部，而军机仍旧，大失所望。邮传部既设，即应将督办大臣归并，而本初不肯交出，善化嘱长沙赴天津亲见本初，并先到邸堂处请示，邸云："慰廷本欲辞兼差，我说且至各设专部再议，渠不致不交；汝可告，既设专部，部中应有全权。"于是长沙廿八赴津。三藏系廿七前往，渠系本初提拔，受恩深重，但在旁静观，毫不建议。杨杏城本系邮部右堂，讵料临时改变为胡云楣，闻系世中堂说："云楣办铁路多年，似应给彼，以昭公允。"木易失望，会办大臣并将不保，十分着急，因连夜赶赴天津，为本初竭力设法。于是，本初一面具折，辞各项兼差，杨则廿九赶回都中运动，但求暂管，意想将邮部如商部向章办理，各路不撤。讵料未能达到目的，本初兼差尽行撤去。①

文中代称，除"本初"为袁世凯外，"善化"指瞿鸿禨，"长沙"指张百熙，"三藏"指唐绍仪，"木易"指本引文中的杨杏城。而邸堂、杨杏城、胡云楣、世中堂分别为奕劻、杨士琦、胡燏棻、世续。可见牵涉这么多人，有这么复杂的细节运作未逞，最后被迫放手"兼差"。对于权欲极强的袁世凯来说，自然是不善罢甘休，要伺机反扑改善局面。第二年"丁未政朝"当中的搏击并最后取胜，便是改善局面的典型结果。

既然丙午官制改革伊始，袁世凯就谋图中央枢要机构的权柄，那么，"丁未政朝"若辈胜局之下得内召掌外务部特别是入军机处的机会，当然是一个转机。所谓"项城之入内，上年七月即蓄此心"②，如今总算遂心如愿。光绪三十三年七月二十七日，上谕补授袁世凯外务部尚书和军机大臣，一同补授军机大臣的还有已获授大学士的湖广总督张之洞③（数日后到京）。对此中奥秘，上引评述袁世凯在官制改革中企图的著述里也有揣度和分析，说是袁世凯"感觉单单是庆王一个人做他的傀儡还嫌不够。所以必须另外拉一傀儡加入他的阵线，那最好就是张

---

① 陈旭麓、顾廷龙、汪熙主编：《盛宣怀档案资料选辑之一：辛亥革命前后》，第31页。
② 陈旭麓、顾廷龙、汪熙主编：《盛宣怀档案资料选辑之一：辛亥革命前后》，第63页。
③ 《光绪宣统两朝上谕档》第33册，第176页。

之洞",至于缘故:"一、庆、袁的勾结举国皆知,难保那拉氏不生疑心,拉入一个张之洞可以使她安心;二、张之洞最喜欢说话,把他拉到北京,什么事与他商量,省得他在外面听了左右的调拨,胡说八道;三、将来宫廷之内,发生什么事故,就可以拉他同负责任。"① 这是说袁世凯怀此用心主动拉来张之洞。但值得注意的是,"齐东野语"却有于此大异的说法,并且提供了相关微妙细节:

> 慈圣议政府,领袖首举岑,慈摇首;继言雪公,慈又默然;终言曲江,慈脱口而言曰:"此人大可。"又云:"甚妥。"即时廷召曲江。雪公闻此,意大不适。岂知曲江早有消息,深惧入内棘手,且不肯脱离汉皋,一面迟迟乎行,一面拉雪公。领袖知曲江亦属意于雪公,即趁机复保雪公。上虽雅不欲雪公,然揆情势,雪公亦难安置,且见曲江并不踊跃上前,或恐其力有未逮,遂于十六召雪公。然自初六至十五日,此十日中颇费筹(踌)躇也。都人士群谓雪公必不进京。至初十等日,渐有议之者,至十六日,即有廷谕。又闻雪公终日不下楼,至初十后忽然下楼,清厘积牍,告左右曰:"……际此时局艰危,惟有鞠躬尽瘁"云云。盖渠已自知必入内,所以料量交代也。十六奉谕。廿二即入都。闻当今有疾,不能久对;雪亦以病不能久跪,休息三日,直至廿六始行召对。廿七即行揭晓,廿八辞而未允。当时未召见,且当日之谕旨至十二点钟始下,其自九点至十二点时三钟之际,雪公神色颇为皇皇,盖自知此次入内并非水到渠成,况北洋身后除泗州、三藏外,何人能以自如?而其时颇有南洋北来之说,所以虽然与领袖订议熨帖,而诚恐上忽有变,意谓辞折上去,必蒙召入,而上谕向在十钟时,今则不召而又无谕,所以神色不安。至十二点时,醇请便饭,而谕旨亦下,一切如愿,始忻然前赴便酌云。②

这是关于慈禧太后与奕劻密议补充军机大臣人选及落定于张之洞、

---

① 刘厚生:《张謇传记》,第153页。
② 陈旭麓、顾廷龙、汪熙主编:《盛宣怀档案资料选辑之一:辛亥革命前后》,第64—65页。

袁世凯的经过。文中"曲江"指张之洞,"雪公"指袁世凯。照此看来,张之洞是慈禧太后的首选,只因他有顾虑而拖延动身,并且"拉"袁世凯,奕劻乘机为袁说项,终有成局。不要说事情未定的酝酿期间,就是在"揭晓"后袁世凯做客套性地推辞,而又未获按常规时辰及时召见的当儿,他还是"诚恐"有变,惴惴不安,是到有了铁定结果,才告"忻然"。可见这是他多么向往和追求的事情。至于与张之洞之间,倒是由于张氏的犹豫顾虑并拉扯于他,才成全了他,而非反之。这似乎更为可信。因为是陶湘当时当地侦探所得,虽说也未必一切情节尽然确凿,但还是比非局内人事过多年的叙述要靠得住。从可考相关细节情况看,也能与事实吻合。譬如,所述"十六召雪公",查《光绪朝东华录》,在该月"乙巳"即十六日条下,确有"电召袁世凯来京陛见"①的记载,如此等等。十天之后,遂有宣布授命其主政外务部和入军机的明发上谕。这看似平常一道廷旨,其背后真是诡谲深藏,玄机多有,经过了多么复杂曲折的铺垫!至于在"庚辛之变"中多有合同协作的袁世凯与张之洞这两人,此后在军机处共事的关系,则更微妙,其各有心机,抵牾难免,但明面上亦无大动干戈。而无论如何,张之洞绝不会简单地受袁世凯利用,做他的傀儡,文化基底和资历深浅的差异,使得张之洞骨子里对袁世凯难除轻鄙。在他们入军机一段时间后,这年八月至九月间"齐东野语"中有说:"近日雪公、南皮非常水乳,彼此标榜。实则宗旨各别,非常猜忌。鄙意逆料雪公终归败也。何则?南皮阅历已深,雪则究系粗直,况近日眷顾不能如前之深厚。"②

清廷对袁世凯的倚重与疑忌是一个必然的矛盾体。权欲极强并善权术的袁世凯,尽管也不乏有圆滑处事、欲"洽人望"的时候,但咄咄逼人、专横跋扈更是其惯态。揽权把控,是他掩不住的嗜好。进入中央枢府,是他在揽权路上迈出的成功一步,权术运作虽不失为重要因素,但更为根本的无疑还是其实力的支撑。当然,揽权巩固实力离不开权术运作的手段,手段与结果是一体相连的。这从御史江春霖在光绪三十四

---

① 《光绪朝东华录》第5册,总5720页。
② 陈旭麓、顾廷龙、汪熙主编:《盛宣怀档案资料选辑之一:辛亥革命前后》,第69页。

年（1908）九月对他"权势太重"的劾折①中便可典型见之。

此折中对袁世凯的"权势之重"事端，列举出十二条，分别为"交通亲贵""把持台谏""引进私属""纠结疆臣""遥执兵柄""阴收士心""归过圣朝""潜市外国""僭滥军赏""破坏选法""骤贵骄子""远庇同宗"。归结起来，用我们的话说，主要就是千方百计地纠结私党势力，尽力攫取中央和地方军政权柄，强固其集团势力，而最典型地反映在所谓"交通亲贵""引进私属""纠结疆臣""遥执兵柄"这几条内容当中。"交通亲贵"是说他与奕劻父子的非正常关系，使得"亲藩"屈尊纡贵，载振竟与之称兄道弟，显出袁世凯"熏灼一时，几炙手之可热"的势焰。不管江折中所言相关细节确否，而袁世凯靠贿赂和谄媚手段收买奕劻父子为其所用，当是不争的事实，这也是袁世凯得势的重要条件。"引进私属"一条中列举出这样一些具体事例：

> 世凯前后之所保举，莫不执贽而称门生。但举显者而言：内则民政部侍郎赵秉钧，农工商部侍郎杨士琦，外务部侍郎梁敦彦、右丞梁如浩，大理院正卿定成，顺天府府尹凌福彭之徒；外则直隶总督杨士骧，出使大臣唐绍仪，吉林巡抚陈昭常，安徽巡抚朱家宝之属。荐跻通显，或有合于同升，认作师生，谓无私其谁信。

而"纠结疆臣"条中所说更为典型：

> 安徽巡抚冯煦之开缺，河南巡抚林绍年之调仓场，皆奉上谕，外议谓世凯以不附己挤之，初未敢执以为据。而代冯煦之朱家宝为其门下，代林绍年之吴重熹为其世交，则滋人疑窦。他如三省总督徐世昌，两江总督端方，江西巡抚冯汝骙，山东巡抚袁树勋，或谱兄，或契友，或亲家，或宗姓，综计直省大吏多半与之有连。同寅协恭，固属谊所应尔，联盟树党，不知意欲何为。

还有"遥执兵柄"，是说袁世凯入内后仍把控北洋新军，而手段就

---

① 江春霖：《劾军机大臣袁世凯权势太重疏》，《梅阳江侍御奏议》，民国八年刊本，卷二，页十一至十五。下引该折中的引文（含四则独段楷体引文）不再另注。

是通过亲信杨士骧接任直隶总督兼北洋大臣，其意杨氏不啻"奉令维谨"的傀儡：

> 北洋新军为直省冠，世凯既入军机，又恐兵权削夺，于是引其门生杨士骧代为直督，诸军不得自专，悉皆受其节制，名曰开府，实则传法沙门、护法尊神而已。战功卓著之臣投诸闲散，奉令维谨之辈寄以干城。

总之，袁世凯之所以能跻身"枢臣"，与多年军政经营的实力基底分不开，在他的运作下，于中央部门和地方安置了大批亲信党羽，而直隶和北洋作为他崛起的最重要基地，内召后他当然更是不甘撒手，要依旧控制。大批的心腹党羽仍在该区任职把持各个方面，唯其马首是瞻，特别是将唯命是从的党人杨士骧（杨士琦之兄）作为他的继任者，尤其关键。他通过此人便实现对直隶和北洋的基本把控。何况，拱卫京师的原辖区就在他眼皮子底下，一伸胳膊一抬腿便可直接触及，而铁路、电报使通联又十分便捷，线人、情报随时可达。内召后他绝不是有高位而无实权的"都中寓公"，而是势焰熏天、炙手可热的人物。正如有当年的知情人所言："项城既入枢垣，尽以私人布满朝列内外，玩亲贵于股掌。"①

也正因如此，遭受忌恨就成必然。江春霖的奏劾，实际上可视为一种代言，利用言官身份的便利代表仇恨和反对袁世凯者发声。并且此非偶然，在该劾折中他就明确言及袁世凯"前在直督任内已屡言之，均皆奉旨留中不发"，就是说在袁氏任直隶总督兼北洋大臣期间，他即鉴其权势之重曾有多次奏劾，只是留中未发而已。那当然也是他出面奏劾，而实际上代表着背后批量的"恶袁派"人物。袁氏和反对派，各为一个阵线，而两边都是满汉混杂，不过，反袁派中的少壮派满洲权贵，如善耆、载沣、载泽、铁良等一批人，尤其值得注意。光绪皇帝因戊戌政变时袁世凯"告密"的恶行，对他更是恨之入骨。自戊戌政变他失去真正皇帝的地位，甚至曾陷于被囚禁的处境，空有皇帝之名而已。或说甚至连宫监也对其"殊不甚为意，虽称为万岁爷，实际不啻为彼辈播弄

---

① 杜春和等编：《北洋军阀资料选辑》上册，第58页。

的傀儡"。这岂不更加剧他对袁世凯的仇恨,但又无奈,只能以如此方式泄愤:与诸监玩耍时,"或画成一龟,于背上填写项城(袁世凯)姓名,粘之壁间,以小竹弓向之射击,既复取下剪碎之,令片片作蝴蝶飞"。述之者说"盖其蓄恨于项城至深,几以此为常课"①。后来袁世凯入京议政,有说光绪帝曾当面对他冷语曰:"你的心思我全知道",而"袁不敢对"②。所谓"不敢对",说明袁世凯对这位傀儡皇帝表面上的"敬畏"也不能一点全无,他更不能不着实为后路算计:若日渐老衰的慈禧太后一旦死后,光绪皇帝复掌政权他将如何?当然,这样的事实未能出现,结果是这一老一少两者,在光绪三十四年(1908)十月下旬隔一天不到的时间里相继去世,并且是少者在前,老者在后。宣统小皇帝即位,其父载沣,即光绪帝的同父异母之弟,受命为摄政王实际柄政。他对袁世凯是非常忌恨的,执政后急欲对袁世凯下手惩处,载沣之胞弟载涛有忆述说:

> 载沣虽无统驭办事之才,然并不能说他糊涂。他摄政以后,眼前摆着一个袁世凯,处于军机大臣的要地;而奕劻又是叫袁拿金钱喂饱了的人,完全听袁支配。近畿陆军将领以及几省的督抚,都是袁所提拔,或与袁有秘密勾结。他感到,即使没有光绪帝的往日仇恨,自己这个监国摄政亦必致大权旁落,徒拥虚名。至于传闻之说,如光绪临危拉着载沣的手,叫他杀袁世凯;又如隆裕面谕载沣,杀袁给先帝报仇等等,载沣生前并没有向我说过,或许是他保密的缘故。

为乃兄"报仇",或不失为原因之一,而其实际权势对自己权能的现实威胁,自更是关键因素,他出手了,据说先是想杀掉其人,而实际结果只是开缺了事。对此一过程和个中玄机,载涛也有忆述:

> 载沣摄政不久,且下谕罢免袁世凯。据我所知,促成其事的为

---

① 吴永口述,刘治襄记:《庚子西狩丛谈》,第74页。
② 王照口述,王树枏笔录:《德宗遗事》,章伯锋、顾亚主编《近代稗海》第十一辑,四川人民出版社1988年版,第267页。

肃亲王善耆和镇国公载泽。他两人向载沣秘密进言,此时若不速作处置,则内外军政方面,皆是袁之党羽;从前袁所畏惧的是慈禧太后,太后一死,在袁心目中已无人可以钳制他了,异日势力养成,消除更为不易,且恐祸在不测(大意就是说袁心存叛逆)。善耆主张非严办不可;载沣彼时对袁,也觉得是自己的绝大障碍,遂同意善耆等的做法,又将谕旨用蓝笔写好(彼时尚在大丧百日之内,不能动朱笔)。其实,这种事必须用迅雷不及掩耳的手段去作,不是可以迁延时日、从容研究的。事后就有人说过,袁每日上朝,仅带差官一名;进乾清门后,便只他单身一个人,若能出以非常手段,干了再说,即使奕劻如何有心庇护,张之洞如何危词耸听,亦来不及了。可是载沣哪里有康熙皇帝擒鳌拜的决断和魄力呢?据闻那一道谕旨原文,是将袁革职拿交法部治罪。这从袁的方面来讲,就已因此有了宽转,结果可以不死了。及至拿给奕劻等一看,奕劻尚模棱其词,不过说:"此事关系重大,请王爷再加审度。"张之洞则明白地说出什么"主少国疑,不可轻于诛戮大臣"。力为反对。彼时,凡是谕旨非经军机大臣副署不能发表。载沣处此僵局之下,竟自无可如何;乃将原谕一再修改,措词前紧后松,变为"开缺回籍养疴"。纵虎归山,自贻后患,善耆等亦只有付之浩叹而已。①

罢袁谕旨的发布是在光绪三十四年十二月十一日(1909年1月12日),其文曰:"军机大臣、外务部尚书袁世凯,夙承先朝屡加擢用,朕御极后复予懋赏。正以其才可用,俾效驰驱,不意袁世凯现患足疾,步履维艰,难胜职任。袁世凯着即开缺回籍养疴,以示体恤之至意。"②显然,这是一种非常"温和"而"委婉"的罢免,没有指出其任何罪错,只是"身体原因"而已。并且正如载润所言,载沣又不留袁世凯在京,"反命回籍养病,把袁放走了。当时,清政府官僚中之有识者,多认为这无异是'纵虎归山,养痈成患'。其巧黠者则暗与袁通。这事

---

① 载沣:《载沣与袁世凯的矛盾》,载中国人民政治协商会议全国委员会文史资料委员会编《晚清宫廷生活见闻》,中国文史出版社2000年版,第73页。
② 《光绪宣统两朝上谕档》第34册,第325页。

是载沣之优柔寡断，毫无政治手段的表现"①。所谓"纵虎归山，养痈成患"，与前引载涛所言"纵虎归山，自贻后患"之强调，不但意思而且所用字眼上也几乎相同，倒头来终成为铁定的事实。造成这种事局的原因，固然有袁世凯和载沣双方主观条件上的高下之差，而更关键的还是实力条件的制约。反对诛袁者除了"私情"之外，也委实有一种担心，就是刺激和引发袁氏党羽、部属造反。奕劻就有说："杀袁世凯不难，不过北洋军如果造起反来怎么办？"② 张之洞也是诛袁的反对者，理由是"主少国疑，不可轻于诛戮大臣"③，也暗含了这种警告④。

事实上，回籍后表面上成为"洹上钓翁"的袁世凯，也绝不会真的那样消闲，时刻为伺机东山再起而蓄志用谋，实际准备。曾有当年知情者后来这样忆述：

> 他（按：袁世凯）在彰德洹上村，一直是在不断地和各方面进行拉拢，注视着国内外的一切政治情况，迫切地期待着有利的机会，准备东山再起，夺取政权。在政治上的主要联络对象：在朝的有清室亲贵奕劻等，满族大员那桐、荫昌等，汉族大员徐世昌等；在野的有君主立宪派杨度、张謇等，革命党人朱芾煌等。在军事实力方面：他的旧部布满各地，当时北洋六镇，虽然归陆军部直辖，但统制仍是第一镇何宗莲，第二镇马龙标，第三镇曹锟，第四镇吴凤岭，第五镇张怀芝，第六镇段祺瑞（宣统二年十二月换吴禄贞），而且还有姜桂题、张勋等人所率各军，都是他当时一手提拔起来的旧部。这些军队，心目中并不知有国家，只知有他们的"袁宫保"。他在彰德时，这些将领没有一个不是岁时馈遗络绎不绝的。在国际方面：各国使馆他都有人进行联络，特别是英帝国主义驻华公使朱尔典，他们经常保持着联系。在这种情况下，洹上村俨然成

---

① 载润：《隆裕与载沣之矛盾》，《晚清宫廷生活见闻》，第70页。
② 溥仪：《我的前半生》，群众出版社1964年第1版、1996年第19次印刷本，第23页。
③ 载沣：《载沣与袁世凯的矛盾》，《晚清宫廷生活见闻》，第73页。
④ 也有论者认为载沣拟杀袁世凯或将其治罪的说法不可信。窃以为对此不好轻易否定。拟杀袁之类的说法既颇流行，这本身就提示需慎重看待，恐非无本讠巳言之属。像载涛、载润辈都是事局的亲历者，他们的忆述就很值得重视。连溥仪也肯定，"摄政王要杀袁世凯为兄报仇"，"确有其事"（见《我的前半生》，第23页）。

为当时政治、军事、外交的一个中心。①

研究者则有这样的述说：

> 在虚假的隐逸生活背后，袁世凯十分频繁地进行活动。他同亲戚故旧书来信往，结交达官显贵，在政治上发展着自己的潜在势力；让在农工商部充当参丞的儿子袁克定和徐世昌、冯国璋、段祺瑞、杨士琦等人密送情报；继续贿买奕劻；在家设立电报处，整天机声嗒嗒，同各地联络；订阅各种报纸，观察时局动向；与跟随在身边的少数幕僚研究讨论对付清政府的策略。②

其反对派方面自也有警惕。比如，载涛就曾忆述："袁住在彰德洹上村之时，善耆对他并不放心。那时，日本人川岛浪速是善耆的警察顾问，亦即是他的心腹之人。川岛手下曾秘密侦探袁的行动，随时都有密报。这种报告，善耆曾经给我看过。"就是在双方的暗中较量中，时局在不断发生着变化，武昌起义的爆发，使得本来就焦头烂额的清王朝，更陷入灭顶之灾，亟求挽救。实力不衰的袁世凯，不啻被视为无可替代的"救星"。甚至还在此前，那桐、徐世昌就有"自己才力短绌，从前罢免之袁世凯，其才胜臣等十倍，若蒙特予起用，必可宏济艰难"之说，及至"革命爆发，那、徐协谋，推动奕劻，趁着载沣仓皇失措之时，极力主张起用袁世凯。袁在彰德，包藏野心，待时而动。冯国璋、段祺瑞是袁的嫡系心腹大将，亦认为'非宫保再出，不能挽救危局'。载沣本不愿意将这个大对头请出，以威胁自己的政治生命，但是他素性懦弱，没有独作主张的能力，亦没有对抗他们的勇气，只有听任摆布，忍泪屈从"③。袁世凯被起复，先是任命他为湖广总督，继有加任钦差大臣，督办湖北剿抚事宜。袁世凯则斟酌火候，择机而出，不但把控前线清方军事，进而复又揽权中央。"皇族内阁"被迫取消后，组成以他为总理大臣的"责任内阁"（关于他复起上谕及相关情节后另有具体涉

---

① 张国淦：《孙中山与袁世凯的斗争》，《北洋军阀史料选辑》上册，第135—136页。
② 侯宜杰：《袁世凯传》，第171页。
③ 载涛：《载沣与袁世凯的矛盾》，《晚清宫廷生活见闻》，第74页。

及），至此清朝的大权几可谓由他一手包揽，"满洲皇家"遂成为空头招牌而已。接下来迫清帝退位，自己改换"共和"门庭，是凭他的"权重"在"南北议和"当中赢取的最终筹码。这一切，归根到底最关键的保障还是靠他集团的实力。

三 舆论对强化集权的质疑、反对和清廷的相关举措

在清末新政当中，清廷加强集权的谋图是明显且颇为着力的。这在"铁良南下"之际即已显露端倪，"预备立宪"开始之后更形强化。从一开始，这便引起社会关注，产生舆论反应。譬如，光绪三十年（1904）报刊载文《论中央集权之流弊》[1]，从题目即可见知其观点大旨。该文有谓："本馆（按：指发文报馆）亦明知中央集权之说，实为经国之嘉猷，然窃谓是说也，可行于各国而独不可行于今时之中国，可行于立宪之国而独不可行于专制之国。"接着又指出"中国号为专制之国，而至于今日，则大权所在，究难指实"的这样一种模糊现象："政府有权"吗？"而所下之命或有不便于时者，则各省疆吏可抗不奉行，政府无何也"；"督抚有权"吗？而"行一事亦必请命于大部，部臣如执不许，则亦不能也"。而在"疆吏虽不尽有权，而亦不尽无权"的这种情况下，"每值王纲解纽，朝廷威灵不绝如线，政府束手无策"之时，是"督抚之有才干者，尚能凭借其所有兵力、财力，起而承匡复之任，外之则翊戴王灵，内之则捍卫土宇，卒以收旋乾转坤之效"，并举胡林翼、曾国藩辈当年"平贼"之例为证，反问：设使"如今日之所为，必欲将各省之兵力、财力搜括净尽，悉属之京师，则仓卒之间，即有能任事之人，而苦于无一饷之可给，一兵之可调，则虽有忠愤，又安所用之？"故云："政府此时恐悔之已晚矣，安得震于中央集权之说，而不为不测之虑也。"持论"不如持分权之说，令各省自有其权，其在平时不见其益，或且憎之遇事掣肘，无以遂其独断独行之愿，而至于存亡绝续之（际），则明效大验"，举出近年"东南互保"的事例为证。因曰："假使其时各省疆吏无丝毫之权，事事须听命政府，除束手受制，唯诺惟命外，不能为一事，则虽谓至今无中国可也，观于此，则今之论者幸毋再以中央集权之说为政府告也。"

---

[1] 该文为《中外日报》原载，为《东方杂志》光绪三十年第七期"社说"栏转载。

此文之后，又有《再论中央集权》①之文，开篇即云："中国现今之资性，最不宜于中央集权，此理本报已屡言之矣，今更为之探本穷源而论之。"文章揭示"我国行专制之政""行专制之教"历史悠久，"故以专制之资格而论之，天下之国，莫老于我"，但又指出，"然而求之我国，非惟无此名词，并无与此理可相比附之说，而'中央集权'四字，直至今日始从外国输入焉"，说"中央集权者对于立宪国而有之，非对于专制国而有之也"。这显然是参照西方资本主义国家的"中央集权"政体而言，结论是："今以专制之国，（我国）中央集权久矣，而犹以为中央未集权焉，更求所以集吾权者，是必吾人皆裸，而政府有余笥，吾人皆饿，而政府有弃肉，而后可以满其意，此非国家之政体也。故本报以为政府若真欲中央集权，则当先布宪法而后议此事。"是强调先效法西方国家立宪改变皇权专制之后，才谈得上国家政体是采取"集权"还是"分权"的选择。

再后，还有《中央集权之预言》②一文，指出"今者忽有'中央集权'四字，出现于此已衰已弊之老大帝国，而此老大帝国于他言不之信，而于此四字若或信之"的怪异情况。并且揭明有"伪中央集权"和"真中央集权"的区别，说伪中央集权"固可谓之害"，而"若真中央集权，则其为利害也更大"，理由是："盖权者利器也，一聚之后不可复散，而此主权之人即为国家之所托命，生死祸福无不随之。设此主权之人聪明寿考，得以行其所志……其局面必较胜于今日。惟其中有二弊焉：一则人生修短，本不可知，设其人经营未已，而中道已殂，则势将以一庸庸者代之，以据其利器，其害一也。一则权之所在即怨之所归，设有人焉为快意当前之举，则权臣去而国命随之，其害二也。此二害者，吾国之历史多有之，而揆以今日情势，亦深有合者。"这事实上是意及集权体制下施政效果会因专权者的个人条件而异，没有制度性保障的问题。

该三文之说可谓当时质疑中央集权的社会层面舆论的典型声音，皆由《中外日报》原发，《东方杂志》转载。《中外日报》是当时中国近代资产阶级改良派办的报纸，内容以记载中外大事、评议时政为主。从其政治倾向上看，主张社会改良，对当时黑暗政治现象和时弊有一定的

---

① 该文为《中外日报》原载，《东方杂志》光绪三十年第七期"社说"栏转载。
② 该文为《中外日报》原载，《东方杂志》光绪三十年第十一期"社说"栏转载。

揭露、针砭，此时质疑清廷中央集权的言说，其立基之点就是对"专制"政治的否定。而《东方杂志》既然肯定性转载，当然是表示呼应和赞同。这从其后来由"本社"撰稿的相关署名文章（在"社说"栏）看，更可得证。

光绪三十三年（1907），清朝"新政"已在"筹备立宪"阶段，朝廷继续加强其集权的谋图和举措，《东方杂志》在这年第二期上，就载出署名"蛤笑"的以"论政府中央集权之误"为题（分上、下篇）的文章，主旨就是揭批其"误"，观点鲜明，无隐无饰。谓"中央集权者，适中于一二贵臣之心，谓可假以粉饰新猷，劫持清议，于是比年以来，罢贡举，修庠序，增减官秩，消融满汉，百度纷更，无非涂饰耳目，姑餍众望，其所谋谟于庙堂之上，恃为中兴惟一之上策者，不过举外省之兵权、财权悉归之政府而已。"又指出："当行于立宪之国，而非所宜于专制之朝。即专制之朝勉强行之，亦止宜于承平无事之时，而非所宜于忧患凭陵之日。"进而将中国与同样酝酿"立宪"的俄国对比，揭示差异，说"俄之专制"，"犹视君民为一体"，而"我则君之与民截然为二毫不相涉，甚者且谓民之利为君之害矣。故俄之宪政犹易成立，而我之宪政终无就绪之日而果也。新诏颁行之后，未几而封报馆矣，未几而兴党狱矣，推波助澜，乃至同舟胥成敌国"。其意分明不但是说清朝强化中央集权缺少合理君民关系基础，而且也是揭露清朝借"立宪"之名行专制之实的行径。

并且，相关社会舆论并非限于个别时候，而是伴随清朝至终。宣统三年也就是1911年武昌起义前夕，革命派刊物《克复学报》，转载广州《震旦日报》的《中央集权发微》一文（作者署名"佛掌"），就将清廷"立宪"的标榜与中央集权，更旗帜鲜明地做本质性揭露和指斥："质言之，（清政府）日言立宪，究非良心之所愿，不过掩天下之耳目，饰外人之观听，暗行无形专制，以实行中央集权政策耳。"并进而从"实行军事志统一"；"裁制督抚无奏事权"；"借款筑路之自焚"；"用人专制不恤舆论"等具体四端，论其"非计"，置言："嗟乎，政府之不足靠也如此，而梦梦者之依赖政府也如彼。政府欺人，国人自欺矣。"[①]

[①] 张枬、王忍之编：《辛亥革命前十年间时论选集》第三卷，生活·读书·新知三联书店1963年版，第843—846页。

就清朝官方层面的涉局人员而言，面临被削减权力危险的督抚群体，一般说来对中央集权自然不是心甘情愿地接受的，其阳奉阴违乃至明里抵制的做法亦属"常态"。这在前边述及的"铁良南下"事件中已有所揭示，可见一斑。当然，中央集权还是督抚分权的争论和博弈，更典型地还是体现于"新政"中的"预备立宪"阶段。此前的"新政"，基本没有触及政治体制方面，不能满足改革舆论的要求，特别是在革命风潮日盛的形势下，不能适应挽救越发严重的清朝统治危机的需要。在这种情况下，遂有其"新政升级"。在经过派遣大臣出洋考察宪政并有初步酝酿的场次之后，便进而筹备推行。改革官制为其先行步骤。光绪三十二年（1906）七月中旬有廷旨云："急为立宪之预备，饬令先行更定官制。事关重要，必当酌古准今，上稽本朝法度之精，旁参列邦规制之善，折衷至当，纤悉无遗，庶几推行尽利。"① 方案编纂的派员及运作概况上已提及。这里需要强调的是，无论所定方案及实施效果如何，清廷通过官制改革来加强中央集权的意图是毋庸置疑的，这当然与试图削弱地方督抚权力是柄双刃剑。

有亲历过那个时代的前辈学者述及，先是在御前会议上，为相关事宜"决定四大方针：一是十年或十年以后始施行立宪政治（这是很合于西太后的心理）；二是大体效法日本；三是废现制之督抚，各省新设督抚之权限仅与日本府县知事相当，财政、军事权悉收回于中央政府；四是中央政府组织，略与日本现制相等。这本是最初所采的方针。但至实行会议时，便生出种种的轧轹来了"。并进而交代，其"轧轹"主要出于以载泽、荣庆、铁良等坚持者与以袁世凯为代表的反对者之间，并引报纸相关言论："当时中国报纸有载称：'地方官制，朝廷之意欲裁抑督抚之权限，然会议大臣袁世凯，以此事与己有切肤之利害，筹议至不易易。'日本报亦有言：'官制改革之结果，将与袁世凯权力冲突，袁或骤进以用权于中央，或蝉蜕以自保。'"而相争的结果，按该前辈学者所说，遂出现"五不议"的"避免轧轹的方法"。其为："军机处事不议，内务府事不议，八旗事不议，翰林院事

---

① 《宪政初纲》，"诏令"第2页。

不议，太监事不议。"① 有的放矢地来看，这即使是搁置了一些敏感之点，确有折中而削减轧轹的一定作用，但从根本上说，还是要维持旧有枢要机构和皇家服务部门不变，是在这一前提下进行官制改革，就此而言，显然是有利于"集权派"的。并且，尽管袁世凯操纵了官职改革草案的制定，但毕竟未被完全照样接受，落定方案的改动，大旨上也是有利于维护中央集权的。

中央集权的强化与地方督抚权力的削弱是一体两面的事情，而这又是在"预备立宪"的大局中酝酿和尝试推行，情况就更形复杂。当时日本某报纸评说："欲决清国之立宪问题，不可不先决督抚制度之存废。今之督抚，事实上为副王。此制不废，中央集权之事不得告成功，则不外模仿联邦制度而已。铁良与袁世凯之相争，即为关于此根本问题。若此根本问题未决定，则虽宣言立宪之形式取法日本，然其实际究不可同日而语。若以此次改革官制而言，其国家组织非采联邦而为中央集权制不可侯论；然现时督抚制度尚未改革，则此问题尚在未解决之列，不得以中央官制稍有改易而遂为已足矣。"② 的确，督抚权力问题，是直接关乎中央集权的最具实质性的关键问题之一，自然也是涉局官员们关切而不能不就此发言的问题。

极力主张中央集权的铁良之辈，在"皇上颁发明诏"而"不能反对立宪"的情况下，便大兴借"立宪"为中央集权张本的言论，说"立宪非中央集权不可，实行中央集权，非剥夺督抚兵权、财权，收揽于中央政府则又不可"③。御史王步瀛奏称，"国家之安危，视于政治，政治之枢纽，必在中央"，"行政之要，贵于敏速刚断，权归统一"，"诚以政权若不统一，则多窒碍难行之处"，"改良政治，必先统一事权"④。所谓"统一事权"，实质上就是指中央集权。御史蔡金台的言论

---

① 李剑农：《中国近百年政治史》，武汉大学出版社2006年版，第195页。顺便说明，此引文前后，李剑农先生该书中认为，袁世凯卸兼差和北洋六镇中四镇的兵权，而后"调入军机"，"亲贵派的排袁，算是得了大大的胜利"（该书第200页）。不过仅就"调入军机"而言，则未必是这样，像前面述及的，这正是袁世凯揆情度势所谋求的。此注第195页引文中，"袁或骤进以用权于中央"之语，岂不正好也能说明此点？可以说，袁世凯入军机即使符合有人就便监视和限制他的意图，但也更是袁世凯"骤进以用权于中央"目的的实现。
② 转据李剑农《中国近百年政治史》，第197—198页。
③ 《时报》光绪三十二年八月十三日。
④ 《清末筹备立宪档案史料》上册，第118—119页。

更直截明确，其特别强调"限督抚之权"。他由督抚之职沿革的历史说起："督抚肇自前明，我朝始定为实职，始但为军务而设，后乃为地方之官。然其兵部加之衔，必由吏部之请旨，可知予夺尚待权衡，不似今日徒成故事。"又引当年曾国藩的奏语说："昔故两江督臣曾国藩奏称：'疆臣既有征伐之权，不当更与黜陟之事，恐启斯世争权竞世（势？）之风，兼防异日外重内轻之渐'，当时传为名论，谕旨尤奖其忠纯。今其权势如何，谅在圣明洞鉴，履霜坚冰，可谓危悚。"显然是说今日外重内轻的情况，已经严重到让人触目惊心了。接着直言："窃惟督抚大权无过兵、财两政，将事裁抑，此为最先。且今之贫弱正坐纷歧，譬犹手足之不仁，必责中枢之不建，故中央集权实为因时之要义，而兵财并治，犹在今日为要图。"① 而力求削弱地方督抚的兵权、财权，也确成为当时中央集权运作的重要招数，也可以说是"铁良南下"之时即发其端的延续。

由慈禧太后定夺于光绪三十二年九月二十日（1906年11月6日）颁布的中央官制改革方案，其军事机构的设置，"兵部着改为陆军部，以练兵处、太仆寺并入。应行设立之海军部及军谘府未设以前，均暂归陆军部办理"；财政机构的设置，"户部着改为度支部，以财政处并入"②。这实际并非单单名称上的改变，也包含着集权的蓄意。最长时间主持陆军部的是铁良，主持度支部的是载泽，他们都是中央集权的力持者。并且在机构上也相继有配合性添设。像光绪三十三年（1907）四月陆军部下添设军谘处〔宣统三年（1911）四月改为军谘府〕，为加强统一掌控全国军权的意图明显。宣统元年专设盐政处，是为统掌全国的盐政事务而设，而盐税，是财政收入的大宗之一（宣统三年盐政处改为盐政院，旋撤销，相关事务归度支部管辖），此为削减地方督抚财权之一途。

加强中央集权而削减督抚权力，自然要受到督抚群体的抵制。尚未入京而在两广总督任上的岑春煊，就上奏明言，"督抚者外省之行政官，即政府之代表也。乃者西人既笑我十八省为十八国矣，以臣观之，微特十八省而已，此省与彼省固疆线之甚分明，前任与后任又意见之难融

---

① 《清末筹备立宪档案史料》上册，第413页。
② 《宪政初纲》，"诏令"第3页。

洽，推而至于司道府州县皆然。若明定宪法，则无论此省与彼省，前任与后任，咸奉宪法为依归，如神圣之不可侵犯"，意思是如此便可协调关系，消除弊端，而并非要靠削其权力。其有谓："论者不揣其本，更托为中央集权之说，欲收一切财政、兵权，以为暗师日本削藩之议。不知中国幅员固非日本所可比例，且军兴以来，督抚之权似已稍重，然进止机宜，悉秉庙谟，大难敉平，幸赖有此。中国政体早含有中央中央集权之习惯，天下安有无四方而成中央者哉。"① 直隶总督、北洋大臣陈夔龙持论，"中国疆域之广，交通不便，行省政策向任自为，必采府厅直隶中央制度，恐于情形尚多隔阂"，意思是仍须维持原制，需要改进的只是加强与中央部门的相互沟通，而办法则是由督抚"悉兼参与政务大臣衔"（这自然会更扩大其权力），"属于地方行政事务，则由督抚监督下级官厅执行，凡在范围以内之事，皆得自为规划，直行具奏，各部亦不得侵越"②。后来督抚们更有群体合同发言，他们说，"中央如头目，各省督抚如手足"，"两者各有所司，交资为用"，而不能互相代替，并特别强调："督抚之权皆系中央之权，未有可专制自为者也。若至督抚无权，恐中央亦将无所措手。时方多故，独奈何去其手足而自危头目乎？此可谓深虑者也。"③ 督抚特别是实权派督抚们的群起抵制，使中央集权的实际落实受到窒碍，有些事情上尽管形诸规条，但在很大程度上也是流于空文而已。

值得注意，财政集权问题之争，还成为袁世凯被罢的直接诱因之一，当然更可见知当时袁世凯在加强中央集权此一环节上的态度。罢袁前夕，载泽主持的度支部就"清理财政要义"上奏，特别强调于财权的"统一"和"分明"④，具体提出六条：（1）外债之借还，宜归该部（按：度支部）经理；（2）在京各衙门所筹款项，宜统归该部管理；（3）各省银号宜由该部随时稽核；（4）各省关涉财政之事，宜随时咨部以便考核；（5）直省官制未改以前，各省藩司宜由部直接考核；（6）造报逾限宜实行惩处。可见，其关键就是要将中央各衙门尤其是各省的

---

① 岑春煊奏，《清末筹备立宪档案史料》上册，第499—450页。
② 《清末筹备立宪档案史料》上册，第545页。
③ 《各督抚为盐务处致盐政处电》，《国风报》第一年（宣统二年）第11号。
④ 《清实录》，第60册（附《宣统政纪》），第60页。

财政之权集中于该部。廷旨着会议政务处妥速议奏。所谓"会议政务处",是由原"督办政务处"在光绪三十二年(1906)改来,归隶内阁,以各部尚书为该处政务大臣。议奏是由袁世凯实际主导,因度支部系原奏衙门,其执掌人载泽故未在议奏之折中列衔。该议奏虽言原折"所称统一、分明两义,洵为握要探源之论。所拟办法六条,亦大抵切实可行",但这只是虚浮辞令,实际是在所谓"其中稍有未尽之处"而需"量加变通"上大做文章,并且也不真是认其"稍有未尽"予以补充,而是将其大动筋骨地筹议逐条"变通"。譬如,针对第一条,强调度支部"应每案先咨明外务部,会商办理,以昭慎重";针对第二条,持议各衙门所需经费,"但令全交部库,再向部库请领,未免徒多周折"。如果说这两条是属中央层面内部的事情,不想让度支部及其执掌人载泽过分专控财权,那么,原奏中其余四条(第三、第四、第五、第六条),就是直接涉及地方者。该议奏针对原奏第三条,强调度支部只能稽核,而"所有该银号盈利,仍归该省支销,并不提拨";针对第四条着墨尤多,显出特别着意,有谓:"疆臣身膺重寄,用人行政,在在需财,若于财政毫无特权,则庶政皆无从展布",持议部臣"于外省筹款之事,苟持之有故,言之成理,即予准行","于外省用款之事,但据实开报,即予准销","不以凭空之理想,遥为臆断;不以陈年之旧例,强为相绳"。针对第五条,说"藩司所管财政,往往正、杂寄存,互相挪移,交代领扣,缪辊不清。若每报督抚之件,皆令随时报部,未免过繁",应当"秉承该管督抚办理",只需每季造册报部核查。针对第六条,持论"欲其恪遵定限,必须稍宽日期,乃能实行"①。总之,原则上还是要维持乃至强化各省督抚于辖区的财政掌控和支配权。

有研究者揭示,"袁世凯给予督抚一定财权的主张受到载泽强烈反对。载沣亲书谕旨,将会议政务处奏折再交度支部'妥慎斟酌'。实为载沣支持载泽。袁世凯和载泽争夺财权,成为袁世凯下台的导火线之一";至于"袁世凯主张保留各省督抚一定财政权的原因,按照良弼的说法,乃在于将来唐绍仪赴美借款成功后,袁一派掌握财权"②。该论

---

① 《会议政务处奏遵议度支部奏清理财政明定办法折》,《袁世凯全集》第 18 卷,第 389—392 页。

② 李永胜:《摄政王载沣罢免袁世凯事件新论》,《历史研究》2013 年第 2 期。

述皆有具体史料支持（这里省略转录）。只是袁世凯为督抚争保财权的原因，除此之外，窃以为还需要从袁世凯此时虽居职中央，但起家还是由疆吏，基地尤在直隶和北洋地方，与此不无密切关联，故他很大程度上依然站在督抚立场上发声。袁氏由实力派督抚跻身中央，而在相当程度上依然为督抚群体的代言人，又可在中央参与相关政务运作，其时不但他本人身份和角色微妙，而且对整体"内外轻重"权力格局面相的复杂化，也有紧要牵涉。

第四节 "内外轻重"的制约要素与态势特点

一 清廷主观意愿与客观形势的抵牾

无论如何，清末新政时期，从清廷的主观意愿上说，强化中央集权的主导倾向是显而易见的，这无可置疑。然而，主观意愿并不等于实际遂愿。其能否遂愿，在多大程度上遂愿，固然要受种种具体因素的制约，但从宏观层面来说，客观形势的制约在特定意义上是具有决定性作用的，其主导方面左右大势，犹如势不可当的潮流，摧枯拉朽。中国民主革命的先驱者孙中山，所言"世界潮流，浩浩荡荡，顺之则昌，逆之则亡"[1]，可谓揭示了一条颠扑不破的真谛。

就清末时候而言，由孙中山领导的反清革命运动，就是这么一种"浩浩荡荡"的潮流。清廷搞包括预备立宪在内的"新政"，原因固然复杂，但用以抵制革命而维护清朝统治，便是它直接而又着重的目的之一，与武力镇压手段相辅相成。载泽当年在奏请宣布立宪的密折中强调的"立宪"三"大利"之一，就是"内乱可弭"，说目前"海滨洋界，会党纵横，甚者倡为革命之说。顾其所以煽惑人心者，则曰政体专务压制，官皆民贼，吏尽贪人，民为鱼肉，无以聊生，故从之者众。今改行宪政，则世界所称公平之正理，文明之极轨，彼虽欲造言而无词可借，欲倡乱而人不肯从，无事缉捕搜拿，自然冰消瓦解"。而这，与同作为三"大利"之一的"皇位永固"，又是相辅相成的，说"立宪之国，君主神圣不可侵犯，故于行政不负责任，由大臣代负之；即偶有行政失

---

[1] 这是孙中山1916年9月在浙江海宁观看钱塘江大潮后题写，时距袁世凯死去方三个多月。

宜，或议会与之反对，或经议院弹劾，不过政府各大臣辞职，别立一新政府而已。故相位旦夕可迁，君位万世不改"①。珥"内乱"而固皇权，这就是清廷"预备立宪"最本质和亟须的追求，是革命的隐形对抗面。当然，它又是有的放矢，具有很强针对性的。

从孙中山创建兴中会到清廷开局"预备立宪"这时，已经历时十余年，特别是标志革命高潮兴起的同盟会成立之时，也正是清廷开始酝酿"预备立宪"之际，五大臣出洋考察宪政，揭开了清朝"预备立宪"的序幕，但这并未能麻痹革命派，而从一开始，就遭到了革命派的揭露和抵制，在舆论与行动层面双管齐下。吴樾谋炸出洋五大臣，一个坚决的革命者以自己年轻的生命，为揭露他心目中清廷"假文明之名，行野蛮之实"②的立宪骗局而警醒国人，献出了年轻的生命，也等于在清廷的"预备立宪"正式开局之前，就给其预演了一场血腥的葬礼。其实，这并非吴樾的莽撞之举，他事先有着理性的思考，有谓：

> 立宪之声，嚣然遍天下，以诖误国民者，实保皇会人为之倡。宗旨暧昧，手段卑劣，进则不能为祖国洗濯仇耻，退亦不克得满洲信任。诪张为患，迷乱后生，彼族黠者，虽因以欲增重于汉人奴隶之义务，以巩固其万世不替之皇基。于是考求政治，钦定宪法之谬说，伛偻于朝野间，哀哉！我四万万同胞，稍有知识者，相与俯首仰目，怀此无丝毫利益我汉族之要求，谬说流传，为患益剧。樾生平既自认为中华革命男子，决不甘为拜服异种非驴非马之立宪国民也，故宁牺牲一己肉体，以剪除此考求政治之五大臣。③

从一开始，就察悉清廷酝酿的"立宪"，为"非驴非马"的假立宪，目的是"巩固其万世不替之皇基"。清廷的这种目的，倒一直也是直言不讳的，不是及至作为其"预备立宪"重要步骤之一的《钦定宪法大纲》出台，所奏该"宪法大纲"的文本中首列"君上大权"，其前

---

① 中国近代史资料丛刊《辛亥革命》第四册，上海人民出版社、上海书店出版社2000年版，第28—29页。顺便说明，至于其所言"立宪"三"大利"的另外一条是"外患渐轻"，这即使并非其纯然托词，充其量也只能是其一厢情愿的幻想而已，不符实际。
② 《烈士吴樾意见书》，中国近代史资料丛刊《辛亥革命》第2册，第433页。
③ 《烈士吴樾意见书》，《辛亥革命》第二册，第432页。

两条，不分别就是"大清皇帝统治大清帝国，万世一系，永永尊戴"；"君上神圣尊严，不可侵犯"①吗？这不是像有的君主立宪政体的资本主义国家宪法中对君主权力和地位的象征性、"虚指"性规定，而是反映清朝最高统治者的真实意志。清廷酝酿"立宪"之初，"有某大臣谒见西太后，西太后语曰：'立宪一事，可使我满洲朝基础，永久确固，而在外革命党，亦可因此消灭，候调查结局后，若果无妨害，则必决意实行'云云。"这是革命派刊物《醒狮》上刊载的一篇文章中披露，该文即以此为由头议谈，有谓：

> 咄！汝那拉氏，汝尚希望汝满洲朝之永久确固乎？汝尚希望革命党之消灭乎？汝尚希望一行立宪，即可达此二者之目的乎？夫满政府之程度，果能行立宪与否，现今之国民，果宜于立宪与否，与夫立宪以前天然必经之时代，果已经过与否，此问题非短言所能决，吾姑不研究。吾所研究者，即那拉氏所谓"若果无妨害"之一言。夫立宪何事，宪法何物，而亦虑其有妨害乎？虑妨害谁耶？政府耶？抑国民耶？满洲人耶？抑汉人耶？②

其这一追问确实抓住了要害。其认定，"西太后满人也，握政府之无上权者也。则所谓妨害者必虑其妨害满洲政府也，可以预决；虑其妨害满洲政府，则必虑其有利于汉人也，亦可以预决"。其中即使不无将"满""汉"简单对立的意味，但所得出的大意如下的结论，无疑是对的：慈禧太后是要在不妨害"满洲政府"的前提下才可能接受"立宪"，或者说她要搞的只能是这种"立宪"，这并非真立宪，"满政府，必不能实行（真）立宪明矣"，所以不能寄希望于清政府："呜呼！吾汉人犹有日夜希冀满政府之和平改革者，其亦不可以已乎！其亦不可以已乎！"③革命派一方这类言论持续不断，在在多有。譬如，朱执信署名"蛰伸"在同盟会机关报《民报》发文，也是以"满洲虽欲立宪而

---

① 《清末筹备立宪档案史料》上册，第58页。
② 《清太后之宪政议》，张枬、王忍之编《辛亥革命前十年间时论选集》第二卷上册，生活·读书·新知三联书店1963年版，第70页。
③ 《清太后之宪政议》，张枬、王忍之编《辛亥革命前十年间时论选集》第二卷上册，第70—71页。

不能"为核心论点,而论据和基本逻辑就是清政府专制、腐朽,官员贪鄙无能,其属"必革之制",故其"立宪"无从谈起,有云:

> 夫今日满人之政权,百倍汉族,束发为吏,无大过失,则黑首卿相可以坐致也。是以误天下而肥己,无所能则以谄为工,其所志无过金玉侈靡,则不惮以贪婪为业,天下之涂毒一切由之,夫立宪则此为必革之制明也。生而仰给于政府,以逮其死,竭天下之力以供之,号曰为兵而不可以一用,坐病黔首,莫之恤也,而旗民生事,以为朝廷之大计。夫立宪则不容有此,又易知者也。今立宪而使满洲之民与我汉齐等,毋特任以官,特廪以禄,使自以其才能进,则彼必无从得政权;使彼自为生,则必无从得营业,坐至于奴隶饿馁。彼固不知自咎,则惟汉人怨而已,此满洲之自离可必得者也。①

其"民族革命"的色调也明显可见,而最终是排除"满人"立宪之可能,持论:"能立宪者惟我汉人,而汉人能革命始能为立宪,则欲以立宪对抗革命者,可以废而返矣。"② 还有更典型的抨击。《民报》第十九期(出版时间在 1908 年 2 月)载有《预备立宪之满洲》一文,开篇即言:"逆胡无赖,假借立宪之空名,以涂饰天下之耳目,其恣睢狼戾之私,亦既彰著而不可掩覆。"下文中具体指斥其"扩张满族政事上之特权";"巩固满族军事上之实力";"遏绝汉族之民气";"扩张满族之生计"等数项害端,最后概言:"综是数者观之,满洲之所谓立宪,从可知矣。美其名曰预备立宪,而实则遵循弘历、玄烨之遗策而厉行之耳","虏之狂我民,至矣。如枭示凌迟之淫刑,岂非明示废止者耶?而徐烈士之狱,剖其心,磔其支(肢)体,犹以为不足,暴尸兼旬,人莫敢敛,虽至野蛮之国,有淫刑以逞至于此极者耶?立宪、立宪云者,皆此类也"③。如果说,这颇带充满火药味的声讨,不免出于革命

---

① 蛰伸(朱执信):《论满洲虽欲立宪而不能》,《辛亥革命前十年间时论选集》第二卷上册,第 115 页。
② 蛰伸(朱执信):《论满洲虽欲立宪而不能》,《辛亥革命前十年间时论选集》第二卷上册,第 119 页。
③ 张枏、王忍之编:《辛亥革命前十年间时论选集》第三卷,第 36—41 页。

义愤的感情色彩比较浓重,那么,下述同样是出自革命倾向明显的刊物上的文章,理性色彩则颇为凸显。

譬如,《民声》半月刊在其第一期(1910年5月出版)上刊载的《宪法大纲刍议》万言长文(作者署名"苏楼"),尽管也是有的放矢地批判清《钦定宪法大纲》的,但同时亦不乏学术品味。文中说"今观此宪法,壹是衷于专制之余焰,虽增议院一端,为前此所未有,要其权利根本,无少变改之实,盖犹是广义之制,因仍旧俗,强借宪法之名以实之","以全国之根本法律,乃复寓此欺弄衍饰之术行之。似此宪法,吾诚不愿我国人共睹此怪物也"。特别指出,"尤可怪者,其奏牍及案语中大书钦定宪法字样",说"宪法制定之由来,本缘人权竞争之趋势而生,钦定名义,渺无闻焉","竟输此字于我国宪法之上,常人议论以此为媚上之策,自吾视之,特愚昧无识,可哀殊甚也"。又"摄其钜谬","一曰悖正义";"二曰昧法理";"三曰反事实",条剖缕析,凿凿有据,说该宪法大纲,"悖乱秽杂无可言",不过也未因此忽略究其"发端之先"的"意向",条列数端,逐一分析,证其谬妄,最后置言:"此宪法大纲,既昭著于典册,使后此诚仿此而实行,吾知虽有国会,亦步俄罗斯后尘已耳。乌呼!殷鉴在前,盍其奈何弗留意!"① 还有《民心》第六期刊载的《论宪法上之君主神圣不可侵犯之谬说》之文,谓"今日立宪君主国,其宪法恒规定曰,君主神圣不可侵犯,以为足以箝压臣民,保其永远之尊荣。然按理论上、事实上,均无价值之可言",接着抽茧剥笋地论证,最后置言:"夫宪法者,一国之根本法,又人民权利之保障也,立言宜如何明确,用意宜如何公正,而如此规定,既悖国家组织之原理,又为宪法莫大之污点。然一般法学界之奴隶,且阿附之,墨守之,视为不可侵犯之原则。悲夫,人类又何赖此法学者欤!"② 尽管不是直截了当批判《钦定宪法大纲》的,但放眼世界范围,从更普泛的宪法法理上,否定君主神圣不可侵犯的合理性,暴露其谬妄,颇有釜底抽薪的意味。

这主要是从反派舆论,针对清廷"预备立宪",特别是其中"钦定宪法大纲"环节上,所作揭露、指斥和批判的一般性展示,可见进步舆

---

① 张枬、王忍之编:《辛亥革命前十年间时论选集》第三卷,第678—693页。
② 张枬、王忍之编:《辛亥革命前十年间时论选集》第三卷,第830—832页。

论的力量。与此同时，对清朝统治更具声势和摧折力的是革命武装斗争，它并没有因清廷包括"预备立宪"在内的新政所削弱，而是越发剧烈。革命舆论与武装斗争相辅相成，互激互荡，相得益彰，对清王朝来说不啻成摧枯拉朽之势。在这种情势下，清廷强化权威、集中权力的意愿，从根本上说不会达到。风雨飘摇，朝不保夕，集中权力的"强势"从何而来？若忽视此大环境和宏观时势条件的制约，唯是只见树木不见森林的就事论事，到头来终难从根本上见知真相。

二 慈禧与载沣把控朝局权能的强弱反差

上已述及光绪与慈禧接踵离世的情况，何以如此"巧合"？光绪帝死因真相怎样？多年来惝恍迷离，众说纷纭，谜局难解。好在近年有赖高科技手段，对遗存的光绪帝头发、衣物等进行检测，得出"光绪帝系砒霜中毒死亡"[1]的结论。对此虽还不无个别持疑之说，并且即使中毒而死其具体情节也尚待进一步考察，但上述基本结论已为人所一般接受，此事向水落石出可算大大近了一步。相关情况这里不待细说，下面主要需看慈禧太后去世后新的当政者权能弱化的情况，与慈禧太后时有着醒目的反差。

在光绪帝病危而气绝之前，慈禧太后匆匆发布懿旨以载沣为"摄政王"，立其尚为幼童的儿子溥仪为皇储，"在宫内教养，并在上书房读书"[2]。光绪帝"驾崩"后溥仪继位。载沣面承懿旨："现在时势多艰，嗣皇帝尚在冲龄，正宜专心典学，着摄政王载沣为监国，所有军国政事，悉秉承予之训示裁度施行"[3]。可见慈禧太后直到咽下最后一口气前也不愿放松权柄，还要操纵他所选定之摄政王的。只是无奈天不假时，她在光绪皇帝去世后很快也就随之"宾天"，载沣日后所面临的是与新太后即隆裕太后（光绪帝皇后）的瓜葛了。隆裕太后并无像慈禧那样"垂帘听政"而掌实权的地位和能力，只是在慈禧发布"所有君国政事，悉秉承予之训示裁度施"懿旨的次日，因自觉"病势危笃，

---

[1] 钟里满等：《国家清史纂修工程重大学术问题研究专项课题成果：清光绪帝死因研究工作报告》，《清史研究》2008年第4期。
[2] 《醇亲王载沣日记》，群众出版社2014年版，第295页。
[3] 《醇亲王载沣日记》，第300页。

恐将不起",不得不再发懿旨,安排"嗣后军国政事均由摄政王裁定",只是在"遇有重大事件"的情况下,由摄政王"随时面请"隆裕太后施行①。可见,载沣是法定的"常务"主政者。隆裕太后虽说在重大政务上有知情和名义上的裁定权,但她的弄权本领与慈禧太后不可同日而语。可以说,慈禧太后是个"弄权有绝术,为政无大能"的人,她对国家政事很难说有高超的识见和治理本领,但对把控权柄、慑服臣工来说,委实是铁腕人物,"超级能人",靠此操纵着上上下下的官员群体,同时也维持着国家机器的运转,以弄权之"绝术"将"为政无大能"的弱项,在很大程度上给掩蔽了。而这时隆裕太后纵然也不无效法慈禧揽权弄政的欲望和追求,但空有其心而无其力、其能,与慈禧有天壤之别。她是个没有政治见识,缺乏处置政务的能力和魄力,亦无定力和主见的女人,遇事左右为难,全无主意,被动依违,甚至害怕与强势权臣打交道。宗室溥伟记述了讨论"逊国"与否的御前会议上这样的情节:

> 善耆奏曰:"少时国务大臣进见,请太后慎重降旨。"太后叹曰:"我怕见他们。"乃顾臣伟曰:"少刻他们又是主和,我应说什么?"对曰:"请太后仍是主持前次谕旨,着他们要国会解决。若设临时政府或迁就革命党,断不可行。如彼等有意外要求,请太后断不可行。"太后曰:"我知道了。"又叩首奏曰:"革命党无非是些年少无知的人,本不足惧。臣最忧者,是乱臣借革命党帮力,恫吓朝廷,又复甘言诈骗,以揖让为美德,以优待为欺饰,请太后明鉴。南方为党人占据,民不聊生。北方因为两宫照临,所以地方安静,此正是明效大验。太后爱惜百姓,如杀贼安民,百姓自然享福。若是议和罢战,共和告成,不但亡国,此后中国之百姓便永不能平安。中国虽弱,究属中华大国,为各国观瞻所系。若中国政体改变,臣恐影响所及,从此兵连祸结,全球时有大战,非数十年所能定,是太后爱百姓,倒是害了百姓。"太后领之。载泽奏曰:"今日臣等所奏之言,请太后还后宫千万不可对御前太监说,因为事关重大,请太后格外谨慎。"谕:"那是自然.我当初侍奉太皇太后,是何等谨慎,你不信,可以问载涛。"善耆奏曰:"载泽所

---

① 《醇亲王载沣日记》,第 301 页。

言甚是，太后从先圣孝，今日与彼时不同。"太后不语，遂皆退。①

这与慈禧太后当政时的气态、风格和决断能力有着多大的反差！知情者载润对这前后两太后有这样的对比性评论："隆裕为人，庸碌无识，较之慈禧，则远远不如。例如慈禧对于政治虽然残暴自私，但尚有个人的见解；对于王公大臣，亦有一定的笼络手段。而隆裕则一切皆为其宠监张兰德所操纵，个人毫无主见。"在这方面，载沣亦颇类似。他无论是在性格上还是能力上也都不是一个合格的政治领袖人物。对此载润有忆述云："载沣生性懦弱，在政治上并无识见。其在受命监国摄政期间，里边常有隆裕掣肘，外边又受奕劻，那桐等人挟制，他的地位虽为监国摄政王，然并没有任何作为的余地（实际也不会有什么作为）。"所说到的奕劻，其情况为人熟知，不待赘说，而那桐，也是满洲权贵，与奕劻般同属"无治国之才"，"又只知贪污受贿"② 一类人，且他们也都属为袁世凯收买笼络而为之助力者。

载沣与隆裕太后叔嫂两人都属为政无能且弄权亦乏术的人物，但彼此间也不能和洽，关系微妙，明里暗中，抵牾互防。知情者有这样的记述："隆裕初无他志，唯得时行乐而已，监国亦事之甚谨，无几微隙也。后朝政乱，宗室多违言，颇有浸润于隆裕之前者。于是外间哄传满洲八大臣联名请隆裕垂帘如孝钦故事，监国大惧，已而知为谣言，然无日不惴惴。时铁良罢归私第，疑其与谋，一日传旨召见，即出为江宁将军（按：此事下文尚有论及）。隆裕妹为载泽妻，尝往来宫中通外廷消息，故载泽虽与载洵兄弟不合而气焰益张，恃内援也。"③ 所谓"内援"，就是说是依仗隆裕太后。至于载沣与隆裕太后矛盾的缘起，则有如此揭示："光绪故后，隆裕一心想仿效慈禧'垂帘听政'。迨奕劻传慈禧遗命立溥仪为帝，载沣为监国摄政王之旨既出，则隆裕想借以取得政权的美梦，顿成泡影，心中不快，以至迁怒于载沣。因此，后来常因事与之发生龃龉。"并具体说道，"宣统既立，隆裕皇后自然抑郁不乐，后受太监张兰德的怂恿，在宫中东部大兴土木，修建'水晶宫'，以为娱乐

---

① 溥伟：《逊国御前会议日记》，《社会科学战线》1982 年第 3 期"近代史料"栏。
② 载润：《隆裕与载沣之矛盾》，《晚清宫廷生活见闻》，第 70 页。
③ 胡思敬：《国闻备乘》，第 78 页。

之所","后虽因革命军起而不得不停止,然此亦可见其无识之一斑"。不仅如此,还举出在用人之事上与载沣故意龃龉为难、"无理取闹"的事情①。正像载润所说的,"隆裕与载沣皆无治国之才"②,两人还明争暗斗,对本来就紊乱无序的朝局,更添乱因。

两人斗法本身,优劣之势在许多事情上很难说特别明朗,而最终,是载沣先退出摄政之位。这固然是为形势所迫,但也与隆裕太后的推助有直接关系。她于宣统三年(1911)十月十六日于载沣面奏"泣请"退职的当日,就急不可耐地发布懿旨宣布此事,转述载沣的"面奏自称",有"摄政以来,于今三载,用人行政,多拂舆情","训致土崩瓦解,国势土崩。以一人措施适当,而令全国生灵横罹惨祸"云云,虽隆裕对其有"性情宽厚,谨慎小心"③之类明面上的评语,但其懿旨的实质性主旨还是把朝政的失措归咎于载沣。并且于此事隆裕罕见地表现出她的急切与"果断",有研究者说,"她在这件事上所表现出的魄力,实在可以说比她的姑妈慈禧有过之而无不及"④。并且,从这位研究者对隆裕与载沣的比较性评说看,有隆裕为人更为不堪的意思。就载沣退职摄政王来看,他的出局似乎表明先行告"败",但随后的事实便证明,这正可免于为"失国"担责,而这个莫大的"罪过",不免是落在了顶名发布退位诏书的隆裕太后身上,以至于她为之忧郁难解,第二年便病亡,才值四十五岁的年龄。

还是回到隆裕太后生前载沣执政时。因隆裕太后到底没有获得像慈禧太后那样秉持国政的实际身份,而载沣作为摄政王,是台面上的合法当朝者。为政能力本来就弱的他,一则不能不受到隆裕太后的一定掣肘,再则与实权派大臣们的共事之局也复杂难处,难免受到新老权臣们的干扰、左右,表现上与主政者应有状况大相径庭。知情者有这样的忆述:"王颇自立,思图治,章奏皆亲自批阅,仿雍正朱批,示精核,而苦不得要领,往往辞不达意;又为诸贵要牵掣,遇事不复能行其意,众皆失望。有人觐者,常坐对无言,即请机宜,亦嗫嚅不能立断。回忆太

---

① 载润:《隆裕与载沣之矛盾》,《晚清宫廷生活见闻》,第69—70页。
② 载润:《隆裕与载沣之矛盾》,《晚清宫廷生活见闻》,第71页。
③ 《清实录》第60册(附《宣统政纪》),中华书局1987年影印本,第1222页。
④ 凌冰:《爱新觉罗·载沣——清末监国摄政王》,文化艺术出版社1988年版,第183页。

后训政，皇帝不敢擅语，太后或令指问，亦匆匆一二言辄止，不敢及政要，而摄政王何所顾及，乃亦如有禁格？识者早知朝政不能问矣。余尝遇事进言，王领首者再，似颇许可，旋复茫然如无闻焉。难矣哉！"①还有涉及更多具体事例的关于"监国之黯"的记述：

> 监国（按：指载沣）性极谦让，与四军机同席议事，一切不敢自专，躁进之徒或诣王府献策，亦欣然受之。内畏隆裕，外畏福晋。福晋与老福晋争权，坐视无可如何，载涛忿甚，操刀向福晋寻仇，几酿大变。载涛归自西洋，欲借国债，大张海、陆军，并主张剪辫，廷议大哗。载涛呶呶不休，监国避居三所，兼旬不敢还家，其狼狈如此。杨士骧倚袁世凯以治事，世凯既罢，惧甚，阴贿张翼求解于醇府。后数日，北洋折上，大得褒奖，张翼力也。东三省总督锡良、湖广总督瑞澂以疆事同时入见，召对时只寻常劳慰，无他语。瑞澂欲有所陈，监国曰："汝痰病尚未愈乎？"盖厌其烦聒也。出使日本大臣汪大燮屡疏密陈日本阴谋，皆不报。驰驿径归，请面对，词极警动。监国默无语，徐以时辰表示大燮曰："已十钟矣。"麾之退。其倏来倏去，听其自便。不问也。予两参粤督袁树勋，皆不省。末一折指山东、上海两赃款，引载泽为证。次日，召载泽入见，以折示之，载泽不敢隐。监国曰："既确有此事，则不必交查可矣。"载泽出，以为必有处分，越数日寂然，折仍留中。②

可以看出，载沣这个正宗受命、具有合法身份的摄政王，尽管不无"自立""图治"之心，也有"勤政"表现，并且是个比较"谦让"的"好品性"人物，但既没有刚毅自信的领袖风格，也缺乏对朝政的起码识断能力，没有在有些情况下必具的主见。这样，自难孚众望。有意与之为难者会得寸进尺，原想听命服从于他者则也会对他渐形失望而不能由衷重视。他应有的权威树立不起来，法定职权的行使也就会大打折扣。这由溥伟所记当面向载沣质询为何复用袁世凯事的情节，便可进一

---

① 《监国摄政王》，金梁《光宣小记》，上海书店出版社1998年版，第29—30页。
② 胡思敬：《国闻备乘》，第78—79页。

步具体体察：

> 宣统辛亥，革命军起于武昌，旬月之间，各省风靡，触目时艰，顿志嫌祸。乃往谒醇邸，告以此次之变，总宜镇定，切不可张皇畏惧，尤不可认彼为革命之军，恐友邦认真作第三国交战例，则不易收拾。数日后，忽起用袁世凯督师。复谒醇邸，叩其因，醇邸以袁四有将才，且名望亦好．故命他去。余曰："袁世凯鹰视狼顾，久蓄逆谋，故景月汀（按：景星，字月汀）谓其为仲达第二。初被放逐，天下快之，奈何引虎自卫？"醇王默然良久，始嚅嚅言曰："庆王、那桐再三力保，或者可用。"余曰："纵难收回成命，可否用忠贞智勇之臣，以分其势。"醇王问为谁，余曰："叔监国三年，群臣臧否，自在洞鉴，伟不在政界，何敢谋此！"醇王曰："都是他们的人，我何曾有爪牙心腹！"余曰："叔代皇上行大政，中外诸臣廉能正直者，皆朝廷桢干，又何忧孤立乎？瞿子玖、岑春萱，袁所畏也；升吉甫，忠梗可恃。诚使瞿入内阁，岑督北洋，以升允为钦差大臣，握重兵扼上游，庶杜袁四之狡谋。"醇王曰："客明日与他们商量。"余知不可谏，太息而已。①

载沣缺乏刚毅果断常陷犹疑无奈情境而易为人左右的情形，于此岂不表现得淋漓尽致？这种素质条件决定他不可能成为合格的领袖人物。有研究者对"首脑品格的类型"，分为"果断顽强型""奸诈诡谲型""多疑残忍型""懦弱昏庸型""神秘怪僻型""平庸平凡型"等②，而载沣，即使不说其"昏庸"，更算不上"奸诈诡谲"，也典型地是属"平庸平凡型"吧？反正与"果断顽强型"相去甚远。这位研究者还持论："一位新即位的国王、皇帝或新上任的首脑人物，在他行使权力的初期就会发现，职位不会自动地给他带来职位所规定的权力，他的权力的大小主要取决于两个因素：一、在分掌各种权力的官员所形成的'最高掌权层'中服从他的官员人数；二、'最高掌权层'中服从他的官员对他的服从程度。所以，新首脑的权力归根到底在于他对分掌各种权力

---

① 溥伟：《逊国御前会议日记》，《社会科学战线》1982年第3期"近代史料"栏。
② 严家其：《首脑论》，上海人民出版社1986年版，第214—232页。

的人物所形成的'最高掌权层'的控制,使自己的决定得以执行。"①载沣在"两个因素"方面都没有初始优势或形成使之向优势发展的趋势。在载沣摄政时的"最高掌权层"人员中,真正忠心服从他的人数不多,尤其是资深年长者更多轻之。至于"服从他的官员对他的服从程度",不是越发增强而是愈形减弱,因为施政实践中越来越多的事例表明他这位摄政王不堪其任,令人失望。像上引溥伟与之问对的材料,便不失为一个能说明问题的典型事例。

载沣所想依赖的,主要是皇族亲贵少壮层。这个群体虽说在维护皇朝政权、反对让政逊国方面总体上是坚决的,且多有初生牛犊不怕虎的凌人盛气,言说亦颇激烈,但同时也有明显缺陷。他们总体上缺乏政治经验和权威声望,实际控制权柄的能力不足,说与做在很大程度上不能统一,雷声大雨点小,一遇变故便纷乱无序,缺乏群体的持久凝固力。并且个人争竞心强,其间矛盾重重,有的人与载沣也颇不和谐,步调不能一致,这样群体作为和作用上便大受限制,不能给予载沣所期望程度的帮助,甚至不乏设置窒碍和阻力。关于皇族亲贵少壮层的具体情况,在后边相关内容中会做进一步的具体展示。本目主旨在于揭示载沣、隆裕把控朝局权能上与慈禧的显著反差。前及内容之外,还可由《醇亲王载沣日记》的内容帮助体察。该日记近年已出版问世,其内容主要是日常行止和相关"事目"的梗概粗记,很少涉及政事细节、方策运筹和朝政内幕之类,这固然可以说与其人特殊身份所应有的政治谨慎有关,也可以说是一种记事风格,但更主要的,恐怕还是他缺乏主政者的政治敏感和细致体验所致。

三 "老""少"之争和"少壮派"内部关系

载沣执政时段,宫廷内部的矛盾和争竞是非常复杂的,除了上揭载沣与隆裕太后间的情况外,还有"老""少"之争和"少壮派"内部关系两个层面需要考察,这与载沣与隆裕太后的关系自有一定牵联,但又可相对地独立审视。所谓"老""少"之争,"老"派是以庆亲王奕劻为首的年纪较长、资历较深而又能协同合作的一班大臣,"少"派即皇

---

① 严家其:《首脑论》,第 15 页。

族亲贵少壮派①，他们年龄较轻、资历较浅而多属新进，是以载沣为首。除载沣之外，这派人物可以生年先后为序举出这样一些：毓朗（1864—1922）、善耆（1866—1922）、载泽（1868—1929）、溥伦（1874—1927）、良弼（1877—1912）、溥伟（1880—1836）、载洵（1885—1949）、载涛（1887—1970）等。所举人中，在慈禧太后和光绪帝去世之年，最长者44岁，最幼者21岁，最幼的两人载洵、载涛，是载沣的两个弟弟。而奕劻派一个特别需要注意的特点，就是与汉族实力大员的"结盟"，这主要就是基于与袁世凯的关系（奕劻为袁收买利用），袁氏被罢后，前台面上的袁系大员为徐世昌。对"老""少"之间的争竞，有知情者这样忆述：

> 而在奕劻一方面，以他之老奸巨猾，见多识广，这几位老侄（按：属"少壮派"）对他的处心积虑，岂有看不出的道理；不过载沣的秉性和为人，从前在军机上共事多时，早经明了，他是认为不足置虑的。就是载洵、载涛两兄弟，在他眼中看来，年轻少阅历，亦还容易对付。惟独载泽，尚可和他拉个平手。但是他想到明争不能，只可用暗斗手段。以为载泽从未经管过财政，今忽作了度支部尚书，可以拿收支不平衡的难关来对付他。不过还感觉自己势力单薄，于是拉那桐作为他的助手。奕、那之贪污受贿，早已有名，外间流传，叫他们是"庆那公司"。可是那桐又与袁世凯极有关系，徐世昌更不必说，他们（庆、那、徐）三个人结为一党，和载字辈这几个人各显其能，两不相下。载泽亦看出这种情况，认为盛宣怀是筹款好手，遂彼此互相利用，以对抗庆、那之排挤。至于肃王善耆，除在"去袁"的一幕曾暗中参加导演外，并没有积极斗争的表现。不过他还能信用日籍顾问川岛浪速，秘密侦探袁世凯的行动，随时报告载沣，但未得到他的注意……及至武昌革命爆发，载沣手忙脚乱，无法应付，只可投降奕劻一派，听凭他们的处置。恰好徐世昌本是袁世凯的内线，在这个时候，又乘人之危，认为正是请袁出山的绝好机会，致使载沣终不得不忍气吞声，屈从他三人

---

① 这派人物下面列及者，绝多属"宗室"，唯良弼情况特殊，其祖父伊里布因罪被革除宗室降为"觉罗"，"觉罗"亦为皇族之属（皇族包括"宗室"和"觉罗"）。

预定的计划。①

所谓"庆那公司"中随同庆亲王奕劻的那桐，为满人，叶赫那拉氏，咸丰六年（1856）生人，光绪三十四年十二月入军机，时年已过五旬，是奕劻派的重要成员（奕劻领衔军机）。这段资料中述及他们与"少"派之争所点到的该派人物，有载沣、载洵、载涛三兄弟，还有载泽和善耆。

载洵和载涛是载沣重用试图帮同他把控军权的人物。按照载沣摄政后由各部院等衙门议出具奏、"上谕"批准的《监国摄政王礼节总目十六条》②中规定："皇上有统帅全国海陆军之权，凡宪法纲要内所定皇上大权关系军事者，即属之于摄政王。其京外旗绿各营、海陆各军，应归摄政王节制、调遣。"也就是说，载沣是最高军权的法定执掌者。他当然也知道军权的重要性，但一则自己并非有经验和能力的内行，二则也须有军种和部门的分统，故颇费心机地安置亲信。他首先建立专门保卫皇家和宫廷安全的新的禁卫军，从待遇、武器配备、装束等方面都是高规格的，终为显示皇家的贵要和威严。载沣亲自统辖这支军队，安排其弟载涛为专司训练的首席大臣，下边另两人为毓朗和铁良。毓朗是属"少壮派"中的年龄较长者，此后到宣统二年竟入军机。从其时舆论反应来看，此人是属敢说敢干、不畏与老庆王对抗者流，譬如有说："朗贝勒素长文学，颇负时誉。此番入掌军机，实涛贝勒回国，志欲有为，一一推荐，得为军机。乃朗亦奋不顾身，常在摄王前极论政治得失。每与庆王冲突，故庆王近每引退，意盖以此。"③至于尚长毓朗一岁的铁良，前有述及。他"出道"更早，虽亦为满洲贵族但非爱新觉罗氏而是穆尔察氏，上面没有把他列入皇族亲贵少壮之列，事实上，他也可谓同道，且属能力较强者，特别是真懂军事，在朝局中发挥了重要作用。

建设新的禁卫军之外，载沣又部署"重整海军"。先是指派善耆、载泽、铁良、萨镇冰负责"妥慎筹划，先立海军基础"（名义上安置由奕劻

---

① 恽宝惠：《清末贵族之明争暗斗》，《晚清宫廷生活见闻》，第59—60页。引文作者恽宝惠（1885—1979），为清朝官员恽毓鼎之子，他本人在清末亦曾任职于陆军部和禁卫军。

② 载于《清实录》第60册（附《宣统政纪》），第42—46页。这个"十六条"并不限于题中的"礼节"，涉此之外最要紧的还是职权方面的内容。

③ 《朗贝勒之办事法》，《丽泽随笔》（办在西安）宣统二年第十四期。

"随时综核稽查")①，其中唯萨镇冰是海军出身的真正内行人，但他为汉人，被排在最后。数月后由载洵、萨镇冰充筹办海军大臣②［居首的载洵，到宣统二年（1910）间海军部设立时，就"名正言顺"地成为第一位该部大臣］。同时，在军事机构上也有更紧要的调整，就是将原有的军谘处（光绪三十二年设立）从陆军部分离出来，升格成直接对全军最高统帅（名义是皇帝，实际即载沣）负责的综合军政机构，职能是"统筹全国陆海各军事宜"，由毓朗管理，随即又添载涛③。该机构及至宣统三年（1911）四月进而升改为军谘府，以载涛、毓朗为军谘大臣（载涛居首）④。可见，年轻的载洵和载涛是被格外重用来把握军权的。

在载沣主要依靠的皇族亲贵少壮派内部，事实上也显有亲疏远近之分，并且也多有分歧和矛盾，相互倾轧、争竞，这就是在"老""少"派对争同时存在的少壮派内部之争的另一层面。譬如，对铁良这个资历较老、能力较强的基本"同道者"，载沣他们可谓酌情或利用或排斥，因时因事制宜。这与铁良先前与奕劻关系较深自有关系。有知情者忆述，尽管在"首谋去袁"这一要事上，铁良与善耆、载泽"或者都是参与密谋的重要成员"，而"铁良对于练兵，既有经验，亦有办法，在满族中为头脑比较清楚的一个"，但少壮派中有人顾虑"他受奕劻的提拔，且极信赖"，"认为若有他为陆军领袖，则奕劻仍不易搬倒，所以连他一起排去。彼时载沣遇事胸无主宰，听了他们的话，自己又拿不出最后的决断；等到铁良托病开了缺，在京闲住，大概又是载涛、毓朗这些人的策划，认为铁在京仍可与近畿各镇长官暗中取得联络，亦无异于奕劻潜势力之存在。载沣采纳他们的意见，遂把铁良放了江宁将军"⑤。查铁良履历，官制改革后任陆军部大臣多年，宣统二年春"病免"，在京"休闲"数月后便被调出京城，外放江宁将军。

如果说在派别属性上铁良确有些"边缘化"，那么，纯属皇族亲贵少壮派内部的人员，协同合作的同时也不乏明争暗斗。知情者对这个群体又作有"两派"划分，"一派是载涛、毓朗为首，是属于军事的，得

---

① 《光绪宣统两朝上谕档》第 35 册，第 41 页。
② 《光绪宣统两朝上谕档》第 35 册，第 252 页。
③ 《光绪宣统两朝上谕档》第 35 册，第 251、253 页。
④ 《光绪宣统两朝上谕档》第 37 册，第 91 页。
⑤ 恽宝惠：《清末贵族之明争暗斗》，《晚清宫廷生活见闻》，第 58 页。

到载沣的信任";"又一派是属于政治的,以载泽为中心"。而"载泽虽是由远支宗室过继给惠亲王庶长子奕洵为嗣子,因其自幼聪颖,颇得奕譞的怜爱,为之破格乞恩,准其在上书房读书,并且经常不离开北府(奕譞自太平湖迁到甘水桥,就呼为北府)。他的旧学相当有根柢,又出洋考察了一次政治,见闻更广"。他与载沣比较亲近,"载沣经常称他为大哥,他给出过许多主意",有些照办了,有些"结果听了别人的话,又变了卦",有一次气得他向载沣嚷着说:"大哥为的是你,并不是为我个人打算"①。从载泽的话语中,不难体察出载沣唯恐他谋私利而疑忌不从其议的隐意。

载沣更有提防之心的是对溥伟和溥伦。溥伟是恭亲王奕䜣的嫡孙,袭得王号。知情者说:"在继统人选未定之前,近支溥字辈中,以恭王溥伟为年长。他本是内廷行走,所以两宫病危之时,他在内盘旋一昼夜未出,自以为乃祖奕䜣生前有保存社稷之功,殁后配享太庙,决不是任何近支所能比拟的。如立长君,他当然有分……太后原尚没有料到她就会死……根本没有作立长君的打算。奕劻、袁世凯亦是看定载沣好掇弄,倘立一个岁数大的,于己殊为不利。袁还多怀着一个鬼胎,怕立长君或会为光绪帝报复。这样一来,溥伟之妄想,当然无望了。载沣摄政之第二天,立刻传隆裕谕严肃宫禁,除值班外,任何人不准在内住宿。即是为溥伟而发。"②可见载沣对溥伟的防范。而从光宣易代之际溥伟的表现看,这绝非无的放矢。另有知情人这样记述"溥伟争位":

> 庚子废溥儁,(傅伟)即有继统之望。其姑封固伦公主,孝钦抚为己女,早寡,居宫中为之内援,又结载振以为外援,曰:"事成,富贵与共。"孝钦之定策也,载沣叩头力辞,太后叱之曰:"此何时而讲谦让?真奴才也!"徐训之曰:"汝恐一人之力不能胜任,溥伟最亲,可引以为助。"溥伟闻之大喜,私冀当得政权。及遗诏下,只言国事皆听摄政王主持,不及己,大失望,趋入枢廷大骂张之洞曰:"大行皇太后临崩命我助摄政王,此顾命也,今诏中略不一及,是安可用?当别撰之。"之洞曰:"凡在廷臣子皆当为

---

① 恽宝惠:《清末贵族之明争暗斗》,《晚清宫廷生活见闻》,第58—59页。
② 恽宝惠:《清末贵族之明争暗斗》,《晚清宫廷生活见闻》,第57—58页。

摄政王之助，岂得以此入诏？且太后弥留之际之洞在侧，实不闻此言。"溥伟顿足大哭，遍骂诸军机。之洞谨避之，不与校。越数日，溥伟忽传旨诣内务府，有所指挥，自言太后令已总理内外丧事。内务府大臣奎俊疑之，密启监国。监国闻有口传懿旨，大惧，急邀奕劻入见隆裕，言溥伟悖状。遂降旨言自皇帝以下皆当服从摄政王命令，溥伟始不敢逞。①

这位恭亲王参与朝政的积极性很高，也颇有敢言的派头，但一直没有被任命为特别要职，慈禧去世前几年就任禁烟大臣，在这一职事上滞留多年，载沣主政时亦此。或说，"恭王溥伟这个人，在载沣等认为无合作的可能，仅仅给了他一个禁烟大臣，以示敷衍"②。酝酿皇帝逊位之际，他被召参加御前会议，因发言激烈不被主持者喜欢，当时已退摄政王职的载沣就曾直言告之："你前奏对，语太激烈，太后很不喜欢"③，再开会时干脆就不让他参加了。溥伟自己则曾有"余向无政柄"④之说。溥伦与溥伟各自的祖父分别是咸丰帝的兄弟，还长溥伟几岁的溥伦较长时间里也未得特别要职，先是在筹设资政院时被安排为满总裁，与汉总裁孙家鼐配搭，当时孙氏已是八十老人（未及正式开院他就于宣统元年去世），按年龄书来说长幼为祖孙之差，不啻成一奇观。直到宣统三年（1911）他被任命为农工商部大臣，"皇族内阁"时延续，及至袁世凯组阁时即被剔除，任职为时较短。倒是因皇家的祭祀繁多，他和溥伟时常被派作"恭代"（代皇上）差事，故有"恭代大臣"这一不无戏谑意味之称。

当然，对于皇家内部的派别划分和其间及各派内部矛盾和斗法的情形，都不能做绝对化观，毕竟他们统为清朝贵族阶层所属，有着为阶层、阶级利益一致性所决定的合作的主面。再者，派别之间的矛盾争竞，也未必典型化地反映于每个成员之间。譬如，属"庆那公司"的那桐，他个人与载沣他们似无特别明显的交恶。派别之间、各派内部的

---

① 胡思敬：《国闻备乘》，第70页。
② 恽宝惠：《清末贵族之明争暗斗》，《晚清宫廷生活见闻》，第60页。
③ 溥伟：《逊国御前会议日记》，《社会科学战线》1982年第3期"近代史料"栏。
④ 溥伟：《逊国御前会议日记》，《社会科学战线》1982年第3期"近代史料"栏。

的矛盾争竞也或因时因事而变，在特定关头，会暂时搁置纷争而汇聚于同一目标的旗帜之下。譬如，载沣与奕劻的关系，有谓"奕劻在光绪末年招权纳贿，咸欲得而甘心，监国亦甚恶之"，而随着形势变化，"监国欲倚之以防隆裕，倍加优礼"①，其前后就有明显变化。从更大局面上看，像在宣布清帝退位前夕，就有对抗革命、力图保皇朝天下存续的"宗社党"（正式名称"君主立宪维持会"）的组成，其基干和核心就是平时不乏矛盾争竞的皇族亲贵少壮派人物，再加其他一些相关满蒙官员（也有个别汉族官员应和）。由此引起更为复杂的政治斗争，乃至有被认作宗社党首领的良弼被炸事件的发生②，给宗社党和清朝皇家很大震慑，随着清帝退位诏书的宣布，宗社党也作鸟兽散。至于后来又复揭旗谋图复辟，且与日本更密切勾结，那就是另外的事情了。

而无论如何，清朝覆亡前夕宫室内部矛盾重重，纷乱争斗，更是一种常态表现，反映出清朝最高统治层的政治痼疾越发严重，腐朽没落到了极点，同时也从一个侧面反映出，皇朝权力没有在"集权"的欲求下真正得以强化，反而陷于越加消弱、朝不保夕的状况。不错，在时过境迁做回顾反思的情形下，其局内人员也不乏对当初内部争斗而致内耗的追悔，主政者也有悔没重用何人何人之类的反省，甚至外间对朝局结果也生发种种猜度性推想，但这都不过是事后"想象"而已，已过之事自是既定而无可更易的，并且实际当时无论局中何人也无挽救皇朝的本领，不存在这样的"救世主"。官员恽毓鼎在清帝退位前夕即发如此感慨："王室虽存，而环顾皇族，无一人足语济世安民者，吾侪将安托乎？天时人事可以观已。"③时人胡思敬过后则曾就具体事例而置言："载沣摄政不一年，两福晋、两弟及溥伦、善耆之徒同起，浊乱朝政，国人悔失溥伟。然溥伟当争位时，亲向载振屈膝，又因私昵与福晋不

---

① 胡思敬：《国闻备乘》，第78页。
② 事情发生在宣统三年十二月初八日（1912年1月26日），施行爆炸者为革命党人彭家珍，地点为良弼北京居所，良弼当时受伤，三日后身死。这次行炸单纯是革命党人的行动，还是有袁世凯的背后插手，众说纷纭。对此事，吴兆清的《袁世凯与良弼被炸案》一文（载《近代史研究》1987年第2期）考辨认为，与袁世凯的插手有直接关系，并持论"各方史实都印证良弼被炸未死，而是被袁世凯买嘱医生用药酒毒死"。若是这样，这一事件的背后牵连就更形复杂。而无论如何，良弼被炸和身死，使"宗社党群龙无首，满朝亲贵心惊胆战"，引发极大恐慌，这是没有问题的。
③ 史晓风整理：《恽毓鼎澄斋日记》第2册，浙江古籍出版社2004年版，第574页。

合，愤极持刀自刎几死，亦属倾覆之才。国统再绝而家无令子，识者早知其必有乱矣！"① 总之，是说清朝灭亡乃无可奈何的注定之事。

四 权力格局特点与"名""实"之辨

受上面揭示的主客观多重因素的制约，清末朝廷与地方的权力格局上孰轻孰重，当怎样看待？觉得辨其"名""实"不失为一个关键之点。

诚然，从表象上看，同治年间镇压下太平天国和捻军之后，督抚专权的局面似乎有所收敛。清末时论回顾相关过程，有论曰："（咸、同时）时移势异，贵族旗营，日益窳败，粤逆构乱，百战百败，中原糜烂，大事岌岌。于是湘淮将帅，起乘其乏。而督抚体制，骤以发舒，内参军国，外专兵赋，俨然外重之势。然成功之始，湘乡即思患豫防，早萌退志，常惕然以尊重主威，奉还大柄，表率群僚，天下靡然效之。迄今四十余年，而督抚之威权，较诸同治之初，盖少逊矣。"② 意思是说，在咸、同时的特定条件下，湘、淮军及湘、淮督抚崛起，形成"外重"之势，但"成功"后曾国藩带头还权于朝廷，使局面有所逆转。需注意，所说逆转程度也只是较前"少逊"，也就是"稍微"逊色而已，并非根本改变。事实上，也难以根本改变，因为这是一种时势条件制约下隐形层面的制度性改变，会有相当的惯性，不会因某个人的惕励自诫而扭转大局。要说，曾国藩的忠君卫道立场坚定，他的"谨守"性格和持盈保泰心理，使其确无凭实力谋反篡位的企图，更不用说行动。对他"劝进"之类的传说即使不全为虚妄，或有丝毫影迹，但充其量那也只是反映别人的心思，必为曾国藩所坚拒，曾国藩还是宁可以裁军削权的自抑，来向朝廷表达他荩臣不二之忠的。何况，在特定关头对他不无"功高震主"之忧的朝廷，到头来对他还得信任和依靠，高位大权伴随到他生命的终结。再说，像曾国藩这种"谨守""诚笃"型的大员也并非普遍，像李鸿章、袁世凯就与之大相径庭，可以说他们典型地是属"激进"型者（袁世凯更不但激进而且诡谲异常），他们权欲强烈，为揽权不惜做拼命三郎，有时甚至无遮无掩，公然无忌。本质上看，如此

---

① 胡思敬：《国闻备乘》，第70页。
② 蛤笑：《论政府中央集权之误》（上），《东方杂志》光绪三十三年第二期。

类型者在官员群体中更具典型性，当时的官场不啻权术角斗场，充满倾轧、争竞的黑色旋涡。

相关人员的主观因素只是一个方面，客观条件的限定作用更为紧要。譬如，即使镇压下太平天国、捻军之后，作为国家机器最重要组成部分的军队，靠八旗、绿营依然不行，长时间里主要还是依赖湘、淮军及其变种（防军、练军），它成为不是"经制"的实际"经制"，而控制权主要还是在湘、淮大员、将弁，而非在清廷。相应，与军队饷事密切联系的财权，地方上特别是实力派大员，实际的把控也颇强。总体上看，实力派地方大员的权势还是足够强大，在很大程度上可与清廷分庭抗礼。"庚子事变"中能有"东南互保"之局，固然是基于外国入侵、清廷流亡的特定条件，但相关督抚实力基础的"内因"，更是根本性的。正因为如此，清末新政特别是其后半段中，清廷向地方收权、揽权，加强朝廷集权的运筹和做法才有的放矢，要是权力已经回归和高度集中到了中央，"集权"还从何说起？所以说，咸、同之后在"内外轻重"格局形态上的某些变化是需要看到的，如说从督抚人员的出身情况看，旗籍人员所占比例有所回升之类，但从实际的综合态势上看，"外重内轻"并未从根本上扭转。认其根本扭转可谓是被某些名义、表象迷惑而造成的认知误区。若说其较前有变，那主要是具体表现形态上某些变化而已。譬如，少数强势督抚大员（如李鸿章、刘坤一、张之洞、袁世凯辈人物）权能上的特别凸显之下，"满天星"式的分权情况相对回缩和暗淡。这实际也提示一个重要趋向，就是原地方实力派中有合适条件的人物，越来越有了从清朝当政者手中"接棒"的可能。

江上苇说："自太平天国起义之后，清朝已不再是一个中央独大的集权政体了，从 1864 年到 1904 年，所谓'中央'不过是天下诸侯所默认之共主而已，湘系十八督抚（按：原文如此，似非精确说法）自成系统，淮系拥兵自重隐成山头。"① 需要注意，其下限是取 1904 年即光绪三十年，联系其全文看，是因为该年有"铁良南下"之事（上已述及）的发生，视之为中央收权的典型事件。当然，将此作为一个界标事件诚然合适，不过，反映清末中央集权的绝非此一事，更表现在其后接

---

① 杨超采访整理：《凤凰网历史频道对话历史学者江上苇文字实录》，http：//news.ifeng.com/history/zhongguojindaishi/special/duihuajiangshangwei。

踵而起的预备立宪之局当中,像官制改革中的相关措施和光宣易代后新主政者的集权追求。有亲历者就把摄政王载沣监国时作为"内重外轻"的典型时候,有谓:"摄政王监国,亲贵用事,某掌军权,某专财柄,某握用人,某操行政,以参与政务为名,遇事擅专,不复能制;各引私人,互争私利,某某为监国所依恃,某某为太后所信宠,间有一二差明事理者为所牵率,亦不免逢君之恶。时又创中央集权,兵事、财政皆直接中央,疆吏不复负责,内重外轻,时争意见,国事不可为矣。"① 问题是,所谓这时的"内重外轻",主要是表象上、名义上、形式上的,还是实质性的、名副其实的?窃以为,应该说是前者而非后者,上揭主客观多方面的具体情况当能印证这一点。

从清末"中央集权"的总体情况看,它不是一般意义上的"中央集权",而主要是皇室贵族的集权,实质上是要在"筹备立宪"的名义下强化皇权专制,以追求"大清皇帝统治大清帝国,万世一系"②,这一"宪法大纲"首重原则所蕴含的皇家梦想。然而,所谓"集权"的实际成效与其预期目标相去甚远。看似集中了兵权,但是居职掌管中央军权部门的皇族亲贵少壮派大员,又怎能真的掌控、指挥得了全国军队?御前会议上议及用兵问题,隆裕太后看着载涛问道:"载涛,你管陆军,知道我们的兵力怎么样?"载涛对曰:"奴才没有打过仗,不知道。"太后听了"默然良久"。载涛当时一个二十出头的"娃娃官",连"兵力怎么样"都不知道,还能指望他掌控军队,部署战事?看似集中了财权,但国库依然极度空虚,连与武昌革命军作战前线求发三个月军饷都拨付不出,且看御前会议上的溥伟他们与隆裕太后就此事的这番对话:

  臣伟奏曰:"乱党实不足惧,昨日,冯国璋对载泽说,求发饷三月,他情愿破贼。问载泽有这事否?"载泽对曰:"是有。冯国璋已然打有胜仗,军气颇壮,求发饷,派他去打仗。"谕:"现在内帑已竭,前次所发之三万现金,是皇帝内库的,我真没有。"臣伟碰头奏曰:"库帑空虚,焉敢追求。惟军饷紧要,饷足则兵气坚,

---

① 金梁:《光宣小记》,上海书店出版社1998年版,第30页。
② "宪法大纲"首条,《清末筹备立宪档案史料》上册,第58页。

否则气馁兵溃，贻患甚大。从前，日俄之战，日本帝后解簪饰以赏军。现在，人心浮动，必须振作。既是冯国璋肯报效出力，请太后将宫中金银器皿赏出几件，暂充战费。虽不足数，然而军人感激，必能效死。如获一胜仗，则人心大定，恩以御众，胜则主威，请太后圣明三思。"善耆奏曰："恭亲王所说甚是，求太后圣断立行。"①

此前，度支部即有奏，谓"库空如洗，军饷无着，请将盛京大内、热河行宫旧存瓷器，发出变价充饷，以救目前之急"，隆裕太后（时摄政王已退位）也只能"着照所请"②。试想，即使当时各省财力上也并不充裕，但若真能由中央集中控制，极尽聚合财力之能事，何至于如此？事实上，所谓集中财权在很大程度上也是有名无实。

再者，既然清廷标榜筹备立宪，虽说名不副实，颇有欺骗色彩，但毕竟要从一些方面作起码是表面规定上的标识，而"立宪"本身是与专制集权相悖的，所以其有些章法规定是不支持、不利于其集权的。例如，《钦定宪法大纲》在首先强调"君上大权"的同时，毕竟也有"臣民权利和义务"部分，将这类内容以根本法的形式规定和揭示，是中国前所未有的。还有像"立宪"步骤和具体时间表的公布（虽说是尽量拖延）；谘议机构从地方谘议局到中央资政院的设立及其章法；"地方自治"的推行及相关规定等。当然，也有不少利于其集权的规定乃至设施，如官制改革方案中就有若干强化朝廷集权的事项，即使官缺设置的人事方面落实，但实际权能的落实则大打折扣。机构设施上最典型不过的例子是"皇族内阁"，包括"老""少"皇族人等在内的偌多大员，实际权能与职位相符者恐不多见。何况，这一机构的出台，使清廷以"立宪"敷衍、欺骗国人的面目暴露于世，激起朝野非议、声讨的舆论巨浪，革命倒清的阵线也更迅速扩大，"皇族内阁"昙花一现之后，便被袁世凯内阁取代，故其"集权"实效甚微。

正因为清廷不能真正有效地集权，不能有效地控驭地方，对不少省份来说就成涣散无序、各行其事的局面，这也是武昌起义后不少省份相继独立、反正的重要客观条件。恽毓鼎在武昌起义爆发二十多天后的一

---

① 溥伟：《逊国御前会议日记》，《社会科学战线》1982年第3期"近代史料"栏。
② 《清实录》第60册（附《宣统政纪》），第1242页。

则日记中记云:"闻南昌失守,巡抚冯汝骙不知下落。安庆继陷,巡抚朱家宝遁去。云南宣告独立,广东当不久矣。大江以南割据之势已成。总之,兵权一失,倒持刀柄以授人,虽有善者,亦无如之何已。中央集权,其祸如此!泽为首恶,洵、涛、朗次之,何面目以对九庙之灵乎?"① 他在归咎于力主朝廷集权的某些皇族亲贵少壮派人员的同时,更归咎于"中央集权"本身,叹其造成"其祸如此"。其实,更准确地说,这是因皇族力图集权但有悖历史潮流而未达预期实效,反更致朝局紊乱、地方离心而出现的局面。恽毓鼎在随后更临近清帝退位时日的另则日记中则作如下记述:

> 孝钦显皇后自光绪二十年以后,裁撤上书房,近支子弟皆不令读书,年十六七,即华服骏马,出而驰逐,目不睹圣贤之论,耳不闻正人直言,志趣才识,何从高远?迨醇王监国,复遍布为行政长官,馋谄面谀,与之俱化,遂酿成今日现象。当汉江事起,不过一隅之乱耳,乃纷纷提取现银数千万,辇而纳诸外国银行,市面为之窘滞。租界一席地,争先恐后,借以藏身。士民为之动摇,外国为之齿冷。抱头痛哭,不展一筹;儿女情长,英雄气短。项城得乘间而入,唯所欲为。以此沦亡,自贻伊戚。种瓜得瓜,种豆得豆,亲贵已播亡国之种,安得不收亡国之果乎?②

如果说,这是对皇族子弟骄奢淫逸、腐败无能而终致面临"亡国"之局,试图做"推本溯源"的揭示(当然,实际并未触及根本),那么,其人在"懿旨"宣布皇帝"辞位"的当天闻知相关消息后所作记述,就更带悲凉落寞的意味。其记云:"闻智庵言:皇太后今日召见阁臣及国务大臣,谕云:予三年中深居宫中,不预外事,一般亲贵,无一事不卖,无一缺不卖,卖来卖去,以致卖却祖宗江山。言至此,失声大哭。少停又言,亲贵至今日,不出一谋,事后却说现成话,甚至纷纷躲避。只知性命财产,置我寡妇孤儿于不顾。即朝臣亦纷纷告退。卿等独在此勉力支持,予甚愧对卿等……毓鼎闻之,不禁垂泪。"接着,面对

---

① 史晓风整理:《恽毓鼎澄斋日记》第2册,浙江古籍出版社2004年版,第557页。
② 史晓风整理:《恽毓鼎澄斋日记》第2册,第574页。

此"改朝换代"的变局，发有这样一番感叹：

> 父监子国，而君为虚位。名之不正，莫过于斯。醇王承述父志，排斥汉人（重满轻汉，始于高宗，老醇王猜忌汉人尤甚）。劻耄而贪，泽愚而愎，洵、涛童骏喜事，伦、朗庸鄙无能，载搏乳臭小儿，不足齿数。广张羽翼，遍列要津，借中央集权之名，为网利营私之计，纪纲昏浊，贿赂公行。有识痛心，咸知大祸之在眉睫矣。譬人恣情纵欲，元气久离，偶触外邪，立蹶不救。昌黎所谓"其绝必有处"，即无革命军，亦必有绝之者矣。呜呼！二百余年培之而不足，三年余覆之而有余。所可痛者，幼主无辜，遭此屯塞耳。深宵书此，悲愤交并。嗣此不复论朝局矣。①

这不啻为清朝覆亡唱出的一首挽歌。所谓"借中央集权之名，为网利营私之计"，更道出了皇室亲贵集权的背后真相。这样的"集权"不会真的能够强化其权力，反而势必会走向它的反面，促使清王朝的加速分崩离析，也给皇权帝制休止符的划出增浓墨色。这样看来，所谓清末的"内重外轻"只是表象，虚而无实；相对而言，"内轻外重"的变相性延续发展则更具实在性。这与民国军阀割据局面的形成，自有其直接的历史联系。

总之，对"内外轻重"的审视和判断，是一个须置于广阔视域下的比较性问题，不但需要对地方势力（"外"）有具体考察，也离不开对清廷（"内"）权力状况的起码了解。正是基此需要，以上对清廷方面的相关情况，也置有一定篇幅予以审视和分析。

五　袁世凯的上位与隐伏败亡

无论如何，不管是察析清末民初的历史变局，还是就本书研究的归结性环节而言，当然都离不开袁世凯这位袁系集团首领人物的"代清"之事。

袁世凯历经了被罢回乡的一段时日，及至清朝之舟在革命的滚滚洪涛之中摇摇欲倾的危急时刻，不得不召袁世凯出山挽救，这时他在清朝

---

① 史晓风整理：《恽毓鼎澄斋日记》第 2 册，第 576—577 页。

最高统治层的心目中,俨然成了别人无可替代的"救星"。这就是袁世凯由其集团势力支撑,实力上在清朝阵营达到顶级程度的最好说明。也正是其实力,支撑了他的"上位"。而这时的"上位",是以其复出为前提性肇端的。

让袁世凯复出的上谕,是宣统三年(1911)八月二十三日(武昌起义爆发后第五天)发布的。同日有两道上谕涉此,一道是与岑春煊补授川督的任命同发,任命袁氏的语句为:"湖广总督着袁世凯补授,并督办剿抚事宜"。该谕中并对他和岑春煊同谓:"均着迅速赴任,毋庸来京陛见。该督等世受国恩,当此事机紧迫,自当力顾大局,免任其难,毋得固辞,以副委任。"另一上谕是专对袁世凯的,有"袁世凯现简授湖广总督,所有该省军队及各路援军,均归该督节制调遣"[①]云云。湖北为革命军的首义之区,清朝原湖广总督瑞澂应付不了局面,清廷遂授命袁世凯代之,并特别重其兵权。还需要注意到,当时的小皇帝当然无法理政,上谕是由奕劻(内阁总理大臣)、那桐和徐世昌(内阁协理大臣)三人副署。这三人都是推重袁世凯的,徐世昌尤属袁系集团内的亲信大员。知情者说"奕劻、徐世昌皆袒袁者,故有武昌督师之命"。至于那桐,本即有辞职让袁世凯来替代的设想,此时因让袁世凯复出,有人以"此举岂非速亡耶(按:当有袁会取代清廷的隐意)"来诘问他,那桐回答:"大势今已如此,不用袁指日可亡,如用袁,复(覆)亡尚希稍迟,或可不亡。"[②]可以看出,他也是把维持清朝的唯一希望,寄托在了袁世凯身上。

授命上谕发布的次日,袁世凯就于"阁抄"中阅知,他于二十五日复奏中说:"值此时艰孔亟,理应恪遵谕旨,迅赴事机。惟臣旧患足疾,迄今尚未大愈。去冬又牵及左臂,时作剧痛。此系数年宿疾,急切难望痊愈。然气体虽见衰颓,精神尚未昏瞆。近自交秋骤寒,又发痰喘作烧旧症,益以头眩心悸,思虑恍惚。虽非旦夕所能就痊,而究系表症,施治较旧患为易。现当军事紧迫,何敢遽请赏假,但委顿情形,实难支撑。已延医赶加调治,一面筹备布置。一俟尚可支持,

---

[①] 《光绪宣统两朝上谕档》第37册,第245页。

[②] 张国淦遗稿:《洪宪遗闻》,中国人民政治协商会议全国委员会文史资料研究委员会编《文史资料选辑》第一辑,中华书局1960年版、1980年第3次印刷本,第132页。

即当力疾就道,借答高厚鸿慈于万一。"① 可以看出,袁世凯并未辞谢和请假,只是借口旧疾新病的调治需要而做延缓出行的暂拖而已,实际上就是要让清廷进一步遭受煎熬,而自己则密切观测事态变化,等待最佳复出时机。奏语上则不阴不阳(引文之外,前面也不乏"感涕"之类的套话虚语),甚至隐含对朝廷曾以"足疾"为由罢免他的讥讽和回击。无论如何,他要乘机复出、主宰大局的决心是铁定了的,应对时局的筹划自然也在加紧进行之中。此际,党羽、亲信们纷纷与他联络、沟通,他也相应运筹指示,他所在之处俨然成了清方应对事变的一个实际指挥部。

这由此际的下述事情便可典型说明:武昌起义后,清廷急派陆军大臣荫昌赴湖北指挥镇压,同时又任命作为袁世凯亲信的冯国璋统率新改组成的第二军(由第五镇与第五、第三十九混成协编成)南下增援,受荫昌指挥。荫昌和冯国璋南下途中都曾赴袁世凯的河南彰德居处拜访。而袁世凯对荫昌说的是"风潮行及全国"② 之类话语,强调形势危急、不好对付的威慑之意明显。而对冯国璋则授予"慢慢走,等等看"的六字秘诀③,这才是给心腹的"锦囊妙计"。这时冯国璋根本不理会荫昌的指挥,唯袁世凯之令是听。荫昌指挥不灵,窘急无措,怯不敢战,旋被清廷召还。而袁世凯遂在八月二十三日被授职之后,及至九月六日清廷又有上谕:"湖广总督袁世凯授为钦差大臣,所有赴援之海陆各军并长江水师及此次派出各项军队,均归该大臣节制调遣。"④ 总之,是将前线军事全权也加给了他。在这种情况下,袁世凯遂于九月九日离开彰德而南下视师,接手荫昌的军事指挥权。而原为荫昌亲自统带的第一军(由吴凤岭所统第四镇、王占元第三混成协、李纯第十一混成协组成),改由冯国璋统带,而江北提督段祺瑞则为第二军总统。以北洋军为主力的前线清方各支部队,皆在袁世凯的一统指挥之下。

袁世凯在饬令冯国璋等相机进攻革命军的同时,又酌量火候,为

---

① 《袁世凯全集》第19卷,第7页。
② 刘绍唐主编:《民国人物小传》第8册,生活·读书·新知三联书店2015年版,第435页。
③ 陶菊隐:《北洋文流:六君子传》,群言出版社2015年版,第36页。
④ 《光绪宣统两朝上谕档》第37册,第271页。

下一步棋预留充分的活步,因为他不会以眼下已获权力为满足,甚至也不会死命地为清朝来效"愚忠",他有自己的政治盘算,权欲的胃口大张。而无奈之下的清廷,也只好尽其可能地对他付权笼络。九月十八日,清廷便有"命袁世凯为内阁总理大臣"的上谕,并表明这是根据资政院相关奏折,"依宪法信条第八条"①所作任命,给其涂上了"宪政"色彩。这显然是向袁世凯让渡中央政柄了。立宪名义下的内阁,不同于旧内阁,并且以奕劻为总理大臣的"皇族内阁"也就此而被取代,开启了以袁世凯为首组阁的新时段。而在袁氏抵京组阁接受摄政王载沣召见的时候,这位曾把他打发回籍的皇父,此时只有"温慰良久"的份儿了,至于政见,则是对袁氏所言全然"韪之"。袁世凯此番所言主要是:"此次乱党起于鄂,其宗旨在改革政治",现朝廷"(新组)责任内阁,开除党禁,召开国会,实行与民更始",而"汉口党人顾议大体,已首先宣言停战","若朝廷体恤民意,立即召集国会,实行宪法,不惟武汉一隅立即可告靖,即各省变乱,亦将同时归于消弭"②。显然,所谓"召集国会,实行宪法"成了他明打高擎的旗号。这样,自己俨然成了"宪政"的领袖,同时,向皇家"摄政王"如此当面陈说,也是为他取代清廷做着迂回而又切实的铺垫。而随即组成的由他领首的内阁,则是实权在握的政府。

该内阁以袁世凯为总理大臣(不再设协理大臣),其下外务部大臣为梁敦彦,民政部大臣为赵秉钧,度支部大臣为严修,学部大臣为唐景崇,陆军部大臣为王士珍,海军部大臣为萨镇冰,法部大臣为沈家本,农工商部大臣为张謇,邮传部大臣为杨士琦,理藩部大臣为达寿(满)。他们连同各部副大臣(不再具体开列名单),"基本上都是袁世凯的亲信党羽"③,不属此列的个别人中,且有的坚辞而未就职。实际到职任事的,可谓多系袁党。"皇族内阁"倒台,"袁氏内阁"开张,就是这样一种情况。外在因素不计的话,可以说这正能显示清朝阵营内部派系实力较量的结果,凸显了袁系集团的"首重"。袁世凯组阁,是他"上位"的重要一阶,也是他在清朝居职的最高端。当

---

① 《光绪宣统两朝上谕档》第37册,第294页。
② 《摄政王载沣召见时之奏对》,《袁世凯全集》第19卷,第49页。
③ 侯宜杰:《袁世凯传》,第194页。

然，由于形势变化剧烈，袁世凯内阁也没有存在多长时间。随后在"南北议和"的过程中，在外国势力也以不同形式介入的复杂局势下，袁氏酌量事局，随机应对，心机费尽，手段耍绝，多重脸谱，随机表演，最后成功地获取各方认可，成为取代清廷而执民国政柄的不二人选。这是他的"上位"到顶，并且是处在中国历史上正式废除帝制标立共和的转捩点上。他这一角色的取得，当然有着主、客观条件的多重契合。主观上最紧要的，是他最终有了"接受共和"的表态；而客观上最根本的，则是他在清朝发展、积累所具备的集团实力。革命方当时权衡觉得，由袁世凯取消清廷而执掌民国政权，是最能"节约成本"也是最现实可行的选择，于是便有了共和政柄的让渡。

要说，袁世凯如果真能由清朝旧臣脱胎换骨而成共和新人，尽其所能真正履行民国领袖的职守，对他自己，对于国家，对于民族，对于历史，皆未尝不可以说是幸事。但这又只是设想而已，历史却不能假设。铁定的、无可更易的历史事实是，袁氏取得民国政柄之后，便背信弃义地逐步走上了复辟帝制的道路，大开历史倒车，终致"洪宪帝制"揭牌。而很快，他也就在举国讨伐雷霆万钧的声势之下，惶恐而亡，由他一手导演的帝制复辟丑剧相应落幕。当然，真正的民主共和并没有随之建立起来，而相继出现的是军阀割据的混乱局面。这在很大程度上，就是基于尚颇有实力的北洋集团失去魁首之后的分衍和泛滥。反对军阀割据和专制、争取统一和民主共和的后续斗争，更是艰苦卓绝，但也是光明愈现。这已不在本书的涉及范围，而这里需要论定并强调的是，作为有其集团支撑、看似实力雄厚袁世凯，上位到最高处后不数年便很快败亡，这就是其逆历史潮流而动的必然恶果。他走向复辟帝制，从根本上说，绝非是因受人蒙蔽和蛊惑之类，而是出于他自己骨子里的欲求，是他的"政治基因"所决定。

不错，在清末新政当中，他确实在军事、经济乃至政治（如关于所谓"立宪"）等方面，有着"趋新"的特定表现，有些事情上还颇为醒目，不无一定的先进性。但总体上看：第一，这主要是在"技术"层面，并且是在当时清廷划定的改革范围之内，并不是不顾边际的实质性突破。第二，这在他履行职责的同时，也更着意于增强他自己及其集团的实力，是为维护乃至不断巩固和扩大其权力。这与他的履职，能有着微妙的甚至是不露痕迹的融通。第三，这与其人的擅长

"权术"而不顾操守的情况也分割不开。当然，不能说他的一切政务和行为统统是虚伪表演，但在许多事情上，靠表演来欺世盗名的情况又确实是很典型的。就以其在酝酿取代清廷这时的事情为例来看：他通过多条渠道与革命方暗中联络，探情摸底，为自己能当政民国做环环铺垫，但明面上又表示自己"始终忠于朝廷，终身不为革命党所用"①，甚至到持折明是威逼隆裕太后同意清帝退位的场合，表面上仍是一把鼻涕一把泪地演示他的哀愁无奈，俨然衷心为清廷着想的铁杆荩臣，可在隆裕太后意存拖延、甚至有皇室亲贵公然反对皇帝退位的情况下，袁世凯竟私下安排拟电，派人交由身在前线的段祺瑞，让他代表将领们拍发给清廷，该电口气严厉、甚至满带戾气地勒逼清廷认可"共和国体"，接电后清室老小更是被吓得惊慌失措。至于京城大内，袁世凯也已调遣布置北洋军队严加防范，以备不测。若是再连带地后延来看，到"洪宪帝制"出台，这无疑是袁世凯梦寐以求、极力营取的结果，台面上他却上演是受国民劝进、不得不为的滑稽之戏。岂止滑稽，更形龌龊。两面三刀，出尔反尔，表面是人，暗中是鬼，一切以揽权利己为本，是袁世凯其人不顾操守的典型表现。所以对其人所言所行，尤其需要透过表象探看本质。这样，表现在他身上的一些看似极其失协、矛盾的现象，也就不难破解。

就袁世凯的"本质"而言，最典型的反映就是不计一切对个人权势的追求。什么"帝制""共和"，似乎在他手中都只是张"牌"而已，用则拿在手上，不用则甩手抛弃。不过，他的"政治基因"决定他真正归宿的，终究还是帝制。因为帝制作为君主专制政体，最能满足和体现皇帝个人权力，他就是在这种体制下的官场中钻营出来的，沦肌浃髓的是这套东西。在取得民国政柄之后，"共和政体"形式对他的专权自然会有一定约束，故使他内心深恶痛绝而要极力摆脱，遂千方百计、步步加紧地恢复帝制。而当"洪宪帝制"出台之际，也就是他丧钟敲响之时，可耻败亡就是历史的无情判决。此又绝非偶然，其败亡因子，实际在他靠集团势力支撑节节"上位"的过程中就已隐伏并渐行滋长。这既有他个人的主观之"恶"造就，也离不开影响他的特定客观环境

---

① 中国近代史资料丛刊《辛亥革命》第八册，第499页。

因素。本书通过将他与曾国藩、李鸿章辈比较，通过将袁系集团与湘、淮系集团比较，既探看其间的异同又观照综合演变走势，自可有助于从"历时性"的主、客观多重因素上，对袁世凯的上位与隐伏败亡之局予以察览。话到此处，已可作为本书的终结。

征引书（文）目

说明：
1. 《绪论》中所涉书、文不列。
2. 同书名而不同版本者（使用必需）皆为列出。
3. 以首次征引顺序排列。

史料类

《梁启超全集》，北京出版社1999年版。
《孙中山全集》第一卷，中华书局1981年版。
陈寅恪：《寒柳堂集》，上海古籍出版社1980年版。
《曾国藩全集》，岳麓书社2011年第2版。
《胡林翼集》，岳麓书社1999年版。
《郭嵩焘诗文集》，岳麓书社1984年版。
王定安：《湘军记》，岳麓书社1983年版。
顾廷龙、戴逸主编：《李鸿章全集》，安徽教育出版社2008年版。
中国第一历史档案馆编：《光绪宣统两朝上谕档》，广西师范大学出版社1996年版。
朱汉民、丁平一主编：文献丛刊《湘军》，社会科学文献出版社2013年版。
《清史稿》（缩印本），中华书局1998年版。
赵烈文：《能静居日记》，岳麓书社2013年版。
朱孔彰：《中兴将帅别传》，岳麓书社2008年版。
刘体智：《异辞录》，中华书局1988年版、1997年第2次印刷本。
丁凤麟、王欣之编：《薛福成选集》，上海人民出版社1987年版。
徐凌霄、徐一士：《曾胡谭荟》（与蔡锷《曾胡治兵语录》合刊），山西古籍出版社 1995 年版。

《鲁迅全集》，人民出版社 2005 年版。

王闿运：《湘军志》（与《湘军志平议》《续湘军志》合刊本），岳麓书社 1983 年版。

《左宗棠全集》书信一，岳麓书社 1996 年版。

秦翰才辑录：《左宗棠逸事汇编》，岳麓书社 1986 年版。

徐宗亮：《归庐谈往录》（与《春晖堂笔记》合刊），台湾文海出版社"近代中国史料丛刊"1972 年影印本。

《左宗棠全集》奏稿六，岳麓书社 1992 年版、1996 年第 2 次印刷本。

《左宗棠全集》奏稿七，岳麓书社 1996 年版。

《左宗棠全集》奏稿八，岳麓书社 1996 年版。

《彭玉麟集》，岳麓书社 2008 年版。

梅英杰：《胡文忠公年谱》，台湾文海出版社"近代中国史料丛刊"1968 年影印本。

骆秉章自订：《骆公年谱》，台湾文海出版社"近代中国史料丛刊"1967 年影印本。

张侠等编：《清末海军史料》，海洋出版社 1982 年版。

马昌华、翁飞点校：《刘铭传文集》，黄山书社 2014 年版。

刘声木：《苌楚斋随笔续笔三笔四笔五笔》，中华书局 1998 年版。

邵镜人：《同光风云录》，台湾文海出版社"近代中国史料丛刊续辑"1983 年影印本。

庄建平编：《晚清民初政坛百态》，四川人民出版社 1999 年版。

俞诚之编：《遐庵汇稿》，台湾文海出版社 1968 年影印本。

汪叔子编：《文廷式集》，中华书局 1993 年版。

廖一中、罗真容整理：《袁世凯奏议》，天津古籍出版社 1987 年版。

骆宝善、刘路生主编：《袁世凯全集》，河南大学出版社 2013 年版。

来新夏主编：中国近代史资料丛刊《北洋军阀》第一册，上海人民出版社 1988 年版。

杜春和等编：《北洋军阀史料选辑》，中国社会科学出版社 1981 年版。

台北故宫博物院故宫文献编辑委员会编：《袁世凯奏折专辑》，台湾广文书局有限公司 1970 年版。

胡滨译：《英国蓝皮书有关辛亥革命资料选译》，中华书局 1984 年版。

［澳］骆惠敏编：《清末民初政情内幕——〈泰晤士报〉驻北京记者袁世凯政治顾问乔·厄·莫理循书信集》，刘桂梁等译，知识出版社1986年版。

吴永口述，刘治襄记：《庚子西狩丛谈》，岳麓书社1985年版。

薛福成：《庸庵笔记》，江苏古籍出版社2000年版。

窦宗一：《李鸿章年（日）谱》，台湾文海出版社"近代中国史料丛刊续辑"1980年影印本。

《求阙斋日记类钞》，光绪二年铅印本。

王闿运：《湘绮楼日记》，商务印书馆民国十六年铅印本。

周馥：《秋浦周尚书（玉山）全集》，台湾文海出版社"近代中国史料丛刊"1967年影印本。

年子敏编注：《李鸿章致潘鼎新书札》，中华书局1960年版。

《左宗棠全集》（家书·诗文），岳麓书社1987年版、1996年第2次印刷本。

罗正钧：《左宗棠年谱》，岳麓书社1982年版。

黄濬：《花随人圣庵摭忆》，上海书店出版社1998年版。

张国淦：《北洋述闻》，上海书店出版社1998年版。

李春光纂：《清代名人轶事辑览》，中国社会科学出版社2004年版。

陈夔龙：《梦蕉亭杂记》（与《蕉窗话扇》合刊），山西古籍出版社1996年版。

张一麐：《古红梅阁笔记》，上海书店出版社1998年版。

李铭勋、尤世玮主编：《张謇全集》，上海辞书出版社2012年版。

来新夏主编：《北洋军阀》第五册，上海人民出版社1993年版。

刘禺生：《世载堂杂忆》，中华书局1960年版、1997年第2次印刷本。

吴长翼编：《八十三天皇帝梦》，文史资料出版社1985年版。

胡思敬：《国闻备乘》，上海书店出版社1997年版。

汪叔子、张求会编：《陈宝箴集》，中华书局2003年版。

沈桐生辑：《光绪政要》，江苏广陵古籍刻印社1991年影印本。

姜克夫编著：《民国军事史》，重庆出版社2009年版（为史料书籍）。

陈夔龙：《梦蕉亭杂记》，山西古籍出版社1996年版（与《蕉窗话扇》合刊）。

柴小梵：《梵天庐丛录》，山西古籍出版社1999年版。

《筹办夷务始末》（咸丰朝），中华书局1979年版。
《筹办夷务始末》（同治朝），中华书局2008年版。
《湘军人物年谱》（一），岳麓书社1987年版。
《剿平粤匪方略》，北京中国书店"（钦定）平定七省方略"1985年影印本。
郭嵩焘：《玉池老人自叙》，台湾文海出版社"近代中国史料丛刊"1967年影印本。
《刘壮肃公奏议》，光绪三十二年印本。
林之望、汪宗沂等纂：《光绪续修庐州府志》，江苏古籍出版社1998年影印本。
沈云龙主编，丁振铎编辑：《项城袁氏家集》（一），台北文海出版社1966年影印本。
沈祖宪、吴闿生：《容庵弟子记》，台北文海出版社1966年影印本。
张謇：《张謇自述》，安徽文艺出版社2014年版。
刘厚生：《张謇传记》，上海书店1985年影印版。
丁振铎编：《项城袁氏家集》，台北文海出版社1966年影印本。
《项城文史资料》总第16辑。
项城市政协编：《百年家族——项城袁氏家族资料汇辑》，河南大学出版社2012年版
徐一士：《一士谭荟》（与《一士类稿》合刊），台湾文海出版社"近代中国史料丛刊"1966年影印本。
中国史学会主编：中国近代史资料丛刊《中日战争》，上海人民出版社1957年版。
陈义杰整理：《翁同龢日记》第五册，中华书局1997年版。
《刘坤一遗集》，中华书局1959年版。
赵德馨主编：《张之洞全集》，武汉出版社2008年版。
《清实录》，中华书局1987年影印本（限本书中所用者）。
陈夔龙：《梦蕉亭杂记》，上海古籍书店1983年影印本。
台北故宫文献编辑委员会编：《袁世凯奏折专辑》，台北故宫博物院1970年版。
王伯恭：《蜷庐随笔》，山西古籍出版社1999年版。
沃丘仲子：《近现代名人小传》，北京图书馆出版社2003年版。

梁启超：《李鸿章传》，中华书局2016年版。
陈秉仁整理：《李鸿章致李瀚章书札》，《历史文献》第十一辑。
司马迁：《史记》第一册，中华书局2013年版。
《明史》，中华书局1974年版。
谷应泰：《明史纪事本末》，中华书局1977年版。
《清会典》，中华书局1991年版、2013年第2次印刷本。
《畿辅通志》，河北人民出版社1989年版。
昭梿：《啸亭杂录》，中华书局1980年版。
魏裔介：《魏文毅公奏议》，商务印书馆1936年版。
王先谦：《东华录》（与《东华续录》合刊），上海古籍出版社2008年版。
《陈确集》，中华书局1979年版。
故宫博物院明清档案部编：《清末筹备立宪档案史料》，中华书局1979年版。
[美] 马士：《中华帝国对外关系史》，上海书店出版社2000年版。
中国第一历史档案馆编：《清政府镇压太平天国档案史料》第一册，社会科学文献出版社1992年版。
丁凤麟、王欣之编：《薛福成选集》，上海人民出版社1987年版。
中国第一历史档案馆编：《咸丰同治两朝上谕档》，广西师范大学出版社1998年版。
陈书良等校点：《刘长佑集》，岳麓书社2011年版。
《曾国荃全集》，岳麓书社2006年版。
《郭嵩焘奏稿》，岳麓书社1983年版。
吴庆坻：《蕉廊脞录》，中华书局1990年版。
《政治官报》第二十册，线装书局2006年影印本。
《康南海文集》，台湾文海出版社"近代中国史料丛刊"1972年影印本。
梁溪坐观老人：《清代野记》，山西古籍出版社1996年版。
尚秉和：《辛壬春秋》，民国十三年刻本。
中国近代史资料丛刊《第二次鸦片战争》，上海人民出版社1978年版。
八咏楼主人编：《西巡回銮始末记》，台湾文海出版社"近代中国史料丛刊"1972年影印本。
惜阴（赵凤昌）：《庚子拳祸东南互保之纪实》，《人文月刊》1931年第

2 卷第 7 期。

王铁崖编：《中外旧约章汇编》，生活·读书·新知三联书店 1957 年版。

盛宣怀：《愚斋存稿》，台湾文海出版社"近代中国史料丛刊续辑" 1974 年影印本。

罗惇曧：《庚子国变记》，上海书店 1982 年版。

故宫博物院明清档案部编：《义和团档案史料》，中华书局 1959 年版、1979 年第 2 次印刷本。

《东方杂志》光绪三十年第七期。

徐凌霄、徐一士：《凌霄一士随笔》，山西古籍出版社 1997 年版。

中国办学会主编：《义和团》，上海人民出版社、上海书店出版社 1957 年版。

郑逸梅、陈左高主编：《中国近代文学大系·书信日记集》第 1 册，上海书店出版社 1992 年版。

苑书义等主编：《张之洞全集》，河北人民出版社 1998 年版。

中国人民政治协商会议天津市委员会文史资料研究委员会编：《天津文史资料选辑》第 41 辑，天津人民出版社 1987 年版。

《东方杂志》光绪三十年第九期。

沈葆桢：《沈文肃公牍》，福建人民出版社 2008 年版。

《光绪朝东华录》，中华书局 1958 年版、1984 年第 2 次印刷本。

本书编委会编：《中国近代兵器工业档案史料》，兵器工业出版社 1993 年版。

《东方杂志》光绪三十一年第十期。

岑春煊：《乐斋漫笔》（与《崇陵传信录》等合刊），中华书局 2007 年版。

《宪政初纲》，光绪三十二年十二月版。

陈旭麓、顾廷龙、汪熙主编：《盛宣怀档案资料选辑之一：辛亥革命前后》，上海人民出版社 1979 年版。

《时报》光绪三十二年八月二十日。

江春霖：《梅阳江侍御奏议》，民国八年刊本。

章伯锋、顾亚主编：《近代稗海》第十一辑，四川人民出版社 1988 年版。

中国人民政治协商会议全国委员会文史资料委员会编：《晚清宫廷生活见闻》，中国文史出版社 2000 年版。

《东方杂志》光绪三十年第十一期。

张枬、王忍之编：《辛亥革命前十年间时论选集》第三卷，生活·读书·新知三联书店 1963 年版。

《时报》光绪三十二年八月十三日。

《国风报》第一年（宣统二年）第 11 号。

中国近代史资料丛刊《辛亥革命》，上海人民出版社、上海书店出版社 2000 年版。

《醇亲王载沣日记》，群众出版社 2014 年版。

溥伟：《逊国御前会议日记》，《社会科学战线》1982 年第 3 期"近代史料"栏。

金梁：《光宣小记》，上海书店出版社 1998 年版。

《丽泽随笔》，宣统二年第十四期。

史晓风整理：《恽毓鼎澄斋日记》，浙江古籍出版社 2004 年版。

《东方杂志》光绪三十三年第二期。

中国人民政治协商会议全国委员会文史资料研究委员会编：《文史资料选辑》第一辑，中华书局 1960 年版、1980 年第 3 次印刷本。

陶菊隐：《北洋文流：六君子传》，群言出版社 2015 年版。

今人著作

陆学艺主编：《社会学》，知识出版社 1991 年版。

李世众：《晚清士绅与地方政治——以温州为中心的考察》，上海人民出版社 2006 年版。

马敏：《官商之间——社会巨变中的近代绅商》，天津人民出版社 1995 年版。

罗尔纲《湘军兵志》，中华书局 1984 年版。

龙盛运：《湘军史稿》，四川人民出版社 1990 年版。

王尔敏：《淮军志》，中华书局 1987 年影印本。

马昌华主编：《淮系人物列传》，黄山书社 1995 年版。

张华腾：《北洋集团崛起研究（1895—1901）》，中华书局 2009 年版。

王盾：《湘军史》，岳麓书社 2014 年版。

董丛林：《胡林翼政迹与人生》，河北教育出版社 2011 年版。

李鹏年等：《清代六部成语词典》，天津人民出版社 1990 年版、1994 年第 2 次印刷本。

皮明勇：《关注与超越：中国近代军事变革论》，河北人民出版社 1999 年版。

施桥渡：《晚清军事变革研究》，军事科学出版社 2003 年版。

王家俭：《李鸿章与北洋舰队》，生活·读书·新知三联书店 2008 年版。

戚其章：《北洋舰队》，山东人民出版社 1981 年版。

石泉：《甲午战争前后之晚清政局》，生活·读书·新知三联书店 2003 年版。

李良玉：《倪嗣冲年谱》，黄山书社 2010 年版。

萧一山：《清代通史》，中华书局 1986 年版。

郭剑林主编：《北洋政府简史》，天津古籍出版社 2000 年版。

梁元生：《上海道台研究》，上海古籍出版社 2003 年版。

苑书义主编、董丛林本卷主编：《河北经济史》第三卷，人民出版社 2003 年版。

李志茗：《晚清四大幕府》，上海人民出版社 2002 年版。

窦坤等译著：《〈泰晤士报〉驻华首席记者莫理循直击辛亥革命》，福建教育出版社 2011 年版。

［美］芮玛丽：《同治中兴：中国保守主义的最后抵抗》，房德邻等译，中国社会科学出版社 2002 年版。

谢本书等：《护国运动史》，云南大学出版社、云南人民出版社 2016 年版。

［加］陈志让：《乱世奸雄袁世凯》，傅志明、鲜于浩译，湖南人民出版社 1988 年版。

苏同炳：《中国近代史上的关键人物》，百花文艺出版社 2000 年版。

来新夏等著：《北洋军阀史》，南开大学出版社 2000 年版。

刘凤翰：《新建陆军》，台北"中央研究院"近代史研究所 1967 年刊印本。

徐勇：《近代中国军政关系与"军阀"话语研究》，中华书局 2009 年版。

李新、李宗一主编：《中华民国史》第二编第一卷，中华书局1987年版。
董丛林：《曾国藩传》，人民出版社2014年版。
樊百川：《淮军史》，四川人民出版社1994年版。
郭廷以：《太平天国史事日志》，上海书店出版社1986年影印本。
陆方、李之渤：《晚清淮系集团研究——淮军、淮将和李鸿章》，东北师范大学出版社1993年版。
翁飞：《李鸿章与淮军的创建》，黄山书社2012年版。
罗尔纲：《晚清兵志·淮军志》，中华书局1997年版。
侯宜杰：《袁世凯传》，百花文艺出版社2004年第2版。
李宗一：《袁世凯传》，中华书局1980年版。
[美]费正清：《剑桥中国晚清史》（中译本），中国社会科学出版社1985年版。
廖一中《一代枭雄袁世凯》，北京图书馆出版社1997年版。
苏全有：《清末邮传部研究》，中华书局2005年版。
骆宝善：《骆宝善评点袁世凯函牍》，岳麓出版社2005年版。
韦庆远、王德宝主编：《中国政治制度史》，高等教育出版社1992年版。
白钢主编：《中国政治制度通史》第十卷"清代"，人民出版社1996年版。
牛平汉主编：《清代政区沿革综表》，中国地图出版社1990年版。
钱穆：《中国历代政治得失》，生活·读书·新知三联书店2001年版。
徐雪梅：《清朝职官制中的满汉差异问题研究》（南开大学2009年博士论文），"中国知网"电子版。
陈锋：《清代军费研究》，武汉大学出版社1992年版。
丁名楠等：《帝国主义侵华史》第一卷，人民出版社1961年版、1973年第3次印刷本。
樊百川《清季的洋务新政》，上海书店2003年版。
董丛林、徐建平等：《清季北洋势力崛起与社会变动》，科学出版社2011年版。
徐泰来主编：《中国近代史记》，湖南人民出版社1989年版。
《中国大百科全书·政治学》，中国大百科全书出版社1992年版。

李剑农：《中国近百年政治史》，武汉大学出版社 2006 年版。
刘广京编：《李鸿章评传——中国现代化的起始》，上海古籍出版社 1995 年版。
戴玄之：《义和团研究》，北京大学出版社 2010 年版。
郭剑林主编：《北洋政府简史》，天津古籍出版社 2000 年版。
［美］斯蒂芬·R. 麦金农：《中华帝国晚期的权力与政治：袁世凯在北京与天津 1901—1908》，牛秋实、于红英译，天津人民出版社 2013 年版。
董丛林等：《清末直隶新政研究》，河北人民出版社 2002 年版。
苑朋欣：《清末农业新政研究》，山东人民出版社 2012 年版。
程燎原：《清末法政人的世界》，法律出版社 2003 年版。
王健：《中国近代的法律教育》，中国政法大学出版社 2001 年版。
姜鸣：《龙旗飘扬的舰队》，生活·读书·新知三联书店 2002 年版、2003 年 8 月第 3 次印刷本。
溥仪：《我的前半生》，群众出版社 1964 年第 1 版、1996 年第 19 次印刷本。
凌冰：《爱新觉罗·载沣——清末监国摄政王》，文化艺术出版社 1988 年版。
严家其：《首脑论》，上海人民出版社 1986 年版。
刘绍唐主编：《民国人物小传》第八册，生活·读书·新知三联书店 2015 年版。

论文

郑大华：《中国近代民族主义与中华民族自我意识的觉醒》，《民族研究》2013 年第 3 期。
胡有猷：《胡林翼家书简述》，《益阳师专学报》1984 年第 4 期。
唐兆梅：《略论曾国藩的治军方略》，《贵州社会科学》1993 年第 4 期。
蒋致洁：《左宗棠收复新疆战役军饷问题探讨》，《中国社会经济史研究》1988 年第 2 期。
任念文：《左宗棠西征军费与晚清西北边疆治理实力》，《探索与争鸣》2007 年第 6 期。
魏秀梅：《从量的观察探讨清季督抚的人事嬗递》，《近代史研究所集刊》（台湾），第四期，上册。

游战洪:《德国军事技术对北洋海军的影响》,《中国科技史料》1998年第4期。

任保国、翁有为:《辛亥革命前后的北洋军集团嬗变研究》,《河南大学学报》2006年第6期。

董丛林:《胡林翼与湘系势力的崛起》,《近代史研究》1987年第4期。

董丛林:《张之洞与袁世凯比较论》,《光明日报》2016年2月20日。

董丛林:《领袖导向与湘淮系势力的"异流"》,《近代史研究》1994年第2期。

刘申宁:《淮军装备研究》,载《李鸿章与中国近代化》,安徽人民出版社1989年版。

杨国强:《曾国藩简论》,《历史研究》1987年第6期。

董丛林:《晚清三大军政集团的"环链关系"说略》,《光明日报》2014年8月27日。

张华腾:《北洋史研究的几个问题》,《社会科学辑刊》2015年第2期。

夏东元:《盛宣怀与袁世凯》,《历史研究》1987年第6期。

王炎:《袁世凯与近代铁路》,《社会科学研究》1992年第5期。

陈尚胜:《〈清实录〉中的"天朝体制"考论》,《暨南史学》第九辑(2014年版)。

董丛林:《曾国藩集团的北援筹议述论》,《晋阳学刊》2009年第5期。

李细珠:《张之洞与〈江楚会奏变法三折〉》,《历史研究》2002年第2期。

杨德才:《论袁世凯创办的军事学堂》,《历史档案》1993年第4期。

侯欣一:《清末法制变革中的日本影响——以直隶为中心的考察》,《法制与社会发展》2004年第5期。

宫玉振:《铁良南下与清末中央集权》,《江海学刊》1994年第1期。

李永胜:《摄政王载沣罢免袁世凯事件新论》,《历史研究》2013年第2期。

钟里满等:《国家清史纂修工程重大学术问题研究专项课题成果:清光绪帝死因研究工作报告》,《清史研究》2008年第4期。

吴兆清:《袁世凯与良弼被炸案》,《近代史研究》1987年第2期。

杨超采访整理:《凤凰网历史频道对话历史学者江上苇文字实录》(网文,出处详见内文脚注)。

后　　记

本书是2015年立项的河北省教育厅人文社会科学研究重大课题攻关项目的成果。立项后课题组成员据预拟框架进行了分工，着手操作，2018年汇成初稿，针对所存在的问题，又经各人斟酌修改。而主持人统编中尊重各人的自我操作，所作文字上的修改主要限于技术方面，不影响各自的著作权和责任。2019年本人所在的历史文化学院与中国社会科学出版社商定出版"双一流文库"丛书，本书稿惠得纳入。总之，该研究项目的完成和最后出版，得益于省教育厅、学校社科处、历史文化学院以及中国社会科学出版社等多方面的支持和帮助，在此表示诚挚的感谢！宋燕鹏编审具体负责出版联系兼责任编辑，精心审编书稿，劳心费力，自应特志谢忱！

撰者的能力所限，本书自难免有错误、不妥之处，望方家教正，以匡我们之不逮。

董丛林

2020年4月8日